아이를 창의적
천재로 만드는
뇌의 비밀

아이를 창의적 천재로 만드는 뇌의 비밀

발행일   2023년 7월 5일

지은이   김연길
펴낸이   손형국
펴낸곳   (주)북랩
편집인   선일영   편집   정두철, 배진용, 윤용민, 김부경, 김다빈
디자인   이현수, 김민하, 김영주, 안유경   제작   박기성, 구성우, 변성주, 배상진
마케팅   김회란, 박진관
출판등록   2004. 12. 1(제2012-000051호)
주소   서울특별시 금천구 가산디지털 1로 168, 우림라이온스밸리 B동 B113~114호, C동 B101호
홈페이지   www.book.co.kr
전화번호   (02)2026-5777   팩스   (02)3159-9637

ISBN   979-11-6836-959-7 03370 (종이책)   979-11-6836-960-3 05370 (전자책)

(주)북랩 성공출판의 파트너
북랩 홈페이지와 패밀리 사이트에서 다양한 출판 솔루션을 만나 보세요!
홈페이지 book.co.kr   •   **블로그** blog.naver.com/essaybook   •   **출판문의** book@book.co.kr

작가 연락처 문의 ▸ ask.book.co.kr
작가 연락처는 개인정보이므로 북랩에서 알려드릴 수 없습니다.

아이를 창의적 천재로 만드는 뇌의 비밀

김연길

북랩

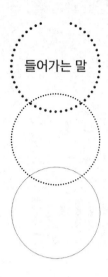

세상을 살다 보면 기이한 일도 있다는 것을 들어보았지만, 실제로 나에게 이런 일이 있을 줄은 몰랐다.

나는 공예품을 생산하는 일을 40년 이상을 했고, 이 글을 쓰고 있는 현재도 일을 하고 있지만 곧 시골에 가 살 예정이다.

일기나 작문을 제대로 써본 적도 없고 창의성 및 뇌에 관련된 것을 공부하거나 연구한 적이 없는 내가 창의성 및 그 주변에 관한 글을 쓰거나 뇌의 비밀에 관해 어찌고저쩌고 하면서 글을 쓰게 될 줄을 어찌 상상이라도 해봤겠는가.

상식적으로 불가능한 일이라 편집증이나 과대망상증이 아닌가 고민도 해보았다. 주변에는 이에 대하여 상의할 수 있는 이도 없고 내가 가진 치명적인 약점인 실행력이 없는 점이 오히려 초심을 이어가는 데는 도움이 돼 여기까지 오게 됐고 이 글을 쓰게 된 것이다.

어느 날 갑자기 넓은 의미의 창의성에 관한 창의성이 발현한 이후 이러한 현상이 왜 나타났는지 일하면서 동시에 틈틈이 7~8년간 생각이나 상상으로만 추적해보았다. 이것은 어떤 의도나 목적이 있어서 한 것이 아니라 잡생각이나 상상을 반복하는 습관 또는 다른 생각을 하는 습관에 의한 것이고 단지 일의 지루함이나 고달픈 것을 잊기 위함이었다. 그렇게 하다가 보니 자연스럽게 창의성 및 그 주변에 대해 알게 되었지만, 생각이나 상상으로만 하다 보니 어설플 수밖에 없었다.

그 뒤로 창의성이나 뇌에 관한 전문 지식을 방송이나 신문을 통해 자연스럽게 접하게 되면서 창의성 및 그 주변에 대하여 피와 살을 붙이게 된 것이다. 습득할 때마다 그 전문 지식은 미미했다. 지금까지 습득한 전문 지식은 극미했으나 처음에는 그에 대응하는 힘을 형성하는 데 얼마간의 시간이 걸렸지만 점점 빨라져 그 전문 지식에 대응하는 힘이 하루만 지나면 저절로 형성될 때도 있다. 즉, 상식적으로 알고 있는 노력을 하지 않아도 시간이 조금 흐른 뒤에는 저절로 그 전문 지식을 이해하고 적용하는 힘이 생기는 것이다. 이것은 뇌가 일정한 상태에 이르게 되면 적극적 활성이라는 상태로 구도가 바뀌면서 가능해지는 것이다.

앞에서 밝혔듯이 나는 공예품을 생산하는 사람이고, 창의성 및 그 주변에 관하여 따로 책을 보거나 공부한 적이 없으며 더군다나 인터넷도 할 줄 모른다고 하면 어느 출판사도 이 글을 출간하는 데 있어서 동의하지 않겠지만, 천재는 모든 조건이 갖추어진 환경에서는 절대 만들어지지 않는다. 그리고 역사를 살펴봐도 비중이 큰 창의성은 주류가 아닌 비주류나 전혀 엉뚱한 곳에서 탄생했다.

미국의 어느 학자는 창의성은 영역 특수성이라 하였지만, 그것은 비중이 작거나 좁은 의미의 창의성에 국한된 것이다. 한 가지 예를 들면 학자들은 창의성에 관련해서 전문적인 훈련을 말하고, 전문 지식이 많으면 창의성에 유리하다고 보는 학자도 있지만 이것은 좁은 의미(무엇을 의도하거나 목표로 했을 때) 또는 비중이 작은 창의성에 국한되어 있는 것이고 전문 지식이 많으면 오히려 매너리즘에 빠지기 쉽다. 또 무아지경에 도달할 수 없고, 넓은 의미(무엇을 의도하거나 목표로 하지 않은)의 창의성을 발현할 수 없다. 넓은 의미의 창의성은 배경지식이 풍부하거나 상식의 폭이 클 때 유리한 것이다. 그리고 현재 거의 모든 사람은 스마트폰에 중독이 되어 있는(편리함) 상태이므로 생각이 왜곡되고, 대면 대화에 미숙하며, 공격적이고 순간의 화를 참지 못하고, 보고 싶은 것만 보고 듣고 싶은 것만 들으며, 기억력이나 연산 능력도 퇴화하는 등 뇌의 기능도 퇴화하고 있기에 넓은 의미의 창의성은 절대 발현하지 못할 것이다. 편리함 그 이면에는 그와 대척점에 있는 것이 너무 많다.

이 글을 쓰는 데 있어서 관련된 전문 지식이 아주 미미하므로 어떤 것들은 나와 비슷하거나 같은 내용으로 밝혀진 것도 있다고 본다. 이 부분은 나의 불찰이지만, 분명한 것은 관련된 그것들을 쓰면서 나의 뇌가 생각하는 대로 쓴 것이며, 그러한 것들이 있다면 사죄를 드린다.

세상사에는 인간들이 그들의 편리함을 위하여 설정한 것에 불과하므로 다름이라는 것이 무척 많을 수 있다. 과거의 철학이나 인문학 그리고 사상도 현재에는 바뀐 것들이 많은 것을 보면 알 것이다.

이 글을 쓰는 데 있어서 관련 전문 지식을 제공해주신 분들에게 감사함을 드리며, 그에 대하여 다름을 이야기한 것을 죄송하게 생각한다.

글을 쓰는 전문적인 학자나 전문적인 작가가 아니다 보니까 창의성 및 그 주변에 관하여 진실을 찾아가는 과정이고, 각 장(章)별로 주장하다 보니까 반복적으로 쓰는 부분이 많고 앞뒤 맥락이 어설픈 면이 있음을 인정하며, 부족한 면이 있음을 죄송하게 생각한다.

마지막으로 나의 뇌가 이러한 상태로 변하는 데 도움을 준 지인에게 고마움을 표하고 싶다.

2023년 7월
김연길

차례

1. 야인의 이야기 · 16

2. 절대적 습관 · 66

시절은 / 친부가 돌봐주었더라면 창의성은 줄었을 것 / 다빈치의 본업은
상상과 메모 / 윤선도, 정약용, 김정희는 유배지에서 천재성을 발휘 /
레오나르도를 이해하는 법 / 수시로 떠오르는 영감의 상태 / '모나리자'는
미완성 작품이 아니다 / 생각하는 뇌의 문이 열린다 / 최고의 자리에
오르게 되면 / 작은 성공에 흥분해서는 안 된다 / 창의성을 발휘하는 경우
/ 창의성을 키우는 방법 / 잡다한 생각이나 상상

13. 다시 학교다 · 319

창의성에 대한 색다른 접근 / 천재성은 유전되지 않는다 / 동물도
창의성을 발휘한다 / 고대 문명과 창의성 교육 / 홀로 관찰하는 습관이
가져다준 에디슨의 창의성 / 외로운 시골 환경의 레오나르도 다빈치
/ 홀로 있는 시간이 창의성과 깊은 관계가 있다 / 생각, 상상, 관찰을
거듭하려면 홀로 있어야 / 메모의 왕 레오나르도 다빈치 / 교육받지
않은 천재들 / 수학자로 키우려면 수학적 환경을 / 환경 + 교감 + 사색 =
아기의 창의성 발달 / 뇌 발달 방향은 1살 때까지가 중요 / 과도한 돌봄의
문제점 / 말초신경계 보상을 즐기는 것은 퇴화의 지름길 / 5살 때까지
양육의 중요성 / 사회에서 인정받을수록 창의성은 / 무아지경에 들기
쉬운 장소가 있다 / 10년 이상의 전문적인 훈련이 있어야 / 몰입보다
거듭 생각하는 반복이 / 무한 반복이 무아경에 이르는 길 / 내향적,
소극적인 성격이 잡다한 생각을 하는 데 유리 / 휠체어 탄 스티븐 호킹이
아인슈타인보다 초심을 이어가기 쉽다 / 생각을 거듭하면 뇌가 융합하여
의식 세계에 담을 / 몰입 상태를 만드는 7가지 조건 / 몰입에 대해서 /
목동의 경우 / 40대 가정주부의 경우 / 자발적인 몰입의 예 / 몰입하는
순간이 늘 행복한가 / 최선의 적응 + 탐욕 없음 = 진정한 행복 / 다시 학교
/ 최고의 수업 / 창의적인 교육 / 수업에 대한 제안

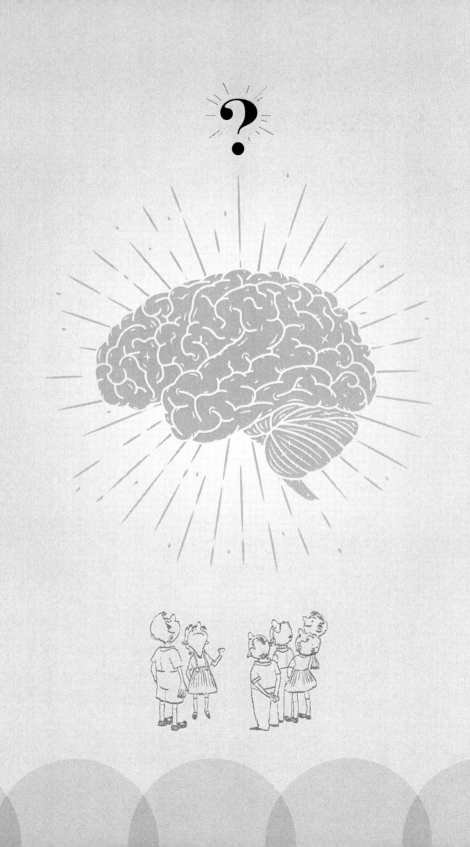

1. 야인의 이야기

■ 창의성에 대하여

> 떠난다는 말 없이
> 기약 없는 길을 떠난 여인이여
> 같이 태어나서 같이 자라온 우리는
> 길고 긴 세월 동안
> 굳은 약속의 침묵을 지켜왔습니다.
> 고독에 지친 당신이 그만 떠나실 줄은
> 아, 조금만 조금만 더 기다려주었으면
> 사랑한다고 말하려 하였는데
> 진정코 당신을 사랑한다고.

19~20살쯤 이 시가 하늘에서 뚝 떨어진 것과 같이 어느 날 갑자기 내 입에서 나왔다. 그 뒤 10일 정도는 '연필만 잡으면 시가 되는구나' 하고 착각한 적이 있다. 그 뒤로는 짜 맞추어야 시가 되었고, 30~40일

아이를 창의적 천재로 만드는 뇌의 비밀

후에는 시를 쓰는 재주가 완전히 사라졌다. 사실 일기나 작문도 제대로 써본 적이 없을 뿐만 아니라 그것도 고등학교 때 교과서에 나온 시 말고는 읽거나 공부한 적이 없었다.

창의성은 곤충이 우화하는 것과 같다.

① 곤충이 우화하기 위해서는 일정한 기간 에너지를 섭취하여야 한다. 창의성 발달 과정에서는 일정한 기간 동안 뇌의 활성화 상태를 유지해주어야 한다.

② 곤충의 애벌레는 먹고 쉬고 잠자기를 반복한다. 창의성 발달 과정에서는 생각이나 상상을 반복한다. 또는 다른 생각을 반복한다.

③ 누에나방의 애벌레는 뽕잎을 먹어야 누에나방이 되고, 배추흰나비의 애벌레는 배춧잎을 먹어야 배추흰나비가 되고, 잠자리의 애벌레는 육식을 해야만 잠자리로 우화한다. 창의성은 콩 심은 데 콩 나고 팥 심은 데 팥 나는 것이 원칙이지만, 때로는 변형되어 발현하기도 하고, 발현한 뒤 일정한 기간이 지나면 이 규칙이 무너지기도 한다.

④ 곤충의 애벌레가 우화하기 위해서는 에너지를 습득하고 쉬고 잠자기를 상당 기간 반복해야만 곤충으로 우화할 수 있는 토대가 마련된다. 창의성은 지식과 경험을 습득하고 이를 상당 기간 생각이나 상상을 반복해야만 넓은 의미에서 창의성이 발현할 수 있는 토대가 마련된다.

⑤ 곤충의 애벌레는 번데기 과정을 거쳐야지만 곤충으로 우화할 수 있다. 창의성은 생각이나 상상을 반복한 것이 어느 정도 축적되었을 때, 의도하지 않더라도 어느 한 곳에 생각이나 상상을 반

복하는 것에 집중하게 되고 하늘에서 뚝 떨어진 것과 같은 비중이 있는(넓은 의미의) 창의성이 발현하는데, 그 과정이 번데기 과정을 거친 것처럼 창의성도 이 기간에 결정되는 것 같다.

⑥ 곤충이 우화하기 위해서는 외부적인 요인인 날씨가 큰 비중을 차지하므로 날씨가 좋은 날 우화한다. 창의성도 외부적인 자극 요인을 선택해 자극 요인이 있는 순간에 발현하거나, 그다음 날 자극 요인에 대해 창의성이 발현하는 때도 있다.

⑦ 곤충이 우화하면 전혀 다른 모습이 된다. 창의성도 축적한 지식이나 경험이 전혀 다른 생각으로 발현되는 경우가 많다.

2012년에 한국경제 신문의 전통공예 아카데미를 6개월 동안 수강한 적이 있다. 하루는 강사님이 창의성 및 혁신성에 대해 강의하였는데, 늘 그렇듯이 별 내용은 없었다. 그다음 날 평소처럼 일하면서 동시에 잡생각과 상상을 하던 중 9~10시쯤에 갑자기 '창의성 및 혁신성은 곤충이 우화하는 것과 같다'라는 생각과 그 이유 다섯 가지가 순식간에 나타났다가 사라졌다. 그때는 작업 도중이라 메모지에 적을 수 있는 상황도 아니었다. 평소에 메모를 하지도 않는다. 위 내용은 나중에 보강한 것이다.

문제는 내 직업과 전혀 상관이 없고, 평소에 창의성이란 이름으로 책을 보거나 연구, 생각, 상상을 직접 한 적이 없는데 학자들이 말하듯 하늘에서 뚝 떨어진 것과 같다는 것이다. 6개월 전에도 비중이 있는 창의성이 발현한 적이 있었는데 이것도 직업과 관련이 없다.

나는 성격이 소극적이며 내향적이고, 돈을 적극적으로 모으려고 하지 않아 재산도 없고 결혼도 못 했고 실천성도 부족하고 의지력도 약하지만 기죽은 적은 없다. 머리가 나쁜 편은 아닌데 인터넷도 배우지 않았다. 지금은 인터넷을 배우지 않은 것을 다행으로 여기고 있다. 한마디로 결점이 많다고 할 수 있으나 이로 인해 잡다한 생각이나 상상을 반복하는 습관이 자연스럽게 형성되었으며 이것이 내 현실의 부족함을 메워주고 나를 지탱해주고 있다고 생각한다. 이런 특성들이 창의성을 잉태하거나 발현하는 데 매우 도움이 된다고 보기 때문이다.

그렇다고 해서 이것이 모든 사람에게 해당되는 것은 아니다. 창의성을 발현하기 위해서는 어릴 적부터 생각이나 상상을 반복하는 것이 어느 정도 습관이 되어 있어야 하고, 주위 환경도 도와주어야 하고, 잡생각이나 상상이라도 반복하는 것을 상당한 시간 동안 지속하여야 한다.

■ 창의성이 왜 발현했는지 추적해보다

내 창의성이 발현한 이후 창의성이 왜 발현했는지 생각과 상상만으로 추적해보았다. 공예품을 만드는 일을 하면 온종일 한 가지만 작업하는 것이 아니라 하루에 여러 번 모형이 바뀌기도 하고, 많은 양을 처리하기도 하는 등 변화가 많아 생각이나 상상에 깊게 몰입하기 힘들었다. 그저 잠깐잠깐 몰입이 가능했다. 일을 마치고 운전할 때 생각이나 상상에 몰입하기도 했는데 눈과 손은 운전하면서 동시에 생각이나 상상에 빠지곤 했다.

이때 창의성만 생각, 상상으로 추적한 것이 아니라 잡생각도 틈틈이 했다. 다행스럽게도 나이 들어서 창의성이 발현한 것도 있지만 20세 전후에 비중이 적은 창의성이 발현한 적도 있어서 이 둘을 연계시켜서 추적해보았다. 사실 어떤 목적이나 의도가 있어서 창의성에 대해 몰입을 이어간 것이 아니라 직업의 특성상 일의 지루함이나 고통을 잊기 위한 측면이 더 컸다.

그렇게 시간을 보내다 보니 자연스럽게 창의적인 아이디어가 떠올랐다. 영재가 성인이 되었을 때 더 이상 영재성이 남아 있지 않은 이유, 천재라고 하는 예술가가 중도에 방황하는 이유, 평범한 성인이 창의적으로 변하는 방법 등을 내 나름대로 알게 되었고 그 소식을 주변 사람들에게 말해보았지만 제대로 들어주는 이가 없었다. 하지만 나는 소가 반추하듯 기회만 있으면 누구든 붙잡고 말했다. 사실 별 효과는 없었지만 그 덕분에 새로 알게 된 창의적 관점도 잊어버리지 않고 스스로 검증하는 시간이 되었고 나의 두뇌 활성화에도 크게 도움이 되었다.

그러던 중 2017년 2월경, 우연히 EBS 프로그램 '통찰'을 보게 되었다. 이 방송에서 모 교수님께서 발표하신, '생각하고 또 생각하기를 1초도 쉬지 않고 지속한다면 누구나 창의성을 발현할 수 있다' 하는 내용을 접하고 그동안 내가 알고 있던 창의성과 그 주변에 대한 이해에 부족함이 많다는 것을 느꼈다.

이것이 창의성에 대해 외부에서 처음 전문 지식을 만난 것이었고, 그 뒤로 방송이나 신문을 통해 어쩌다 한 번씩 뇌나 교육에 대한 지식을 습득한 것이 전부다. 전문 서적을 읽지도 못했고 인터넷도 할 줄

　　　　　　　　　　아이를 창의적 천재로 만드는 뇌의 비밀

몰라 뇌와 교육에 대한 전문 지식은 미미하다고 할 수 있다.

이쪽 분야에 관심이 있었지만, 일부러 찾아본 적은 없다. 신문이나 방송에서 이쪽 분야에 관련된 내용이라도 우연이라는 말이 있듯이 어쩌다 채널을 틀다가 그러한 내용을 접하게 된 것이다.

그리하여 내 생각에 변화가 많이 일어났고 창의성 및 그 주변에 대해 대충은 정리를 할 수 있었다. 나의 정리를 도와준 EBS 교육방송, 모 교수님, '세상을 바꾸는 15분', '명견만리', '통찰', 경향신문 등에 감사를 드린다.

■ 상상 속에 들어가는 환경을 만나다

20세 때에 갑자기 시를 쓰게 된 창의적인 경험 말고도 또 신기한 일이 있었다. 고등학교 3학년 수학 시간에 갑자기 타원형의 길이를 구하는 방법이 떠올랐고 그것을 선생님께 말씀드렸더니 웃으시면서 '너는 수학의 천재다'라고 칭찬해주신 적이 있다.

우선, 시를 쓰는 재주나 타원의 길이를 구하는 방식이 어느 날 갑자기 왜 나타났는지를 추적해보자.

나는 5형제 중 셋째로 태어났다. 아버님은 가정에 충실한 분은 아니었고 가정 형편상 위로 두 형님은 초등학교를 졸업하자마자 생활 전선에 나섰다. 그 당시는 대부분 그랬다. 5살 무렵, 형과 이불 속에서 장난을 치다 무릎 위 안쪽 부분을 다쳤다. 그게 관절염이 되어 종기처럼 붓고 그 속에 고름이 차서 병원에 갔다. 아무래도 깊은 곳에 고름이 있었던지 의사가 핀셋에 소독약을 묻혀 살 안쪽을 후벼 파내던 모습이 지금도 생생하다. 병이 나았다가 재발하기를 반복했는데 결핵성관절염이라고 했다. 불행히도 허벅지 뒤쪽으로 병이 번졌고 쉽게 치료가 되지 않아 고생을 했다. 이로 인해 병역을 면제받았고 민방위로 편입되었다. 군입대 신체검사 후 저절로 고름이 멈춘 뒤 지금까지는 괜찮다.

두 분 형님 덕에 고등학교까지 마칠 수 있었고 국가 공무원(국세청)으로 5년 정도 근무했다. 어릴 적 건강할 때는 다른 아이들과 뛰어놀기에 바빴고 홀로 산이나 들로 다니면서 놀기도 하고 칡뿌리를 캐거나 밤이나 도토리를 주웠고 6·25 전쟁 때 버려진 파편을 주워서 엿으로 바꾸어 먹기도 했다. 지금 와서 생각해보니 다른 아이들과 다른 점이 있다면 병 때문에 놀지 못할 때 잡생각이나 상상을 했던 것 같다. 그 이전의 나이 때는 추적할 수 없으므로 이 병이 잡생각이나 상상을 반복하는 습관이 되도록 환경을 제공했다고 본다.

초등학교 4~5학년쯤 작은형이 아버님과 함께 배추와 무 밭떼기 장사를 하였는데 그해는 가격이 무척 비싸서 삼륜차를 밭에 대고 도둑질하는 경우가 많아서 작은형이 밭에 오두막을 짓고 그 안에서 만화책을 보다가 잠이 들어 호롱불이 넘어져 불이 나 화상을 입은 작은 형이 그 몸으로 5리가 넘는 길을 새벽에 집까지 달려왔고, 다시 동네 병원으로 그리고 큰 병원으로 이송해 치료받았는데 코도 문드러지고 귀도 문드러지고 손가락도 심하게 다치고 허벅지와 엉덩이 살을 이식했다. 그 모습은 정말 끔찍했다. 병원비 관계로 집으로 퇴원해 큰형이 진물도 닦아주고 약도 발라주면서 치료해주셨다. 이 일은 내가 성인이 되었을 때 약간 영향을 주었다.

아이를 창의적 천재로 만드는 뇌의 비밀

초중고 시절은 다리가 아픈 관계로 결석을 많이 했다. 다리가 아프지 않을 때는 동네 아이들과 뛰어놀거나 농사일을 약간 돕기도 했으나 예습이나 복습은 거의 하지 않았고 숙제도 겨우 했으나 건성이었다. 중학교 때는 벼락공부로 60명 중 10~15등은 유지했다. 초등학교 5학년 때 하루는 산수 시간에 선생님이 문제를 내어주셨다.

"삼각형에서 변이 하나씩 계속 늘어나면 무엇이 되느냐?"

"네, 원이 됩니다."

"너는 산수 박사다."

예습과 복습은 없었으나 산수 시간에 제일 집중이 잘됐고 빠르게 답을 찾아냈다.

당시는 만화책 보는 것이 유행이었는데 다리가 아픈 관계로 부모님이 별로 간섭을 하지 않아서 만화책을 아주 많이 볼 수 있었다. 만화책을 보다가 곤하게 잠들기도 했는데 잠들기 전에 내가 만화책 속의 주인공이 되어 그 내용과 비슷한 상상을 하면서 잠들었다. 그렇게 하면 다리의 통증도 잊어버렸고 잠이 달콤했다.

고등학교는 원예과, 제조과, 보통과(인문계)가 있었으나 공부를 한다는 친구들이 보통과를 지원하므로 나도 덩달아 보통과를 들어가게 되었는데 남자 30명, 여자 30명이 한 반이었다. 1학년 때에는 남녀가 서로 잘 보이려고 쉬는 시간에도 공부하므로 나도 덩달아 공부를 하는 척했다.

1~2학년 때는 대충 공부하는 척하다가 3학년이 되니까 공부를 잘하는 친구들이 대학교를 목표로 열심히 공부하므로 나도 대학교에 갈 형편은 안 되지만 공부하였다. 예비고사 과목에 국어, 수학, 영어, 과학, 일반사회, 국사 등 6과목이 있었으나 워낙 기초가 없으므로 국

어는 열심히 했으나 평균 60점을 넘기지 못했고, 영어는 단어를 열심히 외웠으나 졸업할 때까지 제대로 읽지도 못했다.

고3 때 담임이 영어 선생님이었는데 수업 시간에 읽기를 시킬까 봐 항상 고개를 숙이고 있었고 평균 30~40점 정도였다. 과학도 50점을 넘기기 힘들었고, 일반사회나 국사는 외우기만 하면 되니까 성적이 괜찮은 편이었다. 그나마 수학은 중학교 때까지는 예습, 복습을 하지 않아도 수업 시간이 제일 재미있었고 집중이 잘되었으나 덜렁대는 성격 탓에 평균 70점 정도였다.

당시는 체력고사가 있었는데 이에 대비하기 위해 처음으로 스스로 노력이라는 것을 해보았다. 1,000m 달리기를 3~4개월간 열심히 연습하였더니 반에서 3등 안에 들게 됐다. 이것이 내가 노력이라는 것을 처음으로 한 것이었다.

■ 책을 읽고 상상하기를 시작하다

고등학교 1, 2학년 때도 만화책을 즐겨 보았고 잠들기 전에 그에 대한 상상을 반복하는 게 습관이 되었다. 때로는 다른 잡생각이나 상상을 하다가 잠들곤 했다. 문학책은 아무리 생각해도 20권 이하로 읽었지만, 심훈의 『상록수』 같은 경우 책을 읽고 그 내용을 생각하며 20일 넘게 상상을 반복했다.

이것이 고등학교 때까지 내 생활 기록이지만, 너무도 평범해 보이고 부족한 점도 많다. 수학 시간에 칠판에 선생님이 문제를 풀며 설명하실 때 가끔 틀리게 적는 경우가 있었는데 그럴 때마다 나는 그 부분을 지적하였다.

대학교에 가기 위한 예비고사는 서울, 경기 등 도별로 나누어 1지망, 2지망이 있었는데 나는 1지망 서울, 2지망 경기도에 지원해 서울 지역에 합격(반에서 3명, 지방 7명, 서울 변두리에 있는 시골 학교이므로 합격률이 낮았음)하였으나 180점 합격선을 겨우 넘긴 182점이 나왔다. 작은형은 서울 소재 대학교만 가면 어떻게든지 보내준다고 했으나 어림도 없으므로 원서조차 내지 않았다. 진학을 포기하고 취업하려 했지만 그 당시는 일자리도 많지 않았고 성격이 소극적이라 선뜻 마음이 내키지 않았다.

막연히 재수를 한다고 남산에 있는 도서관(구 어린이회관)에 가서 공부하였는데 그곳에 가려면 집에서부터 1시간 30분 이상 걸렸다. 더욱이 그곳에 들어가려면 길게 줄을 서야 하므로 새벽에 일찍 일어나 도시락을 싸 들고 가야 한다. 어떻게 공부를 해야 가장 효율적인지 알지 못하므로 참고서 위주로 공부를 하였으나 잡생각 때문에 공부에 집중하지 못했다.

어떤 이유인지 재수 때 대학교에 가기 위한 예비고사를 보지 않았고 3수를 하여 1지망인 서울에 합격하였으며 그해 겨울 경기도의 지방 공무원 필기시험에도 합격하였고 가정 형편상 입학금과 등록금이 싼 산업시립대를 지원했으나 경쟁률이 너무 세고 영어와 과학 과목을 공부는 하였으나 기초가 부실한 관계로 필기시험만 보았는데 결과가 너무 뻔해 면접은 포기했다.

지방 공무원직에 필요한 인원 48명 정원에 50명이 필기시험에 합격했으나 면접에서 2명이 떨어졌는데 그 2명 중 한 명이 내가 됐다.

면접관의 첫 마디가 왜 군대 안 갔느냐는 것이었는데 나는 성격이 소극적이고 경험도 전혀 없는 상태이므로 당황해서 아무 대답도 못 했더니 떨어지고 말았다.

■ 시적 상상을 하게 한 여성

나도 다른 친구들처럼 취직하여 사회생활을 하고 싶은 마음이 간절하였으므로 매우 상심하였고, 한번은 가리봉동에서 시흥까지 공단에 취직하기 위해 걸어갔으나 성격이 소극적이고 용기가 없어 한 군데도 들어가보지 못했다. 다시 공부하여 그해 6월경에 국가 공무원에 합격하였고 공무원 생활을 5년 정도 할 수 있었다.

시를 쓰게 한 원인이 됐던 그 여자는 고등학교 2학년 때 처음 보았고 키는 165쯤 되어 보였고 머리칼은 뒤로 두 줄기로 길게 땋아 내렸고 얼굴은 가까이서 자세히 본 적은 단 한 번도 없으나 예쁘다는 느낌이었다. 그 여자는 서울에 있는 여상에 다녔고 고등학교 다닐 때는 어쩌다 한 번씩 마주쳤으나 재수, 삼수 때는 한 달에 2~3번 이상 마주쳤으며 특히 고개 위에서 많이 마주쳤다. 일부러 마주치려고 노력한 적은 별로 없으며 그때 당시 나는 한 손에 가방을 들고 한 손은 흔들면서 눈은 앞만 보고 그저 걸어가므로 멀리서는 누가 오는지 알 수 있었으나 가까이 다가왔을 때 자세히 쳐다본 적은 없다. 사귀어보고 싶은 마음은 있었으나 용기가 없었고, 이성에 대해 잘 알지 못했고 상당히 더딘 편이었다. 고등학교 때 남녀공학이었으나 같은 반 여학생이 마음에 들어도 내가 먼저 말을 건넨 적은 별로 없을 정도로 완전히 친해지기 전에는 붙임성이 없었다.

같은 동네 친구가 하루는 그 여자를 소개해준다고 했으나 나는 명확한 대답을 주지 못했는데 입고 나갈 옷도 마땅치 않았고 어떻게 대화를 해야 할지도 몰랐고 용기도 없었다. 그로부터 일주일 후 그 여자는 다른 곳으로 이사를 가버렸다. 그 여자가 이사한 지 정확히 며칠 뒤인지는 잘 모르겠지만, 도서관에서 공부 중에 잡생각을 하던 중 서두에 소개한 그 시가 갑자기 떠올랐고 순식간에 썼다. 그 여자에 대한 아쉬움이나 미련이 영감이 돼 시의 형식을 빌려 마음을 표현한 것은 맞지만, 그 뒤로 연필만 잡으면 시라는 것을 쓸 수 있었다. 그러나 10일쯤 뒤에는 짜 맞추어야만 시를 쓸 수 있었고 40일 정도 뒤에는 그마저도 할 수 없었다.

나는 다른 친구들에 비해 상식이나 이성 면에서 많이 뒤처져 있었고 문학책도 많이 읽지 않았고 시라는 것은 교과서에 나오는 것을 공부한 것이 다다. 그리고 일기나 작문을 제대로 쓴 적도 없다.

어릴 적부터 다리가 아팠던 관계로 노력을 제대로 한 적도 없으며 의지력도 약하다. 내가 다른 친구들보다 더 나은 게 있다면 쓸데없는 잡생각이나 상상을 반복한 것이다. 그 여자에 대한 미련이 영감이 되어 시로 표현됐다면 그다음에 다른 시들은 어떻게 설명할 수 있으며, 얼마 후에 시를 쓰는 재주가 완전히 사라진 것은 어떻게 설명할 수 있을까? 나이 들어 50대 중반에 비중이 큰 창의성이 2건 발현하였는데 그중 한 건은 창의성에 대한 것이었고 내 직업과 전혀 관계가 없는 것이었다.

결과가 있다면 반드시 그 원인이 있다고 본다.

50대 중반에 발현한 창의성은 비교적 최근이므로 그 원인을 추적하기가 쉽다고 보고 있다. 이때 내가 한 생활 습관과 20세 전에 한 생활 습관에 서로 겹치는 부분이 있었는데 그것은 잡생각이나 상상을 반복하는 것이다.

앞서 설명한 대로 일기를 제대로 쓴 적도 없으며 작문도 제대로 한 적이 한 번도 없고 시라는 것은 고등학교 때 다른 친구들처럼 교과서에 나오는 시를 공부한 것이 다다. 그리고 문학 소설책을 20권 정도 읽은 것이 전부다.

이런 상태에서 시를 쓰는 재주가 나왔다가 얼마 후엔 다시 원점으로 돌아간 것이다.

■ 집중적으로 상상을 반복하다

시를 쓰는 이 재주는 5살 무렵 시작된 나약함에서부터 시작됐다고 본다.

다리에 병이 났고 그 기간 고통이 따르고, 혼자 있을 수밖에 없고, 다른 친구들과 어울릴 수가 없으므로 잡생각이나 상상으로 그것을 대체할 수가 있게 됐고, 병이 나았다가 아프기를 반복하므로 병이 나았을 때는 주변에 있는 친구들과 놀기 바빠 잡생각이나 상상을 반복하는 것을 계속 이어가지는 못했지만, 어느 정도 이 습관은 띄엄띄엄 이어갔다고 본다.

그리고 만화책도 무척 많이 보았으며 이것에 대한 상상을 반복하는 것도 잡생각과 같이했다.

그러던 중에 고등학교 때 친구들이 문학 소설책을 보므로 나도 덩달아 기초적인 소설책을 20여 권 읽어보았고 그것에 대한 상상을 집중적으로 반복했는데 이 부분이 무척 중요하다고 본다. 50세 중반에 창의성이 발현했을 때도 이와 똑같은 현상이 일어났다.

즉, 5세 이전에는 기억을 추적하기가 불가능하므로 5세 이후에 병 때문에 고통받으며 혼자 있을 때 그리고 나약함을 대체하기 위해 잡생각이나 상상을 시작한 것과 관련이 있는 것이다. 이후 띄엄띄엄 이것을 이어갔으며, 만화책을 보고 상상을 많이 반복하여 그것으로 인해 융합작용이 일어나고 축적이 많이 됐으나 세상에 선보일 만큼 특별한 주체가 없으므로 마지막에 문학 소설책을 읽고 상상을 많이 반복한 이 부분이 외부적인 자극(그 여자) 부분으로 변형되어 정확히 며칠 후인지 기억이 나지는 않지만(그다음 날이 많음), 자극 부분에 대해 학자들이 말한 것처럼 하늘에서 뚝 떨어진 것과 마찬가지로 시를 쓰는 재주가 발현한 것이다.

창의성 발현이라고 하면 세상에 대해 무언가 특별한 것이 있어야 하나, 그때 당시 나에게는 비중이 있는 창의성이 발현한 것이고 주옥같은 시가 되지 못한 것은 '창의성은 곤충이 우화하는 것과 같다'에서 ①, ②, ③번이 너무 빈약했기 때문이다.

시를 쓰는 재주가 나왔을 때 두 번째 시는 쓰지 말고 바로 시에 대해 다시 공부하고 다른 많은 시를 읽으며 그것에 대해 상상을 반복하는 것을 이어갔다면 1년쯤 지난 후에는 주옥같은 시를 쓸 수 있었을 것이다. 영재가 성인이 된 다음 영재성이 남아 있지 않은 이유와 약간은 다르지만 비슷한 점이 있다.

그때는 시를 쓰는 재주가 왜 나왔는지도 몰랐고 어떻게 하는지도 몰랐기에 이 부분에 축적된 것을 소진하다 보니 금방 바닥이 났고 더는 시를 쓸 수 없게 된 것이다. 시를 쓰는 아까운 재주가 완전히 사라져버린 것이다.

■ 수학에 창의성이 발현되다

고등학교 3학년 때 수학 공부 시간에 갑자기 타원형의 길이를 구하는 방법을 선생님께 말한 적이 있는데 이것도 창의력이 발현된 것으로 본다. 말을 한 이후로 이것에 대한 기억은 하나도 없지만, 창의성 발현 과정을 살펴보면 꿈을 꾸고 이른 아침에 일어나 생각나는 듯하다가 이내 그것마저 잊어버리는 현상처럼 발현되는 경우가 많다. 일기를 제대로 쓴 적이 한 번도 없는 것처럼 메모지에 적는 습관도 없었으므로 공부 시간에 갑자기 생각났고 선생님께 말하고 나서는 사라져버린 것이다.

국민학교(초등학교) 때부터 산수 과목이 제일 좋았고 고등학교 때까지 총 6개월 이상을 결석하였고 예습과 복습도 거의 없었으나 산수나 수학 공부 시간에는 다른 과목에 비해 몰입이 잘됐으며 고등학교 때 처음으로 수학 예습과 복습을 하였을 때 결석으로 인해 못 배운 부분이 있음에도 수학을 이해하는 데 그렇게 지장을 받지 않았다.

앞서 잡생각이나 상상을 반복하는 것을 거의 15년간 틈틈이 이어왔다고 설명한 적이 있다. 그때 당시 또래의 친구들보다 지식이나 경험이 많이 부족한 상태였고, 생각이나 상상을 반복한 것들이 잡다한 것들이고 의식 세계가 의도한 측면이 아니라 자연스럽게 이루어졌으므로 생각이나 상상을 반복하여 융합하고 축적하는 과정이 어느 정도 이루어졌다고 하더라도 창의성이라는 이름으로 발현할 주체가 없었다. 고등학교 3년 동안 다른 친구들처럼 수학을 공부하였지만, 다른 과목과 비교해 몰입이 잘되고 내가 가장 즐기는 수학에 주체가 정하여지고 거기서 창의성이 발현한 것이다.

수학 문제를 풀려면 어느 정도 생각을 동반하지만, 그 정도로 창의성 발현을 설명하기는 부족하다. 50세 중반에 발현한 창의성 중 한 건도, 발현하기 전의 상황과 고등학교 때의 상황에 비슷한 점이 많다.

창의성 발현 과정을 살펴보면, 의식 세계가 목표로 하거나 의도하지 않더라도 학자들이 말한 것처럼 하늘에서 뚝 떨어진 것과 같은 창의성 발현이 종종 있다. 생각이나 상상을 반복하여 융합작용이 이루어지고 축적이 어느 정도 이루어졌을 때 잠재의식의 세계에서 스스로 주체가 정하여지고 창의성도 스스로 결정하여 발현한 것 같은 느낌이 드는데 이 부분은 연구할 가치가 있다고 본다.

참고로 하나 짚고 넘어갈 문제가 있다.

직장을 다닐 때니까 20대 초반에서 중반쯤이다. 술을 먹고 정신을 놓은 적이 3번 있다. 술을 늦게 먹기 시작했으나 술을 어느 정도 먹을 때이고, 술을 먹고 기억이 날 때까지는 기분이 좋은 상태였으니 불만을 표출한 것은 분명 아니었다. 나중에 주위로부터 들은 얘기는, 평소에 내 행동과 너무 다르고 생각조차 하지 않은 행동이었다는 것이다.

한번은 친구 결혼 피로연에서 친구와 신부 친구들과 어울려 술을 먹었는데 상당히 기분이 좋은 상태만 기억이 나고 그다음 술을 먹고 파한 다음에 친구들과 어울려 집에 오다가 도저히 생각조차 못 할 행동을 하였는데 이 행동을 하기 전까지는 왜 기억이 나지 않으며 나중에 술을 과음하더라도 정신을 잃은 적이 단 한 번도 없는 이유는 뭘까?

이와 비슷한 경험을 한 적이 있다. 20살 때 친구 4~5명이 어울려 술을 먹고 그날 기분이 나쁜 친구는 한 명도 없었다. 술자리를 파하고 한 친구 집에서 자고 가기로 하고 20분쯤 걸어서 그 친구 집에 도착했을 때 그 친구가 갑자기 30미터쯤 막 달려가 지나가던 여성을 껴안아 문제가 된 적이 있는데 누구도 그러한 행동을 부추긴 적이 없으며 다음 날 그 친구도 그 부분을 전혀 기억하지 못했다. 그 친구도 생각이 많은 친구다.

나는 이런 행동들이 꿈을 꿀 때 예측이 불가능한 것과 같다고 보고 있으며, 꿈을 꾼 다음 기억이 나지 않는 것도 흡사하다고 보고 있다. 술에 중독되지 않은 상태에서 이러한 행동이 일어나는 것이 모든 사람에게서 일어나는 것인지, 아니면 생각이나 상상을 반복하는 것을 이어가던 이에게서만 일어나는 현상인지 연구해볼 필요가 있다고 본다.

그리고 이러한 현상은 잠재의식의 세계가 행동한 것이 아닌가 싶다.

50대 중반에 비교적 비중이 큰 창의성이 발현하였고 그 후로도 비중이 크다 할 수는 없지만 창의성이 여러 건 발현하였는데 그 형태도 다양하다.

아이를 창의적 천재로 만드는 뇌의 비밀

■ 공예품 사업을 하며

그리고 비교적 최근이므로 그 원인을 추적하기도 쉬웠다.

20대 후반쯤에 직장을 그만두고 7급 공무원 시험과 세무사 공부를 하였으나 그때는 직장 다닐 때의 환영이라고 생각했으나 잡생각 때문에 공부에 집중할 수가 없었다. 그렇게 지내다가 바로 아래 동생이 서울에서 공예품 제조업을 하다 망하고 집에 들어와서 돼지 키우던 곳에 친구 1명을 직원으로 채용하고 공장을 다시 시작하게 됐다.

우연히 며칠 도와준다고 한 것이 평생 직업이 되고 말았다. 동생은 워낙 기술이 좋으므로 나는 마무리 작업과 관리를 담당했다. 동생이 시작한 것이므로 사장은 동생이었고, 도와준다고 시작한 것이므로 사장 자리를 탐한 적이 없다. 공예 상품은 만드는 대로 잘 나갔고 3년 안에 직원을 30여 명으로 늘릴 수 있었다. 부채도 처음 말한 것보다 많이 늘어났으나 다 갚을 수 있었고 집에서 하다 보니 협소한 관계로 많은 문제점이 발생하여 집에서 차량으로 40분 거리에 150평 규모의 창고를 빌려 공장을 운영했다. 차량도 구매해 출퇴근도 하였으며 그런대로 잘 운영됐으나 동생과 말다툼 끝에 그만두고 나 혼자 따로 해보고자 했으나 동생이 약속한 돈을 주지 않아 1년 반 정도 허송세월한 적이 있다. 그때는 군대를 제대한 막냇동생도 합류한 상태였는데도 직원이 17명 정도인 상태로 2년 만에 다시 집 근처에 창고를 빌려 이사 오면서 도와달라고 하여 딱히 할 것도 없으므로 다시 합류하게 되었고 그전에 내가 하던 일을 다시 하게 됐다. 생산하는 제품은 재고가 없을 정도로 잘 나갔고 한 가지 예로 기러기라는 목각품이 있는데 그때 당시 다른 곳에서는 조각비로 3,000원을 줄 때 우리 공장에서는

2,000원을 주었는데도 조각사들은 소득이 더 높다고 할 정도로 기계로 1차 가공해주면 되므로 그만큼 경쟁률이 있었다. 나중에 내가 직접 상품을 공급하게 됐을 때 공예품을 파는 매장에 우리 상품이 차지하는 비율이 거의 20% 정도였으며 목각품은 거의 우리 제품이었다.

그러던 중에 우연히 1989년도에 인도네시아에 공장을 세울 기회가 생겼고 자비 5천만 원에 동종업계에 있는 분으로부터 2천만 원을 투자받아 현지인과 합작으로 공장을 세웠다. 그곳에는 동생과 막냇동생이 가기로 했고 동생 말로는 공장을 설립하고 상품을 만들어 보내는 데 1년이면 충분하다고 하고 국내에서 공장을 할 필요가 없다고 주장했다. 그때 당시 나도 이에 대해 상식이 너무 부족해 국내 공장을 정리하기로 합의하고 직원들에게도 알리고 1년 동안 정리했다. 하지만, 3년이 지난 후에 첫 번째 상품 두 컨테이너가 도착했는데 목각품이 갈라지거나 색칠한 것이 서로 달라붙거나 하는 등 상품의 품질이 너무 실망스러웠다. 그중에서 고치거나 골라 시장에 공급했는데 얼마 후에 통통하던 목각품이 홀쭉하게 되고 시장 반응도 좋지 않았다. 두 번째 받은 상품도 마찬가지였다.

이제 와서 생각하면, 잘나가던 공장의 문을 닫은 것도 잘못되었고 해외 공장도 의욕만 앞섰으니 경험이 너무 부족했던 것 같다. 우여곡절 속에 인도네시아 공장은 문을 닫게 됐고, 이번에는 막내가 천만 원을 빌려 전통 등을 모방한 조명기구의 반제품을 생산하는 공장을 하게 됐고 삼 형제가 다시 힘을 합쳐서 하게 됐는데 바로 아래 동생이 새로운 모델을 만들었고 시장에서 반응이 좋았다. 반제품도 계속 만들어주었다.

그러던 중에 중국에 공장을 세우려고 하는 분이 동생에게 관리를 부탁하기에 그 옆에 우리 공장을 짓고 우리 물건을 만들면서 관리해주는 것을 조건으로 다시 해외에 진출하게 됐다. 초기 자본이 3천만 원쯤 들어갔고 추후 자금은 국내에서 조달해주었으며 이번에는 동생 혼자 나갔다. 우여곡절 끝에 중국에서 만든 물건을 받을 수 있었다. 그때 당시 부모님과 같이 땅을 빌려 하우스를 짓고 살았고 그곳에 도장실을 마련하여 이것을 칠하였는데 불이 나 전부 태워버리고 말았다. 이곳에 동생의 결혼사진 등 살림살이도 보관하고 있었는데 같이 다 타고 말았다. 어림잡아 한 7천만 원쯤 태워버린 것 같다.

이런저런 이유로 IMF 전에 중국 공장의 문을 닫게 됐으며 몇 번의 실패 때문인지 동생과의 갈등으로 인해 대부분의 빚은 나하고 막내가 떠안은 채 갈라서게 됐다. IMF라는 말은 국제통화기구라고만 알고 있었는데 각종 매체에서 떠들어대고 신문도 온통 떠들어대서 무언가 위기감을 느끼고 세 가지를 즉시 시행했다. 그때 직원은 6명이었는데 앞으로 3개월 후에는 월급을 못 줄지도 모르니까 미리 대비하라고 했고, 도리어 한 시간씩 일을 더 해 고통을 분담하자고 했다. 다른 동종업종에서는 가격을 할인해서 상품을 판매했으나, 원료비가 수직으로 상승하므로 나는 앞으로 20% 가격을 올린다고 통보하고 올리지 않는 가격으로 3천만 원 선수금을 받아 원활하게 운영할 수 있었다.

또 한 가지는 동생하고 갈라서기 전에 동생이 화분 쪽에 관련된 것을 만드는 일을 겸하고 있었으므로 IMF에 위기감을 느껴 만들 수 있는 것은 어떤 것이든지 주문해 오라고 했는데 그 가격은 공예품에 비교해 터무니없이 낮았다. 그러던 중에 한 아이템을 동생에게 만들라 했고 그것을 그 시장에 출시했으나 별 반응이 없었다. 동생하고 갈라서고 난 후에 남대문에서 조화 장사하는 한 여자분이 찾아왔는데 그

제품을 만들어달라고 했다. 또는 변형된 모양이나 다른 상품도 부탁했다. 그 여자와 협력관계가 잘 이루어져 오브제 시장을 순식간에 장악할 수 있었고 그 여자 매장에서만 한 달에 최고 천오백만 원어치를 판매할 수 있었다. 중간 상인 한 명에게 둘이 합쳐서 3천만 원 이상을 판매할 수 있었다.

하루는 한 여자분이 찾아왔는데 협력하고 있는 그 남대문 여자의 바로 옆에서 장사하시는 분이라고 했다. 중간 상인에게 우리 제품을 받아 판매하고 있는데 오백만 원을 예치할 테니까 직접 거래하자고 했으나 그 여자와의 관계 때문에 안 된다고 했더니 나중에 다른 곳에서 만들어 판매하였다. 중간 상인도 중국에서 만들어오는 바람에 거의 그 시장을 접었으나 그 여자와의 관계는 몇 년 더 지속됐다.

다행스럽게 전통 등(조명)을 반제품으로 계속 만들어주었고, 전통 등의 완제품은 옛날부터 거래하던 중간 상인이 했는데 이때 변형하거나 새로운 전통 등을 만든 것은 직접 시장에 판매했는데 반응이 좋았다. 전통 등은 고가구로 분류할 수 있는데 그 당시 보따리상 형태를 통해 미국으로 수출이 많이 됐는데 반제품을 만들어주는 곳이나 중간 상인은 수출을 많이 했지만 우리가 직접 수출한 적은 많지 않다.

반제품을 만들어주던 곳이 어느 날 갑자기 부도를 내고 미국으로 도망갔으나 피해 금액은 천만 원 정도로 가벼웠고 오히려 시장 장악력은 60% 정도로 높아졌으며 매일 이백만 원 정도의 매출을 올릴 수 있었다.

2002년 이후 중국의 위상이 높아지면서 수입해 가던 보따리상들이 중국에서 직접 우리 물건을 만들면서 매년 눈에 안 띄게 매출이 감소하는 것을 피부로 느낄 수 있었고 위기를 타개하기 위해 목각품의 미니어처나 전통 등의 적은 품목을 베트남에서 만들어 오기 위해 2번을 방문했으나 마땅한 곳을 찾지 못하고 있을 때 밤 11시가 넘어서 공장에 큰불이 났고 그 광경을 옆에서 보며 '까짓것 또다시 하면 되지' 하고 속으로 피식 웃었다.

다행스럽게 화재보험에서 일억 원을 타서 남의 공장을 빌려 쓰고 있던 것이므로 공장을 다시 짓고 옆 건물의 피해도 보상해주고 기계나 자재도 다시 갖추었다. 공백기가 있다 보니 평생 처음 모아온 사천만 원도 공장에 투입할 수밖에 없었다.

그때 당시 막내와 나는 각각 한 달에 삼백만 원씩 월급으로 받고 있었으며 자금관리는 막내에게 맡겼었다. 전에는 돈이 있으면 술로 다 탕진했으나 그때 당시는 한 달에 카페에서 2~3번 술을 마시다 보니 한 달에 이백만 원은 모을 수 있었다.

매출은 감소했으나 그럭저럭 공장을 운영하던 중에 동생이 통나무를 이용한 새 아이템을 제시하면서 같이하자고 제시했고, 막내하고 갈등 끝에 공장에 빌려준 돈의 절반 정도와 가지고 있던 천만 원을 가지고 동생과 같이 공장을 운영했으나 원하던 기계 설비가 완성된 후 형은 기술이 없고 의견이 맞지 않으니 따로 하자고 하길래 갈등은 싫어하므로 무심코 그렇게 하기로 했다. 당초에 돈이 필요하다고 했으면 그 돈을 마련해주면 되는데 일이 너무 잘못된 것 같다. 그리고 막내도 혼자 힘으로 공장을 운영해보고 싶었나 보다.

이런 상태로 2년쯤 지냈는데 내가 하고 있던 새 제품에도 문제점이 생겼으며 막내가 혼자서 공장을 운영하는 것이 힘들었는지 일당 십만 원씩 준다고 하면서 도와달라고 했다.

딱히 탈출구가 없는 상태이므로 월 이백만 원에 직원으로 일하게 됐다. 얼마 지나지 않아 동생 일을 해주면서 내 제품을 만들어 파는 조건으로 월 백만 원을 받기로 했고, 얼마 지나지 않아 새로 개발한 제품이 마음에 드는지 자기도 투자한다고 하는 바람에 규모가 조금 커졌고 전혀 다른 시장이므로 마케팅이 제대로 안 돼 막내와 나는 사천만 원쯤 손해를 보게 됐다. 건물주가 바뀌는 바람에 이사하는 과정에서 철거를 맡은 사람이 철거 과정에서 용접으로 절단하다가 불이 나는 바람에 이런저런 이유로 막내는 여기서도 손해를 봤다.

공장을 이사하는 비용과 공장 설비 비용이 겹치면서, 그리고 공예산업이 점점 악화되면서 빚은 점점 늘어갔다.

■ 전통공예학과 코스에서 있었던 일

2009년도에 같은 업종에 종사하는 친구가 한국과학기술대학교 전통공예학과 1년 코스에 들어가면 배울 것이 많다고 하길래 그곳에 입학하게 됐다. 동료 선생님의 경력란을 보니까 너무 화려하여 동생들하고 같이 만들어 판 것이지만 공예품 이삼백만 개를 만들어 판매했으며 의장등록 40건 정도가 있다고 경력란에 썼다. 공예 경진대회에 단 한 번 출품해서 입선한 적이 있지만, 창피해서 안 썼다.

입학하고 보니까 경력에도 놀랐지만, 31명이었는데 공예 분야가 이렇게 넓은 것에 놀랐고 주로 목재를 다루는 나는 완전히 우물 안 개구리였다.

점점 침체하여가는 공예산업의 활로를 찾기 위해 입학하였으므로 이미 졸업생이 150여 명 있었고 경력도 화려하므로 협력하면 그 활로가 있을 것 같아 동료 선생님 한 명과 같이 교수님을 찾아가서 이에 대해 말씀드렸더니 되면 좋고 아니면 말고, 즉 내로남불 식으로 한다고 말씀하셨다. 하지만, 나는 기회가 있을 때마다 졸업한 선생님이나 동료 선생님을(주로 남성이었고 여성과의 소통에는 약간 문제가 있었다) 설득하려고 노력했고 이것을 5년 이상 했다. 학교를 졸업하고 1년쯤 뒤에 이것에 대한 비중이 매우 큰(넓은 의미의) 창의성이 발현하였고, 그다음 해에 동료 선생님의 소개로 한국경제 신문에서 6개월 코스의 공예 아카데미에 입학하게 되었다. 하루는 여성 강사님이 혁신성과 창의성에 대해 강의하셨는데 늘 그렇듯이 특별한 내용은 없었던 것 같다.

그다음 날 오전 9시 반경 일하고 있는데 갑자기 '혁신성과 창의성은 곤충이 우화하는 것과 같다'라는 생각, 그리고 그 방법 다섯 가지가 생각났다가 사라졌다. 꼭 꿈을 꾸고 아침에 일어났을 때 무언가 생각나다가도 이내 사라져버리는 것과 너무 흡사했다.

나는 공장을 운영할 때나 관리할 때도 장부를 정리하다가 말다가를 반복했으며, 인건비를 지급할 때도 거의 기억에 의존했고 나중에는 거의 장부를 정리하지 않았다. 일하면서 창의성이 발현하였고 평소에 메모지에 적는 습관도 없으므로 그저 반복해서 생각하는 것이 유일하게 기억으로 저장하는 방법이다.

이때부터 전에 해왔던 대로, 일하면서 기회가 있을 때마다 일과 동시에 생각이나 상상만으로 20세 전후에 있었던 것과 50대 중반에 발현한 창의성을 비교하고 추적하는 것을 3년쯤 하다가 보니 창의성 및 그 주변에 대해 내 나름대로 정리했다고 자부했다. 하지만 앞서 설명한 대로 2017년 4월경에 EBS '통찰' 프로그램에서 모 교수님의 강연 내용, 즉 1초도 쉬지 않고 생각하고 또 생각하기를 계속한다면 누구나 창의성을 발현할 수 있다는 이야기를 들었다. 이렇게 외부에서 창의성에 대한 전문 지식을 처음 접해보았고 그 뒤로 뇌에 관한 전문 지식이나 교육에 관한 전문 지식을 방송이나 신문을 통해 어쩌다 한 번씩 습득했다. 그것은 아주 극미했으나 창의성과 그 주변을 정리하는 데에는 매우 유용했다.

굳이 과거의 내 행로를 적은 것은, 우산이 설정되어 있을 때는 그런 대로 내 작은 뜻을 펼 수 있었으나 우산이 설정되어 있지 않을 때는 결점이 많이 드러났기 때문이다. 일은 열심히 했으나 뚜렷한 목표도 없었고, 돈에 대한 집착도 약했으며, 성격이 소극적이었으며 굴곡이 심했음을 알 수 있을 것이다.

잘나갈 때는 주로 술을 먹으며 돈을 탕진했으나, 중간중간에 잘 안 될 때나 혼자 있는 시간이 있으면 쓸데없는 잡생각을 반복하거나 잡다한 상상을 반복함으로써 어릴 적부터 이어져오던 잡생각이나 상상을 반복하는 것을 근근이 이어갈 수 있었다. 40대 들어 주위 환경이 안 좋아지면서 잡생각을 하거나 상상을 반복하는 횟수는 늘어났으나, 그것은 내가 하는 일과는 직접적으로는 관계가 없는, 말 그대로 쓸데없는 것이 많았다.

그리고 한 가지 특징은 잡생각이나 상상을 반복하다 보니 다른 생각도 하게 되었다는 것이다.

40대 중반 들어서는 일을 하면서 동시에 잡생각이나 상상 또는 다른 생각을 할 수 있게 됐다. 공예품을 만드는 한 공정에 수가 많을 때도 있고 적을 때도 있다. 한 공정을 온종일 할 때도 있으므로 지루하고 고달프기 그지없다. 이 지루함과 고통을 잊기 위해 때로는 마음속으로 숫자를 세면서 몇분의 몇 남았는지 생각을 반복하거나 잡생각이나 상상을 반복하다 보면 지루함이나 고통은 얼마간 해소된다. 한 공정 내내 잡생각이나 상상을 계속한 것이 아니라 몸의 움직임에 따라 잠깐씩 하곤 했다. 40대 들어 여당이나 야당에 너무 치우치지 않은 신문을 선택해 처음에는 스포츠면을 주로 봤으나 차츰 정치, 경제 사설 쪽으로 관심이 바뀌었고 이에 다른 생각도 했다. 방송은 오락이나 연속극에서 다큐멘터리나 자연 다큐멘터리 쪽으로 관심이 바뀌면서 상식의 폭을 넓혀갔다. 일부러 의도한 측면은 없었고 자연스럽게 그렇게 됐다. 그렇게 되면서 다른 생각을 하는 횟수도 늘어났다.

책은 1년에 10권 이상을 읽었는데 주로 중국 역사의 사기에 관련된 것이나, 민족 자긍심을 고양할 수 있는 그러한 것들을 주로 읽었다. 40대 이후에는 세상사에 대해 다른 생각도 하기 시작했고 그것도 자주 하다 보니 세상사에 다름이 많다는 것도 알게 됐다. 아니, 어쩌면 그 이전부터 해왔는지도 모르겠다.

다른 생각이나 상상으로 인해 좋은 방법이 떠올라도 항상 한계에 부딪친다. 이것을 완성하려면 새로운 제품을 만들 때 실제로 만들어 보아야지 결점을 보완할 수 있다. 뇌가 활성화 상태를 유지하고 있는 이들이라면, 이보다 더 좋은 새로운 제품도 연속해서 많이 만들 수 있을 것이다. 스스로 생각한 것을 스스로 만들어보는 것이 메이커 교육의 핵심인 것처럼, 생각이나 상상에는 만들어보는 이 실행 과정이 빠져 있으므로 항상 한계에 부딪히는 것이다. 또는 그 다른 생각을 하는 부분에서 전문 지식이 부족하므로 항상 한계에 부딪히는 것이다.

그러나 어느 사물이든 2가지 이상의 뜻을 내포하고 있듯이 다른 생각이나 상상으로 좋은 방법이 떠올라도 이것을 실행에 옮기지 않는 것이 또 다른 생각이나 상상을 반복하는 데는 도리어 유리하게 작용하여 뇌 활성화 상태를 계속 유지할 수 있게 된다. 벤처사업가나 천재들이 창의성을 발현한 이후 더는 창의성을 찾아볼 수 없는 경우가 많은 것을 생각하면 쉽게 이해될 것이다.

50대 중반에 창의성을 발현한 후에 창의성 및 그 주변을 생각과 상상만으로 추적했다. 한편으로 새로운 제품에 한 번 더 실패하고 또 새로운 제품을 만들었으나 옛날과 환경이 너무 달라져 근근이 생활하고 있으며 동생도 환경이 별로이므로 3년 전부터 백만 원 받던 것도 안 받는다고 내가 먼저 말했고 1년이면 340일 이상 일요일도 없이 일한다. 모든 것은 나 스스로 결정한 것이다.

권력과 부, 명예, 그리고 편리함은 창의성과 반비례한다. 특히 편리함은 창의성에 최대의 적이다. 고승이 동굴에서 참선하고, 성직자들이 외진 곳에 교회를 짓고 수련하는 그 효과처럼 일하면서 생각이나 상상을 반복하는 것을 동시에 할 수 있다면 같은 효과를 내어 얼마든지 진리를 탐구할 수 있다고 본다. 즉, 일하는 곳이 연구소였다.

인터넷을 모르면 현대인이 아니라고 할지 모르지만, 인터넷이 편리함의 보고이므로 그 편리함에 익숙해지게 되면 더는 창의성을 발현할 수 없게 된다. 급하더라도 생각과 상상을 반복하고 있다 보면, 그와 관련된 지식을 습득하게 되고 이른 시간 안에 다른 생각이 완성된다.

이제 50대 중반에 어떻게 창의력이 발현했는지 추적해보자.

　　　　　　　　　아이를 창의적 천재로 만드는 뇌의 비밀

2009년 전에는 잡생각이나 상상을 반복하는 것을 틈틈이 해왔고 다른 생각도 해왔으나 어떤 주제에 대해 오랜 시간 동안 한 적도 없고 창의성이 발현할 때는 특별한 형식도 띠지 않으므로 창의성을 발현 했는지는 알 수 없다. 그러나 일하면서 잡생각이나 상상을 동시에 할 수 있었다. 2009년에 친구의 소개로 학교에 입학하게 되면서 그것은 울타리 안에서 밖으로의 외출이므로 자동으로 쌍방향으로 주제가 설 정됐다.

하나는 점점 침체해가는 공예산업을 살릴 방법이 다른 작가 선생님 들과의 협력에 있다 보았고, 그 방법을 동료 선생님과 같이 교수님에 게 의논하러 갔다가 교수님에게서 되면 좋고 아니면 말고 식으로 한 다고 핀잔을 들은 것이다. 하지만 나는 기회가 있을 때마다 동료 선생 님들을 설득했다. 그것 말고는 딱히 내가 할 일이 없는 측면도 있었 고, 어떤 특별한 의도가 있다기보다는 그렇게 하는 것이 옳다는 믿음 하나 때문이었다.

일주일에 한 번 학교에 가므로 일하면서 누구를 어떻게 설득할지, 협력해야 할 이유는 무엇인지 등등의 상상을 학교에 가기 전까지 생 각날 때 잠깐씩 반복했다. 이렇게 하는 이유는 동료를 꼭 설득하려는 목적보다는 전부터 해왔듯이 일의 지루함이나 고통을 잊기 위한 목 적이 더 크다 할 것이다. 기회가 있을 때마다 남자 동료들을 상대로 협력에 대해 설득했고 긍정적인 반응을 받았으나 이것에 대해 발언 할 기회가 생겨 발언하게 되면 아무도 뒤를 받쳐주지 않아 좌절하고 만다. 물론 합리적이지 못하고 말에 융통성이 없는 것도 한몫했을 것 이다.

그러나 나는 편집증 환자처럼 기회가 있을 때마다 계속 동료들을 설득했으며 실없다는 소리를 들었으나 계속 이어갔다.

■ 비중이 큰 창의성의 예

이렇게 한 지 2년 만에 예기치 못하게 비중이 매우 큰 창의성이 상상 중에 발현했다. 그것은 동료 작가들과 합심하는 방법이었지만, 생각하고 상상했던 것보다 상당히 의외의 것이었다. 그리고 6개월 후에 발현한 창의성이 왜 발현했는지 그 예를 들어보면 다음과 같다.

- 어떤 교회에서는 왜 손뼉을 치며 큰 소리로 합창을 할까?
- 부두교가 의식행위를 할 때 코, 볼 등에 철사를 꽂는데 꽂을 때는 통증을 느끼지 않을 수도 있지만 의식이 끝나고 철사를 뺀 다음에도 통증을 느끼지 않을까?
- 이순신 장군은 어떻게 23전 23승이 가능했을까? 또는 위인전처럼 어린 시절에도 그렇게 뛰어났을까?
- 세종대왕은 우리나라 역사에서 백성을 위한 뛰어난 성군인데 그의 어린 시절에는 어땠을까?
- 에디슨은 어린 시절 어미 닭이 하는 것처럼 알을 품는 행동을 하였는데 이것과 그가 성인이 된 다음 뛰어난 발명품을 많이 남긴 것과 관계는 없을까?
- 불교에서 108배, 3,000배, 나무아미타불 관세음보살은 왜 소리내어 주문을 욀까?

- 부탄에서 오체투지라는 것을 행하는데 고통스럽고 매우 힘든 과정으로 보이는데 왜 그렇게 해야만 할까? 또는 누가 그러한 것을 설계했을까?
- 기독교에서 목사님은 설교 중간마다 왜 할렐루야를 반복할까?
- 아멘이나 주기도문은 모두가 소리 내어 반복하는데 왜 그렇게 할까?
- 성지순례는 누가 설계했을까?
- 기도원에 가서 기도하면 병이 나을까?
- 옛날에 교회에 다니시는 이웃분이 방언이 터졌다고 한 적이 있는데 이스라엘 언어라고도 하고, 아랍어라고도 했는데 그 말이 맞을까?
- 방언은 왜 터질까?
- 영재가 성인이 됐을 때 영재성이 남아 있는 경우가 적은 이유는 무엇일까?
- 천재라는 예술가들이 중도에 방황하다가 다시 천재적 작품을 남긴 경우가 있는데 중도에 왜 방황할 수밖에 없었을까?

이렇게 내가 상식으로 알고 있는 것들을 협력하는 방법 또는 잡다한 것들과 같이 생각과 상상을 반복했다. 이것들은 내 직업과 관련이 없는 것이고 어찌 보면 엉뚱하다고 할 수 있으나, 어떤 목적이나 의도 같은 것은 없었고 울타리가 처진 듯 좁은 곳에서 일만 하다가 학교라는 바깥세상으로 외출을 하면서 자동으로 설정된 것이다.

물론 일할 때만 동시에 생각이나 상상을 잠깐씩 했으며 어떤 것은 그 뜻을 조금씩 이해할 것 같아서 재미가 붙으면서 그 대상도 확장했던 것이다. 이때 집에 가서는 인터넷은 할 줄 몰랐지만 아주 기본적인 게임 사천성, 맞고, 바둑을 번갈아 했다.

이런 상황에서 2년도 되기 전에 협력하는 방법에 대해 창의성이 발현하였고, 그로부터 반년 후에 여성 강사님의 창의성과 혁신성에 대한 강의를 들은 그 다음 날 생각과 상상에 몰입하던 중에 '창의성과 혁신성은 곤충이 우화하는 것과 같다'라는 생각이 났고 그 방법 다섯 가지가 순식간에 머릿속에 떠올랐는데 이내 사라졌다.

■ 잡초 같은 인생의 홀로 있는 시간에 찾아온 창의성

나는 공예산업에 종사하는 사람이다. 우산 안에서는 조금 빛을 냈지만 우산을 걷어내면 별로 힘을 쓰지 못했고, 공예의 기초적인 기술이나 기초적인 지식에 대해 어떠한 노력도 안 했고, 직장 다닐 때의 환영이라고 생각하며 돈만 생기면 술을 먹고 탕진했다. 다만 망하고 흥하기를 반복하는 잡초 같은 인생인데다 소극적인 성격이라 홀로 있는 시간에 아주 쓸데없는 잡다한 생각이나 상상을 반복하면서 시간을 보냈다. 이에 더하여 신문과 다큐멘터리 방송을 보고 상식의 폭을 조금 넓혀온 것하고 혹시 연관은 없을까 한다.

내 직업과 전혀 상관이 없는 것에, 그것도 50대 중반에 연달아 성질이 다른 2건이 발현했다. 창의성에 대해 에릭슨 앤더슨은 "훈련하고 또 훈련하기를 일만 시간 이상을 하면 살아 있는 생물처럼 된다"라고 했다.

창의성은 20세 전후에 가장 활발하게 발현하지 않을까? 다행스럽게도 나에게는 20세 전후에 비중이 적은 창의성이 발현한 적이 있고, 발현한 형태도 비슷하다. 발현하기 전의 생활 습관을 살펴보면 창의성 발현을 위해 노력한 흔적은 어디에서도 찾을 수 없다. 특이한 점이 있다면 고통을 잊기 위해서나 시간을 소비하기 위해 잡생각이나 상상을 오랫동안 해왔고, 창의성을 발현하기 전에 같은 유형으로 여러 가지에 대해 집중적으로 생각이나 상상을 반복했고 내가 가장 좋아하고 잘할 수 있는 일에 집중적으로 생각이나 상상을 반복했다는 것이다. 그리고 이것은 어떤 이유나 목적에 의한 것이 아니라 시간을 죽이기 위한 습관에 따른 것이다. 다른 점이 있다면 20세 전후에는 주로 잠자기 전에, 50세 중반 이전에는 낮에 주로 일하면서 동시에 했다는 것이다.

20세 전후에 발현한 창의성은 앞서 설명했고, 50세 중반에 발현한 창의성 중 하나인 협력의 방법은 특별한 의도는 없었고 협력을 하면 공예산업에 이로울 것 같아 당사자들을 어떻게 설득할까 하고 생각이나 상상을 반복했던 것이다. 생각이나 상상 중에 추구한 것하고는 뜻밖의 것이 창의성으로 발현한 것이다. 또 다른 하나는 외부적인 자극 부분이 너무 뚜렷하고 그 자극 부분에 창의성이 발현하였는데, 학자들이 말한 것처럼 하늘에서 뚝 떨어진 것과 같이 너무 뜻밖이라는 것이다.

'혁신성과 창의성은 곤충이 우화하는 것과 같다'라는 창의성이 발현하기 전에는 혁신성과 창의성이라는 말을 그 당시 신문이나 방송을 통해 더러 들은 적은 있으나 혁신성이나 창의성에 대해 직접적으로 생각이나 상상을 반복한 적이 없다. 굳이 그 뿌리를 찾아보면, 앞서 예로 든 엉뚱한 생각이나 상상을 한 것이 변형하여 발현했다고 본다.

모 교수님의 이야기, 즉 생각하고 또 생각했을 때와 같이 어떤 의도나 뚜렷한 목적이 있을 때 창의성이 발현한다는 것과는 그 형태가 또 다르다 할 수 있다.

뚜렷한 목표도 없이 자동으로 추상적인 주제가 설정되고 그것에 대한 창의성이 2년이나 2년 반 만에 발현하였다는 것은 추상적인 주제가 설정됐을 때 이미 뇌가 활성화 상태를 유지하고 있었다고 봐야 하며, 이미 융합하여 축적된 상태라고 보이고 그리고 그 뿌리는 쓸데없고 하찮은 잡생각과 상상을 반복한 것으로부터 시작되었다고 본다. 또 이 경우에도 뇌가 활성화되었다고 본다.

■ 반추하면 뇌가 자극을 받는다

20세 전후와 50대 중반 이전에 발현한 창의성에 대해, 일하면서 지루함이나 고통을 잊기 위해 평소 하던 대로 자연스럽게 틈틈이 생각과 상상만으로 비교해 분석하고 추적하면서 창의성 및 그 주변에 대해 많은 것을 내 나름대로 알게 되었다. 그러나 내 직업과는 동떨어진 것이므로 이것에 대해 상의할 사람이 주변에 아무도 없으므로 내가 편집증 환자인지, 과대망상인지, 옳은 것인지 아닌지를 알 수 없었다. 이러한 것을 메모지에 쓴 적은 한 번도 없으며 내가 선택한 것은 두 달에 한 번 정도 유일하게 내 말을 들어주는 지인(교육 등 많은 면에서 뇌를 자극하는 데 도움을 받았다)에게 이것을 말하는 것과 한 달에 두 번 정도(나중에는 두 달에 한 번) 카페에 가서 계산대 앞에 앉아 서빙하는 아가씨에게 소가 반추하듯 이것에 대해 말을 하는 것이었다. 하지만 이해해주는 경우는 거의 없었다. 실은 나 자신에게 하는 것이고, 이렇게 반추하면 최소한 잊어버리지는 않고 뇌가 자극받을 때도 있다.

이것은 바른 행동이었다. 나중에 안 사실이지만, 메모지에 적으면 그것으로 끝나지만 이렇게 하면 뇌에 다시 기억으로 저장되고 계속 진행형이 되기 때문이다.

여기서 한 가지 살펴볼 것은 후에 안 사실이지만, 잡다한 생각이나 상상을 반복하는 것이나 다른 생각을 습관처럼 오랫동안 이어가다가 어느 날부터 한 방향 또는 쌍방향으로 집중적으로 생각이나 상상을 반복하는 것이 이루어지고 이 부분에서 창의성이 발현한다는 것이다.

한 방향이나 쌍방향이라고 한 것은, 어느 한 가지 주제 또는 두 가지 주제에 대하여 생각이나 상상을 반복하는 것이 아니라 유형이 비슷한 여러 가지를 한 방향 또는 쌍방향이라고 한 것이다. 이 여러 건이 융합하여 축적되었으나 의식 세계에 전달할 뚜렷한 주체도 없고, 의식 세계에 전달할 통로도 막혀 있으므로 외부에서 그 주체(인지)가 정하여지고 그 주체로 변형해야 하므로 주로 그다음 날 창의성으로 발현하는 것이다. 그러므로 학자들은 이 창의성을 하늘에서 떨어지는 것과 같다고 했다.

답답한 마음에 2016년 말에 미하이 칙센트미하이 교수의 『몰입』, 프로이트의 『꿈의 해석』, 다윈의 『진화론』 등의 책을 창의성과 그 주변에 대해 도움이 될까 봐 샀으나 도움이 안 되어 조금씩 읽다가 그만두었다.

■ 신문과 방송에서 얻은 전문 지식

그러던 중에 2017년 2월 초에 우연히 EBS '통찰' 프로그램에서 1초도 쉬지 않고 생각하고 또 생각하기를 3일 동안 계속할 수 있다면 누구나 창의력을 발현할 수 있다는 모 교수님 강연 예고 방송을 들었다. 갑자기 가슴이 멍해지고 고이 간직하던 것을 들킨 것 같아 아무 생각도 나지 않았다. 언제 방송하는지를 알 수 없었고, 잠시 후에 내가 편집증이나 과대망상증이 아닌 것만 확인돼도 고마운 것이고 분명히 내가 생각하고 있는 것과 다른 점도 있을 거야 하면서 마음이 진정됐다. 4월경에 지인을 통해 그 영상을 구할 수 있었고, 조카의 도움으로 그 내용을 볼 수 있었다.

참고로 창의성이나 그 주변에 관한 지식을 외부에서 취득한 것은 2016년 말 보고 있던 신문에서 브라질의 한 연구원생이 신경세포가 일부 재생하는 것을 발견했다는 기사가 첫 번째이고 이번이 두 번째이다.

그 내용을 처음 보았을 때는 내게 필요한 정보는 많이 있었으나 쉽게 이해할 수 없었고, 두세 번 보면서 내가 생각하고 있던 부분과 다름이 많다는 것을 알게 됐고, 그동안 어설펐던 내 생각을 정립하는 데 많은 도움을 주었다.

그 후로 '통찰', '명견만리', '세상을 바꾸는 15분' 등 프로그램 방송을 통해 어쩌다 한 번씩 전문 지식을 취득하였다. 보고 있던 신문을 통해 뇌의 비밀에 대해 본 것이 외부를 통해 취득한 것의 전부이지만, 창의성과 그 주변을 정립하는 데 큰 도움을 주었다. 내 생각이 논리적으로 부족하고 앞뒤 맥락이 어설프지만 맞는 부분이 많이 있다고 생각한다.

아이를 창의적 천재로 만드는 뇌의 비밀

2017년 2월 초에 EBS '통찰' 프로그램의 예고 방송을 들은 다음 날 왠지 모르게 사놓았던 프로이트의『꿈의 해석』을 전에 50여 페이지를 읽다가 중단한 곳부터 다시 읽어보았다. 프로이트는 자는 동안에 신체의 긴장 완화에 꿈이 도움을 준다는 것과, 4대 외부 기관에 자극이 올 때 그와 관련된 꿈을 꾼다고 설명했다. 영화에서는 한 장면에서 다른 장면으로 순식간에 바뀌고 연관성이 전혀 없지만, 꿈은 서서히 바뀌다가 전혀 다른 모습으로 바뀐다는 것이다. 이는 4대 외부 기관의 자극에 반응하는 것처럼 꿈이 기억을 축적한 신경세포를 여행시키거나 점검하면서 만들어지는 것은 아닐까 하는 생각이다. 기억을 쉽게 인출하기 위해서는 우주의 별처럼 배열(들어본 것 같은 느낌)하는 것이 기억을 인출하기 가장 쉽다는 생각을 했다.

꿈을 꾸는 시간이 삼 분의 일이라는 것이 새삼 각인되었는데, 위의 기능 말고도 다른 기능이 있어야 한다는 것이다. 삼 분의 이를 차지하는 의식 세계는 하는 일이 너무 많은데 비해 삼 분의 일을 차지하는 잠자는 시간에 하는 일이 너무 적다는 것이다. 우리의 몸은 자연의 일부로서 최적화된 상태이고 몸에서 꽃 중의 꽃인 뇌가 하는 일인데 너무 비율이 맞지 않는다. 나는 의식 세계와 뇌의 관계를 관포지교의 상호보완적인 관계로 설정하였으며, 꿈을 꾸며 잠자는 동안에 다른 생각을 생산하는 융합 장소가 아닌가 생각한다. 이것이『꿈의 해석』을 2일간 읽으면서 생각한 것이다.

그 뒤로도 비중은 적으나 다양한 형태로 창의성이 발현하는 것을 경험했고, 다른 생각도 했다.

이 글을 처음 쓰기 시작한 것은 2018년 말쯤이 처음이고, 낮에는 일하면서 새벽에 글을 썼으며 2019년 6월 말에 노트북으로 80페이지를 쓰게 됐다. 얼마나 타당성이 있는지 알아보기 위해 평소에 정신과 분야에 대해 방송에서 강의하는 것을 몇 번 봤고, '세상을 바꾸는 15분'에서 창의성에 대해 강의한 것을 본 기억이 있어 수소문 끝에 찾아가서 서류 일부를 건네고 상담받기를 원했으나, 그다음 날 다른 이들이 있는 곳에서 이분은 비전문가로서 창의성을 추적하는 능력이 뛰어나다고 칭찬하면서 자기도 창의성에 관해 쓰려고 하던 참인데 도움이 많이 될 것 같다고 말했다. 내가 원한 것은 상담이라 재차 상담받기를 원했으나 이런저런 이유로 이루어질 수 없었다. 나중에 건네받은 서류에 밑줄이 쳐져 있는 것을 보고 위안을 받았다.

그 뒤로도 2020년 4월 말에 여한이나마 없게 하려고 이 글을 다시 쓰고 있다.

여기서 잠깐 다시 한번 되짚어보자.

■ 정신적인 영역에서 창의성이 발현한 이유

SBS의 '세상에 이런 일이'라는 프로그램이 있다.

그 프로그램 중에서 자영업을 하거나 다니던 직장을 그만두고 어느 날 영감을 받고 예술 작품을 시작하는데 그 역량이 급속도로 증가해가는 이들과, 시간을 보내기 위해서나 아니면 위안을 받기 위해 자기가 좋아하는 일을 오랫동안 이어오다가 속칭 무아경에 이른 이들이 있다.

나는 공예품을 생산하는 일을 하고 있다. 그렇다면 창의성에 관한 존 베어 교수의 말을 빌리면 창의성은 영역 특수성이라고 했으므로 위의 전자나 후자 쪽에서 창의성이 발현하여야 하는데 인문학 또는 정신적인 영역에서 창의성이 발현한 이유는 무엇일까. 그 이유를 알기 위해 나에 대하여 다시 한번 들여다보자.

우선 내가 하는 일, 즉 공예품을 생산하는 일 중에 내가 맡은 일은 열심히 하고 있으며 늘 반복적으로 이루어지고 있으므로 거의 달인의 수준이다. 그러나 다른 일 또는 생활 습관은 어떤가. 20대 때 나도 다른 이들처럼 당구도 치고, 볼링도 굴리고, 바둑도 두고, 화투도 치고, 술집에 가서 춤도 춘 적이 있었다. 문제는 다른 이들보다 잘하려고 노력한 적이 없다는 것이다. 그것도 내 방식대로만 하니까 어느 정도는 되는데 더는 역량이 증가하지 않는다. 그때 춘 춤도 막춤이었고 서너 번 춘 이후로 춤을 춘 적이 없다. 게임할 때는 이기려고 하는 욕망이 있는데도 불구하고 왜 기본적인 정석을 배우거나, 또는 더 잘하기 위해 따로 노력이라는 것을 하지 않았을까.

공무원 시험에 합격하고 전형 서류를 작성하는데 긴장되니까 손에 땀이 나서 글씨를 쓰는데 마치 지렁이가 기어가는 것 같아 애를 먹은 적이 있다. 직장을 다닐 때 하루는 과장님이 웃으시며 글씨 연습 좀 하라고 말씀하신 적이 있는데, 그때 연습을 조금 하였으나 뜻대로 되지 않아 그만둔 적이 있다. 매사가 그런 식이었다. 그리고 계획을 세우고 실천하려고 하면 늘 작심삼일이 되고 만다. 나는 왜 더 잘하려고 노력은 하지 않고 시간을 보내는 데 만족하고 살아왔을까?

이런 적도 있다. 40대일 때 술을 많이 마시러 다닐 때다. 그때 나는 술을 마시면 세상사에 대하여 많이 말하곤 했다. 주로 카페에 갔는데 마음에 맞는 곳을 찾으려면 20~30곳을 들러야 한 곳을 찾을 수 있었고 그곳을 집중적으로 다녔다. 하루는 큰맘 먹고 여사장에게 한번 껴안아보자고 했고 동의하에 꼭 껴안았다. 여사장이 잠깐 밖에 나갔다 오더니 당신은 여자를 사랑할 자격이 없는 사람이라고 말했으나 나는 그 순간 멍하니 있었고, 그리고 그 뒤로 그 카페에 3번쯤 더 갔는데 그냥 술만 마시고 다른 행동은 할 생각조차 못 했다. 나는 그 순간 왜 변명을 하거나 사죄할 마음조차 먹지 못했을까. 이런 일이 24살 때도 있었다. 사귀는 여인이 있었는데 그때는 통금이 있던 시절이어서 11시 30분까지 만나다가 같이 택시를 타고 집 앞까지 데려다주고 나는 여관에서 잔 적이 몇 번 있었다. 하루는 정릉에 같이 놀러 간 적이 있다. 그곳에서 나는 마치 사랑을 고백하듯 나 자신에 관해 장황하게 설명했다. 그러나 마지막 순간에 좋아한다든지 사랑한다든지 또는 나와 결혼해달라든지 그 말을 못 했다. 일주일 후 헤어지자는 편지가 왔으나 이런저런 이유로 연락조차 못 하고 말았다. 왜 나는 가장 중요한 순간에 내 의사 표현을 남들처럼 하지 못할까.

40세쯤 어느 날은 친구들과 모여서 술을 마시고 있었는데 한 친구가 갑자기 내 얼굴에 물세례를 주었다. 그 순간 나는 무슨 영문인지 알지 못했고 아무런 대응도 하지 못한 채 그저 조금 앉아 있다가 집에 왔다. 그리고 57세 때쯤 창의성이 발현한 이후 기회가 있을 때마다 합심하는 방법에 대하여 동료 작가들을 설득하려고 노력했고 또 그것을 멈추지 못할 때다. 하루는 한 여성 작가님에게 모욕적인 말을 들었다. 이때도 모든 상황을 자세히 알지 못했고 아무 대답도 못한 채 그냥 밖으로 나온 적이 있는데 위기의 순간에 왜 이렇게밖에 대응할 수 없었을까.

한번은 지인이 내 지갑이 낡아 헝겊이 보이는 것을 보고 새 지갑을 선물해주었다. 그 낡은 지갑을 3년이 넘은 지금도 가지고 다닌다. 이유는 세상에 하나밖에 없는 디자인이 되어 있는 지갑이니까.

■ 상상을 이어가기 위해 생활공간을 최소화하다

나는 새로운 것이나, 편리한 것들을 접하더라도 금방 그것에 반응하거나 또는 금방 기쁨을 표시하지 않는다. 인터넷은 지금까지도 하지 않는다. 나는 2년 반 전쯤에 공장에 있는 낡은 컨테이너에 3~4평되는 방을 꾸미고 산다. 침대, 간단한 옷장, 냉장고가 있고 책장이 가로질러 있다. 그러다 보니 공간이 별로 없다. 이곳에 사는 이유는 월세를 아낄 수 있고, 동생하고 관계가 정리되는 대로 시골에 가 생활하려고 하지만 이런저런 이유로 미루어지고 있는 상태여서다.

여기에 내 치부가 다 모여 있다. 식사는 동생이 제공하므로 아무런 문제가 없으나 이 공간은 거의 쓰레기장 같다. 좀 너무 더럽다고 느끼면 그때 한 번씩 청소한다. 지금의 환경이 불편한 이유도 있으나 발에 쇠때가 있어도 밖에 나갈 때가 있으면 그냥 양말로 그것을 감춘 채외출한 적도 여러 번 있다. 수염도 외출할 적에나 깎고, 머리는 3개월에 한 번 깎는 편이다. 구두는 항상 뒤꿈치를 꺾어 신고 다닌다. 시간이 없어서 그렇게 한 것은 분명 아니다. 그리고 올겨울에는 전기장판이 있는데도 깔지 않고 조그마한 전기난로를 켰다가 잠자기 전에 끄고 이불을 두 겹 겹쳐서 폭 뒤집어쓰면 처음에는 춥다가 이내 내 체온으로 인해 잠자는 데는 아무런 지장이 없다.

30대 말쯤에 불이 나 모든 것을 잃어버린 후 나 자신을 위해 증명사진을 제외한 사진을 찍은 적이 없으며 스마트폰에도 내 사진은 없다. 또한 스마트폰에 저장된 전화번호도 없다. 지금은 반백인데 염색을 한 적이 없으며, 30년 넘게 얼굴이나 손에 로션 등 화장품을 바른 기억이 없다.

그러나 내가 주로 하는 일, 즉 공예품을 생산하는 일 중에서 내가 맡은 부분은 열심히 하고 있으며 거의 달인 수준이다. 30년 넘게 종이신문을 보고 있으며 어쩌다 TV 다큐멘터리 프로그램이 눈에 띄면 그걸 보면서 상식의 폭을 넓혀왔다. 철저하게 아날로그 방식의 생활을 하고 있지만 불편하다고 생각한 적은 별로 없다. 그 이유는 상상 속에서는 무엇이든지 가능하기 때문이다.

그리고 잡다한 생각이나 상상 및 다른 생각을 때때로 근근이 이어가기도 하다가 일하면서 또는 운전하면서 하게 되었는데 이것은 무슨 의도나 목적이 있어서 한 것이 아니라 버릇이나 습관처럼 하게 된 것이다.

굳이 내 치부를 적는 것은 정상인들보다 용기가 부족하거나, 게으르거나, 우유부단하거나, 거의 모두가 하는 편리함을 이용하는 데 늦거나 그것을 이용하지 않고 있는 것은 이 전체가 한 방향이라는 느낌이 들고 다른 생각을 하는 데 내 몸이나 생활이 최적화되어 있다는 느낌이 들기 때문이다. 즉, 나처럼 의지력도 약하고 실천력이 없는데도 불구하고 다른 생각이나 잡생각이나 잡다한 상상을 반복하는 것이 습관화되기 위해서는 다른 버릇이나 습관은 무시하거나 희생하여야지만 그것들이 자신도 모르게 자연스럽게 습관화된다는 것이다.

■ 초심을 이어가는 데 도움이 되는 것

공예품을 생산하고 있는데도 불구하고 '세상에 이런 일이'라는 프로그램에 나오는 사람들과 달리 인문학이나 정신적인 영역에서 창의성이 발현한 것은 **다른 생각들이 자기 자신도 모르게 축적되고 축적되어 발현한 것이다.**

이 다른 생각 또는 잡생각이나 상상을 반복하더라도 자기 자신은 역량이 증가하는 것을 느끼기가 쉽지 않다. 그것은 자기가 주로 하는 일이 아닐 뿐만 아니라, 그리고 어떤 목적이나 의도를 가지고 하는 것이 아니라 주변에서 늘 일어나는 일에 대한 것이 많고, 그렇지 않다 하더라도 전문적인 지식이 없는 상태이므로 확장성에 한계가 있어 역량의 증가를 느끼기가 쉽지 않기 때문이다. 하지만 그것은 오히려 초심을 이어가는 데는 도움이 된다.

그러므로 넓은 의미의 창의성을 발현할 수 있는 상태에 이르는 기간이 다른 종류에 비교해 훨씬 더 걸린다. 그리고 그 뒤로도 초심을 계속 이어가야 하므로, 대기만성이라는 말이 있듯이 자연적으로 이 경지에 도달하기 위해서는 상당한 기간이 필요하고 이에 도달한 이는 극소수다.

어떤 의도나 목적을 가지고 생각이나 다른 생각을 하여 그 목표를 이루게 되면 주변 환경이 변하거나 목표가 상실됨으로 인해 더는 초심을 이어가기가 쉽지 않은 것이다. 즉, 인간은 환경의 동물이라고 하였듯이 뇌의 발달 방향을 이어가기가 쉽지 않은 것이다.

나는 이 창의성이 발현한 이후 그것은 내가 하는 일이 아니므로 오히려 초심을 이어가는 데 도움이 돼 발현한 창의성 및 그 주변에 대한 역량을 10년 이상 키울 수 있어 이 글을 쓸 수 있게 된 것이다.

참고로 나는 철저히 아날로그다. 이것 또한 의도하지 않았으나 자연스럽게 형성되었고, 어떤 새로운 것이 있더라도 남들처럼 그것에 금방 반응하지 않고 남들이 다 반응하고 난 다음에 그것에 반응하는 경우가 많다. 그리고 남들이 말하는 계획을 세우고 그것에 대해 길게 노력을 한 적이 없다. 이 말을 여기에 적는 이유는 창의성 및 그 주변에 관한 전문 지식을 알기 위해 노력한 적이 없으며, 그 전문 지식은 방송이나 보고 있는 신문 또는 지인이 어쩌다 스마트폰을 통해 보내 준 것이 전부이기 때문이다. 그 전문 지식은 방송이나 신문을 통해 자연스럽게 취득하게 되었고, 그 전문 지식을 취득했을 때도 한번 훑어본 후 평소대로 일하면서 동시에 잡생각이나 상상의 반복 또는 다른 생각도 하고 어떨 때는 그 전문 지식에 대하여 상상을 하기도 한다. 그 전문 지식의 분량이 전혀 새롭지 않거나 적을 때는 다음 날이나, 또는 며칠 후에 그에 관한 다른 생각이 완성되기도 하고, 그 전문 지식이 새롭고 분량이 많을 때는 대충 훑어본 후 그에 대하여 일하면서 동시에 생각이나 상상을 반복하는 것을 하는 둥 마는 둥 그렇게 3~4개월을 보낸 뒤 그 주요 내용을 종이에 옮겨 적고 그리고 다시 노트북에 옮겨 적으면서 다른 생각이 완성된다. 즉, 그동안 그에 대응할 힘이 생긴 것이다.

이것은 넓은 의미의 창의성을 발현하고도 계속 초심을 이어가면(특히 발현한 창의성에 관한 것과 발현하기 전의 초심) 뇌의 활동이 상식으로 알고 있는 것하고는 전혀 다르게 작용하는 것이다. 나는 이 순간을 가칭 '생각하는 뇌의 문이 열린다'라고 명명했다.

아이를 창의적 천재로 만드는 뇌의 비밀

이 글은 그 상황 속에서 쓴 것이다.

세상사에 대해 다른 생각을 하다 보면 세상사에 오류가 많다는 것을 알 수 있다.

그중 한 가지, 편리함의 예를 들어보자.

어떤 사물에도 양면 이상의 뜻이 있듯이 편리함의 뒷면에는 반대의 것이 있고, 때로는 편리함으로 얻는 것보다 잃는 것이 더 많을 때도 있다.

■ 세상의 혁신이 가져다주는 문제들

인간은 땅에 내려와 살다 보니 맹수에게 잡아 먹히는 경우가 많았다. 따라서 두 발로 서서 맹수를 관찰하게 됐으며 두 팔이 자유롭다 보니 돌이나 나무로 연장도 만들게 됐다. 두 발로 서서 연장도 사용함으로써 맹수를 멀리서도 볼 수 있고, 맹수를 물리칠 수도 있고, 사냥감을 쉽게 잡을 수 있는 편리함도 얻었으나 그 대가로 달리기도 느려졌고, 허리에 통증이 생겼으며, 체력도 약화됐다. 불을 발견해 음식을 익혀 먹고 음식 맛을 아는 혁신을 이루었으나 치아도 약화됐고, 내장 기관도 약화됐으며, 면역력도 약화될 수밖에 없었다.

이 편리함은 수 세기를 걸쳐 진행되었으므로 편리함의 약점을 상당히 보완할 수가 있었다고 본다. 그 뒤로도 인간은 편리함을 꾸준히 추구하였고 발전해왔으며 시행착오는 있었으나 약점을 보완해줄 수 있는 시간이 충분했으므로 큰 틀에서 보면 다른 분야도 균형 있게 발전할 수 있었다.

근대사회에 산업혁명이 일어나고 기계문명이 급속도로 발전하면서 편리함도 모든 면에 있어서 급속도로 발전을 거듭했다. 인간도 이에 길들여져갔다.

편리함을 선도한 이들이 자본이나 모든 가치를 선점하여 모든 부분을 주도하게 됐고, 다른 분야는 그 속도가 너무 빨라 그에 대비할 시간도 부족하여 정체되거나 어쩌다 목소리를 내어보지만 이내 묻혀버리기 일쑤였다.

현대사회에 와서 편리함의 발전 속도는 고속열차가 달리는 것과 같아서 어제의 편리함이 내일이면 구식이 되는 시대가 됐다.

■ 인류가 300년에 걸쳐 추구한 편리함의 문제점

근 300년에 걸쳐 추구한 편리함의 결과를 살펴보자.

사람들은 도시로 몰려들면서 도시 규모는 엄청나게 커져 그 결과로 엄청난 퇴적물을 쌓아놓았으며, 자원을 땅속에서 무분별하게 채굴하면서 그 결과로 지구는 살아 있는 생물이라 했듯이 지구의 역학 구조가 흔들리면서 지진이나 화산 활동이 더 빈번하게 일어나도록 돕는 결과를 초래했다.

편리함의 도움으로 인구는 기하급수적으로 늘어나고 수명도 연장

아이를 창의적 천재로 만드는 뇌의 비밀

되다 보니 그에 따라 자원 소비도 엄청나게 증가했으며 수자원도 고갈시키다 보니 사막화 현상을 초래했고 지구 온난화에 일조했다. 그리고 늘어난 사람들을 먹이기 위해 산림도 훼손하여 지구 온난화에 일조했다.

편리함에 꼭 필요한 화학제품이 늘어나면서 육지는 물론 바다도 오염시켜 육지의 생태계도 무너졌고, 어패류도 거의 멸종으로 몰아가고 있다. 편리함의 결과로 스모그 현상은 일상이 됐으며, 북극 지방의 오존층이 파괴되기도 하고, 남극이나 북극의 빙하는 급속도로 녹고 있으며, 지구의 온도가 올라가고, 엘니뇨 현상 등 기후가 급변하는 것은 이제 우리의 주변에서 새로운 것이 아니라 늘 있는 일이 됐다.

그린란드의 얼음이 다 녹으면 해수면이 7m 올라간다는 전문가의 분석을 신문을 통해 본 적이 있다. 수학에서 배운 임계점이 생각난다. 임계점에 달하게 되면 하나씩 늘어가던 것이 2의 제곱으로, 3의 제곱으로… 나중에는 예측할 수 없게 되는 것처럼 해수면이 1m만 올라가도 지구의 기후는 예측할 수 없게 될 것이다.

작년에 타계한 유명한 과학자가 50년 후에는 지구에서 사람이 살 수 없는 환경이 되므로 이를 타개할 수 있는 것은 과학뿐이라고 한 말이 생각난다. 이 결과를 초래하는 데 일조한 과학이 모든 이들을 구제할 방법을 제시할지 의문이 들뿐만 아니라 왜 최악의 경우까지 가야만 하는지 의문스럽다. 역사를 살펴볼 때 재난이 일어나면 힘없는 사람은 재난을 당했지만, 힘 있는 사람들은 재난을 비껴간 경우가 너무 많다.

이 과학자의 말을 액면 그대로 믿는다고 가정해도 50년 훨씬 이전에 지구 곳곳에서 일어나는 예측할 수 없는 기후로 인해 벌어지는 일들에 대해서는 왜 언급하지 않았는지 모르겠다.

편리함은 마약과 같아서 한번 길들면 다시 돌아갈 수 없나 보다. 인류가 추구하고 있는 이 편리함이 모든 가치를 대변할 수 있는지 의구심을 갖게 되는 것은 어쩔 수가 없다. 지금까지 노벨상을 받은 세계적인 석학들이 지금의 지구 환경에 일조한 것은 아닌지 의심이 드는 것도 어쩔 수가 없다.

'이제는 돌아와 거울 앞에 선 내 누님 같은 꽃이여'라는 시구가 생각난다.

재작년에 스웨덴의 툰베리라는 학생이 지구 온난화를 걱정하고 들고 일어나 그에 대해 말했지만, 편리함을 추구하는 거대한 집단에 의해 거의 묻혀버리고 말았다. 그녀는 지구가 보낸 마지막 천사일지도 모르는데?

과거 공룡은 육식동물이나 초식동물이나 서로 살아남기 위해 몸통을 키우는 것을 선택하여 한 방향으로만 진화한 결과 거대한 몸체를 갖게 됐다. 그 몸체를 유지하기 위해 많은 먹이가 필요했고, 그로 인해 생태계는 균형을 점점 잃어가면서 지금의 아프리카나 다른 지역처럼 사막화가 진행되었다. 따라서 운석이 지구에 떨어지기 전에 이미 멸족의 길을 가고 있었다고 본다.

그 결과를 경험한 자연계는 어느 한 종의 급격한 진화는 멸족으로 갈 수 있으므로 바이러스를 이용하여 어느 정도 균형을 유지했지만, 지금의 인류가 추구하고 있는 편리함은 브레이크가 고장 난 고속열차가 달리는 것과 같다.

각국 정상들이 모여 기후 위기에 관해 대책을 논의하고 현재 지구의 온도가 1.1도 오른 것을 1.5도에서 동결하기로 결의하고, 탄소 중

립이니 탄소 제로니 하면서 대책을 세우는 것 같지만, 그것도 각국의 이해관계로 잘 지켜지지 않는 것 같다.

지구의 온도가 1.1도 오른 지금의 이상 기후로 인한 가중치로도 지구의 생물은 멸족할 수 있다고 본다.

■ 생명이 살 수 없는 지구 환경

미국이나 영국의 과학자들이 해수면이 상승할 것이므로 해안가에 장벽을 쌓거나 해안가의 도시들을 고지대로 옮겨야 한다는 보고서를 작성했다는 기사를 본 적이 있다.

과연 그렇게 해서 안전하게 살 수 있는지 의문스럽다. 예측할 수 없는 기후로 인한 식량 위기는 어떻게 할 것이며, 그로 인한 폭동이나 폭증하는 난민은 어떻게 할 것인가. 예측할 수 없는 문제점도 엄청나게 많이 발생할 것이다. 과연 편리함의 가치가 모든 것을 대변하는지, 결국은 자기 자신도 희생하여야 하는 것인지, 아니면 편리함에 중독되어 죽어야만 끝이 나는 것인지, 그 탐욕은 끝이 없어 보인다.

친환경이라고 하는 전기차도 에너지인 전기를 필요로 하며 폐배터리의 처리도 문제다. 수소차도 수소를 만드는 데 탄소를 배출하고, 그 외에 친환경이라고 하는 것들도 눈 가리고 아웅 하는 것이 대부분이다.

이 지구를 생명이 살 수 없는 환경으로 만들어놓고 달이나 화성 등에 기지를 만들어 인간을 이주시키는 것이 가능한 것인지 묻고 싶다.

그 엄청난 비용은 누가 댈 것이며, 누구나 다 이주시킬 수 있겠는가. 역사를 돌이켜보면 재난에 취약한 사람은 힘없고 돈 없는 사람이 항상 우선순위였다.

과연 지금의 기후 위기는 막을 수가 없는 것인가. 얼마 전에 어느 농촌의 지도자가 방송에서 농촌의 삼림에 태양광 발전 설비를 설치하여 토사가 흘러내려 농사에 지장이 많음을 이야기하며, 도시에서 소비하는 에너지는 도시에서 상당 부분 생산할 수 있다며 도시에 있는 건물이나 도로변에 태양광 발전 설비를 설치하면 된다고 한 것을 본 적이 있다. 나도 여기에 동감한다. 도로변은 생각하지 못했지만, 건물의 지붕 위에 태양광을 설치하는 것은 오래전에 생각을 한 적이 있다. 언젠가 태양광 패널이 타일처럼 개발되었다는 것을 들은 적이 있는데 좀 더 집중적으로 연구한다면 더 효율적으로 비용도 저렴하게 개발해서 벽면에도 설치할 수 있다고 본다.

지금은 건물의 미관이나 디자인이 중요하겠지만 얼마든지 조화롭게 설치할 수 있다고 본다. 비용이 들겠지만 이것은 필연으로 보아야 한다.

그리고 에너지를 절약하거나 친환경 에너지를 생산하는 방법은 수없이 있을 수 있으므로 이쪽에 관심이 있는 사람들을 모아서 몇 그룹으로 나누고 일주일에 한 번씩 집중 토론을 최소 6개월 이상 해볼 것을 권한다. 이렇게 한다면 반드시 친환경 에너지를 생산하는 새로운 방법이 여러 건 나올 수 있을 것이다.

무엇보다 중요한 것은 시민들의 생활 방식을 바꾸는 것이다. 그리고 지구 환경을 살리는 것이 그 무엇보다도 우선시되어야 한다. 이 부분에 대한 설명은 너무 복잡하므로 다음 기회로 넘겨야 할 것 같다.

아이를 창의적 천재로 만드는 뇌의 비밀

■ 편리함은 뇌 기능을 약화시킨다

한 가지 분명한 것은, 편리함은 우리 몸을 나태하게 하고 약화시킬 뿐만 아니라 뇌 기능도 약화시킨다는 것이다. 창의성은 권력과 부, 그리고 명예와 반비례하고 편리함은 창의성과 대척점에 있다.

이 글의 주요 내용은 창의성 및 그 주변에 대하여 추적하여 이것이 어떻게 형성되고 어떻게 발현하는지를 추적하는 과정이 많으므로 때로는 중복되는 내용이 많고, 특히 이미 알고 있던 내용에 더해 이 글을 쓰는 과정 중 외부에서 이와 관련된 전문 지식을 습득할 때마다 역량이 쌓여 앞에서 쓴 내용과 뒷부분이 조금 다를 수 있다.

2. 절대적 습관

■ 습관과 환경

과학자들은 2~5세 사이의 기간이 뇌의 발달 방향에 결정적이라고 한다. 사람은 태어나는 순간부터 지식을 취득하고 경험을 반복하면서 습관이 형성된다. 이 반복적인 행동이 뇌를 자극해 자리 잡으면서 습관이 형성된다고 본다. 습관은 주위 환경과 밀접한 관계를 맺고 있으며, 2~5세에 뇌의 발달 방향에 결정적 역할을 한다고 한(태어나는 순간) 것처럼 어릴 적에 형성된 습관도 무척 중요하다. 세 살 버릇이 여든 간다는 속담도 있고, 어떤 계획을 세우고 실천을 하려고 할 때 작심삼일이 되는 경우가 너무나 많은 것은 태어나는 순간부터 어릴 적에 올바른 습관을 형성하지 못한 것이 그 원인이다. 태어나는 순간은 뇌의 신경세포가 비어 있는 상태이므로, 처음 교감을 통해 지식과 경험을 제공하는 부모와 주변 사람들이 육아하는 방법이나 아기 앞에서의 행동이 무척 중요하다. 이 부분은 10장 「한 살의 기적」에서 논할 것이다.

아이를 창의적 천재로 만드는 뇌의 비밀

습관을 형성하는 데 도움을 주거나 습관을 이어가는 데 영향을 끼치는 주위 환경은 스스로 환경을 설정하고 실천하는 자의적 환경과 개인의 의지와 관계없이 이미 설정된 타의적 환경으로 구분할 수 있다. 자의적 환경은 어떤 목적을 위해 계획을 세우고 실천할 수 있도록 스스로 설정한 환경이고, 타의적 환경은 육아 기관, 유치원 및 학교, 군대, 직장 등이 있다.

　육아 기간은 뇌의 신경세포가 비어 있는 상태이므로 습관을 형성하는 데 중요한 시기이다. 유치원 및 학교는 환경이 비교적 약하게 설정된 곳이므로 처음에는 유지해오던 습관이 바뀔 수 있으나 집과 유치원 및 학교의 환경이 얼마나 유사한가에 따라 달라진다. 집과 유치원 및 학교에서의 습관이 가정에서 배운 것과 다를 때 시간이 지나면서 희석되어 어릴 때의 습관으로 돌아가기도 한다. 직장은 환경이 중간 단계로 설정된 상태이지만, 생존이 걸려 있기 때문에 직장이라는 환경에 적응할 수 있는 습관으로 직장 내에서만 쉽게 바뀌게 되고 직장을 그만두게 되면 그 습관은 사라지게 된다.

■ 타의적 환경인 군대는 습관 정착에 유리하다

　군대는 환경이 강하게 설정된 곳으로, 개인의 의지와 관계없이 쉽게 습관이 바뀌고 어릴 적 습관을 유지할 수 있는 환경과는 완전히 차단되어 있으므로 어릴 적 습관은 잠복하게 된다. 요즘은 복무 기간이 2년이 안 되는 것으로 알고 있다. 제대한 뒤 그 습관은 어느 정도 유지되다 점차 사라지는 것이 많게 된다. 하지만 장기 복무하는 사람은 그 습관이 계속 유지되며 그만두어 환경이 바뀌더라도 그 습관을 유지하는 것이 쉽게 된다.

즉, 어릴 적 습관은 뇌 신경세포가 비어 있는 상태에서 처음 자리 잡은 것이므로 쉽게 변하지 않는다는 것을 알 수 있으며, 어릴 적 습관을 바꾸기 위해서는 강한 환경이 설정되어야 하고 어릴 적 습관을 희석할 만큼 장기간이 필요하다는 것을 알 수 있다.

어릴 적에 올바른 습관을 형성하는 것은 무척 중요하다. 습관 중 하나로 스스로 생각이나 상상을 반복하는 것이 있다. 인간은 태어나면서부터 교감을 통해 지식을 취득하고 이것을 반복함으로 경험이 쌓인다. 이것을 기본 삼아 생각이나 상상을 반복하면서 다음 교감을 통해 지식을 쉽게 취득하게 되고, 이것이 거듭되면서 다른 생각을 할 수 있는 토대도 마련된다.

어릴 때에는 수집된 정보의 양이 적으므로 누구나 생각이나 상상을 반복하는 것이 활발하게 이루어질 수 있지만 부모나 그 주변의 사람들에 의해 그 강약이 정해진다.

■ 상상할수록 두뇌는 활성화된다

생각이나 상상을 반복하면 뇌가 활성화된다는 것은 이미 과학자들에 의해 밝혀진 사실이다. 태어나는 순간부터 어릴 적에 아기가 깨어 있는 동안 교감하고 아기 스스로 생각과 상상을 할 수 있는 공간을 만

　　　　　　　　　아이를 창의적 천재로 만드는 뇌의 비밀

들어 적절히 배분하여 생각과 상상을 반복하는 습관을 형성하도록 부모와 그 주변 사람들이 아기를 도와야 한다(10장 「한 살의 기적」 참조).

생각이나 상상을 반복하는 것을 이어가다 보면 특별한 재능이 나오는 경우도 있고, 창의성이 발현하는 경우도 있다. 특별한 재능이나 발현한 창의성이 세상에서 인정받게 되면 더는 특별한 재능이 발전하지 않거나 창의성이 발현하지 않는 경우가 많다. 영재나 신동이 성인이 된 다음 영재성이 남아 있지 않은 경우나, 천재라고 하는 이들이 더는 창의성을 발현하지 못하고 이미 발현한 창의성에 기대어 명성을 유지하는 경우가 많은 이유다.

과학자들이 생각이나 상상을 반복하게 되면 평소보다 뇌 에너지를 더 소비한다고 말했듯이 특별한 재능이나 영재성이 나타나 세상에서 인정받게 되고, 비중이 있는 창의성이 발현한 것이 세상에서 인정받게 되면 뇌는 만족하게 되고 뇌 에너지를 덜 소비하는 쪽으로 이동할 가능성이 있다고 본다. 즉, 생각이나 상상을 반복하는 습관은 주위의 환경에 영향을 많이 받는다. 그리고 이 습관이 한동안 중단되었다가 다시 그 습관이 부활하는 예도 있다. 천재라는 예술가들이 어느 날 술독에 빠지거나 괴로워하면서 방황을 이어가다 다시 천재적 예술품을 남기는 사례가 그 경우다.

■ 환경과 창의성의 관계

천재 중의 천재 중에서 뉴턴이나 사후에 예술성을 인정받은 천재 예술가들은 발현한 창의성을 안으로 갈무리하도록 주위 환경이 도와준 경우이고, 베토벤이나 스티븐 호킹 박사처럼 발현한 창의성을 즐기거나 누릴 수 없도록 주위 환경이 도와준 경우이다.

　이처럼 생각이나 상상을 반복하는 것을 이어가다 창의성을 발현했을 경우 주위 환경에 영향을 받거나 뇌 에너지를 덜 소비하는 쪽으로 이동할 가능성이 있는 변수가 있다. 과거의 역사를 살펴보면 천재는 많이 존재했지만, 생각이나 상상을 반복하는 것을 그치게 되면 더는 그 방향으로 천재성이 발전하지 않으므로 천재 중의 천재는 손에 꼽을 정도만 있었을 뿐이다. 그리고 과거의 천재 중 천재는 그의 천재성을 열악한 주위 환경이 안으로 갈무리하도록 도와주었으며 이 열악한 주위 환경이 자연스럽게 계속 이어져야만 천재 중의 천재가 완성되므로 그 조건을 계속 충족시킬 확률이 극히 낮았던 것이 그 수가 적은 이유라고 본다.

　생각이나 상상을 반복하는 것을 계속 이어가다 보면 창의성이 발현하더라도 이를 안으로 갈무리하거나, 주위 환경이 변하더라도 초심처럼 생각이나 상상을 반복하는 것을 이어갈 수 있는 습관을 '생각이나 상상을 반복할 수 있는 절대적 습관'이라고 명칭을 지어본다.

3. 관포지교

■ 반도체 칩은 기억을 그대로 불러내지만

　뇌 과학자들은 운동하고 있는 물체를 관찰할 때 잠재의식의 뇌가 의식 세계가 행동할 때보다 0.몇 초 빨리 반응하는 것을 발견하고, 우리의 삶이 운명으로 이루어진 것인지 아닌지 그들 사이에서 한때 논란이 있었던 것으로 안다. 반도체 칩의 발달은 우리를 너무도 놀라게 한다. 반도체 칩은 인간과 달리 기억한 것을 100% 다시 불러낼 수 있다.

　어떤 모임에 참석했을 때 전에도 그 모임에 대해 대화할 때는 소통이 잘됐던 것처럼 이번 모임에서도 대화하고 소통하는 데 아무런 지장이 없다. 그런데 누군가가 불쑥 다른 주제를 논하게 되면 전에 알았던 내용도 잘 기억이 나지 않는 경우가 종종 있다. 세미나나 강연에 참석했을 때 미리 나누어주었던 내용과 다른 부분에 대해 논하거나 색다른 내용을 강연할 때 전에 알았던 내용이라도 금방 기억이 잘 나지 않는 경우도 있다. 문제는 모임이나 세미나, 강연을 파한 후 집에 오는 도중에 그 기억이 생각나는 경우도 있고, 그다음 날에는 그 기억은 물론 그 내용에 대처하는 방법도 생각나는 경우가 많다.

이것은 기억을 전담하는 뇌가 게으름을 피운 탓일까?

버스는 벌써 떠난 지 한참 됐는데 왜 이런 바보 같은 현상이 생기는 걸까?

우리는 일상생활을 하는 데 있어서 반복적으로 하는 것이 너무도 많다. 식사하는 것도 늘 같은 시간대에 식사를 해야 하고, 잠도 늘 같은 시간대에 잠을 자고, 늘 반복해서 학교에 가고, 직장에 나가 일을 하고, 주부는 늘 반복적으로 가정의 잡다한 일을 한다. 늘 반복적으로 이루어지는 일에 대해서는 기억이 늘 준비되어 있으므로 소통이 잘된다고 본다.

식사할 때 반찬을 먹을 때 선택을 해야 하는데 늘 오르는 반찬은 문제가 되지 않으나 얼마 전이나 한 달 이전에 먹어봤던 음식을 선택할 때 맛에 대한 기억은 기억의 대상인 그 물체가 바로 눈앞에 있으므로 빨리 그 기억이 떠오르는 데 도움을 준다. 그리고 전혀 색다른 음식은 기억에 없지만, 기억에 저장하고 싶은 욕구가 강하게 작용하므로 조심스럽지만 먼저 손이 가는 것이다.

학생들이 학교에 갔을 때 친구들과 어울리는 것은 늘 반복적으로 일어나는 일이라 소통이 잘되지만, 선생님이 강의할 때 미리 예습을 하지 않았다면 그 내용에 처음 듣는 것이 많고 선생님이 갑의 위치에 있으므로 토를 달거나 반론을 하지 못하고 쉽게 받아들이려고 노력한다.

직장에서도 마찬가지다. 환경이 바뀌었지만, 늘 반복적으로 이루어지는 것이 많으므로 소통하고 지내는 데 아무런 지장이 없으며 가끔 전혀 새로운 일이 생기면 처음에는 당황하지만 이내 처리하게 되고 이것이 활력소로 작용하게 된다.

가정주부 같은 경우는 너무 반복적으로 이루어지는 일이 많으므로 기억력을 인출하는 데는 아무 지장이 없으나 새로운 활력소인 양념이 없으므로 권태로움이나 비관적인 생각을 거듭하다 보면 우울증으로 발전하기도 한다.

앞서 보았듯이 늘 반복적으로 이루어지는 일은 아무 거리낌이 없이 행동할 수 있으나, 돌발적인 변수가 나오면 전에 알았던 내용이라도 기억이 금방 떠오르지 않고 시간이 지난 후 기억이 떠오르는 것을 알 수 있다. 물체가 눈앞에 있으면 늘 반복되는 것이 아니라도 기억이 금방 떠오르는 것도 알 수 있고, 전혀 새로운 것이 있으면 기억으로 받아들이는 것도 알 수 있고, 늘 반복적인 것만 있고 새로움이 없으면 엉뚱한 방향으로 흘러갈 수 있다는 것도 알 수 있다.

뇌에는 미래를 예측하는 기능도 있다고 했다.

뇌가 스스로 자기의 앞날을 예측할 수 있는지 살펴보자.

의식 세계에서 지식이나 경험을 축적하지 않으면 뇌는 아무 일도 할 수가 없다. 뇌의 구성은 너무나도 복잡하지만 뇌 기관 각각의 구성 물질이나 용도는 뇌 과학자들에 의해 많은 것이 밝혀진 상태다. 반도체 칩은 입력한 기억만 그대로 다시 불러낼 수 있다. 뇌는 기억을 다시 불러내는 것은 반도체 칩보다 확실히 약하지만, 입력된 기억을 바탕으로 다른 생각을 생산할 수 있는 특별한 능력이 있다. 뇌에 대하여 공부를 한 적도 없고 뇌에 대한 지식도 극미하지만, 나한테는 뇌의 각 기관이 어떻게 구성되어 있고 어떤 일을 하는지는 중요한 것이 아니므로 뇌의 가장 중요한 부분인 다른 생각 부분만 살펴보자.

■ 아기가 말을 배우는 것도 전기적 신호로

우리의 하루 일과는 의식 세계에서 3분의 2를 소비하고, 잠을 자는 시간을 관장하는 무의식의 세계가 3분의 1을 소비한다. 이 둘의 관계는 한 몸에서 이루어지므로 하는 일은 다르지만, 연속성으로 보는 것이 타당하다고 본다. 잠을 잘 때는 꿈을 꾸는데, 아침에 일어나면 밤에 꾼 꿈이 기억나지 않거나 극히 일부분만 생각나는 듯하다가 그것조차 잊어버리고 마는 경우가 많다.

꿈에서 말이 나오는 경우는 극히 적지만, 어쩌다 말이 나오는 경우가 있을 때 한국 사람은 한국말로, 다른 나라 사람은 그 나라 말로 한다고 보고 있다. 말이 극히 적은 이유는 아기가 말을 배우기 전에 배움에 있어서 생각을 할 때 전기적 신호로 이루어진다고 추정한 것처럼 원래 전기적 신호로 꿈이 이루어지도록 설계된 것으로 추정해본다.

프로이트는 잠자는 동안 신체의 긴장 완화에 꿈이 도움을 준다는 것과, 4대 외부 기관의 반응이 있을 경우 그곳에 대한 꿈을 꾼다는 것만 설명했는데 3분의 1의 중요성으로 비추어볼 때 그에 걸맞은 다른 용도가 있어야 한다. 꿈은 현재의 기억을 정리하는 과정이나, 오래된 기억을 정기적으로 점검하면서 뇌 신경세포에 쌓인 노폐물을 처리하는 과정에서 만들어진 부산물이나 파생품인 것으로 추정해본다.

최근 학자들은 렘수면 상태에서는 최근에 습득한 지식이나 경험에 대해서 꿈을 꾸고 나머지는 거의 개꿈 수준이라고 한 것을 들은 기억이 있다. 그런데 어떤 해결 안 되는 문제가 있을 때 아침에 일어나 보니 그것을 암시하는 꿈이 기억난 적이 있는 걸 보면 꼭 그렇지는 않은 것 같다.

최근에 학자들이 꿈을 융합 장소로 보고 있다는 느낌이 드는 데, 나도 꿈이 융합 장소이자 다른 생각을 생산하는 공장으로 보고 있다. 그 이유는 꿈 말고는 다른 장소와 공간이 보이지 않기 때문이다.

뇌는 축적된 지식이나 경험 내에서만 융합하여 다른 생각을 생산해낼 수 있다. 의식 세계에서는 앞날에 대해 예약되어 있는 것이 너무 많다. 내일 몇 시에 데이트 약속, 휴가의 날짜와 장소, 모임 날짜와 장소, 세미나 날짜와 장소, 상품을 인도할 시간과 장소, 호텔 예약 등등 수없이 많은 것들에 대해 앞으로 할 일들을 미리 예약해놓는다. 뇌는 이것들에 대해 어떻게 미리 알고 기억을 준비해놓아 소통을 원활하게 할 수 있도록 도울까?

최근 빅데이터라는 말이 있는데, 빅데이터 분석가는 가장 잘나가는 직업 중 하나다. 뇌에도 '빅데이터 능력'이 있는 것 같다. 미리 약속이 되어 있는 경우 전에 있었던 모임에 몇 명이 나왔고, 무슨 얘기가 오갔고, 누가 두드러지고, 몇 시간 모임이 지속되었고 등등을 모두 모아 분석하고 소통이 되도록 기억을 미리 준비해놓는 것으로 본다. 항상 예외가 있듯이 돌발 변수가 생기면 기억이 준비가 안 된 상태이므로 소통이 안 되거나 싸움이 일어나는 것이다. 이 돌발적인 변수는 빅데이터상에 없던 것이므로 기억도 준비가 안 되어 있어 소통이 안되거나 그 대신 억지를 부릴 수밖에 없게 되는 것이다.

그러므로 시간이 지난 후 생각이 나는 것이다.

■ 미래 예언은 돌발 변수가 많아 틀리기도 한다

이와 같이 뇌는 축적한 지식이나 경험을 토대로 융합한 한계를 넘어서는 예언을 할 수 없으며 설사 정신적인 영역이 상당한 수준에 이른 선인이 예언을 했다 하더라도 앞날의 환경에는 돌발 변수가 많으므로 맞는 경우가 별로 없게 되는 것이다.

대체로 예언서가 모호하고 어려운 문구로 구성되어 있는 것은 이와 같은 이치이며, 후세 사람들이 이를 이현령비현령 해석하는 것에 불과한 것이다.

인간의 뇌는 빅데이터에 의해 앞날에 대하여 예측할 수 있으나 앞날의 환경에 돌발적인 변수가 많으므로 이를 정확하게 예측하는 것은 불가능하다고 본다. 그리고 의식 세계와 뇌는 앞에서 살펴본 것과 같이 유기적 관계이고 어차피 둘 다 분리되어서는 존재할 수 없으므로 관포지교, 즉 상호 협력하는 관계로 봄이 타당하다.

반복적으로 늘 이루어지는 일은 생각하는 순간 그 문제가 이내 해결되는 경우가 많지만, 생각을 거듭하거나 반복해야만 그 문제가 해결되는 경우도 있다. 이때 의식 세계에서 생각을 거듭하거나 여러 번 반복한다는 것은 의식 세계가 이를 중요하게 여긴다는 의사 표시라고 볼 수 있으며, 뇌가 이를 인지하고 그 문제를 해결할 수 있도록 그와 관련된 지식이나 경험을 융합하여 그 결과를 의식 세계에 전달하는 것을 보면 이는 관포지교이다.

■ 5세까지 습득한 것이 운명에 영향을 준다

스티븐 호킹 박사는 '지니어스'라는 방송에서 세 사람의 출연진을 옆으로 세워놓고 그 뒤로 아바타를 죽 세워놓은 다음 오른쪽 왼쪽을 특정하지 않고 옆으로 한 발자국씩 움직이게 했다. 몇 차례 시도하여 3명의 출연진이 뒤돌아봤을 때 그 뒤 아바타들이 뒤죽박죽인 것을 보고 매 순간마다 스스로 결정하는 것이므로 우리의 운명은 자기 스스로 결정하는 것이라는 것을 본 기억이 있다.

나도 전적으로 동감한다. 인간은 환경의 동물이다. 살다 보면 환경은 수시로 변한다. 변한 환경에 스스로 적용하는 것이다. 오지도 않은 미래의 환경을 DNA에 다 저장하고 태어날 수 있는가?

우리의 운명은 태어나는 순간부터 5세까지 습득한 지식과 경험에 의해 많은 영향을 받는다고 본다. 그리고 순간 이동하는 물체에 의식 세계가 뇌보다 0.몇 초 늦게 반응하는 것은 돌발 변수이므로 당연하다고 보고 있으며, 반복적인 행동이나 앞에 예로 든 것의 반응 속도를 측정해본다면 다 다를 것이다.

창의성의 발현 과정을 살펴보면, 학자들이 말한 것처럼 하늘에서 뚝 떨어진 것과 같은 창의성이 발현한 경우가 있다. 보통은 생각이나 상상을 거듭하기를 거듭해야만 창의성이 발현하는 것이 정상인데 이 경우에는 매우 특이하다. 외부적인 자극이 있고(뉴턴의 만유인력) 그 자극 부분에 대해 주로 다음 날 생각이나 상상에 몰입하던 중 갑자기 그 자극 부분에서 창의성이 발현하고 신경 쓰지 않으면 이내 사라져버리는 것이다.

문제는 그 자극 부분에 직접 생각하고 또 생각하기를 거듭한 적이 없고, 직접적으로 생각이나 상상을 반복한 적이 없으나, 그것을 추적해본 결과 그와 유사한 것에 대해 여러 건 생각이나 상상을 반복한 적이 있을 때 나타나는 현상이다. 그리고 여러 건을 융합하여 그 결과물이 축적되었을 때 나타나는 현상이며 이를 의식 세계에 전달할 주체가 없으므로 그가 생활하고 있는 공간이 아니라 외부에서 그 주체가 정하여지고 그 주체에 맞게끔 성형하는 데 시간이 필요하므로 주로 그다음 날 창의성이 발현하는 것이다. 나는 외부에서 그 주체가 정하여진 것을 외부적인 자극이라고 표현한다. 한 가지 분명한 것은 외부에서 자극이 있고 그것에 대하여 축적된 것이 없다면 하루 만에 그 자체에 대하여 창의성이 발현할 수 있는 조건은 그 어디에도 없다.

■ 의식 세계와 뇌의 관계는 관포지교

그리고 그 외부적인 자극이 우연인 것처럼 느껴지는 경우가 있다는 것이다. 만유인력의 경우도 그렇고, 길을 가다가 서점이 있기에 서점에 들러 한 권의 책을 선택해 들추어보는 순간 영감이 떠올랐다는 말도 그렇고, 이 우연은 의식 세계가 목적의식도 없이 행동한 것이므로 뇌가 의식 세계를 그쪽으로 인도한 측면이 크다 할 수 있다. 따라서 의식 세계와 뇌의 관계를 설정하는 데 어려움이 많았다. 그러나 이 행동은 뇌가 융합하고 축적하기를 거듭하다 완성된 결과물을 의식 세계에 전달하는 과정이고, 그 단초는 의식 세계가 제공하였으므로 비록 우연히는 뇌가 이끌었다고 하더라도 협력관계로 봄이 타당하다고

아이를 창의적 천재로 만드는 뇌의 비밀

본다.

더욱이 의식 세계와 뇌는 한 몸이고 뇌 자체는 의식 세계에서 습득한 지식과 경험의 바탕 위에서만 모든 일이 이루어지므로 뇌가 사령탑이라고 하더라도 서로 협력해야만 존재할 수 있다.

의식 세계와 뇌의 관계는 관포지교이다.

※ 관포지교(管鮑之交) -

관중(管仲)과 포숙(鮑叔)은 죽마고우(竹馬故友)로 둘도 없는 친구 사이였다. 어려서부터 포숙은 관중의 범상치 않은 재능을 간파하고 있었으며, 관중은 포숙을 이해했다. 두 사람은 벼슬길에 올랐으나 본의 아니게 적이 되었다. 제나라(齊)의 새 군주(君主)인 소백(小白)은 형인 규(糾)를 죽이고 그 측근이었던 관중도 죽이려 했다. 그때 포숙이 환공에게 말했다.

"관중의 재능은 신(臣)보다 몇 갑절 낫습니다. 제나라만 다스리는 것으로 만족하신다면 신으로도 충분합니다만, 천하를 다스리고자 하신다면 관중을 기용하셔야 합니다."

이 조언을 받아들인 왕은 관중을 대부(大夫)로 중용하고 정사를 맡겼다. 재상이 된 관중은 기대에 어긋나지 않게 제나라가 춘추의 승자로 군림하게 했다. 성공한 후 관중은 포숙에 대한 고마운 마음을 다음과 같이 회고하고 있다.

"내가 젊고 가난했을 때 포숙과 함께 장사를 하면서 언제나 그보다 더 많은 이득(利得)을 취했다. 그러나 포숙은 나에게 욕심쟁이라고 하지 않았다. 그는 내가 가난한 것을 알고 있었기 때문이다. 나는 또 몇 번씩 벼슬에 나갔으나 그때마다 쫓겨났다. 그래도 그는 나를 무능하다고 흉보지 않았다. 내게 아직 운이 안 왔다고 생각한 것이다. 싸움터에서 도망쳐 온 적도 있으나, 그는 나를 겁쟁이라고 하지 않았다. 나에게 늙은 어머니가 계시기 때문이라고 생각해주었다. 나를 낳아준 이는 부모이지만 나를 진정으로 알아준 사람은 포숙이다."

관포지교란 말이 죽마고우를 뜻하기도 하지만, 서로 장점을 살려 긴밀히 협력한다는 뜻도 있다. 포숙이 죽기 전에 관중과 대화한 말이 있다, 괸중이 포숙에게 "자네는 나에게 위험한 일을 참 많이 하게 했지"라고 비슷하게 말한 대목이 있다. 즉, 포숙은 계획하고 관중이 실행에 옮긴 것이다. 포숙이 뇌, 관중이 의식 세계라고 보고 관포지교라고 칭한 것이다.

4. 생각의 고착화

■ 태어나는 순간부터 뇌의 발달이 시작된다

인간은 태어나는 순간부터 부모와 그 주변 사람들과 교감을 통해서 지식을 취득하고, 그것들이 반복되면서 경험이 축적된다. 이렇게 쌓여가는 지식과 경험을 토대로 생각이나 상상을 반복할 수 있도록 유전되어온 것으로 생각된다. 이때는 말을 배우기 전이므로 어머니 배속에 있을 때처럼 전기적 신호로 이루어진다고 본다.

한 살이 지나면서 말을 배우면 생각하거나 상상을 하는 것도 점차 배운 말을 토대로 하게 된다. 과학자들은 말을 배우기 시작하는 2~5세 사이에 뇌의 발달 방향이 정하여진다고 하였지만 연속성이 있을 때 그 효율성이 더 뛰어나다. 한 살 때부터 많은 것을 배우면 버릇이나 습관이 자리 잡을 공간이 충분하다. 자리를 잡을 수 있는 지식과 경험, 버릇, 습관을 형성할 수 있는 토대를 마련하는 것은 아무리 강조해도 지나침이 없다고 본다. 그러므로 나는 태어나는 순간부터 뇌의 발달이 시작된다고 본다.

미국 아이는 영어를, 일본 아이는 일본어를, 중국 아이는 중국어를, 그리고 한국 아이는 한국어를 한 살이 지나면서 배울 수 있는 토양은 태어나는 순간부터 축적된 것이며 이때 생각이나 상상을 반복하는 것도 시작된다. 그 방법은 어머니 배 속에 있을 때처럼 전기적 신호로 이루어진다고 본다. 한 살이 지나면서 말을 배우면 의식 세계에서 말과 행동은 배운 말로서 표시되며 꿈도 배운 말로 꾸게 되는 것이다. 그리고 과학자들이 밝혀냈듯이 기억의 저장은 전기적 신호로 하는 것이다.

■ 저장된 기억이나 경험을 융합하여 다른 생각을 생산

현시대의 부모와 그 주변 사람들은 아기와 교감을 많이 나누는 것을 당연시하며 맹목적인 사랑으로 아이를 보살핀다. 아기가 울면 더욱 보살피려고 노력하는 것은 당연하다고 생각한다. 과거에는 아이를 많이 낳고 물자가 풍족하지 못한 시기이다 보니까 아이와 교감을 나누는 것이 당연함에도 그렇게 하지 못했고, 아이를 돌봄에서도 아이의 형제들과 나누어서 했고 이것은 자연스러운 현상이었다.

인간이나 포유동물은 기억이나 경험을 저장하고 필요할 때 이것을 꺼내 쓴다. 반도체 칩도 정보를 저장하고 필요할 때 정보를 꺼내어 쓸 수 있다. 이 둘만 비교하면 반도체 칩이 훨씬 효율적이다. 그러나 인간이나 포유동물은 저장된 기억이나 경험을 융합하여 다른 생각을 생산해낼 수 있는데 어떤 과정을 통해 다른 생각을 생산할 수 있는지 생각해볼 필요가 있다.

생각이나 상상을 반복하면 평상시보다 뇌가 더 활성화된다는 것을 과학자들이 밝혀냈듯이 의식 세계가 생각이나 상상을 반복하게 되면 의식 세계와 관포지교 관계로 상호보완적인 뇌에서는 이에 답하면서 다른 생각이 만들어진다고 본다. 즉, 의식 세계가 생각이나 상상을 반복하면 뇌에서는 축적된 기억 및 경험과 융합작용을 하여 그 결과물을 의식 세계에 통보하는 과정이라고 본다.

인간의 무리가 커지면서 소통을 원활하게 하려고 말이 더 정교해졌고, 무리가 더욱 커지면서 문자도 만들어졌고, 선대의 지식과 경험을 후대에 쉽게 전하기 위해 교육제도도 만들어졌다. 그리고 육아하는 방법도 관습으로 굳어졌다.

■ 태어날 때부터 생각이나 상상을 반복할 수 있는 능력이 있다

어떤 사물에도 두 가지 이상의 뜻이 존재하듯이 육아하는 방법이 관습으로 굳어진 것이나 쉽게 지식이나 경험을 배울 수 있는 제도에 대해 다시 한번 생각해볼 필요성을 느낀다. 앞서 설명했듯이 인간에게는 태어날 때부터 생각이나 상상을 반복할 수 있는 능력이 있는 것은 확실해 보인다. 그렇지 않다면 한 살 때까지 이루어지는 모든 일은 교감을 통해 배운 것을 그대로 따라 하거나 배우는 속도도 더딜 것이다.

현재의 육아 방법을 보면 부모와 그 주변 사람들이 교감하는 시간이 너무 지나치며 아이도 거기에 길들여지기 때문에 생각이나 상상을 반복할 수 있는 공간인 시간이 턱없이 부족하다는 것이다.

생각이나 상상을 반복하는 것은 인간에게 부여된 고유한 능력이므로, 어릴 적에는 시간은 부족하지만 활발히 이루어진다고 본다. 유아원, 유치원, 초등학교에 들어가면서 지식이나 경험을 취득하는 데 너무나 편리하고, 정답을 요구하는 요소가 너무 많이 내포되어 있다. 학습 능력을 평가하는 것은 그 아이의 현재 상태를 점거할 수 있다는 장점이 있으나 학습 능력이 뛰어난 아이의 환경이 그것을 안으로 갈무리하지 못하는 환경으로 바뀔 수 있다. 학습 능력이 떨어지는 아이는 서열화로 인해 동기를 잃어버릴 수 있다는 단점이 있다. 최근 들어서는 놀이 문화나 체험을 강조하는 추세인 것 같다.

■ 단순 반복 놀이 문화의 문제점

놀이 문화에 생각이나 상상을 반복하는 공간이 있는 것은 사실이나 단순 반복하거나 쉽게 따라서 할 수 있다는 편리함도 존재하므로 하나의 놀이 문화를 지속할수록 생각이나 상상을 반복할 수 있는 공간도 좁아진다. 이 단점을 보완하기 위해서는 놀이 문화를 한 후 놀이 문화에 대해 생각하거나 상상을 반복할 수 있는 공간을 따로 만들어야 한다. 체험은 여행과 더불어 다른 지식이나 경험을 습득할 수 있는 공간이므로 기존의 지식이나 경험의 입장에서는 양념과 같은 존재이

아이를 창의적 천재로 만드는 뇌의 비밀

므로 매우 유익하다.

　그러나 체험이 기존의 지식이나 경험과 융합할 수 없다면 그 효율성은 떨어질 수밖에 없다. 즉, 체험한 후 후속 조치로 생각이나 상상을 반복할 수 있는 공간을 마련해주어야 융합작용이 일어나고 이러한 것들을 지속해야만 훗날 창의성에 도움이 되는 것이다. 하지만, 아이들이 놀이 문화를 하고 체험을 하더라도 이러한 공간을 마련하기란 쉽지 않다.

　배우는 과목이 너무 많고, 방과 후에는 다른 아이와 비교하며 더 나은 성취도를 바라는 부모들의 극성에 몇 군데의 학원에 당연히 보내야 한다는 의식 때문에 놀이 문화나 체험 후 생각이나 상상을 반복할 수 있는 공간은 적을 수밖에 없다.

■ 체험 놀이 후에 반드시 생각하고 상상하는 습관을

　생각이나 상상을 반복하는 습관이 되어 있지 않다면 사춘기를 기점으로 자연적으로 생각이나 상상을 반복하는 것이 점차 희석되어간다. 중학교, 고등학교 때는 성인이 될 때를 서서히 준비해야 하므로 모든 방향이 대학으로 초점이 맞추어지면서 경쟁이 치열해질 수밖에 없어서 생각하거나 상상을 반복할 수 있는 공간은 더욱 좁아진다.

　대학교에 들어가면서 어느 정도 자유 시간도 주어지고, 생물학적으로 성호르몬이 가장 많이 분비되는 결혼 적령기이고 짝짓기는 일생에 있어서 매우 중요한 의식이므로 가용한 수단으로 습득한 지식이나 경험을 총동원해야 하므로 생각이나 상상을 반복할 수 있는 공간은 유치원이나 초등학교 때보다 더 넓어진다. 하지만 이 시기가 지나면 다시 좁아진다.

참고로 사람은 의식 세계에서 어떤 행위를 할 때 거의 모든 행위에 생각을 수반할 수밖에 없다. 그러나 생각을 하는 폭이 얇으므로 뇌에서 기존에 축적한 지식이나 경험과 융합할 시간이 없다.

위에서 살펴본 것과 같이 관행으로 굳어진 육아 방법이나 직접 주입식으로 교육하는 방법으로 인해 생각이나 상상을 반복하는 공간이 좁아지므로 인간에게 주어진 뇌의 역량을 다 활용하지 못하게 되는 것이다.

■ 뇌에게 융합할 시간을 주어야

뇌의 활성도를 소극적 활성, 활성, 적극적 활성으로 구분한다면 대부분의 사람들은 소극적 활성이라 할 수 있고 극히 일부의 사람들만이 적극적 활성을 이용할 수 있다고 본다.

그리고 유아기나 아주 어릴 적의 잘못된 관행에도 뇌 활성도가 높은 것은, 뇌 신경세포에 저장된 지식이나 경험 등이 너무 미미하므로 역설적이게도 뇌 신경세포들 간의 교류가 활발히 이루어지기가 용이하기 때문이다. 여기서 생각이나 상상을 반복한다는 것은 며칠간 그 행위에 대한 생각과 상상을 반복하는 것으로, 뇌가 기존에 축적한 지식이나 경험과 융합할 시간을 마련해주는 것을 생각과 상상을 반복하는 것으로 정의했다.

성인이라는 말은 홀로 살아가기에 충분한 지식과 경험이 축적된 상태이고 가족을 이룰 수 있다는 말이기도 하다.

■ 편할수록 생각은 고착된다

성인으로 살아가려면 운동을 하거나, 예술 활동을 하거나, 자영업을 하거나, 직장을 다녀서 돈을 벌어 의식주를 해결하여야만 한다. 더욱이 현재 사회는 극단적 자본주의 사회이므로 항상 실적을 염두에 두지 않을 수 없다. 더욱이 가족이 있다면 그 압박은 더욱 심해질 것이다.

자기가 좋아하는 예술 활동을 한다고 해도 기존에 형성되어 있는 상업주의 질서에 편승해야만 돈을 벌 수 있으므로 창작을 하는 것은 오랜 시간을 필요로 하기도 한다. 올바른 창작을 하는 이는 극소수이고, 말로만 창작이지 실은 모방이거나 단순 반복인 경우가 많게 된다. 자영업이면 프랜차이즈 등의 대리점이나 단순한 업종이 많으며 창의적인 아이템으로 자영업을 하더라도 더는 창의성이 없는 경우가 태반이다.

직장을 다니게 되면 우산이 설정되어 있으므로 편리함이 상대적으로 많이 녹아 있다. 하지만 개인의 생각이나 상상은 불필요한 경우가 많으며, 직장 내 시스템상 개인의 생각이나 상상은 시간을 필요로 하므로 당장 눈앞의 실적을 올리지 못하면 직장을 그만두어야 한다.

더욱이 사회 시스템상 내 적성에 맞는 직업을 갖기가 어려우므로 일을 하면서 피로감은 가중되고 스트레스는 쌓이므로 일을 안 하는 저녁 시간에는 술을 먹으면서 스트레스를 풀기 위해 시간을 소비한다. 휴일인 토요일이나 일요일에는 쉬거나 가족과 시간을 보내거나 스트레스를 풀면서 시간을 소비한다.

이런저런 상황 속에서 생각하거나 상상을 반복하는 습관을 이어오던 이가 아니라면 성호르몬이 가장 많이 분비되는, 짝을 찾는 시절이 지나면서 생각하거나 상상을 반복하는 것이 점점 희석되어가다가 이내 사라져버린다. 이것을 '생각의 고착화 현상'이라고 이름 지어본다.

내가 생활하는 데 부족함이 없거나, 내가 하는 대로 모든 일이 순탄하게 진행되거나, 권력이 많거나, 부가 많거나, 명예가 높으면 생각의 고착화 현상이 심화되는 일이 많다. 또 편리함을 많이 즐기면 즐길수록 생각의 고착화 현상은 더욱 심화된다.

5. 영재나 신동의 재능

■ 영재나 신동의 재능이 계속 발전하지 못하는 이유

영재나 신동이 성인이 되기까지 천재로 남는 경우는 드물다. 또 뛰어난 예능인이나 선수에게 장기간 그 능력이 남아 있는 경우도 극히 소수이다. 천재적 예술가들이 뛰어난 작품 활동을 하다가 중도에 방황하며 일부는 요절하고, 일부는 방황을 극복하여 다시 놀라운 작품을 남기기도 한다. 더러는 사후에 작품성을 인정받기도 하는데 그 이유는 무엇일까.

영재나 신동을 소개하는 방송 프로그램은 많다. 피아노, 바이올린, 하모니카 등을 비롯하여 절대음감을 가진 아이, 5살에 수상 보트를 자유롭게 타는 아이, 벨리댄스를 잘하는 아이, 5개 언어를 하는 아이, 국악 신동, 상모를 잘 돌리는 아이 등등 그 종류도 다양하다.

몇 년 전, K팝 경연 대회에 어릴 적 트로트 신동으로 알려진 이가 나왔다. 그는 어릴 적 신동의 명성을 얻었지만 그 이후 인정받지 못하고 자존감이 떨어져 방황한 적이 있었다고 말했다. 결국 이 대회에서도 12강에 들지 못하고 탈락했다. 이 가수가 트로트나 팝 경연 대회에서 성공하지 못하는 이유는 무엇일까?

성공하지 못한 첼로 연주자인 엄마와 딸이 살았는데, 엄마는 딸아이가 자기의 전철을 밟지 않게 하려고 아주 어린 시절부터 첼로 연주를 들려주고 손가락으로 첼로의 줄을 잡을 수 있을 때부터 연습을 시켰다. 이에 딸도 엄마를 위해 열심히 훈련을 거듭한 끝에 국제대회에서 우승했고 천재라는 칭호를 받았다. 이것은 하나님과 함께했기에 가능했다는 목사의 설교가 있었다는 말을 지인을 통해 들었다. 내가 꼭 듣고 싶었던 말이다.

■ 영재나 신동 = 집중적인 노출 + 자극

'세상을 바꾸는 15분'이라는 방송 프로그램에서 본 이야기도 인상 깊다. 엄마 강사 분이 아이가 2살 때 언어 발달 장애라는 판정을 받고 충격을 받아 다니던 직장도 그만두고 아이의 말문을 트기 위해 극성스러울 정도로 말을 반복적으로 들려주며 노력한 결과, 5살 무렵 5개 언어를 유창하게 할 수 있게 됐다는 내용을 본 적이 있다. 무척 듣고 싶은 내용이었다.

뇌 과학자들은 미래에는 뇌에 전기적 신호로 자극을 주어 원하는 영재로 바꿀 수 있다고 한다. 하지만, 지금 우리 주위에는 영재나 신동이 수없이 많다. 영재나 신동이 되는 원인을 알 수 있다면 지금도 영재나 신동을 수없이 배출할 수 있다고 본다. (10장 「한 살의 기적」 참조)

나는 영재나 신동은 주위 환경에 집중적으로 노출이 되고 스스로 자극을 받아 형성되었다고 본다. 과학자나 학자들의 의견 중에서 천재성은 유전되지 않는다고 한 것이 대세인 것처럼, 그리고 2~5세(태어나서부터 5세까지) 사이에 접한 것이 뇌의 발달 방향에 결정적인 영향을 미친다고 한 것처럼 영재나 신동은 이때 형성된다고 본다.

수상 보트나 첼로처럼 부모의 직업을 아이 앞에서 많이 노출했을 때 아이는 그것에 반응하고 스스로 생각이나 상상을 반복하면서 뇌에 자극을 준다. 절대음감을 가진 아이나 트로트 신동의 경우, 이와 관련한 음악이나 멜로디를 반복적으로 듣고 아이 스스로 그것에 몰입을 반복하면서 뇌에 자극을 주어 신동이 되었다고 본다. 이때는 지식이나 경험이 미미한 상태이고 뇌 신경세포가 많이 비워져 있는 상태이므로 어느 한 곳에 집중적으로 몰입하게 되면 스펀지가 물을 빨아들이는 것처럼 그 부분이 집중적으로 자극된다고 본다. 그리고 이 시기에는 수집된 정보의 양이 극히 미미하므로 역설적이게도 뇌 신경세포들 간의 교류가 성인들보다 매우 활발할 수밖에 없게 되는데 어느 한 부분에 집중적으로 노출이 된다면 그 부분이 자극되고 집중적으로 발달되는 것은 당연하다고 본다.

앞에서 말한 대로 아이가 언어 발달 장애 판정을 받았을 때 엄마가 직장도 그만두고 아이의 말문을 트기 위해 적극적으로 아이와 함께 노력한 끝에 5살 무렵 5개 언어를 할 수 있게 됐다는 것은 시사하는 바가 크다. 언어 발달 장애라고 하더라도 2살 무렵이라고 하면 그 병의 초기라고 볼 수 있다. 이때 올바르게 대처했기에 가능했다고 본다.

■ 대중의 박수보다 훈련에 집중해야

부모의 관점에서 내 아이에게 영재나 신동의 재능이 있는 것을 알았을 때 우선은 무척 기쁘겠지만, 시간이 가면서 욕심이 생길 수도 있고 어떻게 교육이나 훈련을 할 것인가에 대한 걱정이 앞설 수 있다. 현대는 미디어 시대이므로 대회에 나가 우승을 하거나 하면 방송이나 각종 매체에 소개되면서 그 재능이 알려지게 된다. 그런데 대중의 박수를 받으면서 외부 활동에 치중하게 되면 훈련에 집중하기보다는 유튜브 등 각종 매체에 나가 활동하는 데 더 치우치게 된다.

2019년 말에 TV조선 방송국에서 실시한 '미스터트롯' 경연 대회에 10살, 11살, 13살 먹은 트로트 신동들이 참가했다. 그중 2명은 본선 중도에 탈락하고 13살 신동 정동원 군은 결승까지 올라갔다. 중도에 떨어진 두 명도 각종 방송 오락 프로그램에 많이 출연하였고, 13살 먹은 트로트 신동 동원 군은 출연 횟수가 장난이 아니었다. 심지어 인기 KBS 프로그램인 '인간극장'에도 출연하였고 각종 행사장에도 불려 다니며 아줌마 팬클럽까지 생겼다. 동원 군은 음악을 좋아하는 할아버지 슬하에서 자랐고 그 영향을 받았음은 물론이다.

그의 트로트 실력은 신동이라는 말에 걸맞게 수준급이다. 그런데 한 가지 의문점이 있다. 그는 환경적으로 남들보다 더 자극을 받아 소질을 계발했지만 전문가의 조언을 듣거나 체계적으로 배운 적은 없다. 그는 혼자 핸드폰으로 트로트 노래를 들으며 연습에 연습을 거듭하여 지금의 위치에 이르렀다. 그가 전문가의 조언을 통해 체계적으로 배운 것은 트로트 경연 대회 때가 전부이다.

신동들은 각종 매체의 오락 프로그램에 출연하는 것이 빈번하고, 주위 환경이나 학교에서도 그 재능을 선보일 때가 많다. 또 주위 사람이나 친구로부터 부러움과 칭찬을 많이 받는다. 그런데 이런 일이 거듭될수록 주위의 인정에 흡족해하고 남들보다 재능이 우월하다는 자만심에 빠지기 쉽다. 처음엔 그의 생존에 깊숙이 관여하고 있는 부모에게 그 재능을 선보였을 때 부모가 매우 즐거워하므로 더욱 열심히 노력하게 되고, 주위 사람들이 칭찬하는 것을 부모가 무척 좋아하므로 더 열심히 그 재능을 갈고닦게 되었을 것이다.

■ 초심대로 계속 훈련하지 않으면 퇴화한다

에릭슨 앤더슨은 『일만 시간의 법칙』에서 5,000시간을 훈련한 사람과 10,000시간을 훈련한 사람은 그 재능에서 확실히 차이가 난다고 했다. 그 후에도 초심대로 계속 훈련하지 않으면 서서히 퇴화하므로 계속 훈련해야 현상을 유지하거나 더 발전할 수 있다는 주장을 펼쳤다.

영재나 신동은 이미 뛰어난 실력을 갖추고 있으므로 이 원칙에서 벗어날까? 그리고 주위 환경에서나, 친구들 앞에서나, 각종 매체에 출연해서나, 행사장에 나가 그 재능을 선보이는 것도 훈련의 일환으로 볼 수 있을까?

영재나 신동은 그 재능의 원인이 된, 노출이 반복되는 환경하에서 뇌의 일정 부분에 자극을 받았고 영재나 신동으로 판명이 나기까지는 훈련하고 또 훈련하였다. 훈련 횟수가 많을수록 배움의 속도는 점점 빨라지며 일반 아이에 비교해 월등해진다. 그러나 이들은 같은 나이의 아이들에 비교해 재능이나 기량이 월등한 것이고 배움의 속도도 빠르지만 영재나 신동이 되게 한 근본은 뇌의 그쪽 부분을 더 자극하여 이루어진 것이니만큼 자극을 주는 환경이 사라지면 재능도 사라지기 시작한다. 생각이나 상상을 반복하는 것을 중단하거나 훈련하고 또 훈련하기를 중단하면, 즉 초심을 잃어버리면 영재성이나 신동의 재능은 계속 유지되지 못하고 서서히 퇴화한다고 본다.

다시 정리하면 이런 결론이다.

① 의식 세계에서 반복 요구하지 않으면 아무리 영재나 신동이라고 하더라도 그 재능이나 기량은 서서히 퇴화한다.

② 초심의 연속성이 있을 때만 영재나 신동의 재능을 계속 이어갈 수 있다.

아이를 창의적 천재로 만드는 뇌의 비밀

■ 현재의 성공에 안주하면 끝

각종 매체에 출연하여 기량을 뽐내거나 행사장에 나가 기량을 선보이는 것도 훈련의 일환으로 볼 수 있는가? 보통 생각이나 상상을 반복할 때나, 훈련하고 또 훈련을 거듭할 때는 그곳은 닫힌 공간이므로 외부의 간섭을 최소화할 수 있으므로 안으로 갈무리하기가 쉽고 그것을 계속 반복할 수 있는 원동력이 되기도 한다.

반대로 주위 사람들 앞에서 재능을 자랑하고 방송이나 행사장에 나가 재능이나 기량을 뽐낼 때 처음에는 노력이 있을 수 있으나 회가 거듭될수록 학습 효과가 생기면서 무대는 단순한 재생산의 장이 될 확률이 높아진다. 무엇보다도 열린 공간에서 재능을 뽐냈을 때 그 결과에 박수를 받거나 칭찬이 뒤따른다는 위험이 있다. 칭찬받는 것에 치중하고 만족하여 더 이상 훈련의 필요성을 느끼지 못하고 지금의 성공에 안주할 수 있다. 작은 성공에 매이기보다는 더 발전해야 하지 않겠는가?

생각이나 상상을 반복하거나, 훈련하고 또 훈련했을 때 그 부분에 에너지를 더 많이 소비하는데 반대로 의식 세계에서 새로운 시도를 중단하면 뇌나 신체 각 부분의 에너지는 다시 신체의 각 부분에 고르게 배분되는 자연적인 상태로 회귀하게 된다고 본다. 자연적인 상태에서 바라볼 때, 뇌의 각 부분이나 신체의 각 부분에는 고르게 에너지가 배분되는 것이 원칙이다. 의식 세계에서 이러한 행동을 중단하게 되면, 특히 생각이나 상상을 반복한 것이나 훈련하고 또 훈련한 것을 열린 공간에서 재능이나 기량을 뽐냈을 때 그 결과에 대해 주위에서 박수를 보내거나 칭찬을 아끼지 않으면 그동안의 노력에 대해 보답을 받은 것과 같으므로 이러한 상황이 거듭될수록 자연적인 상태로 돌아가는 데 속도가 붙는다. 칭찬은 고래도 춤추게 하는 것이 아니라 두뇌 활성화를 멈추게 한다는 말이다.

즉, 열린 공간에서 재능이나 기량을 반복해서 뽐내는 것은 지속성에 아무런 도움이 되지 않는다. 이러한 상황이 길어지면 길어질수록 그에 반비례하여 초심은 흐려진다. 다시 초심을 회복하려 하더라도 영재나 신동의 상태로 복구하는 데 시간이 많이 걸리게 되고 이로써 중도에 포기하게 되거나 신동의 자존감을 상실하게 된다.

■ 언어 장애아도 전기적 신호로 뇌를 자극하면 5개 국어 언어 천재로

언어 발달 장애로 판명이 났음에도 불구하고 엄마가 다니던 직장도 그만두고 적극적으로 대처한 끝에 5살 무렵 5개국 말을 할 수 있게 됐다는 것은, 미래에는 전기적 신호로 뇌를 자극해 영재로 바꿀 수 있다고 과학자들은 말했지만 현재에도 적극적으로 뇌를 자극하면 얼마든지 영재로 바꿀 수 있다는 사례를 보여준 것이다.

엄마와 딸만 사는 공간에서 예술 분야인 첼로에서 딸이 천재라고 인정받을 수 있었던 것은 안으로 갈무리한 역량 때문이다. 엄마가 의도했든 아니든 간에 신동 아이를 자랑하려고 열린 공간에서 기량을 뽐내기보다는 그 기량을 안으로 갈무리하면서 훈련하고 또 훈련하여

아이를 창의적 천재로 만드는 뇌의 비밀

『일만 시간의 법칙』에서 주장한 것을 넘길 수 있었기에 마침내 국제 대회에서 우승도 하고 천재라는 호칭도 얻을 수 있었다고 본다.

김연아의 경우를 살펴보자. 김연아도 초등학교 시절, 국내에서 다수의 우승을 했음에도 언론이나 방송에서 대단하게 취급하지 않았다. 어떻게 보면 안타깝지만 그것이 오히려 연습에 집중할 수 있게 해주었다. 결국 밴쿠버 올림픽 대회에서 우승을 한 후 온 국민이 박수를 치고 많은 사람들이 몰려오고 광고를 찍어댔다. 그런데 올림픽 금메달을 딴 김연아는 이제 더 이상의 도전 의욕이 식어버렸다. 그런데 후배들의 불같은 배움의 열정에 감동하여 다시 초심을 가다듬어 훈련을 했고 그다음 소치 동계올림픽대회에서 은메달을 거머쥐었다. 연습과 더불어 멘탈을 가다듬어주는 환경이 조성된 것을 간과하지 않을 수 없다. 처음에는 과거 스케이트 선수였던 어머니의 전폭적인 지원이 연아의 두뇌를 자극했고, 두 번째는 후배들의 열정이 그녀의 초심을 다시 불러일으키게 해주었다.

■ 왜 신동이 아닌 학생이 박사를 땄을까

앞에서 어릴 적 영재로 영재교육을 받은 이와 평범한 학생으로 일반 교육을 받은 사람 중에 최연소 박사가 된 사람은 일반 교육을 받은 사람이었던 경우를 소개했다.

일반 교육을 받은 학생의 기사만 가지고 자세한 과정을 추적하기는 사실상 불가능하다. 다만, 창의성을 잉태하거나 창의성의 발현 과정에 비추어볼 때 그 학생이 추구하는 것이 한 방향으로 결정되었다는 것과, 그가 지닌 뛰어난 자질이나 창의성을 안으로 갈무리할 수 있는 환경이 형성된 점, 그리고 그 환경이 지속되어 일탈을 예방할 수 있었기에 가능했다고 본다.

어릴 적에 영재성은 그 재능이 뛰어나면 뛰어날수록 주위의 관심을 더 받게 된다. 특히 부모가 그 영재성을 주위에 알리는 데 한몫을 한다. 아이의 생존에 가장 중요한 역할을 하는 부모가 아이가 주위 환경에 재능을 발휘할 때마다 즐거워하므로 재능을 발휘하는 것을 당연시하며 단순 재생산만 이어가게 된다.

위에 말한 박사 논문을 통과 못한 영재도 그렇다. 그는 특별히 뛰어난 재능을 지녔기에 주위 환경에 많이 노출되었을 것이다. 그러다 보면 마라톤보다 더 긴 여정 동안 초심을 이어가는 데 실패하기 쉽다. 사실 영재성이 드러날 때 밖으로 노출하기보다는 안으로 갈무리하면서 더 신경을 썼어야 한다. 많은 박수를 받는 노출로 인해 신동이 보통 사람처럼 되었다 하자. 이때 다시 영재성을 복구하는 데 시간이 좀 더 걸리더라도 초심을 이어갔다면 그 영재성은 천재로 변하였을 것이다. 또 다른 실패 원인은, 영재교육을 받았지만 영재성을 유발한 그 초심을 이어간 것이 아니라 월반을 하거나 주입식 교육에만 몰두하였기에 위와 같은 결과가 나온 것이다.

■ 영재성을 안으로 갈무리해야

아무리 영재나 신동이라고 하더라도 그것을 알았을 때 그것을 안으로 갈무리하고, 그 나이에 걸맞은 다른 지식이나 경험을 쌓는 것이 필요하다. 이러한 것이 쌓여야 초심을 이어가는 데 밀알이 되고 원동력이 된다. 한편으로는 그 나이에 걸맞은 지식이나 경험을 주입식으로 교육하고, 다른 한편으로는 초심인 생각이나 상상을 반복하는 것이 이어져야 한다. 이렇게 훈련하고 또 훈련하며 축적하고 또 축적해야만 먼 훗날 천재가 되거나, 최고의 기량이 나오는 것이다.

여기서 살펴볼 수 있는 것은 어릴 적에 영재나 신동이 아니더라도 성인이 되었을 때 소위 천재가 될 수 있다는 점이다. 그 방법은 다른 이들도 다 받은 정식적인 교육 방법이 아닌, 생각이나 상상을 반복하는 것을 병행하여 오랫동안 이어져온 것으로 추정해본다.

어떤 특정한 부분이 많이 노출되어 있는 환경에서 뇌가 그쪽 부분에 자극을 받아 특별히 발달한 영재나 신동이 되었을 때 다른 아이들보다 이다음에 성인이 되었을 때 천재가 될 수 있는 확률 면에서 유리한 것은 사실이다. 그러나 인생사 새옹지마라는 말이 있듯이 복이 화가 되고 화가 복이 되듯이 천재가 되는 길은 장기적인 경주이므로 복을 밖으로 발산하여 다른 환경으로 이동하면 초심을 이어가기 어렵기 때문에 복을 안으로 갈무리하고 초심을 이어갔을 때에만 훗날 천재가 될 수 있다고 본다.

■ 매일 생각하는 시간, 1시간이 중요하다

과학자들은 2~5세(내 생각에는 태어나는 순간부터 5세) 때에 '뇌의 발달 방향이 정하여지고 영재나 신동이 되는 데에도 결정적인 영향을 미친다'라고 했으나 환경은 가변적이므로 변할 수 있다고 본다. 영재나 신동이 아닌 일반 아이들도 얼마든지 천재가 될 수 있다. 그 방법은 정신적인 측면에 있어서 활동하는 시간의 3분의 1 정도인 하루 3시간 이내로 생각이나 상상을 반복하여 뇌 활성화 상태를 만들고 이것을 오랫동안 이어가며 융합하고 축적하기를 반복하여 이것을 갈무리해서 축적한 부분이 쌓이게 되면 폭발하듯이 의식 세계에 전달되어 천재가 완성되는 것이다.

신동처럼 재능이나 기량에 있어서는 『일만 시간의 법칙』에서 주장하듯 훈련하고 또 훈련하기를 오랜 시간을 넘기면 최고의 재능이나 기량을 발휘할 수 있으나, 신동이라고 하더라도 아직 완성된 것이 아니므로 초심을 잊어서는 안 된다. 바둑이나 예능에서처럼 신체와 정신적인 면이 혼재되어 있거나, 운동선수처럼 신체 부분이 강조되더라도 생각이나 상상을 반복할 수 있는 공간을 1시간 정도 따로 마련할 수 있다면 그가 하고 있는 분야에 효과는 배가 될 것이며, 그 분야에서 은퇴한 후 다른 분야를 하더라도 창의적으로 살아갈 수 있다.

천재적인 발명가나 과학자의 경우에 방황하다가 다시 복귀하여 뛰어난 발명품이나 뛰어난 이론을 발표한 경우를 별로 본 적이 없다. 그 이유는 무엇일까?

먼저 천재라는 수식어가 붙으면 그의 주변에는 어떤 일이 일어나는

아이를 창의적 천재로 만드는 뇌의 비밀

지 살펴보자. 천재라는 수식어는 보통의 사람들보다는 재능이나 기량이 월등하다는 표시이고, 부러움의 대상인데 천재라는 수식어가 붙으려면 남들보다 독창적이면서 재능이나 기량이 뛰어나야 한다. 천재의 상태는 오랜 시간 훈련하고 또 훈련하기를 거듭하여 이룬 결과물이다. 말하자면 일만 시간 이상을 훈련하고 또 훈련하였을 때 최고의 기량이 나온다.

■ 초심의 연속성이 관건이다

천재 예술가가 되면 그의 주변 환경은 어떻게 변하는지 살펴보자. 먼저 주변 사람들에게 천재성을 입증하려면 재능이나 기량 면에서 독창적인 작품을 선보여 인정받아야 하고 그 후로도 얼마간은 그 작품성을 인정받아야 한다. 문제는 그다음이다. 그로 인해서 명성과 부를 얻게 되고, 인적 교류도 확대되면서 작품에 전념할 시간은 점점 줄어들 수밖에 없다. 그리고 그동안 외롭고 고달픈 긴 여정의 결과물로 천재성에 대한 대가도 쥐어짐으로써 만족감과 여유를 느끼게 된다. 이때 두뇌도 바뀐 환경에 적응해버리고 만다. 전에는 치열한 상상과 훈련이었다면 이제는 새롭게 바뀐 사회 환경에 적응하면서 어쩌다 한번 작품을 내놓으면 된다.

나는 '권력과 부, 명예 그리고 편리함은 창의성과 반비례'한다고 주장한다.

훈련하고 또 훈련을 거듭하여 최고의 기량에 오른 운동선수, 바둑의 프로기사, 천재적인 예능인의 천재성은 계속 진행될까?

운동선수가 대회에서 우승한 뒤 다음 대회에서 2연패하는 경우가 적은 이유는?

프로 운동선수라고 하더라도 기복이 있는 경우는?

절정에 오른 선수의 징크스는?

각종 대회에서 우승한, 천재라고 불리는 예능인이 천재 중의 천재가 되지 못한 이유는?

이 모든 문제의 정답은 '초심의 연속성'이라고 설명한 적이 있다. 영재나 신동들처럼 천재나 최고의 기량에 오른 운동선수들도 얼마 동안은 그 재능이 유지되나 초심을 이어가지 않으면 시간이 지나면서 그 재능은 서서히 퇴화한다. 즉, 작품성을 인정받아 천재 예술가가 되면 그에 따라서 명성도 얻게 되고 부도 얻게 되고 교류도 잦아지게 되면서 초심은 점점 멀어지게 된다.

예술 세계에서 작품이라는 것은 같은 유형이나 변형된 작품으로, 명성을 유지하는 데는 한계가 있다. 특히 천재라고 하면 일정 기간이 지나고 나면 좀 더 발전되거나 특별한 작품성을 보여주어야 한다. 즉, 창의성에 있어서 초심을 계속 이어가는 절대적 습관을 유지해야 뇌 활성화 상태도 유지되는 과정에서 발현하는 것이다.

초심을 중단한 시간이 길면 길수록 복구하는 시간도 오래 걸리므로 이를 알지 못하는 천재성 예술가들이 중도에 방황하거나 급기야는 요절할 수도 있고, 오랜 시간 방황한다는 것은 그 자체에 생각이나 상상을 반복하는 것을 내포하고 있으므로 다시 돌아와 창의적인 작품 활동을 할 수도 있다.

대부분의 예술가들은 창의적인 작품을 선보인 후 그 명성에 기대어 사회생활을 영위하고 있다고 본다. 사후에 예술적 가치가 높게 평가되는 예술가가 있다. 보통 사람이라고 하면 성인이 되었을 때 사회생활을 하게 되고 맡은 분야에서 명성도 유지하고 부도 쌓으면서 가족을 이루면서 평화롭게 살기를 염원한다. 예술가도 뛰어난 작품성을 인정받아야만 정상적으로 가족도 이루고 사회생활도 원활하게 할 수 있다. 그렇게 명성과 부를 쌓으면서 살아가기를 원하지만, 예술가로서 작품성을 인정받지 못하면 아무것도 할 수 없게 된다. 또 한 가지는, 한 예술인의 작품성이 별로라고 평가되면 이후의 다른 작품에 대해서도 높게 평가하지 않는 사회적 기류가 존재한다.

■ 불우한 환경이 작품 활동에 몰두하게 해준다

어떤 사물이나 물체에도 두 가지 이상의 뜻이 상존하듯이 불우한 예술가도 그렇다. 그의 원활하지 못한 사회생활은 불행한 일이지만, 이 불행한 환경이 초심을 이어가는 데는 도움이 되고 원동력으로 작용한다. 즉, 그는 쓸데없는 유명세에 끌려다니지 않고 그가 옳다고 여기는 작품 활동을 계속 이어갈 수 있다. 그 당시에는 사회적 기류가 그의 작품을 이해하지 못한 측면도 있으나, 이것은 오히려 그가 작품 활동에 심취하도록 도와준다. 따라서 그의 작품은 더욱 발전할 수 있기에 사후에 높은 평가를 받을 수 있다고 본다.

최고의 추상파 화가인 피카소 사후에 손녀가 말하기를, 가장 원망

했던 사람이 할아버지 피카소라고 했다. 피카소는 여성 편력이 심했다. 그는 작품을 많이 남겼고 부도 쌓았지만 성격은 괴팍했고 제멋대로인 면이 있었다.

■ 천재는 모든 일을 잘할까

천재라고 하는 이들의 발자취를 살펴보면 괴팍한 성격의 소유자가 의외로 많다. 인간이 태어나 살아가는 기간 동안 세상의 지식이나 경험을 모두 습득하기에는 시간이 너무 짧다. 더욱이 천재성의 토대를 마련하는 어린 시절은 더욱 짧다. 특별한 경우를 제외하고는 한두 가지의 방향으로 영재성이 진행된다. 그리고 위에서 설명한 것과 같이 성인이 되어 천재성이 확인되더라도 초심대로 부단한 노력이나 생각, 상상을 이어가야만 천재성을 이어갈 수 있기 때문에 나머지 부분은 희생되는 경우가 많다. 일부분만 확대되어 천재성을 유지하는 원동력으로 작용하기도 하므로 주변 사람들이 이를 이해하지 못할 경우 불화가 생기고 간극은 벌어질 수밖에 없다.

천재가 되기까지의 길은 외롭고 고달픈 길이지만, 천재성을 계속 유지하는 길은 더욱 험난한 길이므로 행복과 같이하기에는 더욱 어려운 길이다.

6. 권력과 부와 명예 그리고 편리함은 창의성과 반비례한다

■ 최고의 선수에게 온 징크스

운동선수가 최고의 기량에 오르게 되면 그다음 해에 징크스가 오거나, 굴곡이 있거나, 또는 쇠락하는 때도 있는데 그 이유는 무엇일까?

천재라는 예술가들이 최고의 재능을 선보이거나 뛰어난 작품 활동을 하다가 더는 뛰어난 작품이 없이 그 명성에 기대어 활동하는 이가 많은 이유는 무엇일까?

벤처사업가들이 처음에는 잘나가다가 나중엔 성공한 이가 극히 적은데 그 이유는 무엇일까?

『일만 시간의 법칙』에서 설명했듯이 각 분야에서 최고 수준에 오르거나, 비중이 있는 창의성을 발현한 천재라고 하더라도 초심대로 연속성이 끊어지게 되면 그 능력은 서서히 사라지게 된다. 그 이유를 한번 살펴보자.

■ 자만심에 빠진 1등

인간은 환경의 동물이다. 중도에 환경이 바뀌게 되면 대부분의 사람은 신체도 바뀐 환경에 적응하게 되고, 뇌도 바뀐 환경에 적응하게 된다.

운동선수의 경우 1등을 하거나, 금메달을 따거나, 우승하게 되면 먼저 명예가 주어지고, 기자들은 앞다투어 인터뷰를 요청하고, 행사장에 불려다니고, 광고 화보를 찍고, 심지어 그 선수의 일상생활까지 영상을 찍게 된다. 그리고 부가 따르는 경우도 많다. 더욱이 친구나 주위 사람에게서 잘했다고 칭찬을 자주 받다 보면 선수 자신도 칭찬에 익숙해지게 되고 자만심에 빠지기 쉽다.

훈련하고 또 훈련하던 환경과 너무나도 다른 환경으로 바뀌었고, 훈련하고 또 훈련하면 그만큼 에너지를 더 소비하게 되므로 잠시 쉬는 동안 신체는 에너지를 덜 소비하는 쪽으로 변하게 된다. 이런 상태에서 훈련하고 또 훈련하기를 다시 시작한다 해도 훈련의 강도나 집중력이 예전처럼 금방 회복되지 않으며 이런 상황이 길면 길수록 회복하는 시간도 더 걸린다.

올림픽 등 4년마다 한 번 하는 경기는 임박해서 훈련을 재개하거나 1~2년 앞서 훈련을 재개하더라도 쉬었던 기간이 길므로 2연패를 달성하기가 극히 어려운 것이고, 프로 선수의 경우 바로 다음 시즌이지만 위와 같은 상황이라면 자존심과 마음만 앞서므로 슬럼프는 당연하다.

예능인이나 과학자 및 다른 분야 사람들도 비중이 있는 창의성을 발현하게 되어 '권력과 명예 그리고 부'가 따르게 되면 앞서와 같은 상황이 벌어지고 그 상황이 길어지면 길어질수록 바뀐 그 환경에 적응하게 되면서 초심을 잃어버리게 되어 더는 비중이 있는 창의성을 발현할 수가 없게 되는 것이다.

사업이 잘될 때가 가장 위험한 때라는 말이 있다.

사업이 잘될 때는 내가 하고자 생각했던 부분이 주위 환경과 잘 맞아떨어져서 하는 일마다 잘되므로 사업주는 점점 독선으로 흐르게 되고 자만심에 빠지게 된다. 그러나 주위 환경이 변하더라도 그 흐름을 읽지 못하고 늘 해왔던 대로 독선으로 일을 처리하다 보면 결국은 망하게 되는 것이다. 이 또한 초심을 잃었기 때문이다.

편리함은 인류가 추구해온 가치 중의 하나이다.

편리함은 인류가 사회생활을 하는 데 있어서 유용한 가치이며 도움을 많이 준다. 그러나 편리함은 항상 그 반대의 가치도 요구한다.

인류는 나무에서 땅에 내려와 살게 되면서 두 발로 걷게 되었다. 이에 따라 멀리서 맹수를 볼 수 있어 피할 수 있었고, 두 팔이 자유로워 급기야는 도구를 발명하는 혁신을 이루어서 맹수와 대등해지고 사냥도 쉽게 할 수 있게 되었다. 하지만 그 대가로 나무에 자유로이 오를 수 없게 되었고, 침팬지나 고릴라를 보면 체력이 저하된 것은 사실이다.

불을 이용해 음식을 익혀 먹는 혁신을 이루어 음식 맛을 알게 됐지만 음식의 다양성이 이루어진 대가로 치아도 약해졌고 오장육부의 기능도 저하됐다.

곡식을 재배하는 혁신을 이루어 정착생활을 하게 됐고 그 후로도 꾸준히 편리함을 추구했으나 이와 대척점에 있는 철학, 인문학 등도 더불어 발전할 수 있는 충분한 시간이 있었으므로 큰 문제점은 없었다.

방직 기계라는 혁신적인 편리함이 만들어지고 산업혁명이 일어나면서 급속도로 편리함을 추구한 결과 오늘날에 이르게 되었다. 세계화의 물결 속에서 그 속도는, 오늘의 편리함이 내일의 불편한 것이 되었고 그 대척점에 있는 다른 분야는 그 속도를 따라잡을 수 없어서 또는 편리함에 취해서 아무도 편리함의 단점을 지적할 수가 없었다.

한쪽에서는 자원을 채취하느라 지구에 구멍을 내고 있고, 다른 한쪽에서는 도시화가 집중되다 보니 엄청난 퇴적물을 쌓아놓는다. 지구는 살아 있는 생물이라 했고, 맨틀 위의 단층은 판 구조로 되어 있으며 단층은 이동한다 했는데 이것들이 최근에 지진이 빈번하게 일어나고 화산활동이 빈번하게 일어나는 것과 관계가 없다고 할 수 있는지 묻고 싶다.

■ 편리함을 추구한 결과 난장판이 된 환경

편리함을 추구한 결과 바다는 플라스틱 쓰레기장이 됐고, 지구 온난화 현상도 어제오늘의 일이 아니며, 기후 변동도 봄인지 가을인지 모를 정도로 바로 코앞에서 벌어지는 현상이다.

수출만이 살길이라고 하는 세계화의 물결 속에 영세사업자는 거의 다 몰락하고, 혁신만이 살길이라고 하여 혁신 기업이 자영업자의 피를 빨아먹는 결과를 초래했고, 산업기기들은 자동화하고 사무기기도 자동화하다 보니 경력자나 숙련공은 필요 없으므로 비정규직만 양산

되고, 스마트폰은 더욱 진화하여 스마트화를 못한 사업은 설 자리를 잃게 되고, 다국적 기업들은 더욱 덩치가 커지고 가지를 뻗어 그에 종사하지 않는 사람들은 나머지를 갖고 경쟁해야 하므로 경쟁은 더욱 치열해지고 이윤은 고사하고 임대료나 인건비도 못 건지는 형편인데도 나라에서는 혁신만이 살길이고, 4차 산업혁명이니 바이오산업이니 인공지능 시대니 하는 등 편리함을 추구하는 것들뿐이다.

내친김에 위 결과들로 비정규직은 엄청나게 늘어났으며, 실업자들의 수는 날로 증가하고 있으며, 자영업자들은 설 자리를 잃어가고 있다. 이것은 우리나라의 문제뿐만 아니라 세계적인 문제이다. 세계에는 경제나 그에 관련된 내로라하는 석학들이 무척 많은데 시원하게 문제를 해결할 수 있는 답을 듣고 싶다.

요즈음 코로나19 관계로 세계가 골머리를 앓고 있고 경제는 엉망진창인데 세계 최강국인 미국과 중국은 서로 책임을 떠넘기며 진흙탕 싸움 중이다. 코로나19 전염병은 새삼스러운 병이 아니다. 최근에 메르스, 사스, 홍콩 독감도 있었고 스페인 독감도 있었다. 옛날에도 전염병은 늘 존재해왔다.

자연계에도 전염병이 늘 존재해 어느 무리의 수가 많아지면 전염병이 돌아 무리의 수를 조절해줌으로써 생태의 순환 고리를 원활하게 하여 조절해주는 기능을 해왔다. 즉, 이것은 자연의 법칙이다. 그리고 전염병은 꼭 필요한 존재이다.

세계화를 이루고 편리함과 돈만 좇다 보니 그 외에는 모두 장님 행세를 해왔기 때문이다. 그 해결책은 모두가 편리함을 멈추고 불편함을 감수하면서 철저한 역학조사에 임하는 것뿐이다.

코로나19 사태로 베네치아의 수로가 맑아져 물고기가 돌아왔고, 인더스강이 맑아졌고, 북경의 공기가 맑아진 것을 생각해볼 필요가 있다.

편리함은 육체의 기능도 퇴화시키고 뇌의 기능도 퇴화시킨다.

피곤할 때 어쩌다 한번 의료기기의 도움으로 피곤함을 해소하는 것은 상관없지만, 매사 도움을 받다 보면 인간은 환경의 동물이라고 했듯이 몸이 의료기기에 맞추어지면서 의료기기의 도움을 받지 않으면 이상하게 변해버린다. 스마트폰 없이 하루만 살아보기를 권한다. 그러면 당신의 현재 상태를 알 것이다. 육체의 노력이 없는 의료기기는 오히려 몸을 망칠 수 있다. 육체의 퇴화를 더디게 하는 방법은 의료기기의 도움을 받는 것이 아니라 힘든 노력을 꾸준히 하는 것뿐이다.

■ 노력이 없이 얻는 편리함은 뇌를 퇴화시킨다

뇌도 마찬가지다. 노력이 없이 얻는 편리함은 뇌를 퇴화시킨다. 요즈음은 스마트폰 하나로 모든 것이 다 이루어진다. 손가락 몇 번만 까딱하면 모든 것이 다 이루어지는 곳이니 편리함의 보물 창고라고 할 수 있다. 그러나 기억 능력도 잃어가고 있고, 연산 능력도 잃어가고 있고, 사고 능력도 저하되고 있다. 스마트폰을 끼고 살다 보면 소비 지출도 늘게 되고, 대면 대화나 소통도 원활하지 않게 되고, 자극적인 게임에 빠지기 쉬우며, 자기중심적이고 공격적으로 성격이 변하기 쉽게 된다. 이는 생각이나 상상을 반복하게 되면 뇌 신경세포에 저장된 기억을 활용하는 범위가 넓어지지만, 그와 반대로 편리함을 자주 이용하다 보면 그 범위가 좁아져 한정적인 범위만 활용하기 때문

아이를 창의적 천재로 만드는 뇌의 비밀

이라고 본다.

손가락을 까딱거리는 것도 노력이라고 할 수 있으나 기억하기 위해서 수차례 반복하거나 연산하기 위해서 노력하는 그것에 비교할 바는 안 된다. 이 정도 노력을 꾸준히 해야만 뇌가 퇴화하거나 치매에 걸리지 않으며 비관적이 아닌 사색을 꾸준히 반복해야만 뇌의 기능이 더 좋아질 수 있다.

그리고 편리함이 인류가 추구한 최고의 가치인지 묻고 싶다. 편리함은 그 가치 중의 하나가 아닌가?

■ 황금 보기를 돌같이 하라

아무리 뛰어난 운동선수나, 프로 선수, 예능인, 프로기사, 창의적인 사람이라도 권력과 부와 명예를 얻게 되면 초심인 환경이 변하게 되므로 "황금 보기를 돌같이 하라"라는 최영 장군의 말처럼 되도록 멀리함으로써 초심을 이어갈 수 있도록 하는 것이 중요하다. 시대가 시대인 만큼 편리함을 이용 안 할 수는 없으므로 뇌에 관련된 부분이라면 남들보다 한두 박자 늦게 최소한으로 이용해야 하고 편리한 스마트폰에서 필요한 정보를 찾을 땐 3번(3일) 이상을 생각해본 다음에 찾아보는 습관을 들여야 한다. 이는 더디고 바보스러운 행동 같지만, 뇌의 발달에 도움이 된다.

권력과 부 그리고 명예는 창의성에 반비례한다. 그리고 편리함은 창의성과 대척점에 있다.

7. 선인(先人)들의 이야기

■ 종교와 창의성

정신적인 영역에 있어 일정한 수준에 이르게 되면 선인들이 설정한 환경을 스스로 깨우칠 수 있다. 그 예로 종교의식에 설정된 환경으로 시행하는 것들 중에는 창의성을 잉태하거나 발현하는 데 도움이 되는 것들이 많다. 그것들을 하나하나 추적해보고자 한다. 창의성과 관련된 것이 아닌, 종교나 역사에 대한 나의 지식은 일천하다. 창의성과 그 주변에 관련된 부분만 중요한 것이므로 전체적인 지식을 다 알 필요가 없다고 생각했다.

종교에 대한 내 지식의 수준을 말하자면 불교 쪽은 상식적인 것이다이며, 중학교 때 3번 정도 절에 간 기억과 신문이나 방송을 통해 얻은 지식 정도다. 개신교는 주위 기독교인들에게 얻은 상식 정도이며, 천주교는 지인을 따라 명동성당에 딱 한 번 갔지만 눈을 뜬 채 가만히 앉았다가 온 기억 정도다. 이슬람교는 하루에 다섯 번 메카를 향해 기도를 한다는 것과 라마단인 금요일에 금식한다는 정도다.

■ 무한 반복 염불하면 무아지경에 이른다

불교의 의식 중에 법당에 앉아 계속 "나무아미타불 관세음보살!" 염송하는 의식행위가 있다. 무한 반복적으로 이렇게 주문을 계속 외우다 보면 몰입이 되어 무아지경에 이를 수 있다. "나무아미타불 관세음보살!"은 불교적 용어이므로 자세한 뜻은 알 수 없지만 말에는 주술적인 힘이 있어 기(氣)를 하나로 모으는 데도 큰 역할을 한다. 이러한 환경적 조건을 처음 설정한 선인은 주문을 무한 반복하는 행위의 효과와 뜻을 알고 있었던 것 같다.

이것을 확장해 생각해보자.

첫째, 잠자기 전에 잡생각이 많거나 불면증에 시달리는 경우 자기에게 맞는 그럴싸한 문구를 정해 눈을 감고 작은 소리를 내어 반복해서 외운다면 이내 잠을 잘 수 있다.

둘째, 현실의 어려움이 있을 때도 도움을 받을 수 있다. 잠자기 전 눈을 감고 작은 소리로 "나는 할 수 있다"를 반복해서 외우다가 잠들기를 며칠 반복하다 보면 어려움을 해결하는 데 상당히 도움이 되는 아이디어를 얻을 수 있다.

이외에도 불교 신자들이 행하는 의식 중 108배나 3,000배 절을 하며 비는 의식이 있는데 이는 절실한 이유나 믿음이 없다면 실행하기 어렵다. 물론 108배는 한때 전신 운동의 효과가 뛰어나다 하여 대중들의 인기를 끌기도 했다. 하지만 3,000번을 계속 반복하는 것은 고행이다.

■ 무아지경에서 영적 깨달음으로

무아지경에 이르게 되면 영적인 체험이나 깨달음을 얻을 수도 있다. 하지만 누구나 다 가능한 것은 아니고 한 분야에 대한 생각이나 상상을 반복하고 그것이 이어졌을 때 가능하다. 그렇다면 깨달음을 얻기 위해 중도에 중지하지 않고 계속 생각을 이어갈 수 있는 방법은 없을까? 불교에는 타의적 환경이 설정되어 있지만, 본인의 의지가 약하면 중도에 그만둘 수도 있다. 끝까지 의식행위를 이끌 수 있는 요인은 무엇일까?

먼저 생각할 수 있는 것은 육체적 노동이다. 즉, 단순노동의 반복이다. 어떤 의도를 갖고 행위를 반복하다 보면 가만히 앉아서 편한 자세로 반복할 때보다 몰입이 빠르고 무아지경에 이르는 시간도 빠르다. 육체적 고통이 따르는 경우는 더 빠르다.

승가(僧家)에서 반복 기도나 진언을 하는 이유는 선배 승려들 중 누군가가 이 의식행위를 하고 영적인 체험이나 깨달음을 얻은 것을 목격한 적이 있었기 때문에 그에 대한 믿음이 굳어지고 그 의식행위가 계속 이어질 수 있었다고 추측한다. 역시 이 의식행위를 설정한 선인은 영적인 수준이 상당했던 것이다.

■ 고통을 수반하는 의식행위 + 생각이나 상상 = 두뇌의 활성화

부탄과 네팔의 불교 신자들은 오체투지를 하고 있다. 오체투지(五體投地)는 머리, 다리, 팔, 가슴, 배의 다섯 부분이 땅에 닿도록 엎드려 절하는 의식이다. 가죽으로 만든 앞치마를 길게 드리우고 양 무릎과 양 손바닥에는 나무 판때기를 붙여 매고 다섯 걸음 걷고 한 번씩 무릎과 손바닥이 완전히 바닥에 닿게 절을 하는 행위를 하는 종교의식은 보기에도 결코 쉬운 일이 아니다. 집에서 사원까지 수십 킬로미터가 넘는 거리를 눈 내린 땅바닥에서 오체투지를 할 수 있다는 것은 일반 상식으로는 상상할 수 없는 행동이다. 방송을 통해 본 그들은 의식행위 중 죽더라도 그것을 영광스럽게 생각한다고 말했다. 이곳 나라들은 불교가 국교이고 국민의 불심은 우리나라와는 비교할 수 없을 정도로 깊다. 오체투지에 설정된 환경은 3,000배에 설정된 환경과 비슷한 측면이 많으나, 고통을 수반하는 것이나 의식행위의 횟수는 비교할 수 없을 정도다.

종교나 다른 타의적 환경이 설정된 것 중에서 단순 반복되도록 설정된 것은 오체투지가 가장 강렬하다. 더욱이 외부에서 그 행위를 잘 수행하는지 감시하거나 통제할 수단으로 삼삼오오 짝을 이뤄 수행하니 성공률도 높다. 즉, 중도에 일탈을 방지할 수 있는 행위도 환경 설정에 다 포함되어 있다. 나는 육체적 고통이 따르는 시간 동안 생각이나 상상을 동시에 할 수 있을 때 뇌가 가장 활성화된다고 본다. 이들의 의식행위는 가족의 안녕이나 건강을 비는 마음으로 시작했을 것이다. 이는 이들 나라의 행복지수가 가장 높은 이유 중 하나이다. 물론 현재는 물질이 개입하면서 많이 바뀌었다.

이 의식행위는 종교적 의식행위지만, 현재 어떤 특정한 목적을 가지고 이 의식행위를 통해 활용할 수 있는 분야는 많다고 본다. 위기가 있을 때, 연구원들, 발명가들, 해결하지 못한 문제점이 있을 때 등등이다.

기독교와 이슬람교에서 행하는 종교의식 중에 성지순례도 위와 같다고 본다. 오체투지보다는 육체적 고통이 덜하지만, 걷는 것이 반복되면 고통이 따르게 되므로 위와 비슷한 현상이 나타나고 영적인 체험이 가능하다. 이런 체험이 그 종교를 떠나지 못하는 이유 중 하나다. 반복적인 행위가 모든 종교에 공통으로 많이 내재하고 있는 것을 보면 이런 행위가 뇌의 활동에 영향을 많이 끼친다는 것을 알 수 있다.

"무엇을 행하기 전에 3번 이상을 생각하라"라는 말을 고등학교 다닐 때 들은 기억이 있다. 이 말을 처음 한 선인도 정신적 영역이 일정한 수준에 이르신 분인 것 같다. 이 말은 행하기 전에 금방 3번 이상을 생각하라는 것이 아니라 3일 이상을 생각하라는 뜻이다.

"매일 일기를 써라." 어릴 적부터 너무 흔하게 들은 말이다. 우리는 주위에 관습처럼 내려오는 것에 대해서는 너무 쉽게 받아들이고 당연시하며 더는 깊게 생각하지 않는 버릇이 있다. 그날 있었던 일을 기록으로 남기는 것은 그 자체로 매우 유용한 것이 사실이나, 매일이라는 말이 시사해주듯 반복적이라는 것을 알 수 있다. 기억을 더듬어야 하므로 약간의 생각은 있지만 그날 있었던 기억이라 생각의 폭이 너무 작으므로 반복적으로 생각이나 상상을 하는 것하고는 차이가 크게 난다고 할 수 있다. 즉, 그날 있었던 일을 매일 기록으로 남기는 것에 치중하기보다는 훗날 창의적인 것으로 변하도록 일기 그 자체를

아이를 창의적 천재로 만드는 뇌의 비밀

생각이나 상상을 반복할 수 있는 공간으로 바꿀 수 있다는 것이다.

매일 일기를 쓸 수 있다는 것은 한 가지 버릇이 습관화되어 가고 있다는 표시이기도 하므로 이를 다른 공간, 즉 생각이나 상상을 반복하는 공간으로 이동시키는 데 유리하다. 매일 일기를 쓰는 버릇은 타의에 의해 환경이 설정되었을 때 강제성을 함께 수반하므로 습관화하는 데 매우 유리하며 이곳을 생각, 상상의 장으로 활용할 때도 마찬가지다.

처음에 생각이나 상상을 반복하는 것은 절대 쉬운 것은 아니다. 더욱이 창의성을 잉태하려면 하루 활동하는 시간의 5분의 1 정도 활용하는 것이 가장 유용하다고 생각되나, 최소한 1시간 정도는 생각이나 상상을 반복해주어야 뇌의 활성화 상태를 유지하는 데 도움이 된다고 생각되므로 그렇게 쉽지는 않다고 본다.

그리고 생각이나 상상을 반복한다고 해서 거듭할수록 감성이나 상상력이 풍부해지는 것 말고는 그 효과가 눈에 띄게 나타나지는 않지만, 설사 그 효과가 눈에 띄는 것이 있다 하여도 안으로 갈무리하고 그 습관을 이어가야 훗날 비중이 있는 창의성을 발현하는 데 도움이 된다. 여기서 유의해야 할 점은 반복이 가장 중요하므로 그날 있었던 일이 중심이 되지만 2~3일 전에 있었던 일도 연계하여 생각이나 상상을 하는 것이 중요하다.

에릭슨 앤더슨이 『일만 시간의 법칙』에서 주장하듯 오랜 시간이 필요하며, 일기 쓰는 것을 계속 이어가다 보면 자연스럽게 어느 한 방향이 결정되고 그 방향으로 집중적으로 생각이나 상상을 반복하게 되고 이른 시간 안(1~3년)에 생각하거나 상상을 했던 것과 유사하지만 훨씬 비중이 있는 창의성이 하늘에서 뚝 떨어지듯이 외부적인 자극이 있은 다음 날 자극 부분에 대해 발현한다.

■ 생각을 거듭하게 하는 일기 쓰기

일기를 생각이나 상상으로 쓰는 것은 그날 있었던 일을 중심으로 전에 있었던 일과 연계하여 쓰는 것이므로 저녁때 시간이지만, 잠자기 전에 쓰고 잠을 자므로 자연스럽게 꿈과 연결할 수 있어 잠자기 전 시간대를 설정하여 뇌가 인지하는 데 도움이 되도록 하는 것이 좋다.

창의성 교육에서 말하듯 작은 문제점은 생각을 거듭하다 보면 쉽게 해결할 수 있다. 그러나 비중이 있는 창의성은 생각이나 상상을 반복하고 이것을 오랜 시간 이어감으로써 뇌가 융합하는 훈련을 거듭하고 축적함으로써 비중이 있는 창의성을 발현할 수 있는 뇌의 상태를 만들어놓는 것이 중요한 것이다.

우리의 주위에서 당연시하면서 행하고 있는 일 중에 제대로 활용하면 창의성을 잉태할 수 있는 것들이 있다. 체험과 여행에 따른 기행문, 책을 읽은 후의 독후감, 또는 자기 주변에서 일을 활용하는 방법 등 방법을 바꾸고 노력한다면 얼마든지 비중이 있는 창의성을 발현할 수 있는 사람으로 변하게 할 수 있다. 이 부분은 9장 「반복이 중요한 이유」에서 논하고자 한다.

8. 1만 시간의 법칙

■ 마음이 흔들리면 집중력이 무너진다

에릭슨 앤더슨은 "일만 시간의 법칙"을 주장하였다.

이 말을 처음 들은 것은 5~6년 전이다. 사다리가 미끄러지는 바람에 떨어져 발가락뼈가 일곱 조각이 나 병원에 입원했는데 그때 옆 환자가 노트북으로 주식에 대해 공부하면서 "일만 시간을 공부하면 살아 있는 생물과 같이 된다"라고 말했다.

당시 나는 창의성에 대한 창의성이 발현한 이후 이 현상이 왜 나왔는지 추적한 후 창의성과 그 주변에 대해 어설프지만 내 나름대로 정립한 상태였다. 옆에 있던 환자분이 결국 주식의 고수가 되었는지 그 결과를 알고 싶었지만, 그분과 연락이 끊기는 바람에 아쉬웠다.

모 교수님은 1초도 쉬지 않고 생각하고 또 생각하기를 3일 동안 계속한다면 누구나 창의력을 발현할 수 있다는 강의를 하면서 '일만 시간의 법칙' 부분에 있어서 그 내용에 대해 5,000시간을 훈련한 사람과 10,000시간을 훈련한 사람의 차이를 설명하고 파스칼, 뉴턴, 베토벤을 예로 들었다.

'일만 시간의 법칙'에 대해 그에 관한 책을 구해 본 적은 없고 2019년 말에 창의성과 그 주변에 관해 글을 쓰면서 관련된 부분이 나오면 한 번씩 떠올려본 것이 전부다. 에릭슨 앤더슨의 "일만 시간의 법칙"에 대해 성찰해보자.

올림픽이나 각종 스포츠에서 운동선수들에게는 세상에 나아가는 모든 문이 열린 상태이다. 그들이 1등이나 우승을 하려면 죽을힘을 다해 훈련하고 또 훈련해야 한다. 문제는 1등이나 우승을 하지 못한 선수들도 훈련한 시간을 따져보면 일만 시간을 넘긴 선수들이 너무 많다는 것이다. 1등을 하거나 우승을 한 선수들과 그렇지 못한 선수들의 차이가 간발의 차이일 경우가 너무 많다.

물론 여기에는 훈련의 질이나 다른 환경, 또 다른 요인도 있다고 본다.

두뇌 회전이 빠른 선수가 운동도 잘한다는 말도 있다.

평창 동계올림픽의 예를 들어보자. 올림픽을 준비하는 과정에 선수의 성폭행 문제가 불거졌고 우여곡절을 겪었으나 전 월드컵 대회에서 뛰어난 기량을 보인 선수로서 결승까지 진출했지만 금메달은 따지 못한 선수가 있다. 그 선수는 전에도 그랬지만 결승에 올라가게 되니까 기자들이 주목하는 관심의 대상이었고 인터뷰를 하느라 난리였고 심지어 훈련하는 모습도 카메라에 담아갔다. 또 다른 종목의 선수는 4명이 한 팀을 이루어서 하는 경기인데 한 선수가 극히 부진한 관계로 결승에 오르지 못했는데 이 선수는 선수 선발에서부터 구설에 오른 선수다. 그러자 언론은 일제히 부진한 선수가 다른 선수들로부터 왕따를 당했으며 그중 한 명이 주도한 것으로 보도했고 그 선수는 그런 상황에서 그 종목 개인 분야에서 은메달을 땄다.

다른 종목, 다른 선수들도 마찬가지로 결승에만 올라가면 금메달을 딴 듯 기자들이 인터뷰를 하느라고 난리였다.

선수들의 심리를 관리하는 전문가가 있을 텐데 어떻게 이런 일이 일어났는지 알 수 없다. 국내에 심리학 전문가도 많은데 이 문제를 분석하고 개선책을 내놓았다는 기사를 보지 못했다.

올림픽이나 월드컵, 다른 큰 경기에서 뛰어난 기량으로 1등을 한 선수들은 많다. 그러나 그 경기에서 2연패를 달성하는 선수들은 많지 않다. 더 좋은 기량으로 2연패를 달성한 선수는 극소수다. 더구나 3연패를 달성하는 선수는 극히 드물다.

이것을 나이가 드는 것에 따른 체력의 저하로만 설명할 수 있는가. 『일만 시간의 법칙』에서 "훈련하고 또 훈련하기를 일만 시간 이상을 하게 되면 살아 있는 생물처럼 된다"라고 말한 것은 최고의 기량을 발휘한다는 의미일 것이다.

올림픽이나 육상 등 세계 선수권 대회에서 1등의 목표를 이루고, 다음 대회를 위해 수년 동안 집중 훈련을 했음에도 전보다 더 좋은 기록을 달성하지 못하는 이유는 무엇일까?

그해에 뛰어난 경기력을 보인 선수가 그다음 해엔 슬럼프가 온 경우가 많은데 그 이유는 무엇일까?

프로 선수는 그 경기가 직업이고 경기력에 따라 그 수입도 다르다. 그리고 프로 선수쯤 되면 거의 훈련하고 또 훈련하기를 일만 시간을 넘겼다고 봐야 한다.

축구 선수 손흥민 선수의 예를 들어보자. 그는 한국에서 가장 성공한 운동선수 중 한 명이다. 그가 뛰고 있는 팀에서도 최고 선수로 평가받고 있고 그 나라의 기자단에게도 매우 좋은 평가를 받고 있다. 다른 측면에서 바라보자. 그는 한동안 잠잠하다가도 골을 넣기 시작하면 매 경기 팀에 기여도가 높다. 그러다 절정기가 되면 갑자기 골을 넣지 못해 팀 기여도가 떨어진다. 그 이유는 무엇일까? 경기에 적응 기간이 필요하고, 잘할 때도 있고 못 할 때도 있다고 하면 될까? 그러면 '일만 시간의 법칙'과는 거리가 있어 보인다.

왜 그런지 생각해보자.

스포츠 채널에서 손흥민의 경기를 반복해서 틀어준다. 이것은 팬들을 위한 서비스이고 선수하고는 직접적인 관련이 없어 좋다. 기자들의 열띤 취재 경쟁이나 그 선수의 훈련 과정이나 일상생활을 밀착 취재하는 것도 팬들을 위한 서비스 측면에서는 상당히 좋다. 그런데 이런 방송들이 선수에게는 과연 좋은 영향을 미칠까? 더 잘할 수 있는 동기부여가 될까? 아니면 프로 선수라면 이 정도는 잘 알아서 잘 대처하므로 다음 경기력에 지장이 없는 것일까? 더욱이 광고도 많이 찍는데 잘나갈 때 많이 버는 것이 프로인 것은 맞다.

물론 나이가 들면서 체력이 서서히 떨어진다. 30대가 지나고 40대 이후에 더 두드러지는 현상이다. '세상에 이런 일이'나 '특종 세상'의 방송 프로그램을 보면 60대인 사람이 한겨울에도 반소매, 반바지를 입는 경우도 있다. 늦게 운동을 시작했지만 근육질의 육체미를 자랑하고 뛰어난 체력을 유지하고 있는데, 병원의 체력 측정 결과 40대의 체력이라고 한다. 90대의 할머니가 링에서 거꾸로 매달리기도 하고 유연성이 너무 좋다. 90대 할아버지 3명은 축구를 하는데 40대와 공을 찰 때도 별로 밀리지 않는다.

반대로 과거 씨름 대회에서 여러 번 천하장사를 했고 지금은 방송 리포터로 활약하는 분이 산에 올라가는 모습을 보니 그 나이의 운동을 안 한 다른 사람과 똑같다.

'일만 시간의 법칙'은 일만 시간이 끝났을 때 더 이상 훈련하지 않으면 서서히 제자리로 회귀하는 것은 아닐까?

바둑은 두뇌 게임이다. 바둑을 적극적으로 두는 나라는 한국과 중국, 일본, 그리고 대만이다. 과거에는 일본이 최강국이었고 그다음 한국이 10년 이상 수성을 지키고 있다가 그 공은 중국으로 넘어갔고 지금은 한국이 국제대회에서 몇 차례 우승하면서 중국을 견제하고 있는 형국이다. 한국은 국민 수에 비교해 바둑을 잘 두는 편이다.

프로 바둑 선수라고 하면 훈련하고 또 훈련하기를 대부분 일만 시간을 넘겼고 10대 말에 우승자가 많이 나오는 종목이다. 한국에는 우수한 프로기사가 많다. 그중에 이창호와 이세돌은 특히 뛰어난 선수로 오랜 기간 최강자로 군림했다. 그다음 세대로 중국을 견제할 수 있는 신인 중 한 선수의 심리적 소견을 들어보자. 그는 바둑 해설자와 결혼했는데, '가정을 이루면서 심리적으로 안정이 되면 바둑을 더 잘 둘 수도 있겠다'라고 말한 인터뷰가 유난히 기억에 남는다. 이 선수는 그 뒤 국제대회에서 한 번은 우승했으나 국내 순위는 상위권이지만 더는 우승이 없었다. 이에 비해 다른 한 선수는 국제대회에서 많이 우승했고 20대 중반인 지금도 항상 우승권에 있다. 이 두 명의 차이는 무엇일까? 결혼이 오히려 방해가 되었는가?

바둑은 다른 운동 분야에 비교해 광고 섭외도 적고 기자들의 취재 열기도 비교적 적은 분야이다. 유혹이 적은 분야라 멘탈이 덜 흔들릴 것이라 생각해본다. 그러한 연유로 천재적인 바둑기사들이 많이 나오기를 기대하지만 안타깝게도 인공지능이 이미 인간을 뛰어넘고 있다.

한국에는 요즈음 뛰어난 예술인이 많이 배출되고 있다. 위대한 악성 베토벤처럼 피아노, 첼로, 바이올린 등 국제 콩쿨에서 우승한 이도 많다. 정명훈 씨 같은 경우 천재라는 말을 들었고 국내 교향악단의 지휘자로 활약했다. 한 가지 의문점은 그가 왜 베토벤과 같은 반열에는 오르지 못했을까 하는 것이다. 이들과 베토벤의 차이는 무엇일까.

'통찰'이라는 프로그램에서 에릭슨 앤더슨의 '일만 시간의 법칙'에 대한 강의 내용 중 에릭슨 앤더슨은 파스칼, 뉴턴, 베토벤 등을 예로 들었다. 파스칼에 대한 정보는 전혀 없으므로 뉴턴이나 베토벤의 예를 들어보자.

앞서 논했듯이 훈련하고 또 훈련하기를 일만 시간을 넘기게 되면 뛰어난 기량을 발휘하는 것은 약간의 변수는 있을 수 있지만, 사실인 것 같다.

동양에는 '정신일도 하사불성'이란 말이 있다. 마음이 흐트러짐이 없어야 뜻을 이루기 쉽다는 말이다. 마음이 흔들려 집중이 흐트러지면 좋은 성과를 내기 힘들어진다.

평창 동계올림픽이나 큰 경기를 앞둔 선수의 훈련하는 모습을 공개해 사진을 찍거나 인터뷰를 하거나, 또는 다른 이유로 선수들의 마음을 흔들어놓는다면 결승에서 최고의 기량을 발휘할 수 있을까?

다른 선수들도 거의 전부 일만 시간 이상을 훈련해온 것이므로 이들과의 경쟁에서 이기려면 경기 전까지 집중력을 최고로 끌어올리는 것은 상식이 아닐까 생각된다. 집중력이 관건이다. 그런데 중도에 선수들의 마음을 흔들 수 있는 인터뷰를 하거나 훈련하는 모습을 카메라로 찍는다면 선수의 집중력이 흔들리게 되는 것은 당연한 일이다. 그런데 아무도 이 문제를 제기하지 않는다.

■ 일만 시간을 넘긴 선수들에게는 심리전이 승패를 가른다

우리나라 양궁의 경우, 경기장에서 각종 소음이나 응원 소리에 흔들리지 않고 초연하게 활시위를 당기는 훈련을 많이 한다. 더욱이 타국에서 치러지는 경기에서는 상대 팀은 홈그라운드의 이점을 가진 반면 우리 선수들은 새로운 환경에서 심리적으로 위축될 수 있다.

심리전에서 이기기 위해 본국에서 연습할 때 관람석의 야유 소리나 집중을 방해하는 소리들을 녹음하여 크게 틀어놓는다고 한다. 그래서인지 웬만한 환경에서는 끄떡도 없다고 한다. 그 결과, 우리나라 양궁 선수들은 대회마다 금메달을 휩쓸어오고 있다. 해외 여러 나라 팀에서는 은퇴한 우리나라 선수들을 감독으로 서로 모셔가려고 경쟁한다니 흐뭇한 소식이다.

■ 최고의 기량을 발휘한 다음에 망하는 이유

'최고의 기량을 발휘한 다음 해에 징크스가 있다'라는 말이 있다. 왜 이런 징크스를 겪어야 하는가. 어떤 씨름 선수는 현역 시절 최고의 기량을 발휘했지만 은퇴 이후 훈련을 그만두고 30~40년이 지난 다음에는 그의 체력이 운동을 안 한 일반인과 똑같아졌다. 반면 60대에도 90대에도 훈련하고 또 훈련한다면 나이보다 더 체력이 좋아지는 것을 알 수 있다.

나는 권력과 부, 명예, 그리고 편리함은 창의성과 반비례한다고 주장했다.

아무리 프로 선수라 하더라도 다른 선수에 비교해 최고의 기량을 발휘하게 되면 기자들은 벌떼처럼 몰려들어 인터뷰하고, 행사장에 불려다니다 보니 '자신은 최고의 선수니까 언제든지 훈련하면 최고의 기량을 발휘할 수 있다'라는 오만함만 가슴속에 자라난 상태에서 그 다음 해에 징크스는 너무도 당연해 보인다. 그리고 이 징크스 다음에 그전의 기량으로 돌아간 선수는 많지 않다.

위의 정황으로 보아 운동선수의 경우 훈련하고 또 훈련하기를 일만 시간 이상을 하면 그가 가진 기량을 최고로 발휘할 수 있지만, 초심인 훈련하기를 멈추게 되면 서서히 그 기량이 퇴화한다는 것을 알 수 있고 훈련을 멈춘 기간이 길면 길수록 최고 수준으로 복구하는 데 더 시간이 걸리며 그렇지 않으면 선수 생명이 끝나게 된다.

■ 초심인 훈련하기를 게을리한다면 그 기량은 서서히 퇴화

'일만 시간의 법칙'이 끝이 아니다. 일만 시간을 넘겨 최고의 기량에
도달하여도 초심인 훈련하기를 게을리한다면 그 기량은 서서히 퇴화
한다. 그와 반대로 중도에 그침이 없이 초심대로 훈련하기를 계속한
다면 나이가 들어감에 따른 체력의 저하를 멈추게 할 뿐만 아니라 기
량이 더 좋아질 수도 있다. 운동선수에게는 '일만 시간의 법칙'을 완수
한 이후에도 초심대로 연속성을 유지하는 것이 더 중요한 것이다.

■ 돈과 명예를 좇으면 선수 생명이 짧아져

요가라는 운동이 있다. 요즈음은 기량이 뛰어나게 되면 기자의 취
재도 있고, 행사장에도 불려 다니고, 돈과 명예도 따른다. 과거에는
일만 시간 이상을 훈련한 이후에도 오랫동안 초심대로 훈련을 이어
간 경우가 많았다. 그 사람들은 연체동물처럼 뼈가 없는 것 같았고 인
체의 신비를 보여주는 것 같았는데 훈련하기를 일만 시간을 넘겨 초
심대로 30~40년까지 계속 훈련한다면 그 한계가 끝이 없음을 보여주
는 대표적인 사례이다.

손흥민 선수같이 기량이 절정에 오른 운동선수들이 기록에 굴곡이
있는 것은 때때로 초심을 잃어버렸기 때문이다. 돈과 명예를 같이 좇
다 보면 그만큼 선수 생명은 짧아질 수 있다. 마음이 분산된 결과이
다. 인간이란 돈이든 명예든 놓아두고 그저 오로지 내 훈련에 몰두하

기가 어려운 탓이다.

 바둑은 두뇌 게임이고 몰입도가 강한 게임이다. 앞에서 두 명의 예를 들면서 한 명의 기사는 결혼을 했으므로 심리적으로 안정이 될 것 같다는 바둑 해설자의 말은 맞다. 성인이면 성호르몬이 가장 많이 분비되는 결혼 적령기에 결혼함으로써 심리적으로 안정을 찾는 것은 분명히 맞다. 다만 바둑을 두는 기사의 측면에서는 다르다. 결혼하고 가정을 이루면 책임질 부분이 하나 늘어나고 그쪽에 신경을 기울이게 되는 것은 당연하다. 프로 바둑 기사는 거의 다 훈련하기를 일만 시간을 훨씬 넘겼고 기량도 최고조에 오른 별들의 전쟁 시기다. 더욱이 훈련하기를 일만 시간을 넘겨 최고의 기량에 오른 10대 말 후배 기사들이 호시탐탐 틈을 노리고 있다. 즉, 바둑에만 전념해도 그들과의 전쟁에서 승리하기가 버거운데 가정과 시간을 나눈다면 당연히 그 결과는 최상의 선택이 될 수 없다.

 베토벤, 뉴턴, 정명훈과 같은 사람들이나 첼로, 바이올린, 피아노에서 최고의 기량에 오른 사람들이 훈련하고 또 훈련하기를 일만 시간을 넘긴 것은 분명히 맞는 것 같다. 하지만, 베토벤, 뉴턴과 한국의 다른 이들과는 분명히 차이가 있다.

 베토벤은 최고의 기량을 나타낸 이후 청각 장애의 악조건을 갖게 되었다. 뉴턴은 수학에 있어서 뛰어난 천재성을 나타냈으나 그 당시 학계에서 인정을 못 받았다. 그가 허름한 연구실에서 홀로 연구하고 있던 중 뉴턴이 제시했던 수학의 공식이 필요했던 오 헨리라는 과학자가 방문했다. 그로 인해 뉴턴은 밖으로 외출을 할 수 있게 되었다. 이 내용을 방송에서 보았는데 상당히 주목할 필요가 있다고 본다.

아이를 창의적 천재로 만드는 뇌의 비밀

베토벤 역시 장애 이전에는 그 당시의 사람들처럼 그의 명예에 걸맞게 행동했을 것이다. 또 사교 모임에도 많이 초청됐을 것이다. 이런 일에 시간을 빼앗겨 그의 일상인 피아노가 더는 발전하지 않고 겨우 현상 유지를 하거나 서서히 그 기량이 퇴화했을 수도 있었을 것이다.

그런데 청각 장애인이 되면서 오히려 시간이 생겨 피아노를 치는 횟수가 늘어나고 생각이나 상상을 반복하는 시간도 늘어나게 되었을 것이다. 장애가 오히려 도움이 된 것이다. 장애로 인해 그와 친했던 사람들과 소통의 어려움을 느낄 수밖에 없었고 그 대안으로 그가 유일하게 잘 할 수 있는 음악에 집중할 수 있었다고 본다. 이때 주옥같은 명곡이 많이 완성됐을 것이다.

즉, 열악한 환경인 청각 장애가 그를 자연스럽게 초심으로 되돌리는 데 큰 역할을 했다고 본다.

'일만 시간의 법칙'으로 끝나는 것이 아니다. 베토벤 역시 사교나 명예의 유혹으로 중간에 잠시 중단했을 것이다. 그런데 청각 장애로 인해 초심을 연속적으로 이어갈 수 있었기 때문에 베토벤 같은 천재 중의 천재가 탄생할 수 있었다.

뉴턴이 공원 벤치에서 사색 중에 사과가 떨어지는 것에 영감을 얻어 만유인력을 발견했다는 이야기는 창의성 발현에 있어서 시사하는 바가 매우 크다.

뉴턴은 수학에 뛰어난 창의성을 발현했지만, 그 당시 학계에서 인정을 받지 못함에 따라 명예나 부를 얻을 수 없었고 대외 관계도 고립될 수밖에 없었을 것이다. 이 환경의 영향 탓에 그가 가장 잘 할 수 있는, 습관화되어 있는 초심인 생각이나 상상을 반복하거나 연구하고 또 연구하기를 오 헨리가 그의 연구실을 찾아오기 전까지 계속 이어갈 수 있었던 것이다.

뉴턴도 베토벤처럼 열악한 환경으로 자연스럽게 초심을 상당한 기간 이어갈 수 있어서 그의 천재성을 더욱 발전시킬 수 있었다. 사색 중에 사과가 떨어지는 것에 영감을 얻어 만유인력을 발견하였다는 것은 뇌가 활성화 상태를 오랫동안 이어져 왔을 때 나타나는 현상이고, 창의성의 발현 과정을 살펴보면 외부에서 자극이 있고 나서 주로 그다음 날 학자들이 말하는 것처럼 무엇에 대해 사색이나 몰입을 하던 중에 하늘에서 뚝 떨어지는 것처럼 자극 부분에 대해 창의성이 발현한다. 뉴턴은 만유인력을 직접적으로 연구한 적은 없고 그에 비슷하거나 조금 유사한 것을 연구하였지만 그보다 훨씬 비중이 큰 창의성이 발현한 것이다.

뚜렷한 의도나 목적에 의해 발현하는 창의성은 좁은 의미의 창의성이고, 뚜렷한 의도나 목표도 없이 발현되는 것을 넓은 의미의 창의성으로 구분한다면 만유인력은 넓은 의미의 창의성이라고 본다.

■ '1만 시간의 법칙'의 의문점

앤더슨 에릭슨의 '일만 시간의 법칙'에서 말했듯 훈련하고 또 훈련하기를 일만 시간 이상을 하게 되면 최고의 기량에 오르는 것은 맞지만, 초심을 어느 정도 계속 이어가야만 퇴화를 막을 수 있으며 최고의 기량에 오른 뒤에도 완전 초심대로 계속 이어가야만 '살아 있는 생물'처럼 되는 것이다.

여기서 한 가지 의문점이 든다.

앞에서 예를 든 운동선수나 예능인이나 프로기사들은 훈련하고 또 훈련하기를 일만 시간을 넘긴 선수들이 너무 많다. 그리고 각 종목이나 각 분야에서도 최고의 기량이나 재능을 나타내는 선수나 예능인이 너무 많다. 그러나 그들 중에서 우승을 하는 것은 단순히 훈련하고 또 훈련한 시간만으로 설명하기에는 너무 부족한 것 같다. 다른 플러스 알파가 있는 것은 아닐까?

'일만 시간의 법칙'에서 말하는 훈련은 전문적인 훈련을 말하는 것 같고, 다른 대부분 학자들도 전문적인 훈련을 말하는 것 같다. 여기서 말하는 전문적인 훈련은 전문가의 조언하에 훈련하는 것을 뜻한다고 본다.

전문가의 조언하에 훈련하는 것은 많은 생각을 할 필요가 있다고 본다. 전문가의 조언에 따라 훈련을 하게 되면 필요로 하는 것을 빨리 습득할 수 있으므로 초기에는 역량이 빨리 증가하고 동기가 부여되는 것은 사실이나 어느 순간 역량의 증가가 멈추는 경우가 너무 많다. 이것은 조언자의 역량에도 한계가 있고, 매 순간 조언자의 눈높이에만 맞추면 되는 식으로 변질되고, 무엇보다 편리함에 너무 많이 노출되어 있다는 것이다.

나는 편리함은 창의성의 대척점에 있다고 본다.

과학자들은 생각이나 상상을 반복하면 뇌 쪽에서 기존 배율에서 평상시보다 에너지 5%를 더 소비한다고 했다. 이것은 생각이나 상상을 반복하는 것이 우리 몸에서 그만큼 중요하다는 뜻이다.

■ 뚜렷한 목표나 의도 없이 하는 연습

전문가의 조언하에 훈련을 하더라도 어느 정도 생각이나 상상을 반복할 수 있는 것은 사실이나, 그 부분이 우리 몸에서 요구하는 것보다 많이 부족하다고 보고 있다. 훈련을 거듭할수록 점점 전문가의 조언인 편리함에 익숙하게 되므로 창의성은 물론 역량의 증가도 한계를 보인다고 본다. 즉, 전문가의 아바타가 될 뿐 창의성은 사라지므로 역량의 증가도 사라지는 것이다.

또는 일정한 수준에 이르면 자기가 노력한 것보다 훨씬 적은 양의 역량 증가가 있을 뿐이라고 본다. 그리고 가장 큰 문제점은 노력한 만큼의 역량 증가에 그친다는 것이다.

어떤 계기가 되어 자기가 좋아하는 것을 스스로 자기만의 방식으로 훈련을 거듭하고 이것을 습관화하여 십수 년간 이어가는 경우가 있다. 이것은 어떤 뚜렷한 목표나 의도가 있어서 그렇게 한 것이 아니라 어떤 계기가 되어 그것이 동기가 되었고, 그것이 자기가 가장 좋아하는 일이 되어 습관화가 되어 몸에 밴 경우다. 이런 이들이 수없이 많겠지만 몇 명의 예를 들어보자.

'세상에 이런 일이'라는 방송 프로그램이 있다. 고등학교 2~3학년 정도 되는 출연자가 상상 속의 우주선이나 우주 함선을 그리는데 볼펜으로 수많은 선이나 부품 같은 모양을 가득 채운다. 전체적으로도 연결이 되고 부분적으로도 뜻이 있다. 놀라운 것은 작품을 완성하는 3~5시간 동안 쉬지 않고 계속 그리는데 그 수많은 선이나 부품 같은 모양을 한 번도 고친 적이 없다는 것이다. 또 다른 한 학생도 우주선이나 우주 함선을 그렸는데 다른 점이 있다면 그림 중의 일부분을 만화 등의 캐릭터와 삽입해서 조화롭게 그렸다는 것이다.

어떻게 수많은 선이나 부품 같은 모양을 3~5시간 동안 쉬지 않고 그리며 한 번도 고치지 않고 그리는 것이 가능한지 상식으로는 도저히 가늠할 수가 없다. 전문가가 그 둘의 그림을 보고 작품의 완성도에 칭찬을 아끼지 않으며 그들의 상상력에 그저 놀라 더는 설명하지 못했다.

그중 한 명의 뇌파 검사를 하였는데 뇌파가 명상할 때보다 훨씬 높게 나왔고, 각성파도 높게 나왔는데 뇌파 검사를 한 연구원은 그 이유를 설명하지 못했다.

이들이 7~8세 때 그때 당시 유행하던 만화 영화의 로보트를 그린 그림이 있는데, 로보트 안에 부품 같은 모양을 그려 넣었는데 둘 다 그 나이에 비교해 잘 그렸지만 어설펐다.

이를 미루어 추정해보면, 아주 어렸을 때부터 방송을 통해 로보트가 나오는 만화 영화를 자주 보다 보니까 이것이 계기가 되고 동기가 되어 로보트를 그리게 되었고 그것이 자기가 가장 좋아하는 일이 되었으며 이것이 습관이 되어 이어온 것으로 추정할 수 있다.

이들은 자신들이 "우주인과 교류하고 있고, 그림을 그릴 때 우주인이 가르쳐준다"라고 했다. 마치 수학자 라마 누 잔이 그를 도운 영국의 수학자가 그러한 재능이 어디서 나오는지 물었을 때 "신이 가르쳐준다"라고 한 것과 같다. 이런 내용을 방송 영화에서 본 기억이 있다.

그들은 지금의 자신의 뇌 상태를 알 수 없고, 볼펜만 잡으면 그림이 저절로 완성되니까 그렇게 말했다고 본다.

또 앞선 학생들과 달리 중년의 한 여성이 있다. 이 분도 수많은 선을 활용하여 추상화를 그리는데 앞선 학생들과 약간 격이 다르지만 전체적인 맥락에서는 비슷하다. 그리고 그 작품들은 나 같은 얼치기 공예 작가가 볼 때는 가히 환상적이었다. 전문가의 눈에도 완성도가 높은 작품이라고 했는데, 연출자가 작품 구상을 어떻게 하고 그리는지 물었더니 "작품을 할 때 따로 구상을 하지 않고 그린다"라며 "어떤 작품이 될지는 작품이 끝나야만 알 수 있다"라고 했다. 즉, 본인도 도중에 작품이 어떻게 진행되는지를 모르고 그린다는 것이다. 작품이 시작되면 끝날 때까지 쉬지 않고 그리며 단 한 번도 고친 적이 없는 것 같았다. 칙센트미하이 교수는 이러한 이들의 뇌 상태를 '무아지경'이라고 했다.

칙센트미하이 교수와 전문가 안희정 씨가 한국에서 좌담한 내용을 보면 무아지경에 관한 부분이 있다. 몇 가지 중요 부분을 살펴보자.

칙센트미하이 교수는 자기 일을 즐기는 8,000명의 사람들을 대상으로 조사를 한 후에 무아지경, 자발적 처리, 자발적 몰입, 몰입 경험 등을 설명했고, 몰입 상태가 될 때의 7가지 조건을 설명했는데 중요한 부분은 다음과 같다.

"명예나 부가 기대되지 않는 일을 하면서 생을 보내는지에 대해 이해하려고 했죠."

"이것은 습관에 기인한 측면이 크다고 할 수 있으며 그들에게는 즐기거나 위안을 받을 수 있는 일이 그것 말고는 대체할 것이 없다는 사실도 있습니다."

"즉, 제가 여기서 말씀드리고 싶은 것은 그가 말하는 이 자동적 자발적인 처리는 오로지 매우 잘 훈련되고 테크닉을 발전시켜온 사람들에게만 일어날 수 있다는 것입니다."

"창의성 관련 연구에선 일종의 뻔한 이야기인데, 특정 분야에서 전문적인 훈련에 몰두해서 10년 이상은 되어야 무언가를 창조할 수 있습니다. 그것이 수학이든, 또는 음악이든… 오래 걸리죠."

"그 많은 사람이 이런 상태를 자발적인 몰입이라 설명했습니다."

"저는 이런 유형의 경험을 '몰입 경험'이라고 부릅니다."

"몰입은 문화와 관계없이, 교육 수준 또는 어떤 것과도 관계없이, 사람이 몰입 상태가 될 때는 이런 7가지 조건이 있을 것 같습니다."

여기서 몰입에 이르는 7가지 조건은 도전, 능률, 각성, 통제, 이완, 권태, 무관심이다.

무아지경이나 창의성에 관련된 학자들의 연구를 접할 수 있어서 감사하다. 좌담한 내용으로는 전체의 맥락을 자세하게 알 수 없지만, 이 내용을 근거로 몇 가지 살펴보고자 한다.

칙센트미하이 교수는 '자기가 좋아하는 일을 하는 사람'을 대상으로 조사를 했고, "이들은 명예나 부가 기대되지 않는 일을 하면서 생을 보내고, 이것은 습관에 기인한 측면이 크다고 할 수 있으며, 그들에게는 즐기거나 위안할 만한 일이 그것 말고는 대체할 것이 없는 측면이 있다"라고 했는데 나도 이 부분은 대체로 동의한다. 육아기(育兒期)나 아주 어린 시절 특정한 어떤 대상에 자주 노출되거나 접하다가 보면 그것이 동기가 되어 습관이 되고 굳어지는 경우가 많다. 그때는 지식이나 경험이 미미하므로 자주 노출되거나 접하다 보면 뇌에 강렬하게 작용하므로 습관으로 자리 잡는다고 본다.

내가 '창의성은 명예나 부 그리고 권력과 반비례한다'라고 주장한 것처럼 "이들은 명예나 부가 기대되지 않는 일을 하면서 생을 보내고"

라고 한 부분은 자기가 좋아하는 일이 노출로 인해 주위로부터 관심이나 각광을 받게 되면 그때는 습관이 바뀔 수 있다는 점이다. 즉, 습관은 주위 환경에 영향을 받는다.

칙센트미하이 교수의 말 중 "즉, 제가 여기서 말씀드리고 싶은 것은 그가 말하는 이 자동적 자발적 처리는 오로지 매우 잘 훈련되고 테크닉을 발전시켜온 사람들에게만 일어날 수 있다는 것입니다." 그리고 "창의성 관련 연구에선 일종의 뻔한 이야기인데, 특정 분야에서 전문적인 훈련에 몰두해서 10년 이상은 되어야 무언가를 창조할 수 있습니다. 그것이 수학이든, 또는 음악이든… 오래 걸리죠." 이 부분은 많은 생각을 할 필요가 있다고 본다. 무아지경의 상태를 자동적 자발적 처리라고 한 것은 매우 인상적이다. 본인 자신도 그것이 어떻게 진행되는지 알지 못하므로 무아지경일 때 자동적 자발적 처리라고 한 것은 나도 동의한다.

■ 명예나 부가 기대되지 않는 일

자기가 좋아하는 일을 한다는 것은 전문가의 도움 아래 하는 경우도 있지만, 여기서 조사한 이들은 스스로 한 것이다. 요즈음은 인터넷의 발달로 스스로 자기가 좋아하는 일을 하는 것이 용이하지만, 과거에는 스스로 자기가 좋아하는 일을 함에 있어서 관련 지식이나 기술이 많이 부족할 수밖에 없다는 것에 주목해야 한다고 본다. 그러므로 '매우 잘 훈련되고 테크닉을 발전시켜온' 것이라고 하기보다는 습관에 의해 일정한 기간 동안 꾸준히 유지해온 측면이 크다고 볼 필요가 있다고 본다. 그리고 칙센트미하이 교수가 "이들은 명예나 부가 기대되지 않는 일을 하면서"라고 지적한 것처럼 대부분 비주류의 것을 해온 이들이므로 "매우 잘 훈련되고 테크닉을 발전시켜온"이라고 한 것과 서로 상충된다고 본다. 그러므로 전문적인 훈련과 비교해 기술의 다양성과 테크닉은 부족하다고 본다.

나는 이 부분이 매우 중요하다고 본다.

"창의성 관련 연구에선 일종의 뻔한 이야기인데, 특정 분야에서 전문적인 훈련에 몰두해서 10년 이상은 되어야 무언가를 창조할 수 있습니다. 그것이 수학이든, 또는 음악이든… 오래 걸리죠"라고 했고 대부분 학자들도 이와 비슷한 것 같은데 이 말은 자기가 좋아하는 일을 스스로 하는 것하고는 상당히 거리감이 있다고 본다.

이 문제는 앞에서 언급하였듯이 전문적인 훈련은 노력한 만큼의 역량에 그치고, 무아지경에 들거나 또는 어느 날 갑자기 역량이 급상승하지 않는다. 비중이 있는, 또는 비중이 큰 창의성도 발현하지 않는다. 그리고 그 기간도 10년이 훨씬 더 걸린다.

습관에 대해 생각해볼 필요가 있다. 앞서 언급했듯이 습관이 정착되기 위해서는 여러 가지 요건이 있겠지만, 지식이나 경험이 미미할 때인 육아 기간이나 아주 어린 시절에 습관이 정착하기가 쉽고, 이 습관을 계속 유지하려면 주위로부터 지나친 관심을 받지 않아야 하며, 다른 무언가 결핍이 있거나, 그들의 주위 환경에 변함이 없어야 한다. 즉, 그들의 주위 환경이 강하게 설정되고 그 습관이 희석될 만큼 기간이 오래되면 오래된 습관도 바뀔 수 있기 때문이다.

여기서 "자기가 좋아하는 일을 하면서"라고 한 부분은 대부분 유아기 때 그 일의 습관이 시작되어 계속 유지되거나 중도에 그 습관이 중단되다 다시 이어진 경우도 있고, 또는 어떤 계기나 동기가 되어 중도에 그 일이 습관이 된 이도 있지만, 앞서 소개한 '세상에 이런 일이'에서 소개한 고등학생들처럼 중도에 그 습관이 중단되지 않고 계속 유지되었다고 가정하면 그 기간은 십수 년이 된다고 본다.

그리고 자기가 좋아하는 일이 습관이 된다고 해도 그 일은 자기 만족이나 스스로에 대한 위안이므로 전문가의 시선으로 보는 전문적인 훈련이 아니라 자기만의 방식이 대부분이다. 홀로 자기만의 방식으로 그 습관을 유지 또는 훈련한다고 해도 전문적인 훈련에 비교해 다양성이나 기술의 역량에서는 부족할 수밖에 없다. 그런데도 이들이 칙센트미하이 교수가 말한 '무아지경'에 이른 것을 보면 다른 측면으로 바라보아야 한다고 본다.

■ 전문가 없이 스스로 즐기는 일

즉, 전문적인 훈련은 전문가의 조언하에 훈련하므로 자기가 좋아하는 일을 하는 이들에 비교해 생각이나 상상을 반복할 수 있는 공간이 적다는 점에 주목할 필요가 있다. 전문적인 훈련은 필요할 시 전문가의 조언이 있으므로, 그리고 전문가의 눈높이를 충족하면 되므로 생각이나 상상을 반복할 필요성이 줄어들 수밖에 없다. 즉, 편리함에 익숙하게 된다. 편리함은 창의성의 대척점에 있는 것이다. 그러므로 역량의 증가는 빠르지만, 훈련한 만큼의 역량 증가에 그친다고 본다.

아이를 창의적 천재로 만드는 뇌의 비밀

그와 반대로 자기가 좋아하는 일을 사람들은 모든 것을 스스로 해야 하기에 상대적으로 더 많은 생각이나 상상을 반복해야만 역량의 증가가 이루어지므로 그 증가 속도는 미미하지만, 그것이 습관이 되어 지속적으로 하다 보면 여기서 말한 '무아지경'이 되기 1~3년 전에 자기가 좋아하는 일의 어느 한 분야에 집중적으로 몰입하게 되고 본인도 모르는 사이에 '무아지경'에 이른다고 본다.

이 부분은 내가 경험해보지 않았고 학자들은 인정하지 않겠지만, 잡생각이나 상상을 반복하는 것을 오랫동안 습관처럼 이어가다가 보면 비중이 있는 창의성을 발현(11장 「창의성 발현의 종류」 참조)하기 전 1~3년 전에 어느 같은 부류의 한 분야에 집중적으로 생각이나 상상을 반복했을 때 창의성이 발현하고, 그 뒤로 한동안 여기서 말한 '무아지경'에 이른 적이 있다.

나는 이 순간을 '경우의 수가 폭발적으로 증가'한다고 보았고 뇌가 적극적 활성을 한다고 보았다. 그리고 이 순간을 계속 이어가다 보면 일어나는 현상을 '생각하는 뇌의 문이 열린다'라고 명칭을 붙여보았다.

그리고 여기서 말한 '무아지경'은 영원히 지속되지 않는다고 본다. 초심을 이어가지 못하면 서서히 사라진다고 본다. 다시 말하면 '무아지경'은 '자기가 좋아하는 일을 꾸준히 이어가다 어느 정도 축적이 되었을 때 같은 부류의 어느 한 분야에 몰입이 심해지면 그로부터 1~3년 안에 비중이 있는 창의성이 발현하고, 그 뒤로도 초심을 이어갈 때' 일어나는 현상이라고 본다. 이 말을 다시 표현하면 뇌 활성을 축적하고 축적하기를 이어가다가 보면, 어느 순간 그 부분에 집중적인 몰입이 이루어지면서 역량이 급속도로 증가하는 것이라고 본다.

그리고 나는 이 순간을 계속 이어갈 때를 '생각하는 뇌의 문이 열린다'라고 부르고 싶다.

'자기가 좋아하는 일'의 대부분은 유아기나 아주 어린 시절에 형성되므로 '넓은 의미의 창의성의 발현'은 십수 년 이상으로 봄이 타당하다고 본다. 따라서 '일만 시간의 법칙'이나 '전문적인 훈련'은 잘못 설정되었다고 본다.

그리고 '무아지경'이나 '생각하는 뇌의 문이 열린다'의 상태에 이르렀다고 해도 신체의 작용이나 뇌의 작용은 '연속성'에 있으므로 '초심을 이어가지 못하면' 그러한 상태는 서서히 퇴화한다고 본다.

아이를 창의적 천재로 만드는 뇌의 비밀

9. 반복이 중요한 이유

■ 반복의 무서움

고등학교 다닐 땐가 들었던 "무언가 행하기 전에 먼저 3번을 생각하라"라는 말이 떠오른다. 어느 성현이 남긴 말인지는 모르지만, 상당히 정신적인 역량이 높으신 분인 것 같다.

인간이 태어나는 순간부터 맨 처음 하는 일은 내 곁에 누가 있고 나를 챙겨주는가를 인식하는 것이다. 반복적인 교감을 맺음으로써 나하고 누가 가장 가까운가를 스스로 깨우치게 된다. 나를 많이 챙겨주고 가장 관심을 주는 이들이 나에게 엄마 아빠란 말을 수없이 반복적으로 들려줌으로써 언어의 문을 열게 되고, 나에게 가장 가까운 이들이 엄마와 아빠라는 사실도 알게 된다.

여기서 나를 낳아준 엄마 아빠가 아닌 다른 이가 나를 가장 가까이서 돌봐주며 챙겨주고 그들이 나에게 엄마 아빠를 수없이 반복해서 가르쳐주었다면 그들을 엄마 아빠로 알 것이다. 다른 선택이 없을 것이다.

■ 두뇌 속에 자리 잡으면 고착된다

위의 내용은 많은 사람이 알고 있을 것이다. 이것이 우리가 알고 있는 뇌 구조다.

처음에는 무지했다가 수없이 반복해서 보고 생각하며 세상에 눈을 뜨고, 수없이 반복적으로 듣고 생각하며 말을 배우고 세상과 교감을 나누기 시작한다. 천주교, 개신교, 이슬람교, 불교, 힌두교 등 대표적인 종교들을 살펴보면 하나같이 종교의식을 행함에 있어서 곳곳에 반복적인 요소 등이 설정되어 있음을 알 수 있다.

그 종교의식에 설정된 반복적인 요소들을 수없이 접하고 반복적으로 행하다 보면 본인도 모르게 그 종교는 나의 뇌 속에 깊숙이 자리 잡게 되어 그 종교 논리와 반대되는 것은 어느 것이든지 내 뇌 속에 침투하기 쉽지 않게 된다. 거의 모든 종교가 이 이 부분에서는 똑같다. 이것이 우리 뇌의 최대의 단점이다. 즉, 뇌에 일단 자리 잡게 되면 그것이 옳은 것인지 아닌지 전혀 문제가 되지 않는다는 것이다.

인간은 자기 스스로 저항할 수 없는 지식이나 경험을 반복적으로 접하다 보면 그것이 뇌에 깊숙이 자리 잡게 되는데 이것은 맨 처음 뇌 신경세포가 비워져 있는 상태에서 지식이나 경험을 습득하기 때문이다. 두뇌는 원래 일종의 거르는 장치이지만, 여러 번 반복으로 고착이 된다는 단점이 있다.

이 단점을 보완하기 위해서는 생각이나 상상을 반복하는 것을 습관처럼 이어가야 한다. 그러다 보면 다른 생각이 형성되기 시작한다. 새로운 지식이나 경험을 취득하게 되면 다른 생각을 조금씩 할 수 있게 되는데, 이것도 오랫동안 습관처럼 이어가야 한다. 저항할 수 없는 지식이나 경험에도 고착되지 않고 이에 저항할 수 있는 힘이 생긴다. 즉, 정화할 수 있는 능력이 생기는 것이다. 대부분의 사람은 이 정화 능력이 형성되지 않았다고 본다. 아니, 역사적으로도 이 정화 능력을 갖춘 이는 극소수라고 본다. 대기만성이라는 말이 있듯이 그 기간이 너무 오래 걸리고, 이는 대부분 자연적으로 생성되는데 매 순간 주위 환경이 도와주어야 하기 때문이다(14장 「뇌의 비밀」 참조). 무릇 어느 사물에도 두 가지 이상의 뜻이 있듯이 이 반복적인 행동을 잘만 이용할 수 있다면 에디슨이 말한 써먹지 못한 뇌 부분을 활성화할 수 있다고 본다.

앞서 보았듯이 반복적인 행동은 인간이나 동물의 삶에 있어서 매우 중요하게 보이는데 왜 그러는지 살펴볼 필요가 있다.

■ 반복적인 일은 두뇌에 고착화된다

인간이 성인이 되었을 때 대부분의 일상생활은 반복의 연속이라고 볼 수 있다. 주변에서 늘 일어나는 일이고 반복적이라 생활하는 데 아무런 지장이 없으며 대부분 기억도 잘 난다. 그런데 한 가지 이상한 것은 친구를 만나거나 어느 모임에 참석했을 때 다른 이가 주변에서 반복적으로 늘 일어나는 일이 아닌 색다른 주제나 소재에 대해 불쑥 말하게 되면 옛날에 알았던 것이라도 당황하게 되고 기억이 잘 나지 않는 경우가 종종 있다.

그런데 시간이 조금 지난 후나 하룻밤 자고 자면 어제의 그 일에 대해 기억이 나는 경우가 많다. 꼭 소 잃고 외양간을 고치거나 버스가 떠난 뒤에 손을 흔드는 것과 같다.

여기서 살펴보더라도 주변에서 늘 반복적으로 일어나는 일상생활에는 기억력이 막힘이 없으나 주변에서 늘 반복되는 것이 아니라 색다르거나 돌출적인 주제에 부딪히게 되면 기억력이 마치 먼 기억으로 여겨지고 기억을 인출하는 데 시간이 걸림을 알 수 있다.

앞서 보았듯이 반복적으로 행동하거나 생각이나 상상을 반복하는 것은 우리의 일상생활에서 매우 밀접하게 관계를 맺고 있음을 알 수 있으나 생각이나 상상의 반복이 없는 일상생활의 반복은 뇌가 할 수 있는 일이 극히 제한적이므로 뇌의 활동이 거의 놀고먹는 수준이어서 생각의 고착화 현상이 심화하고 모든 것을 자기중심의 편리한 쪽으로 선택하는 경우가 많다.

과학자들은 성인이 된 다음에도 얼마든지 뇌가 발전할 수 있다고 했다. 그 방법은 아마도 뇌를 자극하고 계속 일을 활발하게 하게끔 하는 것이 아닌가 생각된다.

즉, 의식 세계가 생각이나 상상을 반복하며 의식 세계에서 그만큼 중요하다고 표시해주면 뇌가 활성화된다고 본다. 과학자들도 생각을 거듭하게 되면 뇌가 활성화하는 것을 발견한 것으로 알고 있다.

■ 의식 세계, 잠재의식 세계와 뇌의 관계

과학자들은 어떤 물체의 움직임에 대해 의식 세계가 행동을 하거나 반응하는 그것보다 뇌가 0.몇 초 빨리 반응하는 것을 발견하고 인간의 삶이 미리 예견된 운명이냐, 아니면 자기 의지대로 삶을 영위하느냐 하는 문제로 그들 사이에서 한때 논쟁이 벌어진 것으로 알고 있다.

여기서 살펴볼 수 있는 것은, 처음 본 물체의 움직임이라는 것은 돌발적인 변수가 존재할 수 있다고 보는데 이것에 뇌가 의식 세계보다 빨리 반응하므로 돌발적인 변수에 뇌가 의식 세계에 지시를 내리는 것과 같다고 해서 이것을 어떻게 삶이 미리 예견된 것이라 할 수 있겠는지 의심스럽다. 럭비공이 땅에 닿는 순간 판단해야 하는 돌발적인 변수가 있는 경우와 늘 반복적인 일상생활에 뇌가 반응하는 속도가 같은지 조사할 필요가 있다고 본다.

삶이 미리 예견된 것이라면, 앞서 보았듯이 친구를 만날 때나 어느 모임에 갈 때 전에 알았던 내용이라도 상대가 색다른 주제를 이야기 하면 그 순간 당황하게 되고 기억이 잘 나지 않다가 시간이 조금 지난 후나 다음 날 기억이 나는 경우가 종종 있는 것을 어떻게 설명할 수 있겠는가? 친구를 만나거나 부부지간에 말다툼하거나 싸움을 할 때 현명하게 대처하지 못하고 자극적인 말로만 극한 상황으로 치닫는 이유는 무엇인가?

뇌에 대한 지식은 극미하지만, 친구를 만나거나 모임에 가거나 부부지간에서나 반복되는 일상생활 등 특히 약속된 만남일 경우 빅데이터처럼 미리 분석하고 기억을 준비한다고 본다. 그렇지만 상대방의 돌발적인 행동에는 기억이 준비되어 있지 않은 상태(빅데이터에 들어 있지 않은)이므로 당황하거나, 자극적인 말을 하는 등 감정이 앞서게 되는 것으로 생각한다.

어떤 문제점이 발생했을 때 생각하고 또 생각을 거듭하다 보면 비중이 적은 경우에서는 문제점이 해결되는 경우가 종종 있는 것을 보면 의식 세계가 여러 번 요청하게 되면 뇌가 적극적으로 반응하는 것으로 생각할 수 있지 않은가?

그리고 뇌가 앞날을 미리 예견하는 능력이 있다고 말하지만, 습득한 지식과 경험을 바탕으로 약속이 되어 있는 일이거나, 본인 주위의 앞날에 대해 빅데이터처럼 분석하여 미리 대비하는 것으로 봄이 타당하다고 본다.

자연의 섭리상 의식 세계와 뇌는 한 몸이므로 최적화되어 있는 상태가 무엇인지 생각할 필요가 있다고 본다. 나는 이 둘의 관계를 관포지교로 설정해보았다. 즉, 상호보완적이라고 보았으며 나는 인간의 삶이 결정되는 것은 환경과 밀접한 관계를 맺고 있으며 환경은 수시로 변할 수 있는 가변성이므로 그때그때 환경에 자의적으로 적응해가면서 삶을 영위해간다고 보고 있다. 스티븐 호킹 박사도 이와 비슷하게 주장한 것으로 알고 있다.

그리고 역사를 살펴보면 노스트라다무스 등 많은 예언가들이 있고 그들의 예언서들이 있는데 그 내용을 살펴보면 하나같이 어려운 말로 쓰여 있거나 애매모호하게 쓰여 있는 것을 알 수 있다. 훗날 그를 연구하는 이들에 의해 예언을 자의적으로 해석하지만 맞는 경우가 없고, 또 어떤 일이 일어났을 때 그것에 끼워 맞춰 자의적으로 해석하는 경우가 많다.

아이를 창의적 천재로 만드는 뇌의 비밀

인간은 수많은 지식이나 경험 등 정보를 취득하고 그 바탕 위에서 모든 일을 영위한다. 앞날을 예지할 수 있는 것은 사실이지만 앞날이란 돌발적인 변수가 너무 많고 가변적이므로 정확하게 예지할 수가 없다. 그래서인지 예언서를 보면 어려운 말로 쓰여 있거나, 애매모호하게 쓰여 있다.

또한, 창의성이 잉태되거나 발현하는 과정을 살펴보더라도 환경과 밀접한 관계를 맺고 있으며 의식 세계와 뇌의 관계도 상호보완적임을 알 수 있다. 그리고 뇌가 의식 세계보다 빨리 반응하는 것은 당연하다고 볼 수 있다.

EBS에서 방송한 '통찰'이라는 프로그램에서 모 교수는 '1초도 쉬지 않고 생각하고 또 생각하기를 반복한다면 누구나 창의성을 발현할 수 있고 3일 동안 계속 생각하고 또 생각하기를 반복할 수 있다면 비중이 큰 창의성도 발현할 수 있다'라고 2회에 걸쳐 강의하였다. 이 강의가 창의성에 대한 내 생각에 많은 도움을 준 것은 사실이나 이 부분에 대해서는 많이 생각하지 않을 수 없었다.

대부분의 사람들은 생각의 고착화 상태가 심하거나 그와 비슷한 상태에 있다. 즉, 위기 상황 등 특별한 환경이 설정되어 있지 않다면 생각을 거듭하기가 쉽지 않다.

한 숙명여대 교수가 '명견만리'라는 TV 프로그램에 나와 메이커 교육에 대해 강의하였는데, "메이커 교육이 장착하는 데, 다시 말해 팀별로 스스로 생각하고 그것을 만들어보는 데 처음에는 힘들어하다가 그 교육을 정착하는 데 3~4주 걸렸다"라고 했다. 대학생이면 생각의 고착화 상태가 아직 심화되지 않은 상태이고 더욱이 일정한 환경이 설정되어 있음에도 불구하고 3~4주나 걸렸다고 하는 것을 보면 스스로 생각하고 그것을 만들어보는 데 걸리는 시간은 어릴수록 빨라지고 나이가 들수록 길어질 것이다. 또한 환경이 설정되어 있지 않은 경우에는 실패할 확률이 더 높다. 그리고 그 환경이 해제되면 메이커 교육은 더 이어가기 힘들 수 있다.

환경이 타의에 의해 가장 강하게 설정된 군대에 들어가면 군대 가기 전에 갖고 있던 버릇이나 습관이 다 바뀐다. 취침 시간이나 기상 시간 등도 정해진 대로 따라야 한다. 그러다 시간이 지나 제대하면 본래 갖고 있던 버릇이나 습관으로 서서히 돌아가는 경우가 많다. 특별한 환경이 설정되어 있고 몇 년이란 기간이 있는데 왜 이런 현상이 생겼을까?

그리고 긴 시간을 요하는 교육제도인 학교 교육도 그렇다. 유아교육부터 시작하면 20년이 넘는 기간인데도 불구하고 졸업한 뒤 특수한 경우를 제외하고 대부분 공부를 하거나 책을 읽지 않는다. 그 이유는 무엇일까?

스스로 생각과 상상을 반복하면서 만들어보는 메이커 교육은 혁신적인 교육임이 사실이지만 설사 타의에 의해 설정된 환경에서 적응되었다고 하더라도 그 환경이 사라지게 되면 과연 몇 명이나 메이커 교육을 이어갈 수 있을지 의문이다.

더욱이 이 연구는 초등학교부터 이어진 게 아니라 대학교 때 중도에 시작한 것이다. 물론 연구기관 등 특수한 환경이 설정되어 있는 곳이라면 연속성이 계속 이어지므로 많은 도움이 되겠지만 말이다.

■ 환경이 바뀌면 습관도 바뀐다

버릇이나 습관은 태어날 때부터 5세 안에 정착한다고 본다. 뇌 신경 세포가 백지상태인 태어날 때부터 수없이 반복적으로 노력해서 배운 것이므로 처음으로 강하게 자리 잡게 되고 성장해도 쉽게 변하지 않는다. 생각하거나 상상을 반복하는 것도 마찬가지다. 그런데 환경이 바뀌면 이렇게 고착된 습관도 이내 바뀌고 만다.

가정생활의 환경과 유아원 및 유치원 등의 환경이 다를 경우 버릇이나 습관 등이 각자 환경마다 다르게 만들어져 다르게 행동할 수밖에 없게 되고, 이때 이중적인 성격도 형성될 수 있다. 타의에 의해 설정된 유아원과 유치원에 완전히 적응하는 데 지장이 있을 수 있다. 또는 처음에는 적응하는 듯하지만, 서서히 이탈할 수도 있다.

버릇이나 습관, 그리고 생각이나 상상을 반복하는 습관은 태어난 때부터 5세 안에 강하게 자리 잡지만 중도에 환경이 강하게 설정된다면 얼마든지 바뀔 수 있으며 그것이 연속성일 때 바뀐 버릇이나 습관 그리고 생각이나 상상을 반복하는 것도 계속 유지할 수 있다고 본다.

모 교수님의 '1초도 쉬지 않고 생각하고 또 생각하면 창의적인 사람으로 변할 수 있다' 하는 강의 내용은 나의 창의성 및 그 주변을 정립할 때 많은 도움을 준 것은 사실이지만, 그 내용은 내가 생각하는 부분과 많은 차이점이 있다. 이 부분은 다른 장에서 논할 것이다.

특히 종교계에서 반복적으로 행하는 의식이 많은데 몇 가지 살펴보자. 불교에서 목탁을 두드리며 주문을 외우는 의식을 반복적으로 행하는 이유는 무엇일까? 108배나 3,000배, 오체투지 등 무한 반복적인 행동을 해야 하는 이유는 무엇일까? 참선에도 반복적인 요소가 있지 않을까? 기독교에서 목사님이 설교 도중 아멘, 할렐루야를 신자들과 반복하여 함께 반복하는 이유는? 예배를 끝낼 때마다 주기도문을 반복하는 이유는? 합창을 반복하는 이유는? 어떤 교회에서 손뼉을 치고 큰소리로 합창을 반복하는 이유는? 이외에도 성지 순례 등 반복적으로 행동하는 경우가 너무 많다. 이슬람교에 대한 지식은 너무 극미하지만, 하루 다섯 번씩 메카를 향해 절을 하고 기도하는 이유는? 금요일마다 금식을 반복하는 이유는? 이것 말고도 반복적인 요소가 많을 것이다. 힌두교에도 반복적인 요소가 많은 것으로 알고 있다.

■ 반복적인 일상생활은 생각이 고착화되는 원인

우리의 일상생활 주변에도 반복적으로 이루어지는 것이 너무 많다. 대부분 일상생활이라는 것이 단순 반복적으로 이루어지는 것이므로 변화의 여지가 많지 않고, 변화의 여지가 있다 하여도 그 연장선에 있는 것이 많으므로 깊은 생각이나 상상을 반복하지 않더라도 문제점이 해결되는 경우가 많다. 그리고 내가 원하는 대로 일상생활이 이루어지거나 문제점이 해결되어간다면 생각이나 상상을 반복하는 것은 희석되고 뇌는 편리한 쪽으로만 흘러가게 된다. 즉, 생각의 고착화 상태가 심화된다.

물론 일상생활의 행위를 하는 데 있어서 생각이나 상상을 수반하는

아이를 창의적 천재로 만드는 뇌의 비밀

경우가 많은 것은 사실이나, 생각이나 상상이 깊게 반복되지 않고 단순하게 이루어지므로 뇌가 활성화하는 정도가 약하다. 이 단순 반복적인 행동은 뇌를 게으르고 태만하게 만드는 원인이 된다.

일상생활이 늘 반복적으로 이루어지므로 더는 기억력이나 빅데이터처럼 분석이 복잡하지도 않고 중도에 다른 변화, 즉 친구를 만나거나 각종 모임을 가질 때도 전에 경험했던 기억력이나 분석이 있으므로 약간의 변화만 준비하면 되기에 뇌로서는 놀고먹는 수준일 것이다. 회사에서도 큰 변화가 없는 한 같은 수준일 것이다.

■ 편리함에 익숙한 뇌는 위기 상황에 약하다

이런 상태에서 위기 상황 등 환경이 급변하게 되면 쉽게 모든 것을 포기하거나 극단적인 선택을 하는 경우가 많게 되며, 생각이나 상상을 반복하더라도 뇌가 편리함에 익숙해진 상태이므로 점점 미궁 속으로 빠져드는 경우가 많은 이유이다.

반대로 절대적 위기 상황이 최고의 몰입 상태에 이르게 할 수도 있고 또 다른 기회일 수도 있다고 말하는 학자들이 있지만 모두에게 해당하는 것은 아니다. 즉, 생각의 고착화 상태가 오랫동안 지속된 이들이 아니라 생각이나 상상을 반복하는 끈이 얼마간이라도 이어졌을 때만 가능하다고 본다.

■ 단순 작업 + 상상하기 = 영감과 역량

일상생활이라는 것이 단순 반복적으로 이루어지는 것은 어쩔 수 없는 일이다. 하지만 그 가운데에서도 생각하거나 상상하기를 반복하는 행위를 할 수 있다면 오랜 시간 뒤에 소기의 목적을 달성할 수 있다. '세상에 나오는 사람들' 중에는 어느 날부터 전에 없던 예술적 재능을 나타내는 이들이 있다.

이들은 자영업에 종사하거나, 또는 단순히 반복되는 공장 혹은 회사에 종사하고 있는 자로서 시간적 여유가 있어서 잡다한 생각이나 상상을 반복하는 것을 오랫동안 이어오거나, 또는 단순 반복적인 일을 하면서 동시에 잡다한 생각이나 상상을 반복하는 것을 오랫동안 이어오다가 영감이 떠오르고 그때부터 역량을 쌓은 이들이다. 생각이나 상상을 반복하면 간단한 문제는 쉽게 해결할 수 있는 것이 사실이다. 그러나 이것은 반복적인 일상생활에서 그와 관련된 문제이므로 이것은 넓은 의미의 창의성은 아니다. 넓은 의미의 창의성은 생각이나 상상을 동시에 반복하면서 기능이나 재능에 대한 역량을 쌓으며 이를 오랫동안 지속하였을 때나, 또는 어떠한 생각이나 상상을 반복하고 이를 오랫동안 지속하였을 때 발현하는 창의성을 의미한다.

그리고 창의성 교육, 토론식 교육, 메이커 교육, 융합 교육인 활동적 수업 등은 모두 넓은 의미에서 비중이 있는 창의성을 발현할 수 있는 상태에 이르도록 하는 것이 사실이지만, 올바른 방법으로 시행하여야만 가능한 것이고 그 외에도 일상생활을 영위하면서도 그 반복적인 행위를 잘만 이용하면 얼마든지 넓은 의미의 비중이 있는 창의성을 발현할 수 있는 상태에 도달할 수 있다.

아이를 창의적 천재로 만드는 뇌의 비밀

■ 생각이나 상상을 반복해야 하는 진짜 이유

생각이나 상상을 반복하는 진짜 이유는 어떤 문제를 해결하기 위한 것이 아니라 '축적'을 목적으로 해야 한다. 즉, 뇌가 일을 계속 열심히 하게 여건을 만들어주는 데 목적을 두어야 한다. 이 경우 가시적인 효과는 당장 미미하지만, 먼 훗날 일정한 요건이 갖추어지면 비중이 큰 창의성이 학자들이 말하듯 하늘에서 뚝 떨어진 것과 마찬가지로 발현한다. 이것은 연속성이므로 초심대로 생각하거나 상상을 반복하는 것을 계속 이어가면 창의성 발현은 물론, 무아지경 또는 가칭 '생각하는 뇌의 문이 열린다'의 상태가 된다. 이로써 창의성 발현의 속도가 빨라진다. 새로운 지식이나 경험을 습득한 후 생각이나 상상을 반복하지 않더라도 창의성 발현이 있을 수 있다. 이 부분은 11장 「창의성 발현의 종류」에서 논하겠다.

세상에 나오는 사람 중 어느 날 예술적 재주가 나타나는 경우는 반복되는 일상생활 속에서 시간의 여유를 달래기 위해 생각이나 상상을 반복한 경우이다. 단순한 반복적인 작업이 계속될 경우 창의성을 발현할 수 있다는 사실을 언제 들은 것 같다. 생각이나 상상을 반복하는 것이 습관화된 경우는 일상생활이나 작업과 동시에 상상이 가능하다. 밥을 먹을 때나 화장실에 있을 때, 운전할 때나 조금 위험한 기계를 다룰 때도 동시에 그것들과 관계없는 잡생각을 동시에 할 수 있다. 즉, 손과 눈은 일하지만 뇌는 다른 생각이나 상상을 하는 이완이 가능하다. 이 경우는 어릴 적부터 가끔이라도 생각이나 상상을 반복해온 경우 유리하며, 이때 뇌가 가장 활성화될 수 있다. 이 부분에 대해서는 1장 「야인의 이야기」에서 다루었다.

종교의식에서 하나의 의식행위를 무한 반복하는 경우를 보자. 하나의 행위를 무한 반복하다 보면 다른 생각이나 상상을 동시에 할 수 있게 된다. 생각이나 상상을 반복하는 것은 인간뿐만 아니라 동물에게도 매우 중요하다. 동물들이 생각이나 상상을 반복하는 이 사색이 없다면 보고 배운 대로만 살아가야 하므로 도태될 수밖에 없게 된다. 즉, 경우의 수가 발생하지 않는다. 생각이나 상상을 반복하는 것을 연속적으로 얼마나 이어갈 수 있느냐의 차이가 동물과 인간의 다른 점이다.

생각이나 상상을 반복할 수 있는 습관은 버릇이나 습관처럼 태어날 때부터 5세 사이에 대부분 자리 잡지만 중도에 특수한 환경만 설정할 수 있다면 얼마든지 습관화할 수 있으며, 생각의 고착화 상태가 시작되지 않은 어린 나이일수록 유리하다. 생각의 고착화 상태가 시작되어 있거나 심화한 상태인 사춘기 이후 또는 성인일 경우에도 더욱 강한 특수한 환경만 설정할 수 있다면 뇌가 발전할 수 있도록 생각이나 상상을 반복하는 것을 습관화할 수 있다.

인간이 태어나 인간사의 모든 부분을 섭렵하기에는 많은 시간이 필요하다. 태어날 때부터 5세 사이에 생각하거나 상상을 반복하는 습관을 만드는 데 얼마나 많은 시간을 할애해야 할까?

이때 중요한 것은 생각하거나 상상을 반복할 수 있는 자양분인 지식과 경험은 타인과의 관계에 의해 습득하는 경우가 많으므로 교감과의 배분도 생각하여야 한다. 단, 조심할 것은 '무릇 모든 것은 과하면 아니함만 못하다'라는 말이 있듯이 하루 시간 중 생각이나 상상을 반복하는 것은 적당한 시간 동안 해야 한다(보통 3시간 이내가 좋다). 천천히 장기전으로 성인이 될 때를 대비하는 것이 옳다고 본다. 이렇게 하면 다양한 분야를 섭렵할 수 있다. 어린 시절에 넓은 의미의 창의성을 발현할 수 있도록 초심을 잃지 않아야 유리하다. 이 부분은 5장 내용 중 '영재와 신동이 성인이 되었을 때 창의성이 사라지는 이유'에서 논했다.

중도에 환경을 설정하여 생각하거나 상상을 반복하는 것을 습관화할 때에는 특정한 한 분야를 선택하는 것이 유리하다.

■ 창의성을 만드는 일기 쓰기, 여행, 독서를 통한 상상

생각이나 상상을 반복해서 뇌를 활성화하고 발전시키는 방법에는 여러 가지가 있다. 일상생활에 대한 일기를 생각이나 상상으로 쓰는 방법은 장기전이다. 자기가 하는 일과 동시에 잡생각이나 잡다한 상상을 반복하는 것도 장기전이다. 하지만 자기가 하는 일에 대한 생각이나 상상을 반복하는 방법은 단기전이라 할 수 있다.

이외에도 여행을 통해서 체험하고 소재를 모아 생각이나 상상을 반복하는 것은 매우 좋은 방법이다. 시간과 비용의 문제가 있겠지만 최소한 한 달에 한 번은 가는 게 좋다. 또 책을 통해 생각이나 상상을 반복하는 것은 시간을 투자해야 하지만 뇌를 활성화하고 발전시키는 데 매우 좋은 방법이다. 즉, 일상생활의 모든 것을 잘 활용할 수 있다면 좁은 의미의 창의성이나 넓은 의미의 창의성을 발현할 수 있다.

일기, 여행, 독서를 통해 생각이나 상상을 반복하는 것은 두뇌 활성화에 매우 좋으나 작심삼일이라는 말처럼 결코 쉬운 일이 아니다. 강제적인 방법이 아니면 지키기 힘들다. 강제적인 것도 자의에 의해 특수한 환경을 설정한 경우보다는 타의에 의해 특수한 환경을 설정했을 경우가 확실히 유리하다.

■ 책을 통해서 뇌를 활성화하는 방법

"행하기 전에 3번 이상을 생각하라"라는 어느 성현의 말씀처럼 3번 이상을 생각하라는 것은 어떤 의미일까? 세 번을 생각한다는 것은 의식 세계에 '이것이 중요하다'라는 의미를 전해준다. 또 3번을 생각하는 동안 시간을 벌어주므로 의식 세계와 상호작용하는 뇌로 하여금 좀 더 합리적인 방법을 찾아내도록 한다. 사실 3번 이상을 생각하라는 말은 '3일 이상을 생각하라'라는 뜻이다. 뇌가 융합할 수 있는 시간이 필요한 것이다.

■ 구증구포처럼 상상하라

'구증구포(九蒸九曝)'라는 말이 있다. 인삼을 찌고 말리면 홍삼이 되어 인삼보다 약효가 뛰어나다. 이 홍삼보다 약효가 더 뛰어난 게 흑삼인데 흑삼은 인삼을 찌고 건조하기를 9번을 반복하여 만든다. 가히 정성이다. 녹차 역시 차나무 잎을 따서 불에 덖고 비비고 말리기를 9번을 거듭하면 깊은 맛이 우러나는 차가 된다. 마늘이나 다른 약초들도 구증구포를 하면 색이 검어지고 약효가 뛰어나다. 어떤 문제를 해결하는 것이 아니라 축적을 목적으로 할 때 하루 중 시간을 정해놓고 3일 이상을 생각하거나 상상을 반복해주면 뇌 활성화에 상당히 도움이 된다.

■ 책을 읽고 3일을 생각하라

한 권의 책에는 소재나 내용이 풍부하므로 소설책처럼 내용이 간단한 경우에는 다 읽은 다음 최소 3일 이상을 생각이나 상상을 반복해주면 된다. 그런데 책을 통해 앞날을 설계하거나 준비하고자 하면 조금은 복잡해진다.

독서나 여행을 하면 그 속에 지식이나 경험이 풍부하게 담겨있으므로 잡생각이나 잡다한 상상을 반복할 때보다 감성이 풍성해지고 가시적인 효과가 나타날 수 있다. 물론 책이 여행보다는 앞날을 준비하는 데는 유리하다.

'남아수독오거서(男兒須讀五車書)'라는 공자님 말씀이 생각난다. 남자는 평생 다섯 수레의 책을 읽어야 한다는 말씀이다. 독서의 중요성을 논한 공자님의 부탁이다. 많은 책을 읽는 것도 좋지만 좋은 책을 골라

이 한 권의 책을 완전히 내 것으로 만드는 것이 더 중요하다.

특히 중도에 책을 통해서 인생을 설계하거나 생각과 상상을 반복하고자 할 때 이미 어느 정도의 지식과 경험이 축적되어 있는 상태이므로 다독보다는 한 권의 책을 읽고 생각과 상상을 반복해줌으로써 기존의 지식 및 경험과 융합작용을 하여 축적하는 것을 목적으로 해야 한다.

어릴 적부터 습관화되어 있으면 더할 나위 없지만, 중도에 시작하게 되면 타의에 의해 환경이 설정된 경우 습관화하는 데 더 유리하며, 나이가 적을수록 더 유리하고 성인이면 좀 더 특수한 타의에 의한 환경을 설정해야 작심삼일을 방지할 수 있다.

■ 작심삼일 방지는 비싼 위약금으로

동기부여라는 말이 있듯이 하다못해 약속을 이행하지 않을 때 벌금을 내는 계약서를 최소 1년 이상을 써야 하며 약속을 파기할 경우 많은 위약금을 내도록 계약서에 써야 한다.

중도에 환경을 설정하고 그것을 습관화하는 것은 매우 어려운 일이므로 의지력이 약한 경우 하지 않으면 아니 되도록 환경을 설정하는 것이 중요하다.

중도에 생각하거나 상상을 반복하는 것이 습관화되어 있지 않은 상태에서 책을 읽고 60~90분간 생각하거나 상상을 반복하는 것은 결코 쉬운 일은 아니다. 특히 앞날을 위해 책을 읽고 그렇게 하는 것은 더

아이를 창의적 천재로 만드는 뇌의 비밀

욱 그러할 것이다.

■ 가벼운 책으로 시작하라

처음에는 가벼운 소설책이나 좋아하는 책을 읽고 연습 기간을 갖는 것도 좋은 방법이다. 처음에는 습관이 안 되어 있는 상태이므로 가벼운 마음으로 그럴 수도 있겠지, 다른 방법은 없을까, 이 부분은 조금 그러네, 이렇게 조금씩 내 생각이나 상상을 보태면 된다. 단, 정해진 시간을 채워야 하므로 위 상태를 단순 반복해도 된다.

어떤 일이든지 처음에는 어설프고 미약하지만, 거듭할수록 자리가 잡혀갈 것이다. 책을 통해 생각이나 상상을 반복하는 주된 이유는 잡다한 것에 대한 생각이나 상상을 반복하는 것보다 새로운 지식과 경험이 풍성하게 내포되어 있어 방향을 한 방향으로 설정하기가 쉽기 때문이다. 책과 상상은 일종의 지름길이 될 수 있다.

그리하면 중도에 시작하더라도 생각이나 상상을 반복함으로써 뇌를 활성화하고 축적을 거듭하여서 한 계통에서 세계 최고 수준에 이르게 할 수 있다. 앞서 설명했듯이 융합할 때 필요한 밀알인 지식과 경험이 어느 정도 쌓여 있는 상태이므로 다독이 아니더라도 조금은 느리지만 한 권의 책을 통해서 뇌를 활성화하고 축적하는 것을 목표로 '구중구포'를 적용하고자 한다.

■ 최고 수준의 두뇌 활성화 방법

생각이나 상상을 반복하는 근본적인 이유는 뇌를 활성화하고 축적하기 위한 것이므로 거의 매일 하는 것이 가장 좋다. 1주일에 6번은 반복하고 1일은 휴식을 하는 것이 좋다.

생각이나 상상을 반복하는 것이 습관화되면 시간은 금방 흘러가므로 하루 중 60~90분 정도가 적당하다고 생각된다. 뇌가 인지하는 데 도움이 되도록 시간대를 정해서 하는 것이 중요하며 잠자기 전이 가장 좋다.

한 권의 책을 다 읽고 다른 책으로 넘어간다. 소설책 같은 문학책을 읽으면 다 읽은 다음 생각이나 상상을 반복하는 것이 원칙이나, 하루에 다 읽지 못할 때는 연속성이 끊어지므로 처음 하루에 읽은 부분에 대한 생각이나 상상을 반복해주면 되고 그다음부터는 더 읽은 부분에 처음 읽은 부분을 더해서 생각이나 상상을 반복해주면서 한 권 읽기를 끝내면 3번 이상을 생각하거나 상상을 반복해준 다음 다른 책으로 넘어가거나 다른 책을 읽기 전까지 생각이나 상상을 반복하는 것을 계속하여야 하는데 이는 연속성을 유지하는 것이 중요하기 때문이다. 이런 경우 먼 훗날 훌륭한 소설가가 될 수 있다.

책을 통해서 미래를 설계하거나 그 계통에서 최고 수준에 이르기를 원한다면 소설책 같은 문학책을 읽고 생각이나 상상을 반복하는 것과 같이 해주고 이를 두 번 더 반복해주어야 한다. 즉, 3번을 읽고 3번 이상을 반복해주어야 한다.

소위 전문적인 책이라고 하면 한 권의 책을 다 읽는 데만 해도 시간이 오래 걸리고, 내용이 난해하므로 생각하거나 상상을 반복하는 것

아이를 창의적 천재로 만드는 뇌의 비밀

도 쉽지는 않을 것이다. 같은 책을 3번을 읽고 생각이나 상상을 반복하게 되면 그 기간은 6개월을 초과할 수도 있지만, 한 권의 책을 내 것으로 만드는 것도 중요하다. 생각이나 상상을 반복하는 횟수도 그만큼 많아지게 되는 건 당연하다. 이런 과정은 '구증구포'를 했을 때처럼 약효도 더 뛰어나고 깊은 맛을 내는 녹차가 되듯 뇌에 깊게 자리 잡게 되므로 이 부분에 더는 생각이나 상상을 반복하지 않더라도 뇌 작용이 계속된다. 이는 먼 훗날 창의성을 발현할 때 크게 영향을 미치게 된다.

그리고 문학책과 마찬가지로 처음 하루 읽은 부분에 대해 그날 생각하거나 상상을 반복해주고 다음 날 그 뒷부분을 읽게 되면 그날 읽은 부분에 대해 생각하거나 상상을 하여도 좋고 앞부분과 연계해서 해도 상관이 없다. 중도에 읽는 것을 중단했을 때는 다시 읽기 전까지 지금까지 읽은 부분에 대해 생각하거나 상상을 반복하여야 하며 다시 읽게 되면 전과 같이 해주면 된다. 생각하거나 상상을 반복하는 것을 일주일에 두 번 이상 중단하게 되면 습관이 중단될 수도 있고 연속성이 떨어지므로 그 효과도 적을 수 있다. 학생일 경우 이 과를 채택하여 주입식 교육과 병행하여도 된다.

■ 상상의 밑알이 되는 주입식 교육

주입식 교육의 효율성을 강조하는 학자도 있는 것으로 지인을 통해 들은 기억이 있는데 주입식 교육의 효율성이 생각이나 상상을 풍성하게 반복하는 데 밑알이 되므로 이 두 가지를 병행하는 것은 좋은 방법이다. 여기서 생각이나 상상을 반복하는 데 시간을 더 할애할 필요는 없다고 보는데, 다른 것에도 균형을 유지해야 하고 연속성만 유지하면 된다고 보기 때문이다.

성인일 경우 다른 할 일이 많으므로 책을 읽을 수 있는 공간을 만드는 것도 중요하다. 저녁에 되도록 일찍 생각이나 상상을 반복하고 바로 잠을 자고 새벽에 일어나 책을 몰입해서 읽는 것도 한 방법이다.

■ 성과물이 아니라 축적에 목표를 두어야

생각이나 상상을 반복한다고 해서 금방 달라지는 것은 없다. 어떤 문제를 해결하기 위해 생각을 반복하여 그 문제를 해결하거나 메이커 교육처럼 스스로 생각을 반복하고 만들어봄으로써 가시적인 성과물을 이루게 되면 중도에 이탈할 가능성도 존재하므로 성과물에 목표를 두지 말고 축적에 목표를 두어야 뇌 활성화를 계속 유지할 수 있게 된다.

반복은 일평생을 살아가는 동안 계속 이루어지지만, 단순히 반복이 이루어지는 경우와 생각이나 상상을 수반하는 반복 사이에 먼 훗날 그 차이는 엄청나게 벌어지게 된다. 나는 종교를 믿지 않지만, '처음에는 미약했지만, 나중에는 창대하게 되리라'라는 말이 생각난다.

10. 한 살의 기적

■ 천재성과 유전

"저놈은 누굴 닮아 저렇지?"

"콩 심은 데 콩 나고 팥 심은 데 팥 난다."

"세 살 버릇이 여든까지 간다."

"아이고, 저놈은 누굴 닮아 저렇지?"

자라면서 참 많이 들었던 말이다. 부모 중 한 분의 입을 통해 들은 적이 많은데 과연 누굴 닮아서 그런지 궁금하다.

'콩 심은 데 콩 나고 팥 심은 데 팥 난다'라는 속담이 있는데 분명히 콩 심은 데는 콩이 나고, 팥 심은 데는 팥이 나는 것은 너무 뻔한 말인데 이것은 무슨 뜻일까?

옛날에 정승 판서의 집안에는 정승 판서가 나온다는 말이 있었다. 현재에도 의사의 집안에서는 의사가 나오고, 판검사의 집안에서는 판검사가 나오는 경우가 있는데, 이것은 혹시 유전되는 것일까, 아니면 다른 이유가 있을까?

세 살 버릇이 여든까지 간다는 속담도 그렇다. 어릴 적 습관이나 버롯이 평생을 좌우한다는 것은 매우 놀라운 일이다. 하지만, 인간은 환경에 적응하는 동물이라 환경에 따라 혹시 바뀔 수 있지 않을까?

과학자나 학자들은 천재성은 유전되지 않는다고 했고 나도 그렇게 생각한다. 베토벤, 뉴턴, 아인슈타인, 에디슨 등의 후손이 선조들처럼 그 분야에 뛰어난 업적을 남겼다는 기록을 보지 못했다.

■ 출생 시 뇌의 신경세포는 백지상태

과학자들은 태어나는 순간 뇌의 신경세포는 백지상태라고 한다. 또 태교의 중요성을 강조하는 학자도 있다. 미래에는 전기적 신호로 뇌를 자극해 영재로 변하게 할 수 있다고 과학자들이 말한다. 지금도 영재나 신동이 많이 존재하는데 유전되지 않으면 그들은 어떻게 천재가 되었을까?

그리고 2~5세 사이에 접한 것이 뇌의 발달 방향에 결정적인 역할을 한다고 했는데, 살다 보면 환경이 수시로 변하거나 급변하는 때도 있다. 그렇다면 이때도 같은 방향으로 계속 진행될 수 있을까?

학자들은 요즈음 놀이 문화를 강조하고 체험도 많이 강조하는 것 같다. 그리고 주입식 교육에서 혁신적인 교육제도인 창의성 교육으로, 그리고 이후 메이드 교육, 토론식 교육, 코딩 교육, 융합 교육으로 발전했다.

인간은 나무에서 땅에 내려와 살다 보니 맹수를 살피거나 먹이를 찾기 위해 두 발로 걷고 도구를 발명하는 혁신을 이루었으나 편리함을 이용하는 대가로 나이가 들면 척추가 약화되고 체력도 약화됐다.

불을 이용해 음식을 먹는 혁신을 이루어 음식 맛과 다양성을 이루었으나 그 편리함을 이용하는 대가로 치아나 내장 기능이 약화된 것도 사실이다. 곡식을 심어 수확하므로 정착하게 되었고, 정착생활을 하다 보니 무리는 점점 커져 소통하는 방법도 다양해지면서 말이 정립되고 문자도 만들어지면서 선대의 지식이나 경험을 쉽게 많이 배울 수 있어서 성인이 되었을 때 복잡한 사회생활을 하는 데 안성맞춤이다.

어릴 적 교육제도로 많은 지식을 쉽게 배울 수 있는 혁신을 이루었으나, 그 편리함을 이용하다 보니 거기에 함몰되어 스스로 생각이나 상상을 반복하면서 깨칠 기회는 점점 사라져갔다. 이 부분은 많은 생각을 할 필요가 있다.

동물은 어릴 적에 부모로부터 배우고 성체가 되었을 때 독립하여 스스로 생활한다. 인간은 어릴 적에 부모로부터 육아 교육을 받고 그다음엔 위탁 교육인 학교 교육을 병행한다. 이제 육아 교육부터 살펴보자.

■ 아기는 신생아실 환경을 제일 먼저 만난다

인간은 태어나는 순간 제일 먼저 신생아실로 옮겨진다. 태어나는 순간 인간 뇌의 신경세포는 비어 있는 상태지만 눈을 뜨고 태어난다는 것은 그 순간부터 세상사를 배우거나 뇌에 영향을 미친다고 볼 수밖에 없다고 보는데 처음 대면하는 그곳이 아무 의미 없는 신생아실이라는 것은 생각해볼 문제라고 본다.

과학자들이 2~5세에 뇌의 방향에 결정적인 역할을 한다고 하였지만 1세에도 배가 고파서 울고, 똥오줌을 싸서 울고, 젖이나 분유를 주는, 즉 그와 가장 가깝다고 느끼는 이와 교감을 나누고 싶을 때도 운다는 것은 인지는 물론 이미 사색을 하면서 세상사를 배우고 있는 것이라고 볼 수 있는데 이때가 어찌 중요하지 않겠는가?

아기는 신생아실에서 대부분 잠을 자지만 눈을 뜨고 있을 때 처음 대면하는 것이 신생아실이라는 주위 환경이고 세상인데 이때 신경세포에 각인되는 것이 한 줄도 없을까?

아기가 태어나는 순간 뇌의 신경세포는 백지상태인데 주위 환경을 수차례 접하면서 인간이 사는 세상에 하나하나 접근해가는 것이 아닐까? 그렇다면 신생아실은 다시 생각해봐야 한다고 보면 무리일까?

만약에 아기가 태어나는 순간 돼지우리에 넣어 가급적이면 인간의 접근을 차단한 채 키운다면 어떻게 될까?

태어나는 순간부터 1세까지는 인간과 세상에 대한 접근 기간이고 2~5세 사이가 뇌의 방향에 결정적인 역할을 한다는 과학자들의 주장을 그대로 믿어야 하는가?

현재 세상에는 영재나 신동이 많이 존재하는데 이들은 전부 2~5세 사이에 뇌의 발달 방향이 결정된 것이다. 그러면 태어나는 순간부터 연속성으로 하는 것이 훨씬 쉽지 않을까?

태어나는 순간부터 1세 사이에 신경세포에 쌓아온 지식이나 경험이 2~5세 사이에 뇌의 발달 방향을 바꾸는 것보다 연속성을 가지면 훨씬 유리하지 않을까? 또는 엄마의 배 속에서부터 연속성이라면 훨씬 유리하지 않을까?

과학자들은 미래에는 전기적 신호로 뇌를 자극해 영재로 바꿀 수 있다고 했다. 그런데 현재에도 영재나 신동이 많이 존재하는데 이들은 어떻게 형성되었을까?

과학자들의 말대로 이들은 뇌의 어느 한 부분이 자극되어 영재나 신동이 된 것 같은데 많은 아이 중에 극히 일부분만이 영재나 신동이 되는 이유는 무엇일까?

초등학교 시절 아이큐 검사를 한 적이 있는데 반 친구들이 다 다른데 천재성은 유전되지 않고 태어나는 순간 뇌가 백지상태인데 아이큐는 어떻게 형성될까?

인간은 태어나는 순간 수분이 흐른 뒤 큰 소리로 울음을 터트려 세상에 태어났다는 것을 알리는 것처럼 보이지만, 사실은 아기 자신이 너무 연약하므로 자신을 보호해줄 이를 찾는 소리는 아닐까?

처음 느끼는 것은 병원의 소독약 냄새이고 아기 자신을 보호해줄 이와 잠시 교감을 나눈 뒤 신생아실로 옮겨진다.

눈을 뜨고 태어난다는 것은 세상사에 대해 인지하기 시작했다는 것이므로 태아는 신생아실에서 대부분 잠을 자지만 눈을 뜰 때면 울음으로 보호자가 있는 곳으로 옮겨져 음식인 젖을 먹고는 다시 신생아실로 옮겨져 다시 잠을 자기를 일주일 정도 반복하다가 보호자의 집이나 조리원으로 옮겨져 같은 생활을 반복한다. 차츰 눈을 뜨는 횟수가 많아지면서 젖을 먹지 않을 때도 울음으로 보호자와의 교감은 점점 많아지고 아기는 차츰 기저귀를 갈아주는 보호자나 주변 사람들과 교감하는 데 익숙해진다.

병원에 있을 때나 조리원에 있을 때 아기가 눈을 뜨고 있을 때 주위 환경이 뇌 신경세포에 기억으로 한 줄도 올라가지 않을까? 아니면 뇌 신경세포에 자극도 안 줄까?

젖을 먹거나, 기저귀를 갈아주거나, 보호자 및 주변 사람들과 교감을 나눌 때 웃거나, 울음으로 의사 표시를 한다는 것은 인지 능력이 시작된 것이므로 주위 환경에 대한 인지 능력도 있다고 봐야 한다. 아기가 태어나서 처음 대하는 병원, 조리원, 집에 대한 실내 장식이나 디스플레이는 생각해볼 문제라고 본다.

흔히 "저놈은 누굴 닮아 저렇지?"라는 말을 한다. 또 '3살 버릇이 여든까지 간다'라는 속담도 있다. 이처럼 버릇이나 습관은 언제부터 형성되는지 살펴보자.

요즈음은 옛날처럼 아이를 많이 낳지 않고 하나나 둘만 낳다 보니 금이야 옥이야 키우고 모든 가정생활 환경이 아이를 중심으로 이루어지는 경우가 많다.

버릇이나 습관이 속담처럼 3세 때 완성될까, 아니면 과학자들이 말한 2~5세 사이에 뇌의 발달 방향이 정해지는 시기에 이루어질까? 아이는 태어나는 순간부터 성인이 되었을 때 원만하게 사회생활을 영위하기 위해 치열하게 배운다.

■ 세상에 나와서 1년 동안 아기의 인생 일기

1세 아기의 입장에서 생각해보자. 아기의 생각을 들여다보자.

"내가 태어나서 처음 하는 일은 울음으로서 보호자를 찾는 것이고, 그다음 젖을 먹음으로 보호자와 교감을 나누기를 반복하면서 주위 환경에도 차츰 익숙해져간다. 생존에 필요한 먹을 것을 챙겨주는 보호자와 교감을 나눌 때 가장 편안함을 느끼기 시작하면서 눈을 뜨고 있을 때면 보호자를 찾기 위해 울음소리의 횟수를 늘려가기 시작했다. 나는 혼자 움직이지도 못하는 매우 연약한 몸이고, 세상에 태어난 지도 얼마 안 되므로 세상에 대해 아무것도 모른다. 그렇지만 울기만 하면 먹을 것도 주고, 몸에 불편한 기저귀도 갈아주고, 보호자 및 주변 사람들이 나를 위해 교감을 나누어주는 것에 차츰 익숙해지면서 때로는 생떼를 부려보지만, 보호자 및 주변 사람들은 나의 울음소리를 그치게 하려고 갖은 노력을 다하는 것을 보고 이 공간은 내가 원하기만 하면 다 되므로 마음에 들지 않으면 생떼를 부리는 것에 익숙해지면서 혼자 있을 때가 별로 없으므로 홀로 생각이나 상상을 반복하는 시간도 별로 없다.

보호자 및 주변 사람들이 내 생떼를 온갖 방법으로 다 들어줄 때 그저 한 번 웃어주면 귀한 보물을 얻은 듯 즐거워하는 것도 알게 됐다. 이 세상은 참 좋은 곳이다. 내가 원하기만 하면 그들이 다 들어주니 1억 5천만 명의 형제를 물리치고 태어나길 참 잘했다.

그들이 즐거워하므로 장난감을 갖고 노는 법도 배웠고, 보행기를 타는 법과 기는 법도 배웠고, 그들이 늘 서 있는 것을 보고 나도 그들과 같은 위치에 있고 싶어서 천신만고의 노력 끝에 서는 방법은 물론 걷는 방법도 조금 배웠다. 이 정도는 해주어야 나를 위해 애쓰는 그들에게 보답하는 것이라고 보았다.

그래도 다행스러운 것은 장난감을 갖고 놀 때나, 보행기를 탈 때나,

길 때나 서는 방법을 배울 때 내 마음대로 노력이나 사색할 수 있는 시간이 있어서 참 다행이었다. 말문이 트이지도 않은 나에게 그들이 수천 번이나 엄마, 아빠를 반복해 들려주는 것을 보고 안쓰럽다는 생각이 드는데 나를 너무 무시하는 것은 아닌지 의심스럽다.

나도 생각이 있는 사람인데 말문이 트이지 않아서 그렇지 말문이 트일 수 있는 시기가 왔기에 엄마, 아빠를 몇 번 하였더니 그들이 너무 좋아하는 것을 보고 나를 보호해주는 그들이 엄마와 아빠라는 것도 알게 되었다. 이 공간에서는 항상 내가 1순위이고, 내가 원하기만 하면 다 이루어지는 이 세상은 참 좋은 세상이다."

이것이 내가 세상에 나와서 1년 동안의 인생 일기다.

■ 설정된 주위 환경과 부모의 역할

옛날에는 자식이 여러 명이었고, 대부분의 가족들은 생계를 위해 일을 하였다. 형이나 누나가 부모 대신 갓난아기를 돌보아주었는데 아무래도 부모만큼 잘 돌보아줄 수는 없었을 것이다.

가족의 중심은 아버지이고 모든 우선순위도 아버지이고 아기는 그 후다. 특별한 사람들은 유모까지 두고 아기를 돌보는 예도 있었다.

지금은 핵가족화가 된 지도 50년 정도 흘렀고 자식도 1~2명 정도 낳아 기르다 보니 아이의 육아에 특히 신경을 쓰고, 가족 중심도 아버지에서 아이 우선순위로 바뀐 것 같다.

위에서 살펴본 바와 같이 아이는 1세 때 자신의 의사 표시를 하는 방법도 배우고 엄마 아빠를 보고 자신도 비슷해지려고 노력하는 것을 알 수 있다. 이때 이미 버릇이나 습관도 자리 잡기 시작했다고 봐야 하며, 이것은 연속성이므로 2~5세로 넘어가면 버릇이나 습관도 완전히 자리 잡는다고 볼 수 있다.

만약에 2~5세 때 버릇이나 습관을 바꾼다고 가정하면, 1세 때까지 정착한 버릇이나 습관이 있기 때문에 그것을 바꾸는 것은 좀 더 많은 노력이 필요하게 된다. 물론 버릇이나 습관이 확실히 자리 잡은 성인에 비하면 훨씬 수월한 것은 사실이다.

인간이 태어나서 평생 살아가는 주위 환경에는 자의에 의해 설정한 주위 환경과 타의에 의해 설정된 주위 환경이 있는데 아기가 태어나서 처음 살아가는 주위 환경은 부모가 설정한 주위 환경이다. 아이의 처지에서는 타의에 의해 설정된 주위 환경이므로 부모가 갑이고 아이는 을이 되므로 부모가 어떻게 하느냐에 따라 아이의 버릇이나 습관도 결정된다.

과하면 아니하는 것보다 못하다는 말이 있다. 부모의 맹목적인 사랑은 아이에게 오히려 독이 되는 경우가 많다. 아이는 나와 내 배우자의 유전자를 닮은 매우 소중한 존재이고, 열 달 동안 고생하고 배 아파 낳았으니 귀한 아이임은 분명하다.

우리가 성인이 되어 모든 것을 스스로 결정하고 행하는 것과 마찬가지로 아이가 이다음 성인이 되어 모든 것을 스스로 결정하고 행동하기 위해서는 버릇이나 습관도 매우 중요하다. 버릇이나 습관이 언제부터 시작되고 어떻게 자리 잡는지도 마찬가지로 중요하다. 아이는 세상에 태어나서 처음 하는 일이 울음으로서 나를 돌봐줄 보호자를 찾고 배고플 때 젖을 먹음으로써 세상을 배운다. 이때 버릇이나 습관도 형성된다. 너무도 당연시하는 울거나 젖을 먹는 반복적인 행동을 함으로써 하나하나 배우고, 이때 뇌가 형성되어가는 것을 알 수 있다.

예를 들어 젖을 먹을 때 처음에는 엄마가 젖을 물려주고 아이가 젖을 편하게 먹도록 등이나 목을 잘 받쳐준다. 그러다 시간이 흐르면 아이의 근력이 붙으면서 젖이나 모유를 편히 먹을 수 있게 손도 이용한다. 점차 우유병을 손으로 움켜잡고 먹고 머리 부분을 꼿꼿이 세우는데 이것은 보호자가 가르쳐준 것이 아니라 아이가 스스로 생각이나 상상을 반복하다가 터득한 것이다.

■ 주위 사람들과 교감하는 아기

아이가 배가 고파 울 때 보호자가 아이를 안고 모유나 분유 등 먹을 것을 주는데 이때 아이는 보호자와 교감을 나누며 편안함을 느낀다. 똥오줌을 싸도 울고, 보호자와 교감을 나누고 싶을 때도 운다. 아이는 울기만 하면 보호자가 먹을 것도 주고 기저귀도 갈아주고 안아주거나 감싸주면서 나를 달래려고 노력하는 것을 알게 되면서 눈을 뜨고 있을 때면 그 횟수도 점차 늘려가게 되고 울음소리도 달리 표현하게 되는데 이것은 본능도 아니고 보호자가 가르쳐준 것도 아니다. 체험이 반복적으로 쌓이면서 아이 스스로 생각이나 상상을 반복하며 아이의 의지력을 표현한 것이다.

아이를 창의적 천재로 만드는 뇌의 비밀

아이가 눈을 뜨고 있을 때면 아이가 원하지 않을 때도 보호자는 아이를 안고 아이의 볼을 자신의 볼에 살짝 비비거나 아이를 살짝 흔들어주거나 갖은 방법으로 아이를 편안하고 즐겁게 하도록 노력하면서 보호자의 얼굴 표정도 수시로 바꾸는 것을 아이는 점차 조금씩 알아가면서 방긋 웃어주면 보호자가 매우 좋아한다는 것도 터득하게 되는데 이것은 보호자 얼굴의 표정을 보고 아이 스스로 터득한 것이다.

아이는 보호자 및 주변 사람들이 안아주거나 접촉하는 횟수에 따라 그들이 자신을 도와주는지 아닌지를 판단하며 웃거나 웃음으로 표현하는데 보호자 및 주변 사람들이 한정되어 있으면 성격이 내향적으로 형성되고, 다양하다면 외향적으로 형성될 확률이 높다고 본다.

아이가 근력이 붙으면서 팔다리를 움직여 기는 노력을 하고, 수백 번 노력하여 서고 걷는 연습을 하는 것은 보호자 및 주변 사람들이 부추긴 영향도 있으나 보호자 및 주변 사람들이 항상 서 있거나 걷는 모습을 수없이 보아왔으므로 그들과 닮으려고 스스로 생각하고 노력한 측면이 더 크다고 할 수 있다.

보호자로부터 수백, 수천 번 엄마 아빠라는 말을 들은 것은 아이의 말문이 트이는 것에 큰 도움을 주지만 아이 자신의 의지나 노력도 적지 않다고 하겠다. 물론 엄마라는 말을 더 들었음으로 엄마라는 말이 우선이고, 아이는 나에게 먹을 것을 주고 나를 가장 많이 감싸주는 여자는 엄마이고 남자는 아빠라는 사실을 이미 알고는 있었으나 표현은 이때 하게 된 것이다.

위에서 본 것과 같이 1세 때도 아이는 스스로 생각이나 상상을 반복하면서 배우고, 스스로 의사 표현도 하면서 자신의 의지력을 가지고 노력하는 것도 알 수 있는데, 이것은 기본적인 토양을 만드는 것이다. 과학자들은 "2~5세에 접한 것이 뇌의 발달 방향에 결정적인 역할을 한다"라고 말했는데 1세 때 쌓아온 버릇이나 습관을 바꾸는 것보다는 연속성을 유지할 때 훨씬 쉽지 않겠는가?

뇌의 발달 방향도 그 토대가 마련되는 1살 때를 빼놓고 어떻게 논할 수 있겠는가? 그렇다면 버릇이나 습관이 처음 시작되는 1세 때 어떻게 육아하는 것이 가장 이상적인지 살펴보자.

아이가 원하는 것을 다 들어주는 것이 좋은지, 아이와 교감할 때마다 사랑으로만 해야 하는지, 아이가 행동할 때마다 칭찬으로만 육아해야 하는지, 아니면 아이가 비록 연약하고 너무 어리지만 규칙과 계획을 세우면 그대로 행할 수 있는지 살펴보자.

갓난아이일 때 먹을 것을 줄 때나 기저귀를 갈지 않을 때도 아이가 울 때 부모 또는 조부는 아이를 달래려고 손에 장난감을 쥐어주며 달래기도 한다. 아이가 듣지 않고 울게 되면 안아주거나 업어서 아이를 달래는 것은 흔한 모습이다.

아이는 태어나서 처음부터 배가 고프면 먹을 것을 주고 몸이 불편하다고 느끼면 기저귀를 갈아주는 부모와 교감을 반복하면서 부모와 같이 있으면 편안하지만 떨어져 있게 되면 불안감을 느끼게 되면서 항상 부모와 같이 있기를 원하게 된다. 부모와 조부모는 또한, 내 피를 물려받은 아이가 귀엽고 소중하므로 아이에게 맹목적인 사랑을 주는 것을 당연시하며 아이가 울게 되면 최선을 다해 돌봐주려고 노력한다.

그리고 아이가 눈을 뜨고 있을 때면 부모와 주변 사람들은 아이의 의사와 관계없이 안아주고 볼에 비비는 등 교감을 나누는 데 이 부분

은 아이에게 좋은 부분도 있지만 상당한 문제점도 내포하고 있다고
본다.

아이의 처지에서 생각해볼 때 이 경우 뇌 신경세포가 비어 있는 상
태이므로 처음으로 신경세포에 기억이나 경험이라는 것을 하나하나
채워가는 과정이 매우 중요한데 내 주변에 있는 사람들이 내가 울면
먹을 것도 주고, 몸이 불편하다고 느낄 때 기저귀도 갈아주고, 그리고
내가 원할 때면 언제든지 그들과 교감을 나눌 수도 있고, 내 맘에 들
지 않으면 싫은 표정으로 울게 되면 그들은 어떻게든지 내 마음에 들
게 하려고 노력하고 또 노력하는 것을 알 수 있다. 내가 눈을 뜨고 있
을 때면 그들이 먼저 나와 교감을 나누면서 최선을 다하는 그런 것들
이 반복되면서 내 신경세포에 하나하나 올라가 자리 잡게 되는데 반
복되는 이 행동들은 내 뇌를 형성하는 데 밑거름이 된다. 그러나 과하
면 아니함만 못하다 했다.

■ 태어날 때는 텅 비어 있는 뇌 신경세포

아이가 세상을 처음 접했을 때는 뇌도 비어 있고 신체도 매우 연약
하므로 부모나 주위 사람들의 보살핌이나 도움을 절대 필요로 하는
것은 사실이다. 아이도 한 단계 한 단계 넘어갈 때마다 스스로 생각이
나 상상을 반복하면서 세상을 배워가고, 그리고 행동이 반복되면서 1
세 때부터 버릇이나 습관, 뇌의 발달 방향도 이미 형성되는 토대를 쌓

아가고 있다고 봐야 하는데 위와 같은 행동이 올바른가 생각할 필요가 있다.

아이의 주위 환경은 부모와 주변 사람들이 설정한 것이므로 아이의 처지에서는 타의에 의해 설정된 주위 환경이므로 을이고, 부모와 주변 사람들은 갑이므로 갑이 어떤 육아 방법을 선택하더라도 이에 대항할 수 있는 힘이 거의 없으므로 을은 따를 수밖에 없는데도 그 상황이 반대로 된 것 같은 느낌을 지울 수 없다. 즉, 아이가 갑이고 부모와 주위 사람들이 을이다.

아이의 뇌가 비어 있는 상태에서 부모와 주변 사람들이 맹목적인 사랑과 보살핌으로 일관한다면 아이로서는 그것 외에는 배운 게 없어 배운 대로 자기중심적으로 버릇이나 습관이 형성되기 시작하는 것이다.

■ 지나친 칭찬은 독

물론 과학자들이 말한 2~5세 혹은 나이가 들면서 다른 환경이 형성되면 그 환경에서는 다른 버릇이나 습관이 형성되지만, 부모나 주변 사람들이 있는 환경인 유아기에 형성된 버릇이나 습관은 처음 형성된 것이고 그것이 참으로 자리 잡아 정착하였기 때문에 오랫동안 영향을 끼칠 수밖에 없게 되는 것이다.

아이가 행동할 때마다 칭찬으로 육아를 하는 것도 아이에게 동기를

아이를 창의적 천재로 만드는 뇌의 비밀

부여해 다른 행동을 유발할 수 있는 것은 사실이나 다른 환경에 있는 사람들이 볼 때는 그 행동들이 너무도 당연한 것들이고 아이가 다른 행동을 할 때는 항상 칭찬을 기대하는 것에 익숙해져 있으므로 아이가 나이가 들면서 다른 환경에서 생활할 때는 문제가 되며 오직 다른 행동에 칭찬을 해주는 부모나 주변 사람들과의 소통에 치중하게 되고, 칭찬이 없으면 동력을 상실하게 됨은 물론 자기중심적으로 자리 잡을 확률이 높아지게 된다고 본다.

아이를 육아하는 것은 장기간에 걸쳐서 하는 대작 예술품을 만들 때 그것을 구상하는 것과 같다고 본다. 아이를 육아하는 것은 올바른 버릇이나 습관을 형성하는 데도 매우 중요하고, 뇌의 형성 과정이나 지능지수의 형성 과정에도 매우 중요하므로 많은 생각이 있어야 한다.

아이가 세상에 태어났을 때 뇌 신경세포가 비어 있다는 것은 천재성, 버릇, 습관, 지능지수는 유전되지 않는다고 한 것과 같다고 보며, 과학자들은 2~5세에 접한 것이 뇌의 발달 방향에 결정적인 역할을 한다고 했지만 위에서 살펴본 것과 같이 태어나는 순간부터 시작되고, 1세 때에도 아이로서는 매우 많은 일이 일어나고 발전을 이루었는데 어찌 중요하다고 생각되지 않을까.

다시 한번 살펴보자. 아이는 어머니 배에서 세상에 태어났을 때 인간이라는 생물체로서 살아가는 데 지장이 없도록 몸체나 뇌 부분이 완성된 상태로 태어나지만, 뇌 신경세포는 기억이 저장되지 않은 백지상태로 태어난다. 인간도 환경의 동물이라 했듯이, 주위 환경이나 부모와 주변 사람들, 특히 부모의 육아에 큰 영향을 받을 수밖에 없다.

다시 살펴봐도 뇌가 백지상태라면 주위 환경이나 육아로써 얼마든지 조정할 수 있다는 논리가 성립되지 않는가? 우리는 어려운 일이

닥치거나, 새로운 것을 만들거나, 새로운 것을 연구할 때 생각하고 또 생각하는 것을 반복하면 해결되는 경우가 많고, 저명한 인사나 수많은 역사적인 인물이 생각이나 상상을 하라고 했다.

창의성 발현 과정을 살펴보면 생각이나 상상을 반복하는 것이 매우 중요하다는 것도 알 수 있다. 의식 세계에서 생각이나 상상을 반복하는 것은 의식 세계에서 이것이 중요하다는 의사 표시이고, 의식 세계와 상호작용하는 뇌는 이를 인지하고 융합작용을 하여 이에 답을 하기 위해 노력하는 과정이라 할 수 있으며, 다시 말하면 두뇌가 활성화한다고 할 수 있다. 의식 세계에서 생각이나 상상을 반복하므로 뇌가 활성화하는 것은 사람에게 있어서 매우 중요하다.

태아가 세상에 태어나서 울고 젖을 먹기 시작하면서 버릇이나 습관도 형성되기 시작하지만 생각이나 상상을 반복하는 것도 이 시기부터 보는 것이 맞다고 본다.

아이가 태어나서 일 년 동안 습득하고 배우는 일이 너무나 많다. 젖을 손으로 잡고 안정적으로 젖을 먹는 방법, 누가 나를 가장 보호하는지, 주변 사람 중 나하고 친한 사람과 아닌 사람을 구별하는 방법, 자기의 상태가 좋지 않을 때 울음소리로 의사를 표현하는 방법, 장난감을 갖고 홀로 노는 방법, 기는 방법, 보행기를 타는 방법, 서는 방법, 엄마 아빠를 처음으로 입으로 소리를 내 말하며 말문을 여는 방법 등 너무 많은 것을 습득하고 배운 일 년 동안의 기간을 아무리 강조해도 지나침이 없을 것이다.

이러한 것들은 반복적으로 행동함으로써 습득하고 배운 측면이 크다고 할 수 있으나, 스스로 생각이나 상상을 반복하는 것이 어떤 방법으로든지 관여했다고 생각할 필요가 있다.

아이를 창의적 천재로 만드는 뇌의 비밀

생각이나 상상을 반복하게 되면 뇌가 활성화하므로 지식이나 경험을 습득하고 배우는 지름길이라고 보기 때문이다. 또한 위에서 살펴본 것처럼 아이의 의사 표시인 다름이 있지 않은가?

아이가 태어나서 처음에 가장 많이 하는 일은 잠을 자는 일이다. 젖을 먹거나 잠깐 눈을 뜨고 있을 때 주위 환경이 눈에 들어오는데 이것은 처음 대면하는 환경이므로 이 영상물을 어떤 식으로든지 받아들이고 정리하는 데 시간이 걸릴 것이다. 이것은 잠을 자고 있을 때 이루어진다고 생각될 수밖에 없는데 나중에 아이가 말을 배우고 사물에 이름을 붙이기 전까지는 엄마 배 속에서 교류하던 방식이 아닌가 생각된다.

나는 비전문가이므로 상식선에서 생각할 수밖에 없지만, 주위 환경을 반복적으로 보면서 어떻게 친숙하게 되는지, 부모와 반복적으로 교감을 나누면서 방긋 웃거나 울음으로 표현하는 데 부모의 가르침 또는 영향이 있다 하지만 어떻게 자기의 감정을 표현할 수 있는지, 부모가 아이의 손에 장난감을 쥐어주고 반복적으로 가르친 측면이 있으나 아이가 일방적으로 흉내 낸 것인지, 아니면 아이의 의사나 노력은 없는지, 기는 방법과 서는 방법 등도 부모가 유도나 부추긴 측면이 많으나 아이의 의지나 노력이 있어야 가능한 것 등 말이나 글자를 배우기 이전이지만 생각이나 상상을 반복하지 않고 가능한 일인지 생각하지 않을 수 없다.

이 기간이 지나면 생각이나 상상을 하는 것에 있어 세상에는 수없이 많은 말이 존재하지만 그가 배운 말로 이루어진다. 아이가 말을 배우고 그것이 자리 잡을 때까지는 엄마의 배 속에서부터 현실 세계와의 경계선이라고 본다. 또한 현실 세계에 정착하기 위한 기간이라 보며 과학자들이 말한 전기적 신호 혹은 어떤 식으로든지 생각이나 상상이 이루어진다고 보고 있다. 우리가 꿈을 꿀 때 말로 표현하는 경우가 극히 적은 이유와 현실 세계와 동떨어지게 표현하는 경우가 많은데 이와 관련이 있지 않나 생각된다.

현실 세계에 정착하기 위한 기간이라고 볼 수 있다면 아이가 태어나서 1년이란 시간의 중요성을 아무리 강조해도 지나침이 없을 것이다. 그리고 그 연장선에서 2~5세에 버릇이나 습관 및 뇌의 발달 방향이 결정적으로 역할을 한다고 보며, 성장하면서나 성인이 된 후에도 인간도 환경에 적용하는 동물 중 하나이므로 타의에 의해 환경이 설정되어 있거나 급진적으로 환경이 변하게 되면 버릇이나 습관 및 뇌의 발달 방향이 바뀔 수 있는데 이것이 정착하는 데는 5세까지의 기간보다 훨씬 오래 걸린다.

아이가 태어나는 순간 뇌의 신경세포에 저장된 것이 없는 백지상태라면 주위 환경의 설정, 아이 앞에서 부모의 행동, 아이에 대한 보살핌의 조절 등을 통해 올바른 버릇, 규칙적인 습관, 신동 또는 영재로 얼마든지 바꿀 수 있다고 본다.

■ 아기의 요구를 거절하기도 해야

만약 아이가 태어나는 순간부터 돼지의 젖을 먹게 하고 생존할 수 있다면, 그리고 인간의 접촉을 차단한 채 아이가 클 수 있다면 아이는 인간의 말을 못 하고 돼지와 소통하는 법을 배워 살아갈 수 있다. 다

아이를 창의적 천재로 만드는 뇌의 비밀

시 말하면 아이를 원하는 대로 키우기 위해서 우리가 지금까지 알고 있던 관습이나 육아 방법을 다른 측면에서 바라볼 필요가 있다.

예를 들어 하나하나 살펴보자. 아이가 태어나서 처음 하는 일은 울음으로 보호자에게 자신의 태어났음을 알리는 일이다. 탯줄을 자르고 몸을 깨끗이 씻어주는데, 원래는 보호자가 할 일이지만 병원에서 한 다음에 보호자인 엄마의 품에 안겨 처음 교감을 나눈 후 신생아실로 옮겨진다.

보호자인 엄마의 품에 안겨 젖을 먹거나 분유를 먹으며 엄마의 체취를 느끼면서 본격적으로 교감하는데 이것을 반복하면서 세상에 대해 하나하나 배워가기 시작한다.

부모의 처지에서 보면 아이는 자신들의 분신인 핏줄이며 너무 여리고 연약하므로 돌보아주는 것이 너무나 당연하다. 아이에게 젖을 줄 때나 기저귀를 갈 때뿐만 아니라 아이가 눈을 뜨고 있을 때면 아이를 안고 볼에 비비거나 사랑을 듬뿍 주면서 교감을 나눈다. 이런 과정을 반복하면서 아이는 좋을 땐 방긋 웃고 싫을 땐 울음소리로 표현하는 방법도 배운다.

아이가 눈을 뜨고 있을 때 울게 되면 부모는 아이의 손에 장난감을 쥐어주고 같이 교감을 나누기도 하고 보행기를 태워주어 같이 놀기도 하면서 사랑과 정성을 다해 아이를 달래거나 만족시키려고 노력한다. 아이는 이런 행동이 반복되면서 세상을 하나하나 배우기도 하지만, 보호자인 부모 및 주변 사람들이 자신에게 하는 행동을 당연한 것으로 받아들이고 자신의 마음에 들면 웃는 표정을 하고 마음에 들지 않으면 울음으로 의사 표시도 하게 된다.

세상의 부모와 사람들은 이것을 너무도 당연시하는데, 여기에 문제점은 없는지 살펴보자. 위에서 보듯이 모든 일이 아이의 측면에서 이루어지는데 부모와 주변 사람들은 아이가 원하는 대로 다 해주지 거절하는 것이 없다는 것이다. 아이의 뇌 신경세포가 비어 있는 상태에서 하나하나 배워 채워가는 것인데 더욱이 처음으로 세상을 배우는 것인데도 너무도 한쪽 방향, 즉 아이를 중심으로만 이루어진다면 아이의 성격이나 버릇은 한 방향으로만 형성될 수밖에 없다. 어떻게 올바른 성격이나 버릇이 형성될 수 있겠는가?

과하면 아니함만 못하다는 말이 있듯이 아이가 주위 환경에 어느 정도 익숙해졌다고 여겨지면 서서히 아이의 요구를 거절하는 것이 필요하다. 이때 뇌 신경세포에 지식이나 경험이 아주 미미하게 올라가 있는 상태이므로 그때 반복적으로 배운 것이 뇌 신경세포에 서서히 자리 잡기 시작하면서 버릇이나 습관도 시작되는 것이므로 부모와 주변 사람들이 아이와 교감을 나눌 때 매우 신중하게 생각할 필요가 있다.

아이와 교감을 나누는 것은 꼭 필요하다. 아이는 교감을 반복함으로써 세상에 대해 배울 수 있는 자양분이 되므로 교감을 쌓는 것은 필요하나, 과도한 교감이나 사랑은 독이 되므로 아이가 원할 때 때때로 거절하고 아이 혼자서 놀게 해야 올바른 버릇을 형성할 수 있다고 본다. 아니, 어쩌면 첫 번째 젖을 먹일 때부터 시작하는 것이 훨씬 쉬울 것 같다.

이 부분은 아래에서 다시 한번 생각해보자.

아이를 창의적 천재로 만드는 뇌의 비밀

■ 과도한 사랑으로 버릇이 나빠져

아이가 버릇이 나빠지는 가장 큰 이유는 부모와 주변 사람들의 과도한 사랑과 교감 때문이다. 요즈음 TV에 상담하러 나오는 금쪽이들을 보면 막무가내인 아이들이 보인다. "저놈은 누굴 닮아 저렇지?" 바로 부모가 그렇게 가르친 것이다. 콩 심은 데 콩 나고, 팥 심은 데 팥난다.

태어나는 순간 뇌 신경세포가 백지상태라면 지능지수나 신동 또는 영재는 언제 어떻게 형성되는지 매우 궁금하다. 미래에는 전기적 신호로 태아의 뇌를 자극하여 신동과 영재로 바꿀 수 있다고 했는데 다른 방법은 없는지 궁금하다. 과학자들은 2~5세 사이에 접한 것이 뇌의 발달 방향을 결정하는 데 결정적인 역할을 한다고 했는데, 엄마의 배 속에 있을 때나 1세 때에도 결정적인 역할이 있는 것은 아닐까 궁금하다.

무엇을 행동하기 전에 3번 이상을 생각하라는 말이 떠오른다. 테슬라 회장도 한국에 왔을 때 상상을 하라고 했고, 저명한 인사들이나 역사적인 인물들도 생각 및 상상을 하라는 말을 많이 한다.

창의성의 잉태나 발현 과정을 살펴보면, 생각이나 상상을 반복하는 것이 깊게 관여하고 있는 것을 알 수 있다. 우리는 어려운 문제에 직면하거나 새로운 것을 연구하거나 발명하고자 할 때 생각하고 또 생각하거나 연구하고 또 연구하기를 반복할 때 해결되는 경우가 많다.

컴퓨터에 내장된 반도체 칩에 기억력을 저장하고 다시 꺼내어 쓸 때는 변형이 없다. 마찬가지로 인간이 습득한 지식이나 경험을 기억으로 저장한 것을 단순히 일상생활에 사용하기 위해 약간 변형된 기억으로 인출하는 데는 지장이 없다. 다만, 저장된 지식이나 경험을 융합된 형태로 인출하는 데는 특별한 방법으로 생각이나 상상을 반복하는 것이 꼭 필요하다.

의식 세계에서 생각이나 상상을 반복하는 것은 의식 세계에서 그만큼 중요하다는 표시이고, 의식 세계와 상호작용을 하는 뇌는 이를 인지하고 융합작용을 하여 이를 의식 세계에 통지하는 것이다. 즉 뇌가 활성화 작용을 한다고 할 수 있다.

사람은 아주 어릴 적에는 뇌 신경세포에 저장된 지식이나 경험이 미미하므로 역설적이게도 뇌 신경세포 간의 교류가 활발히 이루어질 수밖에 없다. 즉, 생각이나 상상을 반복할 때처럼 자연적으로 뇌가 활성화 작용을 하여 저장된 기억과 경험을 변형하여 쓸 수 있게 된다.

성인이 되었을 때 사회생활에 잘 적용하지 못하거나 도태되지 않기 위해서는 많은 것을 배워야 한다. 부모의 언행이나 가르침에 의존하거나 교육기관을 통해서 편리하게 지식이나 경험을 습득하는 것에 더 의존하게 되는데 이로 인해 생각이나 상상을 반복하는 능력이 서서히 사라지게 된다. 즉, 생각의 고착화 상태가 된다.

최근에 과학자들은 뇌의 신경세포가 성인이 된 후나 나이가 들어서도 증식할 수 있다고 했고 머리가 더 좋아질 수도 있다는 것을 신문기사를 통해 본 기억이 있는데 이것은 생각이나 상상을 반복하는 것을 지속했을 때 가능하지 않나 생각해본다.

태교의 중요성을 강조하는 학자들도 있고, 엄마와 태아가 교감을 한다고 밝혀진 것으로 알고 있는데 아이가 태어났을 때 뇌 신경세포에는 기억이 저장되지 않는다. 이는 모두가 같은 상태라고 했다.

아기가 1세 때까지 글자는 물론 말을 하거나 배운 적이 없는데 많은 것을 배웠고, 노력은 물론 의사 표현도 하는데 이것은 그저 반복적으로 흉내 내거나 따라 한 것으로는 불가능하다고 보인다. 이것은 아기가 엄마의 배 속에 있을 때처럼 전기적 신호로 이루어진다고 보면 무리가 있을까?

아기는 말문이 트이고 2세 때부터는 말을 급속도로 배우는데 생각하거나 상상을 하는 것은 모두 말로 이루어진다고 본다. 아기가 1세 때 많은 것을 배우고 의사 표현은 물론 노력을 할 수 있는 것은 생각이나 상상을 반복하지 않으면 불가능하다고 보이며 그것은 전기적 신호로 이루어진다고 본다. 태어날 때는 뇌 신경세포가 비어 있지만, 엄마의 배 속에 있을 때 뇌의 한 부분이 더 자극받거나, 그 부분에 뇌 신경세포의 수가 더 많이 배치된든지 또는 어떤 식으로든지 연관이 된 것 같다.

■ 아기는 곤충처럼 탈피한다

나는 야인이고 이쪽에 지식이 너무 미미하므로 생각이나 상상으로 추적하는 데 한계가 있다. 그래도 곤충이 탈피하는 것처럼 아기는 태어나서 누워 있다가 기어 다니면서 한번 탈피하고, 말을 배우고 나서 다시 한번 탈피가 이루어진다고 본다. 수없는 탈피의 변화를 맞이한다.

엄마의 배 속에서부터 세상에 태어나기까지 이 세상을 좀 더 친숙하게 받아들이기 위해 예행연습을 하듯 엄마와 교류를 한다. 그럼에도 뇌 신경세포에는 한 줄도 남기지 않고 비어 있는 채로 태어나는데 사실 어떤 식으로든지 배 속에서 엄마와 교류한 영향이 남아 있을 것이라 본다.

■ 두뇌의 용량 크기는 잠에 따라 달라진다

인간의 아기가 태어나서 처음 하는 일은 눈을 뜨고 세상을 한 번 바라보는 것이고, 그다음이 울음으로 세상에 자신의 탄생을 알린다. 다음에 탯줄이 잘리고 목욕을 한 후 한잠을 자고 젖을 먹고는 흐릿한 세상을 한번 쳐다보고는 잠자기를 반복한다.

초식동물은 육식동물이나 잡식성 동물에 비교해 대체로 뇌 용량이 적고 지능지수가 낮다고 보는데 그 이유는 잠에 있다고 본다. 초식동물은 태어나 세상에 나오자마자 잠시 후에 일어서고 달릴 수 있는데 이것을 유전으로만 보는 것은 무리가 있다. 어미의 배 속에 있을 때 어미와 태아와의 장기간의 교류가 상당히 영향을 미친다고 본다. 임신 기간도 뇌 용량에 영향을 미친다. 초식동물인 말이나 코끼리의 새끼는 인간의 아기처럼 초기에 잠을 많이 자지 않지만, 임신 기간을 길게 함으로써 단점을 보완했다고 본다. 코끼리의 뇌 용량은 커다란 몸체에 어울리게 다른 초식동물에 비해 크다.

육식동물이나 잡식동물의 경우 태아가 미숙아 상태로 태어나기도 하고 대체로 초기에 잠을 많이 잔다. 이는 임신 기간을 보충하는 등이와 밀접한 관계가 있다고 보며, 이는 뇌 용량에도 밀접한 관계가 있다고 보는데 연구할 가치가 있다고 본다.

인간도 다른 동물에 비해 임신 기간이 긴 편이다. 초식동물의 예를 보듯이 엄마와 태아의 교류는 상당히 중요하며 혹시 뇌 용량이나 자극을 받은 부분의 뇌 신경세포의 수에 영향력을 미치지 않나 생각된다. 태아의 뇌 용량이나 자극을 받은 부분의 뇌 신경세포의 수를 비교해보는 것이 필요하다.

아기가 말을 배우고 웬만큼 하게 되면 생각과 상상을 배운 말로 표현하지만, 아기가 막 태어난 초기에는 엄마의 배 속 같은 느낌으로 잠을 잘 때 잠자기 전 본 영상물을 정리하다가 서서히 눈을 뜨고 있을 때로 이동하게 되는데 이때는 전기적 신호로 이루어진다고 본다. 아이가 눈을 뜨고 첫 번째 젖을 먹을 때부터 세상의 물정과 규칙을 배우기 시작한 것이므로 버릇과 습관 그리고 생각과 상상을 하는 것도 이때 시작된 것으로 볼 수 있다.

■ 아이의 습관은 주변인과 교감으로부터

아이는 부모나 주변 사람들의 보호 및 교감을 통해서 버릇이나 습관도 배우지만, 생각과 상상을 할 수 있는 자양분이 되므로 꼭 필요하다. 하지만 매번 과도한 보호나 사랑으로 교감을 나누게 되면 자기중심적인 한쪽으로 성격이 자리 잡히기 시작한다. 습관은 자리를 잡을 곳이 없게 되므로 후일 작심삼일이 되는 것도 이때 시작되는 것이며, 매번 교감을 통해서 세상의 모든 것을 쉽고 편리하게 배울 수 있으므로 어떤 일에 대해 스스로 생각이나 상상을 반복하는 능력이 줄어든다. 결국, 아이의 버릇, 습관, 생각과 상상 등은 부모와 주변 사람들이 아이와 교감을 나누는 것을 어떻게 선택적으로 할 것인지에 따라 결정된다고 본다.

태교는 오직 엄마하고만 가능하다고 보는데 언제부터 해야 하는지는 정확히 알 수 없다. 뇌가 자리 잡기 시작할 때부터 하면 될 것 같다. 일반적으로 책을 읽어주거나, 음악을 들려주는 등 그 방향은 맞다고 보지만 뇌가 자리 잡기 시작하는 때이고 모든 것은 태어나서 다시 시작되는 것이므로 뇌에 자극을 주는 것으로 충분하다고 본다. 독서, 음악 감상 등 환경에 노출시키는 것 정도로 충분하다.

■ 독서와 상상의 반복으로 태교

초식동물의 예를 보듯이 엄마의 일상적인 생활도 일종의 태교라고 보며 미미하게 교감도 이루어지는 것으로 생각되지만, **특별히 태교하는 이유는 뇌에 자극을 주기 위한 것이므로** 많은 양의 책을 읽어주거나, 다른 음악을 많이 들려주거나 하는 행동을 온종일 하는 것은 무리다.

우리의 몸은 자연 일부로 이루어졌고, 자연의 섭리에 따르면 지나친 것은 항상 독이 되듯이 하루 중 60~90분 사이가 적당하다고 여겨진다. 처음엔 태교에 어울릴 만한 책을 천천히 한 번 읽어주고 엄마는 태아의 입장에 서서 그 책 내용에 대한 생각이나 상상을 여러 번 반복한다. 처음에는 최소 7~10일 이상 반복해서 한 권의 책을 읽어준 다음에 앞서와 같이 생각이나 상상을 해준다. 이 기간을 정확히 추정할 수 없으나 처음 시작하고 뇌를 자극하기 위한 것이므로 충분하다고 본다. 그다음 대체로 같은 부류의 다른 책으로 반복한다.

음악이나 다른 종류의 태교도 위와 같다. 그리고 재능 부분은 엄마가 몸소 실천하고 그 부분을 위와 같이 반복해주고, 반드시 따로 시간을 설정해 그 부분에 대한 생각이나 상상을 반복해주어야 한다. 독서 시간보다 독서 후에 그에 대한 상상이나 대화의 시간이 많아야 한다.

■ 태아의 뇌에 자극을 주는 방법

이는 특별히 뇌에 자극을 주기 위한 것이므로 '아기야' 또는 이름으로 불러주고 지금부터 너와 특별히 함께하는, 또는 공부하는, 음악 감상하는 시간이야 등의 말을 시작 전에 반드시 해주는 것이 좋다.

"몽몽(태명)아, 음악 감상 시간이야! 이 음악을 듣고 같이 생각해보자."

"사랑아(태명), 책 읽는 시간이야, 같이 읽자."

이렇게 시간대를 정해서 태교하는 것이 중요한데, 시간대를 정해놓은 이유는 태아가 인지하고 습관을 정착시키는 데 도움을 주기 때문이다. 시간을 60~90분으로 정해놓고 하는 이유는, 좀 더 많은 시간을 할애하면 이다음 영재나 신동으로 되는 데 더 유리하게 유도할 수 있지만 자연의 섭리상 항상 과하면 독이 될 수 있고 모든 것은 균형과 조화가 중요하기 때문이다.

작심삼일이라는 말이 있듯이 엄마가 습관이 되어 있지 않은 상태이므로 위와 같이 하기는 쉽지 않기 때문에 특별한 환경을 설정해야만 가능하다고 본다. 알람을 켜두거나 하면 좋겠다.

■ 태아는 전기적 신호로

과학자들은 아이가 태어나는 순간 뇌 신경세포는 백지상태라고 말한다. 사실 2세쯤에 말이 트이고 급속도로 많은 말을 배우고 생각과 상상도 말로 이루어진다고 본다. 1세 때 배운 모든 것들은 생각이나 상상이 없이 그저 반복적으로 따라서 한 것이 아니라면, 엄마의 배 속에서처럼 전기적 신호로 이루어졌다고 볼 수밖에 없다.

만약에 1세 때 전기적 신호로 이루어졌다면 태아와 1세 때는 연속성이라고 봐야 하므로 태교가 뇌에 어떤 식으로든지 영향을 끼친다고 보는 것이 타당하다.

혹 태교한 부분의 뇌 신경세포 수가 그렇지 않은 아이의 뇌 신경세포의 수보다 많이 배정되는 것은 아닐까? 신체의 작용이나 뇌의 작용은 연속성이 있다고 봐야 한다. 2세 때 말을 배우면 전기적 신호에서 말로 체제가 전환되는 것이므로 이 또한 연속성이 있다. 1세 때, 2~5세 때 그리고 그 후에도 연속성이므로 매 순간이 인생에 있어 중요하다.

■ 수집된 정보의 양과 두뇌 활성화의 관계

과학자들은 2~5세 사이에 접한 것이 뇌의 발달 방향에 결정적인 역할을 한다고 하였다. 태어나는 순간부터 4~5세 사이가 뇌의 발달 방향에 결정적인 역할을 한다고 가정할 때, 이때 아이는 '성인에 비교해 수집된 정보의 양이 상대적으로 매우 빈약하다'라고 할 수 있다. 이말은 역설적이게도 뇌 신경세포들 간의 교류가 매우 용이하다는 것이다. 즉, 활성이 매우 활발히 이루어질 수 있다.

당신에게 친구가 3명 있는 경우와 100명이 있는 경우를 가정할 때, 그리고 이들이 모두 중요한 친구일 때 그들과 전부 비중이 같게 교류를 한다면 어떻게 되겠는가. 친구의 수가 적을 때 더 자주 만날 수 있다. 즉, 뇌 활성이 활발히 이루어질 수 있다. 이렇게 수집된 정보들은 처음으로 '활성의 결과물'이 뇌 신경세포에 정착하게 되고 그것의 기반 위에서 후에 하나하나 배워가는 것이므로 저장된 정보들이 이후에 습관이나 행동에 직간접적으로 영향을 끼친다.

만약에 이때 잘못된 정보나 한쪽 방향으로 정보가 쌓이면 나쁜 습관이나 버릇이 정착되기 쉽고 후일에 이것을 바로 잡고자 한다면 더 많은 노력과 시간이 필요해진다. 물론 아직 성장의 초기 단계이므로 상대적으로 나쁜 습관의 교정이 수월한 편이긴 하다.

아이는 태어나는 순간부터 세상의 모든 것들을 배우기 시작하므로 태어나는 순간의 주위 환경도 중요하고, 아기가 보는 앞에서의 부모와 주변 사람들의 일상생활도 매우 중요하다.

■ 영재나 신동으로 키우는 육아법

영재로 키우는 육아는 어떻게 해야 하는지 구체적으로 생각해보자.

① 주위 환경

아이의 미래에 대해 운동선수, 바둑인, 예술가, 수학 및 과학자, 언어학자 등 어떻게 키울 것일까를 먼저 선택하되 되도록이면 부모의 직업과 관련된 것으로 정하는 것이 유리하다. 아이가 태어날 때부터의 환경이 매우 중요한데 신생아실이나 산후조리원에는 **아이의 미래와 관련된 디자인과 장식이 되어 있어야 한다.** 며칠 안 되는 시간이지만 그렇게 하는 이유는 아이가 태어나서 처음으로 보는 영상물이 뇌에 큰 영향을 미치기 때문이다. 눈을 뜨고 있을 때 본 이 영상들은 후일 그 방면의 창의성이 발현하는 데 도움을 주며, 다른 아이들과 소통하거나 공감을 형성하는 데에도 거름이 되어준다. 비슷한 시기에 태어난 아기들이 주위에 여러 명 있어서다.

이처럼 아이의 미래를 위해서는 엄마의 산후조리 기간도 주위 환경이 설정된 집에서 하는 것이 좋다. 모든 게 처음 시작되는 것이므로 **미리 설정된 환경이 창의성 발달에 훨씬 유리하다.**

산후조리원을 나와 집으로 돌아와서는 육아실과 부모가 생활하는 공간은 구분되어야 하며 육아실은 당연히 미래와 관련이 있는 환경으로 디자인과 장식을 해야 한다. 단, 부모가 생활하는 공간은 일반적인 상태나 아이의 미래 환경과 혼재된 상태도 관계없다.

아이를 창의적 천재로 만드는 뇌의 비밀

처음에는 모든 것을 육아실에서 하다가 아이의 성장 상태에 따라 서서히 부모의 생활공간으로 이동해야 한다. 일과의 삼 분의 일 정도는 육아실에 머무는 게 좋다. 육아실에서 육아하는 시간대를 정해두면 이다음 아이의 습관이 정착하는 데 도움이 된다. 아이가 갖고 노는 장난감 선택도 미래와 관련된 것으로 시작하는 게 좋다.

아이의 뇌는 비어 있으므로 설계하는 대로 뇌의 발달 방향을 정할 수 있다고 보며 어려서부터 주위 환경이 중요한 역할을 하므로 그에 맞는 환경 디자인은 꼭 필요하다.

② 육아 설계

지금까지의 육아 방법은 부모의 관점에서 설계되고 어찌 보면 아이가 원하는 대로 다 들어주는 육아를 하는 것처럼 보이지만, 부모의 맹목적인 사랑과 정성으로 육아가 이루어진다. 아기는 눈을 뜨고 첫 번째 젖을 먹을 때부터 세상에 대해 배우기 시작한다. 엄마의 배 속에 있을 때하고는 너무 체제가 다르므로 처음에는 배우는 속도가 더디지만, 서서히 배우는 속도가 빨라진다.

아이는 눈을 뜨고 첫 번째 젖을 먹을 때부터 세상을 배우기 시작하므로 젖을 먹인 후 설계된 주위 환경에 있는 소품이나 장식물을 손에 대어주거나 보게 한 후 갖고 놀게 한다.

잠잘 시간에는 이름을 불러주면서 "이제는 잘 때야" 하고 가슴을 3번 정도 토닥거려준다. 아이가 잘 때까지 계속 가슴을 토닥거려주는 것은 아이에게 자기중심적이거나 나쁜 버릇의 시작점이 되므로 절대

안 되며 과도한 교감도 마찬가지다.

아기가 누워서 잠들기 전까지 눈을 뜨고 있는 시간은 짧지만, 그 시간은 엄마나 아빠가 하는 행동을 영상에 담을 수 있으므로 아이에 있어서는 굉장히 중요한 순간이다. 아이가 눈을 뜨고 있을 때 엄마와 아빠 그리고 주변에 있는 사람들이 어떤 행동을 반복해준다면 뇌를 자극하는 데 큰 도움을 준다. 부모의 행동은 잠재적인 교육과정과 다름없기 때문이다. 후일 아이에게 뇌의 방향을 정하는 것은 필수가 아닌 선택이다. 아기를 다독이는 다정한 말들, 서로 대화하는 모습들에서 느껴지는 모습과 느낌들을 아이는 두뇌 속에 저장하고 있다. 이때 이미 교육은 시작되고 있는 것이다.

■ 지나친 교감을 주의할 것: 너무 긴 자장가는 독

아이를 잠자리에 눕힐 때 다정하게 이름을 불러주고 가슴을 3번 정도 토닥거려주기를 반복하면 아이는 자연스럽게 인지하고 받아들인다. 이로써 부모는 앞으로 아이를 잠재울 때 편리하고, 아이에게는 잠자는 습관을 정착하는 데 도움이 된다. 그런데 잠들 때까지 아이에게 계속 불러주는 자장가가 당연한 것으로 여겨지고 있지만 이것은 과도한 교감이 될 수 있어 나쁜 버릇의 시초가 된다. 잠이 들기 전까지 시간은 짧지만, 부모가 하는 행동을 보고 스스로 영상물을 담을 수 있는 공간이므로 매우 중요하다. 잠에 들 때까지 계속 가슴을 토닥거려

아이를 창의적 천재로 만드는 뇌의 비밀

주거나 자장가를 불러주거나 하여 깨어 있는 시간을 전부 교감으로 채우게 되면 상상의 공간은 사라지게 된다. 또 앞으로 모든 것을 부모에게 의존하게 하는 행동이기 때문이다. 그러므로 처음부터 아이가 젖을 먹거나 또는 기저귀를 갈아주는 등 필수적인 것이 아니라면 교감 시간과 홀로 있는 상상의 시간을 적절히 배분해주어야 한다.

이런 행동을 반복해야 하는 가장 큰 이유는, 아이의 뇌에 지식이나 경험 등 영상물이 거의 없는 상태에서 스스로 보고 따라 배우거나 스스로 생각하고 상상을 반복할 수 있는 공간을 마련해주기 위함이다.

■ 혼자 있는 시간이 있어야 상상의 습관이 정착

부모와 주변 사람들의 행동을 보고 스스로 생각하거나 상상을 반복하면서 배우는 것은 아이의 두뇌 활성화에 많은 도움을 준다. 그렇다고 늘 부모와 함께 있는 것이 좋은 것만은 아니다. 현대의 많은 워킹맘들이 염려하듯이 함께 있어야 아이의 성장에 좋다는 생각이 다 맞는 건 아니다. 설계된 주위 환경에 아이 혼자 있는 시간을 서서히 늘려가야만 생각이나 상상을 반복하는 습관이 아이에게 정착된다.

아이가 자람에 따라 근력이 붙고 성장해가며 스스로 몸을 움직이고, 기어갈 수도 있고, 보행기를 탈 수 있고 장난감을 갖고 놀 수도 있게 된다. 그때도 마찬가지로 부모와 주위 사람들은 아이와 교감 시간은 짧게 갖고, 설정된 장난감을 아이와 같이 갖고 놀고 더는 아이에게 관심이 없는 척 설계된 장난감을 아이의 처지에서 갖고 놀고는 그다음 부모와 주위 사람들은 일상생활을 해도 된다. 설정한 환경에서 같이 놀아주고는 아이에게 더는 관심이 없는 척 부모와 주위 사람들은 일상생활로 돌아가도 된다. 이렇게 아이와 교감을 나눈 후 상상할 수 있는 시간을 주는 것은 아이에게 보내는 무언의 암시가 되어 그 후 생활이 그렇게 진행된다. 즉, 혼자 생각하거나 상상할 수 있는 공간에서 스스로 생각하거나 상상을 반복하게 된다. 이때 아이가 다가와 같이 놀자고 하거나 보체더라도 절대 관심 없는 척 일상생활을 하여야 하며, 아이에게 어떠한 행동도 해서는 안 된다. 아이 스스로 물러나 자기 공간에서 놀도록 유도해주고 모른 척해야 한다.

거리를 두고 아이를 늘 지켜보되 위험하거나 크게 잘못된 행동이 아니라면 작은 실수에 끼어들면 안 된다.

아이와 교감을 나눌 때 과도한 칭찬은 문제가 많으므로 의미 없는 칭찬은 자제하는 게 좋다. 처음으로 새로운 행동을 할 때 진심으로 "잘했어요" 하고 한 번 안아주면 되고, 그 행동이 많이 진척되었을 때 다시 한번 칭찬해주면 된다. 아이의 이런 행동들은 자연스럽게 이루어질 수밖에 없는데, 이에 대해 반항할 수 있는 경험을 한 적이 없으므로 아이는 설계된 대로 따라갈 수밖에 없다. 이렇게 하는 것은 올바른 버릇과 습관이 정착되는 데 중요하기 때문이고, 또 아이에게 생각이나 상상을 반복할 수 있는 공간을 만들어주기 위함이다.

인간이나 동물에 있어서 앞서 설명한 것과 같이 생각이나 상상을 반복하는 것은 무척 중요하다. 생각이나 상상을 반복하면 뇌가 활성화 작용을 하지만 그렇다고 이에 치중하다 보면 배움의 속도가 더디고 타인과의 소통에 문제점이 발생하므로 일상생활과의 안분이 필요하다.

그리고 5세까지는 뇌 신경세포가 자리 잡는 시기이므로 영재나 신동으로 얼마든지 유도할 수 있지만, 뇌의 활동은 연속적이므로 생각이나 상상을 반복하는 주위 환경이 바뀌게 되면 뇌가 발전하지 않거나 그 발전하는 속도가 현저히 저하되기 때문에 영재가 영재교육을 받았음에도 성인이 되었을 때 영재성이 사라진다. 신동일 경우에도 연속성이 필요하므로 연습하고 또 연습을 계속하여야 하고 이와 더불어 생각하거나 상상을 반복하는 것을 같이 해준다면 그 효과는 더 크다.

생각이나 상상을 반복함으로써 뇌가 활성화되는 것은 지능지수를 형성하는 데 관여하고 있다고 생각되며, 얼마 동안 생각이나 상상을 반복해주면 일상생활을 하는 데 있어서 미미한 다른 생각이나 행동을 하는 데 지장이 없다고 보며 대부분 사람과 동물들이 이와 같다고 본다.

앞에 설명한 것들을 실행하기 위해서 더 연구해야 할 난제들이 무척 많다.

설계된 주위 환경과 부모의 생활공간과의 비율을 처음에 어느 정도의 비율로 해야 하는지?

아이는 잠이 많으므로 부모의 일상생활을 기준으로 설계된 주위 환경의 삼 분의 일을 설정했을 때 어느 시간대로 할 것인지?

설계된 주위 환경에서 육아실에서 부모의 생활공간으로 이동할 때 아이가 인지 능력이 웬만큼 쌓인 것을 어떻게 판단할 것인가?

아이와 같이 외출할 때와 갑자기 손님이 찾아왔을 때는?

1세 이후의 육아도 신생아기부터 연속성이 있어야 하며 외부인과의 관계 설정 및 외부의 교육과 육아교육과의 관계 등에서 문제점은?

■ 창의성도 발효의 시간이 필요

자연의 섭리는 젓갈류, 된장, 김치에서 보듯이 어느 정도의 시간과 온도와 습도를 맞춰주어야만 제맛이 든다. 생각하거나 상상을 반복하는 것 또한 정도의 차이는 있으나 상당히 오랜 시간 동안 계속 이어가야 넓은 의미의 창의력이 발현한다. 학자들이 말한 것처럼 하늘에서 뚝 떨어진 것과 같이 발현하고, 뇌 활동도 연속적이므로 주위 환경에 변화가 오더라도 생각이나 상상을 반복하던 그 초심이 흔들리지 않는 '절대적 습관자(習慣者)'가 되면 얼마 지나지 않아 무아지경이 되거나 가칭 '생각하는 뇌의 문이 열린다'의 상태가 된다. 이미 습득한 지식이나 경험을 인지하는 순간이나 그다음 날 창의성이 발현하기도 한다. 새로운 지식이나 경험을 습득하더라도 그다음 날이나 이른 시일 내에 창의성으로 발현한다. 그리고 어느 것을 특별히 구상하거나 목표로 하지 않아도 저절로 완성되는 경우도 있다. 이 경우 인지한 것을 직접 생각하거나 상상을 반복하지 않더라도 새로운 생각이라는 창의성이 발현하는 경우가 많다. 기존의 뇌 신경세포가 적극적 활성(생각하는 뇌의 문이 열린다)인 상태에서 새로운 지식과 경험을 습득하게 되면 매우 빨리 반응하게 되므로 생각이나 상상의 반복이 없더라도 시간이 지나면 저절로 의문이 해결되는 경우가 많아진다.

　　　　　아이를 창의적 천재로 만드는 뇌의 비밀

창의성은 전문 지식이 있으면 유리할 것처럼 보이나 전문 지식은 주로 좁은 의미의 창의성 발현에 유리한 것이며 잘못하면 매너리즘에 빠지기 쉽다. 창의력 발현 과정을 살펴보면 중도에 시시콜콜한 잡다한 소재로 생각이나 상상을 반복하더라도 위와 같은 창의성을 발현하는 데는 아무런 문제가 없다고 본다. 세상에는 미미할 수 있지만, 개인에게는 비중이 큰 창의성이다. 예를 들면 '세상에 이런 일이'에 나오는 사람 중 어느 날 갑자기 예능에 소질을 보이는 이들이 이 경우이다.

과학자들은 어떤 물체의 움직임에 의식 세계가 행동하는 것보다 잠재의식 세계인 두뇌가 0.몇 초 빨리 반응하는 것을 발견하고 우리의 운명이 미리 예견된 대로 삶이 이루어지는 것이 아닌지 그들 사이에서 논쟁이 벌어졌다. 이것은 '돌발적인 행동'으로 뇌로선 준비하는 시간이 필요하므로 당연한 것으로 생각된다.

의식 세계와 잠재의식의 세계는 한 몸에서 이루어지므로 당연히 상호보완적인 관포지교라고 봄이 타당하다. 인간도 환경의 동물이다. 살다 보면 환경은 수시로 변하므로 바뀐 그 환경에 적용하면서 사는 것인데 오지도 않는 그 환경을 어떻게 미리 뇌에 저장해놓을 수 있을까? 더욱이 과학자들은 태어나는 순간 뇌 신경세포가 백지상태라고 그들 입으로 말하지 않았는가? 모순이라는 단어가 생각난다.

■ 상상을 반복할 수 있는 공간과 습관화

의식 세계에서 생각이나 상상을 반복하는 것은 이것이 중요하다는 표시이고, 상호작용하는 뇌는 이를 인지하고 미리 습득한 지식과 경험을 끄집어내어 이것과 융합작용을 하여 의식 세계에 통보한다. 하지만, 몇 번의 융합작용으로 모든 것이 해결되는 것은 아니다. 습득한 지식과 경험을 바탕으로 이것과 융합작용을 하는 것이므로 간단한 문제점을 해결할 수는 있으나 본질적으로 그 문제점을 해결하기 쉽지 않으며, 살다 보면 습득한 지식과 경험으로 기억된 것이 셀 수 없이 많으므로 그 경우의 수를 말로는 표현할 수 없다, 그러므로 어려운 문제일수록 시간이 오래 걸리거나 해결하지 못하는 것이다.

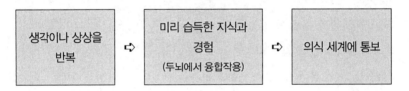

이 문제점을 해결하기 위해 뇌는 융합된 것을 축적하는 방식을 선택한 것으로 보이는데, 창의성 발현 과정을 살펴보거나 가칭 '생각하는 뇌의 문이 열린다' 또는 '무아지경'이 되면 창의성 발현이 무척 빨리 진행된다. 레오나르도 다빈치나 아리스토텔레스를 생각하면 알수 있다. 태어나는 순간부터 스스로 생각이나 상상을 반복하는 공간을 마련해주는 게 무척 중요하다. 교감을 나누는 것은 생각이나 상상

아이를 창의적 천재로 만드는 뇌의 비밀

을 할 수 있는 밑알이 되므로 그 시간의 안분(按分)도 신경을 써야 한다. 생각하거나 상상을 반복하는 공간이 크게 확대되면 영재나 신동이 될 수 있는 확률은 높으나 지나치면 다른 식으로 변질할 수도 있고 배움의 속도가 더딜 수 있으므로 교감과 상상의 시간 배분에 신경을 써야 한다.

그리고 창의성 발달은 연속적 과정이므로 깨어 있는 시간의 5~6분의 1 정도인 100분 정도는 생각하거나 상상을 반복할 수 있는 공간을 확보해야 하고 습관화시켜야 한다. 또 외부인을 만나거나 외부에서 교육을 받더라도 이 원칙은 꼭 지켜야 한다.

지능지수는 앞서 언급했듯이 뇌를 적극적으로 활용하는 뇌 활성화 작용이 쌓여 가면서 형성되는 것이므로 아이 스스로 지능지수를 만들어가는 것으로 볼 수 있다.

창의적 인간으로 살아가는 것은 결코 쉬운 일이 아니다. 자연적으로 넓은 의미의 창의성이 발현할 때까지는 일정한 시간이 지나야 하는 장기 레이스이다. 중도에 영재나 신동 또는 비중이 큰 창의성을 발현한 천재라고 하더라도 그것들을 잉태하게 만든 초심, 즉 생각이나 상상을 반복하는 것을 중단하게 되면 그것들은 그 상태에서 머물거나 창의성이 서서히 사라진다. 이것이 우리의 뇌의 비밀이다.

11. 창의성 발현의 종류

■ 창의성이란

창의성이 발현하는 과정에는 여러 가지 형태가 있다. 먼저 창의성이 무엇인지 생각해보자.

인간은 지식이나 경험을 기억으로 저장하고 필요할 때 그 기억을 꺼내어 쓸 수 있다. 반도체 칩은 저장된 기억을 저장한 그 상태 그대로 꺼내어 볼 수 있지만, 인간은 저장된 지식이나 경험을 변형하여 필요에 따라 쓸 수 있다. 조금만 생각을 깊게 하면 쉽게 다른 생각을 하는 것이 가능한데 이런 다른 생각도 작은 의미로 창의성이라 할 수 있다.

■ 좁은 의미의 창의성은 뚜렷한 목적이 있을 때 발현

창의성을 '좁은 의미의 창의성'과 '넓은 의미의 창의성'으로 나누어

아이를 창의적 천재로 만드는 뇌의 비밀

본다.

좁은 의미의 창의성은 뚜렷한 의도나 목적이 있을 때 발현하는 것이고, 넓은 의미의 창의성은 뚜렷한 의도나 목적이 없는데도 불구하고 발현하는 것이다.

창의성을 잉태하는 방법 역시 다양하며, 창의성을 발현하는 형태도 다양하다고 본다. 내가 알고 있거나, 경험한 것을 토대로 서술하고자 한다.

운동선수나 예능인이 오랜 시간 동안 훈련하거나 갈고 닦으면 그렇지 않은 사람보다 기량 면이나 예술적 감각에서 현저히 차이가 나는 것처럼 뇌도 생각이나 상상을 반복하고 이것을 오랫동안 이어가다 보면 넓은 의미의 창의성이 발현한다.

■ 비중이 적은 창의성

최고의 기량을 발휘하던 이들이 초심대로 훈련하거나 갈고 닦지 않는다면 그 기량이 서서히 퇴화하는 것처럼 창의성도 초심을 이어가지 않으면 더 이상 발현하지 않는다. 즉, 지진이 일어났을 때와 같이 몇 건의 창의성이 발현한 후에 멈춰버린다.

의식 세계에서 어떤 문제점이 있을 때 조금만 깊게 생각하면 뇌는 이것에 반응하고 그 해답을 준다. 목적이 뚜렷하고 간단한 문제라면 뇌가 융합작용을 하지 않더라도 해답을 줄 수 있다. 이것을 '비중이 적은 창의성'이라 명명할 수 있다.

■ 스마트폰의 위험성

사람마다 생각의 깊이가 다 다른 것은 이유가 있다. 태어나는 순간 부터 어릴 적에 생각이나 상상을 반복하기를 얼마나 하였고 또 이어 왔느냐에 따라 다르다.

요즈음은 옛날과 달리 자녀를 1~2명만 낳다 보니 아이에 대한 사랑 이 너무 지나쳐 아이 스스로 생각이나 상상을 반복하는 두뇌의 공간 이 점점 좁아지고 있다. 즉, 생각할 계기를 아예 주지 않는다.

젊은 엄마들이 육아의 고통을 잠시나마 줄이려고 편리함의 보물 창 고인 스마트폰을 아이의 손에 쥐어주는 것은 아예 생각이나 상상을 반복하는 기회를 없애버리는 것과 같은 행동으로 매우 위험하다.

그중 가장 큰 문제점은 그 나이에 스마트폰에 빠져들게 되면 그 나 이에 필요한 다양한 기초지식들을 배울 기회가 사라지기 때문이다.

태어나자마자 일어서고 걷는 동물처럼 사람도 태어나는 순간부터 생각이나 상상의 반복이 활발하게 이루어져야 한다. 그래야 주위 환 경에 유연하게 대처할 수 있고 어른이 되기까지 도태되지 않는다.

즉, 어려서부터 주위에 대한 관찰과 상상의 반복으로 형성된 지식과 경험을 다채롭게 활용할 수 있어야 변화하는 환경에 적응할 수 있다.

창의성은 '좁은 의미의 창의성'과 '넓은 의미의 창의성'으로 나눌 수 있다.

좁은 의미의 창의성은 뚜렷한 의도나 목적이 있을 때 발현하는 것 이고, 넓은 의미의 창의성은 뚜렷한 의도나 목적이 없는데도 불구하 고 발현하는 것이다. 창의성을 잉태하는 방법은 다양하게 있으며, 창 의성을 발현하는 형태도 다양하다고 보지만, 내가 알고 있거나 경험한 것을 토대로 서술하고자 한다.

창의성 발현의 형태는 아래와 같다.

- 생각하고 또 생각하기를 거듭했을 때, 생각 중에 창의성이 발현하는 경우
- 생각하고 또 생각하기를 거듭하다가 중단하고 시간이 지난 후 생각한 부분을 인지했을 때 창의성이 발현하는 경우
- 좋아하는 일을 습관처럼 오랫동안 이어가다가 창의성이 발현한 경우(무아지경)
- 외부적인 자극이 있고, 주로 그다음 날 자극 부분에 창의성이 발현하는 경우
- 외부적인 자극이 있고, 그 자극 부분에 소질이나 재주가 나오는 경우
- 한 가지 행동을 무한 반복하는 중에 창의성이 발현하는 경우

■ 창의성 발현의 6가지 형태

① 생각하고 또 생각하기를 거듭했을 때, 생각 중에 창의성이 발현하는 경우

2017년 4월 방영된 EBS '통찰'에서 모 대학교수님이 강의하신 '생각하고 또 생각하기를 1초도 쉬지 않고 3일 동안 계속하면 누구나 창의

력을 발현할 수 있다'라는 내용은 그동안 어설프게 알고 있던 창의성 및 그 주변에 관한 지식을 정립하는 데 도움이 되었다. EBS와 그 교수님께 감사한 마음을 드리며 강의하신 내용을 분석하고 특정지으면서 다른 의견을 제시하는 것에 대하여 미리 사죄를 드린다.

그 강의 중에 다루고 싶은 문제는 이것이다.

먼저 '생각하고 또 생각하기를 1초도 쉬지 않고 3일 동안 계속하면 누구나 다 창의성을 발현할 수 있다'라는 말이다.

둘째로 '사람들은 생각을 잘 안 하려 한다' 하는 내용이다. 강의 내용대로 하면 누구나 다 창의성을 발현할 수 있는데도 사람들은 왜 생각하는 것을 싫어할까? 과연 생각하기를 1초도 쉬지 않고 계속해야만 창의성을 발현할 수 있는 것인가?

교수님 자신은 1초도 쉬지 않고 생각하고 또 생각하면 웬만한 어려움을 해결할 수 있다고 강의하셨는데 1초도 쉬지 않고 생각하는 것이나 3일 동안 생각을 계속하는 것은 대단히 어려운 일이다. 교수님은 그렇게 함으로써 문제를 해결하였다고 하셨는데 일반인도 교수님과 같은 습관을 유지하거나 뇌의 상태를 유지할 수 있는지 생각해볼 필요가 있다고 생각한다. 일반인들은 감히 접근조차 어려운 일이다.

◇ 3일 동안 쉬지 않고 생각한다는 교수님 말씀, 사실은 불가능하다

4장 「생각의 고착화」에서 설명했듯이 인간은 태어날 때부터 스스로 생각하거나 상상을 반복할 수 있는데 부모나 그 주변 사람들의 과도한 보호나 과도한 사랑으로 생각이나 상상을 반복할 수 있는 기회나 공간은 좁아진다고 했다. 덧붙여 어릴 때는 생각이나 상상을 반복하는 것이 가장 활발하게 이루어지는 시기인데 기존 선대의 지식을

　　　　　　　　　아이를 창의적 천재로 만드는 뇌의 비밀

너무 쉽고 편리하게 전달함으로써 생각하거나 상상을 반복할 수 있는 두뇌의 공간이 더욱 좁아진다. 의문을 가지거나 궁금증을 갖고 파헤쳐보는 기회를 기존의 지식이 덮어버리고 만다. 사춘기를 지나면서 '생각의 고착화' 현상은 심화되기 시작한다. 더 성장하여 성호르몬이 가장 많이 분비되는 결혼 적령기에는 이 현상이 잠시 멈추어지다가 그 뒤에 생각의 고착화 현상이 더욱 심화된다.

더구나 성인이 되었을 때 주위 환경에 아무 문제점이 없거나 내가 하는 일이 잘 풀릴 때는 더욱 생각의 고착화 현상이 심화된다. 즉, 생각하기를 싫어하게 된다. 생각할 필요가 없기 때문이다. 현실이 이런 상황인데 3일 동안 쉬지 않고 생각한다는 것은 거의 불가능하다.

『일만 시간의 법칙』에서 운동선수나 예능인 중 5,000시간을 훈련한 사람과 10,000시간을 훈련한 사람이 다르다고 한 것처럼, 제자의 예를 든 경우도 생각하거나 상상을 반복하는 것이 미미하게라도 이어져왔을 때 가능하다. 교수님의 경우는 생각하거나 상상을 반복하는 것이 평소 어느 정도 이어져왔기에 가능하다고 본다. 즉, 뇌의 활성화 상태가 어느 정도 이어져왔을 때라고 본다. 개개인의 뇌 활성의 축적이 다 다르기 때문이다.

◇ 문제에 대한 거듭된 생각은 뇌의 융합작용을 일으켜 해답을 준다

1초도 쉬지 않고 3일 동안 계속 생각을 거듭한다는 것은 생각해볼 필요가 있다. 일상에서 늘 반복적으로 일어나는 일이라면 이미 뇌에서는 융합작용이 어느 정도 되어 있는 상태이므로 생각을 조금만 깊게 하면 해결할 수 있다.

생각을 거듭하는 것은 의식 세계에서 그것이 중요하다는 표시이고 이를 뇌에 전달하는 수단이기도 하다. 이에 뇌는 이에 대하여 답을 줄 의무가 있으므로 융합작용을 하고 그 결과를 다시 의식 세계에 전달하는 과정이라고 할 수 있다. 주위에서 늘 반복적으로 일어나는 일이고 간단한 문제라면 이미 융합작용이 어느 정도 되어 있는 상태이므로 의식 세계에서 생각 중에 바로 해결할 수 있다. 난이도가 있는 문제나 색다른 문제일 때는 다시 뇌에서 융합작용을 여러 번 해야 하므로 며칠 동안 계속 생각을 거듭해야 할 경우가 많다. 깨어 있는 시간의 3분의 1 정도 생각하기를 거듭한다면 뇌에 의사전달이 충분히 된다고 본다.

최소 3일 이상 계속 반복하는 것은 의식 세계에서 무엇보다 중요하다는 표시이고 뇌를 압박하는 수단이기도 하다. 그래도 해결이 안 될 만큼 어려운 문제라면 1주일 정도 쉬었다가 다시 이 과정을 되풀이하면 된다. 뇌가 융합할 시간도 주어야 하고 이 기간에 융합에 필요한 새로운 지식을 공급해주면 훨씬 유리하므로 관련된 새로운 지식을 취득하려고 노력해야 한다. 그런데 생각하기를 아무리 거듭한다 해도 톱니에 날이 하나라도 부러지거나 없으면 목재를 균일하게 자를 수 없는 것처럼 융합하기에 모자란 부분이 있으면 창의성으로 발현할 수 없다. 하여 뇌가 융합작용을 통해 스스로 부족한 부분이 무엇인지 인지할 수 있는 시간을 주어야 하며 그에 따라 의식 세계는 그 부분을 자연스럽게 채워주게 된다.

◇ 닫힌 공간에서 발현된 창의성의 특징

1장 「야인의 이야기」에서 생각하고 또 생각하는 것을 거듭하기를 2년이 안 되어 비중이 있는 창의성이 56세에 발현한 적이 있다고 말했

아이를 창의적 천재로 만드는 뇌의 비밀

다. 나에게 발현된 특징은 이렇다. 전에는 닫힌 공간에서 잡생각이나 상상을 반복하는 것을 작업하는 일과 동시에 했다. 그러다가 닫힌 공간에서 일주일에 한 번 외출하는 기회가 생기면서 생각하거나 상상을 반복하는 대상도 자동으로 2가지 방향으로 설정되었다. 그것은 어떤 목표가 있어서 한 것이 아니고, 그저 일하는 그것에 대해 지루함이나 고통을 달래는 것이었다. 그리고 이것은 내가 하는 일과는 전혀 상관이 없는 분야이므로 2년과 2년 반 만에 2건의 비중이 있는 창의성으로 발현하였다. 그중 한 건이 생각하고 또 생각하기를 거듭했을 때 생각 중에 저절로 완성되었다. 2년 동안 이 문제를 계속해서 생각한 것이 아니라 기회가 있을 때만 생각했다.

생각하거나 상상을 반복하던 그것이 내 주위에서 늘 일어나는 것이었거나 직업에 대한 것이었다면 훨씬 빨리 창의성이 발현했을 것이다.

◇ 생각이나 상상이 이어지면 문제 해결이 빠르다

생각하거나 상상을 반복하는 것이 활발하게 이루어지던 어린 시절에는 주위에서 늘 반복적으로 이루어지는 일에 관해서는 생각을 조금만 깊이 하면 바로 문제를 해결할 수 있었다. 성인이 되기까지 생각하거나 상상을 반복하는 습관이 미미하게라도 이어지면 그렇지 않은 경우보다(주위에서 늘 반복적으로 이루어지는 일에 관해서는) 빨리 해결이 되니 훨씬 유리하다. 『일만 시간의 법칙』에서 말한 것처럼 뇌도 생각하거나 상상을 반복하는 것이 오래 이어져야 뇌 활성화 상태를 유지한다면 주위에서 늘 반복적으로 이루어지는 일이나, 색다른 문제라도 생각하는 것을 거듭한다면 쉽게 문제를 해결할 수 있게 된다. 그렇다 해서 온종일 생각하기를 반복한다고 그 효과가 더 큰 것은 아니다. 깨어 있는 시간의 3분의 1 정도면 충분하며, 문제가 해결될 때까지 반복해주면 된다. 즉, 창의성을 발현할 수 있는 상태를 만드는 것이 우선이다. 생각하고 또 생각을 거듭하는 것은 의식 세계가 뇌에 전달한 뚜렷한 의도나 목표가 있으므로 '좁은 의미의 창의성'이라 규정한다.

② 생각하고 또 생각하기를 거듭하다가 중단하고 시간이 지난 후 생각한 부분을 인지했을 때 창의성이 발현하는 경우

뇌가 활성화 상태를 유지하고 있을 때 생각하고 또 생각하기를 하루에 깨어 있는 시간의 3분의 1 이상을 반복하는 것을 며칠간 계속하다 중단하더라도 시간이 지난 후 생각했던 부분을 인지했을 때 창의성이 발현할 수도 있다.

성철 스님이 남기신 말 중에 "산은 산이요, 물은 물이다"라는 말이 있는데 일하는 중에 그것이 무슨 뜻일까 하고 며칠 동안 생각을 반복한 적이 있다. 늘 그래왔듯이 일과 동시에 그렇게 하면 일의 고통이나 지루함을 달랠 수 있기 때문이다. 그 당시 비중이 있는 창의성이 2건이 발현한 상태였고, 창의성 및 그 주변에 대하여 상상으로 추적해온 상태 이후였다. 동료 작가들과 공예 문제에 대해 말을 섞다 보면 그 즉시 새로운 아이템이 생각나던 시기이므로 혹시 이 뜻도 스스로 알 수 있을까 하는 기대감으로 실험한 것이다.

(이때 나는 어릴 적부터 글씨체나 그림을 위해 노력한 적이 전혀 없으므로 글씨체나 그림은 엉망진창이었으며 목공예품도 동생 둘이 나보다 기술이 뛰어났으므로 나는 마무리 일이나 관리에 치중해왔다. 그래서 나는 새로운 아이템을 만들어보기

위해서 남의 손을 빌려야 하니 생각만 하고 그만두었다. 후에 안 일이지만, 상상을 반복했을 때 끝부분에 가서는 항상 한계에 부딪히는 것과 마찬가지로 새로운 아이템도 스스로 만들어봐야지만 결점을 보완할 수 있고, 더 새로운 아이템도 만들 수 있는데 그러한 재주가 없었다. 메이커 교육의 핵심이 직접 만들어보는 것인데 상상력도 결국 벽에 부딪힌 것은 그 실행력이 없기 때문이다. 이처럼 생각난 아이템도 실행이 없었기에 생각으로만 그치곤 했다. 이것은 나에게는 커다란 약점이지만, 그 약점 때문에 안으로 갈무리되었기에 자연스럽게 생각이나 상상을 반복하는 것을 계속 이어갈 수 있었다)

◇ 산은 산이요 물은 물이다(뜻이 저절로 알아지다)

성철 스님이 입적하셨을 때 이 말이 크게 유행하였으나 그 뜻을 말한 이는 없다. 성철 스님의 입장에 서서 그의 행적을 추적하며 며칠간 상상했으나 뜻을 알 수 없었다. 그로부터 두 달이 지난 후 보고 있던 신문 사설란에 '산은 산이요, 물은 물이로다'라고 인용한 게 있었다. '산은 산이요, 물은 물이로다'라는 글씨가 눈에 들어오는 순간 그 의미가 순식간에 알아졌다.

'산은 산이요'는, 진리는 누가 뭐라 해도 진리이고 즉 변함이 없다는 뜻이다. '물은 물이로다'는, 진리는 중도에 훼손하고 파괴하더라도 결국은 진리로 돌아온다는 뜻이다. 즉, 중간에 갈라지더라도 결국은 다시 모여 변함이 없다는 뜻으로 해석되었다.

◇ 쥐떼가 낭떠러지로 떨어져 자살하는 이유를 깨닫다

툰드라 지역에 가면 '레밍'이라는 들쥐가 있다. 먼 기억 속의 말이지만 이 들쥐들이 떼를 지어 가다 낭떠러지로 떨어져 자살하는 장면을 그림으로 본 기억이 있다.

위와 마찬가지로 일과 동시에 며칠간 생각이나 상상을 반복했으나 그때는 그 뜻을 알 수 없었다.

두세 달이 지난 후 우연히 그것을 다시 생각했다. 포유동물 중 쥐는 먹이 사슬의 맨 밑에 해당한다. 쥐를 잡아먹는 동물이 많은 관계로 종의 생존을 위해 쥐가 선택한 것은 빠른 기간 안에 새끼를 많이 낳는 것이다. 많이 잡아먹히더라도 생존할 수가 있었던 것이다. 그해에 포식자의 수가 적었거나 번식하기에 좋은 환경으로 인해 개체수가 기하학적으로 늘어나게 되면 DNA에 저장된 자연의 법칙에 어긋나므로 심한 스트레스로 인해 집단 자살을 선택하고, 자살에 참여하지 않은 쥐로 하여금 종을 잇게 하기 위해서였다.

먹이 사슬의 맨 꼭대기에 있는 사자는 수를 조절하기 위해 영역을 만들었으나 새끼의 생존율이 거의 절반에 이르므로 시간이 지나면 그 수가 너무 늘어나 문제점이 될 수밖에 없다. 자연에서는 어느 한 종의 지나친 번성은 모든 종의 멸족으로 이를 수도 있기에 그 문제점을 해결하기 위해 바이러스라는 감시자를 안배했다. 무리의 수가 너무 많이 늘어나게 되면 몇 년에 한 번씩 바이러스에 의한 전염병이 크게 돌아 무리의 수를 조절했던 것이다.

한 종을 멸족시키지 않기 위해 내성이 있는 동물을 살려두는 배려를 해 놓았다. 이것이 자연의 법칙이다. 바이러스는 종의 유지를 위해 모든 동물에게 꼭 필요했던 것이다. 레밍도 이러한 자연의 법칙에 따라 집단 자살을 선택한 것이다. 포유동물이 기하급수적으로 늘어나게 되면 그에 따른 먹이 문제나 영역 문제 등 여러 가지 문제점이 발생한다. 이로 인한 심한 스트레스로 인해 집단 자살을 선택한 것이고,

아이를 창의적 천재로 만드는 뇌의 비밀

이는 자연의 법칙에 따라 어느 한 종의 지나친 번성은 크게 문제점이 발생하므로 그에 대한 안분이 되어 있다는 느낌이다. 자살에 참여하지 않은 쥐로 하여금 종을 잇게끔 안분도 해놓았다.

여기서 보았듯이 며칠간 생각을 거듭하다가 중단하더라도 뇌의 융합작용은 계속 이루어지는 것으로 짐작된다. 그러나 누구나 이렇게 되는 것은 아니다. 생각이나 상상을 반복하는 것을 습관화하여 오랫동안 이어가다 보면 비중이 있는 창의성을 발현할 수 있게 되고 그 후로도 초심을 이어가고 있을 때 가능한 것으로 생각된다. 이 경우도 뚜렷한 의도나 목표를 의식 세계가 뇌에 요구한 것이므로 '좁은 의미의 창의성'으로 규정한다.

③ 좋아하는 일을 습관처럼 오랫동안 이어가다가 창의성이 발현한 경우(무아지경)

칙센트미하이 교수는 이런 이들을 조사하였고 '무아경'에 이르렀다고 단정한다(13장 「다시 학교다」 참조).

나는 SBS의 '세상에 이런 일이'라는 프로그램에 소개된 이들 중에서 '무아지경'에 이른 이들이 예술 작품을 직접 하는 모습이나 그 상황을 3건 정도 '일만 시간의 법칙'과 '다른 생각'에서 다루었다.

이들은 하고자 하는 작품의 영감이 떠오르면 구상을 따로 하지도 않고 즉석에서 3~4시간 동안 쉼 없이 일사천리로 진행한다. 엄청 복잡한 작품을 한 번도 고치지 않고 완성하는데도 작품의 구성도는 전문가들이 높게 평가하는 정도다.

이들에게 이러한 상황이 어떻게 가능한지 취재한 PD가 물었을 때 2명은 우주인과 교류하고 있고 우주인이 가르쳐준다고 했다. 아마도 그에 관련된 작품을 하기에 그렇게 대답했다고 본다. 이들은 고등학교 2~3학년 정도다. 이것은 수학자 라마 누 잔의 경우와 흡사하다. 그를 도운 영국의 수학자가 묻기를 그러한 재능이 어디서 오는가 했을 때 신이 가르쳐준다고 한 것과 같다. 또 1명은 특이하게도 중년의 여성분이었는데 한 PD가 어떻게 그릴 것인가를 물었을 때 자기도 이 작품이 끝나야 알 수 있다고 하였다.

즉, 본인들도 작품을 할 때 왜 이런 현상이 진행되는지를 모른다. 이들 중 한 고등학생의 뇌파를 검사한 결과 명상파가 높게 나왔고, 각성파도 높게 나왔다고 의사가 설명을 했다. 다시 말하면 뇌 활성도가 매우 높다는 것이다. 일반인들의 뇌 활성도는 어떤지 이들과 비교할 수가 없어서 아쉬웠지만, 칙센트미하이 교수가 말한 '무아지경'의 상태로 본다.

◇ 뇌가 적극적 활성이 되면 뇌의 구도가 변한다

그리고 그는 이 상태를 '자동적, 자발적 처리'라고 주장했는데 앞에서 본 것처럼 무아지경에 이르면 뇌 활성도가 높아지고 경우의 수가 폭발적으로 증가하므로 무엇을 하고자 할 때 그 뒷부분은 자연적으로 완성되는 것이다.

뇌 활성을 축적하고 축적하여 뇌 활성이 적극적 활성에 이르게 되면 뇌의 구도가 변하게 된다. 이는 뇌 신경세포의 상당히 넓은 지역에서 동시에 교류가 이루어지면서 나타나는 현상으로 보통 사람들의 뇌가 작용하는 것하고는 상당한 차이가 난다.

아이를 창의적 천재로 만드는 뇌의 비밀

칙센트미하이 교수도 이에 대해 말하였지만, 이 무아지경의 상태는 하루아침에 이루어지지 않는다. '일만 시간의 법칙'에서 보았지만 다시 한번 살펴보고자 한다.

이들의 어린 시절을 살펴보면 이와 관련된 것에 많이 노출되거나, 접촉이 반복적으로 이루어지다가 그것이 뇌에 자리를 잡거나 자극이 되어 그 습관이 정착되고, 자기가 가장 좋아하는 일이 되었다는 것이다.

◇ 사회에서 인정해주지 않은 분야에 집중

여기서 한 가지 살펴볼 것은 그들이 좋아하는 일이 일반적으로 주변 사회에서는 인정받기 힘든 일이라는 것이다. 그들이 하는 일에 소질이 있고 좀 별나다는 생각이 들어도 일반적으로 사회에서는 인정해주지 않은 분야이므로 외면당할 수밖에 없다. 이것은 무척 중요하다.

'일만 시간의 법칙'에서 전문적인 훈련을 말하였는데, 이 전문적인 훈련은 대부분 사회에서 인정해주는 일일 것이다. 그리고 이 전문적인 훈련이 주어지는 경우 자기가 좋아하는 일을 할 때보다 역량이 월등히 좋을 수밖에 없다.

그런데도 영재가 성인이 되었을 때 영재성이 사라지는 예가 많은 것처럼 이 전문적인 훈련을 한 경우 '무아지경'에 이른 예를 찾아보기 힘든 것은 무엇 때문인가?

자기가 좋아하는 일은 전문적인 훈련과 비교해 그 일정이 매우 열악하다는 것에 해답이 있다고 본다. 전문적인 훈련은 훈련 시 필요한 부분이 있으면 즉시 해결할 수 있지만, 자기가 좋아하는 일은 훈련 시 필요한 부분이 있더라도 즉시 해결이 안 되고, 그 문제를 스스로 해결하여만 하므로 상당한 시간이 걸리므로 초기에 역량의 증가는 더딜 수밖에 없다.

◇ 좋아하는 일은 생각과 상상의 두뇌 공간이 크다

여기서 비교할 수 있는 것은, 전문적인 훈련은 생각이나 상상을 하는 공간이 적으나 자기 스스로 좋아서 하는 일은 생각이나 상상을 할 수 있는 공간이 상당히 크다는 점이다. 그리고 초기의 역량 증가는 '무아지경'에는 전혀 문제가 되지 않는다.

의식 세계에서 생각이나 상상을 반복하는 것을 의식행위라고 가정하면 자기가 좋아하는 일을 하는 경우 뇌가 자극받은 어릴 적까지 계산하면 십수년 이상 이 의식행위를 계속 이어가야 무아지경에 도달할 수 있다.

그리고 초기에는 역량의 증가가 매우 더디게 진행되지만, 잡다한 생각이나 상상 또는 다른 생각을 할 때 창의성이 발현하는 것과 마찬가지로 무아지경에 이르기 1~3년 전부터 집중적으로 이 의식행위에 몰입하게 되면서 역량의 증가가 폭발적으로 증가하여 무아지경에 이른다고 본다.

◇ 무아지경에 도달할 수 있었던 이유

이들이 무아지경에 도달할 수 있었던 것은 무아지경에 도달하기 전까지 일반 사회에서 인정하기 힘든 분야에 집중하여 그 의식행위인 초심을 계속 이어갈 수 있었기 때문이다.

전문적인 훈련도 장점이 있으므로 자기가 좋아하는 일을 하는 사람들처럼 이 의식행위를 할 수 있는 공간을 설정하고, 초심을 계속 이어가도록 배려한다면 자기가 좋아하는 일에 집중하는 이들보다 더 빨

아이를 창의적 천재로 만드는 뇌의 비밀

리 무아지경에 이를 수 있다고 본다.

이 경우는 의도하거나 목적하는 바가 뚜렷하지는 않지만, 어느 정도 인식하고 있고, 영감만 있으면 저절로 완성되므로 좁은 의미의 창의성과 넓은 의미의 창의성 중간 형태로 보인다.

④ 외부적인 자극이 있고, 주로 그다음 날 자극 부분에 창의성이 발현하는 경우

특정한 지식을 인지하거나 특정한 사물을 인지했을 때 주로 그다음 날 그 인지한 부분에서 창의성이 발현하므로 매우 특이하게 느꼈다. 학자들은 이 창의성을 하늘에서 뚝 떨어진 것과 같다고 했다. 이 외부적인 자극 부분은 새삼스러운 말이 아니지만, 전에 직접 생각이나 상상을 반복한 적이 없다는 것이다. 이 창의성은 '넓은 의미의 창의성'으로 주로 잡생각이나 잡다한 상상을 반복하는 것을 오랫동안 이어왔을 때 어느 계기가 생겨 한두 가지에 특정한 의도나 목적을 두지 않고 한두 가지의 방향으로 잡다한 생각이나 잡다한 상상을 집중적으로 반복하게 되면 나타나는 현상이다. 그리고 내 주위에서 늘 반복적으로 이루어졌던 직업에 관련된 것이나, 주위 환경에 관련된 것이라면 비교적 상상의 기간이 짧고, 전혀 색다른 주제나 문제라면 2~3년이 걸릴 수도 있다.

위와 똑같은 상황에서 한 가지 문제에 목적의식을 가지고 생각하고 또 생각하기를 거듭했을 때 발현하는 창의성과는 형태를 달리한다.

1장 「야인의 이야기」에서 '창의성과 혁신성은 곤충이 우화하는 것과 같다'라고 했고, 이 창의성의 잉태와 발현 과정을 설명했다. 이것 외에 다른 예를 들어 설명하고자 한다.

여수 세계박람회에 동료 작가들과 여행을 간 적이 있다. 그곳을 관람하고 돌아오는 길에 단양에 있는 죽림원에 들른 적이 있다. 둘레길을 걸으면서 동료 작가 중 한 명이 전라도의 광주가 고향이라 대나무의 1년생과 2년생 그리고 3년생이 어떻게 다른가를 설명해주었다. 그날 대나무 둘레길을 걷는 것은 좋았으나 특별한 것은 없었다. 기념품점에서 몇 가지 소품을 사서 집결지인 버스정류장에 모였을 때 동료작가 1명이 "저거 다 중국산이야" 하고 말했다. 나도 공예품을 만들어 판매하고 있고 시중에서 판매되고 있는 제품의 90% 이상이 중국산인 것을 이미 알고 있었지만 여기는 옛날부터 대나무 공예로 유명한 곳이고 대나무라는 소재도 특별하여 미처 거기까지 생각하지 못했다. 전세 버스를 타고 돌아오는 길에 동료 작가들은 마이크를 잡고 노래를 불렀으나 나는 담배를 너무 피워 목이 잠긴 상태이고 워낙 음치라 버스 창가에 앉아 스쳐 지나가는 풍경을 바라보며 아주 잠깐씩 생각에 몰입했다.

인삼밭을 바라보며 저것을 어떻게 조명등으로 만들어볼까, 하우스 세 동이 나란히 있는 것은 좀 좁고 길게 하면 그대로 조명등이 되고, 깊은 계곡이 겹쳐지는 모습이 너무 인상적이라 어떻게 바꾸어 볼까하고, 마을 앞 논두렁 위에 소나무 두세 그루가 너무나 인상적이고 기억 속에 있는 벌판에 있는 큰 나무 한 그루가 교차하면서⋯ 등등 생각이나 상상을 억지로 하려고 노력했으나 깊게 할 수는 없었다.

다음 날 작업장에서 일하는 동시에 상상을 하는 중에 9시 반 경에 저절로 인삼밭에 대한 조명도 생각만으로 디자인이 완성되었다. 깊

아이를 창의적 천재로 만드는 뇌의 비밀

은 계곡이 겹쳐지는 부분도 계곡 사이에 공기가 흐르듯 계곡 사이로 광풍이 몰아치는 한가운데에 드러누운 나를 그리고 제목은 '세상 속의 나'로 했다. 그리고 벌판에 있는 나무는 나뭇가지가 나고 잎이 나는 바로 밑에 부분에 나의 얼굴을 그려놓고 가지에는 주렁주렁 나라의 수만큼 사람을 닮은 여의과를 크고 작게 그려놓고 제목은 '세상의 중심은 나에게서' 등이 순식간에 생각으로 완성되었다. 생각으로 완성된 그것들이 마음에 꼭 들었으나 다른 일을 하는 중이라 그것을 바로 실행에 옮길 재주가 없으므로 항상 마음속으로 그렸다가 지워버리고 만다.

◇ 죽림원 디자인이 순식간에 떠오르다

바로 죽림원에 대한 전체 인테리어나 디자인이 순식간에 나타났다가 서서히 사라져갔다.

- 입구에는 우리나라에서 자생하는 대나무를 심어 놓고 팻말을 세워 특징을 설명해둔다.
- 다음 쉼터에서는 세계의 대나무 자생지에 대한 설명을 한다. 특별한 종, 대나무의 특별한 성분, 특별한 기능을 소개한다.
- 물론 전부 대나무에 새긴다.
- 다음 쉼터에서는 대나무로 정자도 짓고, 의자도 만들고 대나무에 관련된 우리나라의 시조나 시 등을 대나무 껍질에 적어 줄을 엮어 액자처럼 전시하면 대나무에 글을 적었던 시대도 연상할 수 있어 금상첨화겠다.
- 다음 쉼터에는 우리나라에서 사용해오던 죽제품을 전시한다. 한편에는 체험의 장이 있다.

- 다음 쉼터에는 대나무에 관련된 식단과 기념품을 파는 곳으로, 그 지역에서 나고 그 지역에서 만든 대나무 기념품을 팔거나 그 지역 특산품과 대나무와의 융합된 제품을 팔면 되겠다.

이렇게 하면 그곳에 들어갈 때부터 나올 때까지 대나무와 관련된 것으로 영상물을 채울 수 있다. 그것이 여기를 찾는 사람들이 바라는 것이고 기억에 오래 남겠다. 이렇게 여러 가지가 한 번에 보인 적은 처음이다. 인삼밭이나, 두 계곡 사이나, 홀로 서 있는 나무는 조금이라도 생각이나 상상의 몰입이 있었고, 죽림원은 조금의 자극 말고는 아무것도 없었다. 결과가 있으면 반드시 그 원인도 있을 것이다.

◇ 탁 트인 공간이 창의성 발현에 좋다

그때 당시 나의 두뇌 상태는 비중이 있는 창의성이 2건 발현한 후로, 발현한 창의성들을 추적해본 뒤에 창의성 및 그 주변에 대해 얼추 알고 있다고 생각하고 있었다. 잡생각이나 상상을 반복하는 것을 일하면서 동시에 이어져가고 있을 때였다. 즉, 뇌 활성화 상태를 이어가고 있을 때이다. 그리고 닫힌 공간에서 일만 하다가 탁 트인 공간으로 이동하면서 이틀 동안 완전히 다른 환경으로 바뀐 것을 주목하지 않을 수 없다.

하우스나 인삼밭, 계곡 사이, 홀로 있는 나무 등 주변에서 보았거나 주변에서 어쩌다 한 번씩은 머물렀던 것으로 버스 안에서 생각이 깊지 않았지만, 이미 융합되어 있었던 것이 자극으로 인해 발현한 것이다. 비중이 낮은 것들이 발현한 것인지 모르지만, 한 가지 의심할 대목은 닫힌 공간에 그대로 있었다면 외부에서 자극을 받을 일도 없었을 것이고, 그러면 창의성도 발현하지 않았을 것이다. 그리고 이런 생각이나 상상의 몰입 정도가 낮음과 밖으로 나오면 흔하지는 않지만, 종종 볼 수 있는 풍경으로 미루어 보아 이미 융합되어 있던 것들이 외부적인 자극에 맞추어 변형하여 한꺼번에 발현한 것으로 보인다.

◇ 죽림원에 대한 창의성 발현은 전혀 뜻밖이었다

나는 평소 등산로에 오르거나, 호숫가 둘레길을 걷거나, 공원에 갈 때면 항상 비슷한 울타리, 같은 소재, 비슷한 디자인에 실망하곤 했다. 그리고 그러한 곳에 갔을 때는 어쩌다 한 번씩은 소품이나 디자인 등을 어떻게 바꾸어볼까 하고 생각했지만, 생각이 나지 않거나 늘 생각의 한계를 보인 적이 많았다. 그리고 그때가 지나면 더는 생각이나 상상을 하지 않았다. 그러나 이때도 나는 일하면서 다른 잡생각이나 상상을 하루 평균 2시간 이상을 반복했었다. 즉, 뇌의 활성화 상태를 항상 유지했었다. 그리고 일만 하는 닫힌 공간에서 잠깐이지만 다른 공간에서 자극받은 것들이라 작은 몰입에도 뇌가 반응하였고 융합작용에 들어간 것이다. 이미 이 부분에 융합작용이 끝나 있었다고 볼 수밖에 없다. 그리고 죽림원의 대나무를 매개로 그다음 날 융합되어 있었던 것을 매개체로 변형하여 창의성이 발현했다고 볼 수밖에 없다. 인지한 지 하루 만에 발현하였고, 1장 「야인의 이야기」에서 예로 든 창의성 발현, 즉 '창의성과 혁신성은 곤충이 우화하는 것과 같다'와 너무도 똑같다.

여기서 추론할 수 있는 것은 기억이나 경험이 전기적 신호로 뇌 신경세포에 저장되는 것처럼 모든 융합된 것이 저장될지는 모르지만, 한 가지 의식 세계에 도움이 되는 것은 전기적 신호로 뇌 신경세포에 저장되는 것으로 보이며 하루 만에 변형하여 발현할 수 있다는 것은 꼭 수학의 공식처럼 저장되는 것 같다. 그렇지 않다면 자극이 있고, 그다음 날 자극 부분에 창의성이 발현하는 경우와 또는 인지하는 순간 다른 생각이 드는 것을 나로서는 설명할 방법이 없다.

외부적인 자극이 있고, 주로 그다음 날 자극 부분에 창의성이 발현한 것은 '넓은 의미의 창의성'으로 비교적 비중이 있으며, 뚜렷한 목적이나 의도가 없이 한 방향의 잡다한 생각이나 잡다한 상상을 반복했을 때 이것을 대표할 수 있는 말(자극)이 정해지고 그것에 창의성이 발현한 것이다.

⑤ 외부적인 자극이 있고, 그 자극 부분에 소질이나 재주가 나오는 경우

1장 「야인의 이야기」에서 20대 초에 시를 쓰는 재주가 외부적인 자극에 의해 잠시 나왔다가 얼마 후에 사라진 경우가 있다고 소개한 바 있다. 이것을 추적해본 결과 잡생각이나 상상을 반복하는 것을 미미하나 기회가 있을 때마다 이어왔고 재주가 나오기 전에는 기본 문학책을 읽고 상상하는 것을 수없이 반복했고 외부적인 조건인 그 여자가 이사를 간 것이 아쉬움으로 표현되어 시를 쓰는 재주가 나왔으나 축적된 그 부분이 너무 얇으므로 몇 건의 시를 쓴 후에는 그 재주는 완전히 사라져 버린 것이다. 즉, 그때 더는 재생산하지 말고 다른 이들의 시를 더 많이 읽고 생각이나 상상을 풍성하게 하는 반복훈련을 이어갔다면 시인으로 변해 있을 것이다.

◇ 갑자기 예술적 재능을 발휘하는 이들의 이상한 조건

'세상에 이런 일이'에 나오는 사람 중에는 어느 자영업을 오랫동안 해오다가 어느 날 자기가 하고 있는 일의 재료나 소재를 이용하여 예술적 재능을 발휘하는 이들이 있다.

커피를 직접 내려 자영업을 하는 이는 커피 찌꺼기를 이용하여 그림을 그리고, 미장원을 하던 이는 머리카락을 이용하여 예술 작품을 만들거나 머리카락을 가루 내어 그림을 그리거나, 숲 해설사는 작은 나뭇가지를 아주 잘게 가로로 잘라 그것만으로 그림을 그리고, 카센터를 운영하는 사람은 차 부품으로 정크 공예를 하는 등 그 외에도 많은 것으로 알고 있다. 다니던 직장을 정년으로 퇴사하고 배우지 않았음에도 그들 나름대로 공간을 설정하여 예술을 하는 이들도 있다. 이들은 대부분 지금 하는 예술 분야를 과거에 제대로 배운 적이 없다. 이것은 우리가 상식으로 알고 있던 것에서 벗어나는 것이고, '일만 시간의 법칙'에서도 많이 벗어난다. 그리고 같은 업종에 종사하는 이들이 많고, 그들과 비슷한 환경에 처한 이들도 무척 많은데 왜 극소수인 이들만 그러한 재주가 나왔는지 생각하지 않을 수 없다.

먼저 생각할 수 있는 것은 일반적인 상식으로 다른 모든 이들은 정상적이라 볼 수 있고, 극소수인 그들은 비정상인이라고 생각할 수밖에 없다. 즉, 정상인들과 모든 것이 비슷하다면 그들도 정상인처럼 살아가야 한다. 두 번째로 정상인들과 다른 열악한 환경을 주목할 수 있다. 그러나 같은 업종에 열악한 환경에 있는 이들도 수없이 많다. 또 다른 변수가 복잡하게 연결되어 있는 것 같다.

어릴 적에 생각하거나 상상을 반복하는 것을 얼마나 이어갔는지도 중요하고, 열악한 환경에 있을 때 생각하거나 상상을 반복할 수 있는 공간이 얼마나 있었는지도 중요하고, 성격도 중요하고, 이 공간을 얼마나 이어갈 수 있느냐도 중요한데 현실은 이 모든 조건을 충족하는 경우가 거의 없다. 즉, 열악한 환경이라는 것은 장사가 겨우 현상을 유지하거나 쉴 수 있는 시간이 많다는 것을 의미하므로 잡생각이나 잡다한 상상을 반복할 수 있는 공간은 충분하지만 성격이 외향적이라면 시간을 밖으로 활용할 것이고, 성격이 내성적이라도 영업장에 TV나 신문 혹은 잡지가 있으면 그쪽으로 시간을 뺏기기 쉽고, 주위의 상인이나 자영업을 하는 사람들의 쉼터가 될 확률도 높고, 특히 요즈음은 스마트폰에 빠지기 쉽고, 이런저런 이유로 예술적 재능이 나오기 전까지 잡생각이나 잡다한 상상을 반복하는 것을 이어가다 자연스럽게 그가 하는 일 주변에 대한 생각이나 상상을 반복하는 것으로 전환하여 이르는 이는 극소수일 수밖에 없다고 본다.

또한, 그러한 재능이 발현했을 때 그가 하는 일의 결과물인 쓰레기나 찌꺼기가 주재료인 경우가 많으므로 실행에 옮기기가 쉬웠을 것이고 시간도 남아 있는 시간에 가능했고, 장소도 더는 필요가 없었을 것이다. 발현한 창의성이라고 하면 비중이 있고 완성도가 높아야 하나, 이것은 본인한테는 비중이 있겠지만 타인에게는 비중이 적고 미완성 부분이 크므로 안으로 갈무리가 되면서 계속 발전할 수가 있었다고 본다. 즉, 재주가 나온 뒤로는 그 재주를 발전시키고 완성하는데 모든 조건이 충족되어 있었던 것이다.

이들을 일일이 찾아보고 설문 조사를 하면 쉽게 그 원인을 파악할 수 있겠지만, 나는 일을 해야 하고 주변머리나 재주도 없으며 이 글을 오직 생각과 상상만으로 쓰면서 어쩌다 관련된 지식이나 정보를 취득하게 되면 이를 근거로 삼아 생각하거나 상상을 반복하여 축적해왔던 것과 융합하거나, 역추적하거나, 또는 다른 생각의 근거로 생각하면서 이 글을 쓰고 있다.

'세상에 이런 일이'에 나오는 사람 중에 예술적 재능이 어느 날 갑자기 시작되고 이때부터 그 재능을 발전시켜가는 이들은 어릴 적에 잡생각을 하거나 상상을 반복하는 것을 어느 정도 이어왔다고 보며 자영업을 시작한 후에는 열악한 환경으로 인해 이 잡생각이나 상상을 반복하는 것이 부활하여 시작되었으며 이 열악한 환경이 지속되도록 장사나 영업이 망하면 더 지속할 수 없으므로 겨우 임대료 내고 먹고 살 정도는 유지되면서 쉬는 시간이 틈틈이 있어야 하고, 그리고 위의 다른 변수들도 충족되어 잡생각을 하거나 상상을 반복하는 것을 오랜 시간 이어오다가 그가 하는 일의 주변에 생각이나 상상을 반복하다가 영감이 떠올라 그때부터 재주가 시작된 것이다. 특히 자영업 쪽에 예술적 재주가 나오는 경우가 있는 것은 예술적 영감이 떠올랐을 때 그것을 실험할 무대가 바로 옆에 완벽하게 갖추어져 있기 때문이다. 그리고 그들의 일은 대부분 반복적으로 이루어지는 것이고, 반복적으로 이루어지는 일의 시간이 대부분 짧고, 조금 시간이 길다 하더라도 서비스이고 대인관계이므로 일하면서 동시에 다른 생각이나 상상을 반복하기가 쉽지 않다.

⑥ 한 가지 행동을 무한 반복하는 중에 창의성이 발현하는 경우

4대 종교나 기타의 종교의식을 살펴보면 공통으로 의식 중에 반복적으로 이루어지는 것이 너무 많다. 특히 신흥 종교에 반복적인 의식

행위가 많이 설정되어 있는 것을 보면 이미 학습 효과를 알고 있다고 봐야 한다.

종교의식행위에 반복적인 요소를 많이 설정한 가장 큰 이유는 믿음의 일탈을 막기 위함이라고 본다. 창의성이 발현한 단양의 죽림원에 대한 인테리어나 디자인도 대나무에 대해 반복해서 확인해줌으로써 영상물을 흐트러지지 않기 위한 것과 너무도 닮아 있다. 종교의식 중에 반복이 가장 강하게 설정되어 있는 3,000배, 오체투지, 성지순례를 9장 「반복이 중요한 이유」에서 설명했듯이 무한 반복을 하다 보면 영적 체험이 일어나는 경우가 많다. 이것을 창의성 발현에 적용할 수도 있다. 창의성이 발현하는 형태가 더 있을 수 있으나 내가 알고 있는 것은 여기까지다.

◇ 창의성 발현 상태를 만드는 건 마라톤과 같다

창의성을 잉태할 수 있는 방법은 다양하다. 일상생활을 하면서 일기를 쓰는 것으로도 가능하고, 일상생활을 하면서 주기적으로 여행이나 체험을 통해서도 가능하고, 일상생활을 하면서 책을 읽고 독후감을 쓰는 것으로도 가능하다. 이는 9장 「반복이 중요한 이유」에서 설명하였다. 일상생활을 하면서 잡생각이나 잡다한 상상을 반복하는 것으로도 가능하고, 책을 읽거나 체험을 통해서는 한 방향으로 계속 진행할 수 있으므로 창의력을 발현할 수 있는 상태에 빨리 이를 수 있으나 다양한 창의성 발현에는 취약하다. 살고 있는 지역이 농촌 지역이라면 창의성을 잉태할 수 있는 최적의 환경이다.

그리고 이에 대한 정보 및 지식은 극히 미비하나, 현시대에 맞는 인재를 키우기 위해 다양한 교육제도가 시도되고 있다. 창의성 교육, 메이드 교육, 토론식 교육, 융합 교육 등이 있는 것으로 알고 있는데 그 것이 갖는 의미를 정확히 알고 시행한다면 성인이 되었을 때 창의적인 인간으로 살아갈 수 있다(이는 13장「다시 학교다」에서 논해보고자 한다).

그러나『일만 시간의 법칙』에서 5,000시간을 훈련한 사람과 10,000시간을 훈련한 사람이 다르다고 한 것처럼 창의성을 쉽게 발현할 수 있는 상태를 만드는 것은 마라톤보다 더 장기적인 경주다. 위 교육제도를 얼핏 살펴보면 당장 성과물을 요구하는 것이 곳곳에 존재하므로 이를 안으로 갈무리하는 제도 및 어떠한 경우에도 초심이 습관이 되도록 환경이 설정되어야만 성공할 수 있다고 본다. 그리고 위 교육제도는 반복해야만 그 효과가 크므로 상당히 더딘 교육이다. 한두 과목 이상을 시행할 수 없다고 본다.

◇ 긍정적인 상상, 부정적인 상상 모두 두뇌 활성화는 되지만

잡생각이나 잡다한 상상을 반복하면 긍정적인 생각을 할 때와 부정적인 생각을 할 때 둘 다 뇌가 활성화되는 것은 같다. 긍정적인 생각으로 하는 경우는 그 끝을 계속 이어갈 수 있는 공간이 있으나, 부정적이거나 파괴적인 생각의 반복은 우울증이나 불면증의 원인이 되므로 계속 이어갈 수 있는 공간은 없어진다.

몸의 각 기관이 최적화되어 있는 것처럼, 뇌의 각 기관도 최적화되어 있다. 뇌 과학자들이 생각이나 상상을 깊게 하면 뇌 에너지를 더 소비한다고 말한 것처럼, 잡생각이나 잡다한 상상을 반복하는 것 역시 적당한 시간을 설정하여 정해진 시간대에 하는 것이 중요하다. 뇌와 몸의 균형을 맞추기 위해 생각이나 상상 이전에 적당한 운동을 하는 것이 필요하다. 이렇게 하면 불면증도 어느 정도 해결할 수 있다.

앞서 설명한 대로 잡생각이나 잡다한 상상을 반복하는 것은 말 그 대로 어떤 목적이나 어느 방향이 없으므로 이것을 이어갈 때 비중이 적은 창의성이 발현하더라도 정규 메이커 교육처럼 직접 만들어보는, 즉 실행이 없으므로 자연스럽게 안으로 갈무리가 되어 계속 이어갈 수 있다. 이렇게 계속 이어가다 보면 어느 시점에 자연스럽게 목표가 정해지고 한 방향이 정해지면서 그 방향이 늘 반복적으로 이루어진 다. 직업에 관련된 것이라면 이른 시간 안에 비중이 있는 창의성도 발 현할 수도 있다. 내 직업에 관련된 것이 아니고 늘 반복적으로 이루어 지는 것이 아닌 색다른 주제이고 다른 방향이라면, 조금 긴 시간대인 2~3년 후에 비중이 있는 창의성이 발현한다. 그때 형태가 전혀 뜻밖 의 것이 발현하므로 학자들은 하늘에서 뚝 떨어지는 것과 같다고 말 한 것 같다(1장 「야인의 이야기」 참조).

에릭슨 앤더슨의 『일만 시간의 법칙』에는 일만 시간까지만 예를 들 어 설명했지만, 아무리 그렇게 훈련하여 최고의 기량에 오른 운동선 수나 예능인도 초심대로 훈련하지 않으면 그 상태를 얼마 동안 겨우 유지하다 서서히 퇴화하므로 그 후에도 연속적으로 초심대로 훈련을 계속 이어가야 현상 유지를 하거나 더 발전할 수 있는 것과 마찬가지 다. 어떤 형태로든 비중이 있는 창의성이 발현한 이후 그 초심대로 계 속 이어가야 창의성도 계속 발현할 수 있고, 얼마 후에는 가칭 '생각 하는 뇌의 문이 열린다'가 된다.

외부적인 자극이 있고, 주로 그다음 날 자극이 있는 부분에 창의성 이 발현하는 경우를 추적하기가 가장 힘들었다. 이 부분이 미심쩍은 부분이 있었는데 이 글을 쓰고 있는 지금 맹장염 수술 때문에 6일간 병 원에 입원 중(입원하기 전에 노트북으로 2페이지를 쓴 상태)에 창의성 발현의 부분에서 마무리 단계에 접어들면서 그 퍼즐의 끝이 보이는 것 같다.

56세 때 외부적 자극에 창의성이 발현했을 때도 늘 반복적인 주위 환경이나 일상생활에서 다른 공간이자 환경으로 이동했을 때 자극이 있었고, '일만 시간의 법칙'을 처음 들었던 때도 병원에 입원해 있을 때로 비중이 작은 공예 아이템이 10여 건 생각이 나 상상으로만 그려본 적이 있었고, 어떨 때는 공예 작가들의 모임에서 각자의 분야의 공예에 대하여 대화할 때 말을 섞으면서 비중이 적은 아이템이 그대로 말로서 완성된 적도 있었다. 여수 세계박람회에 갔다가 오는 길에 죽림원에 들렀을 때는 비중이 작거나 비중이 있는 것 4건이 자극이 있었고, 4건이 한순간에 연달아 발현한 것도 닫힌 일터나 생활환경에서 다른 환경으로 이동했을 때 자극이 있었으며 그 자극 부분에서 창의성이 발현한 것이다.

가끔 카페에 가서 서빙 아가씨에게 창의성과 그 주변에 대해 소가 반추하듯 말해보았지만 귀담아듣지 않았다. 들어주지 않음에도 그렇게 했던 이유는 반복함으로써 잊어버리지 않기 위한 것이었다. 나에게 말하는 효과도 있었고, 혹시 외부에서 자극을 받지 않을까 했는데 효과는 없었다. 단지 생각이나 상상을 계속 이어갈 수 있는 동력은 되었다.

세상에서 내 말을 들어주고 관심을 두는 유일한 지인 1명이 있다. 한 달에 한 번 만나면 그는 나에게 그의 직장 문제, 가족 문제, 아이의 버릇이나 교육 문제 등을 물어보고 나는 그에게 창의성과 그 주변에 관해 변화가 있었던 것을 말하곤 했다. 그가 나에게 물어본 것을 그때그때 대답해주었지만 헤어진 후 조금 시간이 지난 후나 다음 날 일하는 중에 어제 대답해준 것에 대한 보충 내용이 생각나거나 다른 식으로도 해석이 되었다. 즉 이번에도 자극이 외부에서 있었다.

또 병원에서도 쉼터에 나가 담배를 한 대 피우고 한 시간 정도 앉아 있으면서 주위의 조경을 쳐다보고 음미하면서 이다음 시골에 내려가 살게 되면 이 부분은 이렇게 저 부분은 이렇게 하고, 물론 소재도 다양하게 두 개의 조경수 사이에 어떤 조각품을 만들어 어떻게 배치하나 등등 생각으로 금방 완성하곤 한다. 그리고 시간이 되면 새벽에 창의성 발현 부분에 대해 썼다. 이렇게 3일간 반복을 했다.

밖에서 조경에 대해 생각하던 중, 왜 외부적 자극이 늘 반복되는 공간이 아니라 새로운 공간에 있을 때 창의적인 생각이 더 많이 나타나는지 궁금했다. 앞에서 예를 들었듯이 늘 반복되는 일상생활의 환경이 아닌 며칠간 다른 환경으로 이동했을 때 외부적 자극이 있고, 주로 그다음 날 자극 부분에 창의성이 발현한 것은 왜 또는 어떻게 그리고 하루 만에 창의성이 가능했느냐 등에서 무언가 하나 빠진 느낌이었다. 두뇌를 활성화하는 방법을 쓴 책에는 새로운 환경이 두뇌를 자극한다는 말이 있다.

■ 의식 세계의 융합작용은 어디서 이루어지느냐

여기서 먼저 짚어볼 것은 융합작용은 어디서 이루어지느냐와 융합한 것은 축적되느냐다.

나는 이 부분의 정보가 미미하다. '통찰' 프로그램 중에서 생각하고 또 생각하기를 1초도 쉬지 않고 누구나 창의성을 발현할 수 있다는 내용을 보면 렘수면 상태에서 융합작용이 되고, 꿈을 꾼 것은 저장되지 않는다고 한 것으로 알고 있다. 이것을 내가 잘못 알고 있는 건지 또는 다른 주장이 있는지 알 수 없지만, 이를 근거로 생각해보고자 한다.

의식 세계가 3분의 2, 잠자는 시간이 3분의 1이며 이것이 하루다. 의식 세계에서 모든 행위가 이루어지고, 나머지는 잠을 자면서 꿈을 꾸는데 프로이트가 말한 것 외에도 3분의 1에 걸맞은 다른 용도가 있어야 하고 그것이 그날 있었던 경험을 정리하며 꿈을 통해서 융합작용을 한다고 본다. 그리고 생각이나 상상을 깊게 하면 뇌가 평소보다 더 활성화한다고 과학자들이 말한 것처럼 의식 세계가 생각이나 상상을 반복하는 것을 3일 이상 하게 되면 뇌는 더 활성화한다고 본다. 나는 의식 세계와 뇌의 관계를 관포지교로 보고 있으므로 3일 이상을 한다는 것은 의식 세계가 이를 그만큼 중히 여긴다는 뜻이므로 뇌는 이에 대해 답할 의무가 있게 된다. 생각이나 상상을 반복한 것과 이에 관련된 축적한 지식이나 경험과의 융합작용이 일어난다고 본다.

꿈을 꾼 것이 저장되지 않는다면 융합한 것도 저장이 안 되므로 하루 동안 융합한 것은 시스템에 의해 내보내면 되니까 아무 문제가 되지 않지만, 3일 동안 융합작용을 하는 경우 어떻게 이루어지나? 하루 융합작용이 이루어지고 폐기하고, 다시 융합작용이 이루어지고 폐기하고, 다시 반복되면 이 얼마나 비효율적인가? 그리고 그에 대해 해결이 안 되면 다 폐기해야 하니, 두 번째와 세 번째의 경우를 어떻게 설명할 수 있을까. 초창기에 어떤 자극이 있을 때 무언가 기막힌 생각이 갑자기 난 것 같은데 하나도 기억이 나지 않은 적이 있었고, 아침에 일어나면 꿈을 꾼 것을 생각나는 듯하다 사라지는 것처럼 창의성이 발현했을 때 순식간에 나타났다가 사라지고 다시는 생각나지 않는 것을 보면 의식 세계에서 용도가 다한 물건을 버리는 것처럼 창의성이 발현한 후에는 용도를 폐기할 수도 있다고 본다.

창의성 및 그 주변에 대하여 처음 종이에 글을 쓰기 시작한 2018년 말 전까지는 창의성이 여러 건 발현하였지만, 단 한 번도 메모한 적이 없다. 내가 선택한 방법은 소가 반추하듯이 반복하는 것이었다. 초심대로 이와 관련된 것에 대해 생각이나 상상을 반복하거나, 잡생각이나 잡다한 상상을 반복하는 것을 하루 중 3분의 1 이상을 이어가는 것이다. 그렇게 하다 보면 발현한 것을 잃었어도 약간은 보충돼서 재생되는 때도 있다. 다시 반추하므로 기억으로 저장하면 되는 것이다.

즉, 의식 세계가 요구한 것이 아닌 기억을 저장하거나 정리하거나 여행하면서 만들어지는 꿈은 저장이 안 되지만 의식 세계가 요구한 것을 융합한 것은 축적이 된다. 요구한 그것이 완성되어 의식 세계에 통보하게 되면 용도 폐기할 수도 있다고 본다. 창의성 발현에는 이 축적이 중요하다고 본다.

창의성을 발현할 수 있는 뇌의 상태를 만드는 것이 중요하다고 본다. 앞서 설명한 바와 같이 『일만 시간의 법칙』에서 훈련하고 또 훈련하기를 일만 시간을 해야만 최고의 기량이 나온다고 한 것처럼 뇌도 생각이나 상상을 반복해 뇌 활성화 상태를 오랫동안 이어가야 비중이 있는 창의성이 발현하고, 일만 시간도 초심을 잃지 않고 계속 이어가야 현상을 유지하거나 더 발전할 수 있는 것처럼 뇌도 마찬가지로 연속성을 유지해야 창의성이 계속 발현하고 얼마 지나지 않아 그 속도가 매우 빨라진다고 했었다. 그리고 앞에서 무언가 빠진 느낌이라는 것은 뇌가 융합된 결과물을 의식 세계에 어떻게 전달하느냐이다.

아이를 창의적 천재로 만드는 뇌의 비밀

■ 뇌가 융합된 결과물을 의식 세계에 어떻게 전달하나

- 뇌 활성화 상태에서 목적을 갖고 생각하고 또 생각하기를 그 결과가 나오기까지 계속한다면 늘 반복적으로 생각하던 공간을 이동하지 않더라도 그 출구는 그것을 생각하는 중 자연스럽게 의식 세계에 전달된다. 즉 생각하는 것이 출구이다.
- 뇌 활성화 상태에서 목적을 갖고 생각하기를 며칠을 하다가 중단하면 융합작용이 끝났더라도 그 출구가 막혀버렸으므로 그 공간이나 이동한 공간이나 관계없이 생각했던 그것을 인지하는 순간 그곳이 출구이므로 의식 세계에 바로 전달된다.
- 뇌 활성화 상태에서는 의식 세계에서 전체가 한 방향이지만, 의도하거나 특정한 목적도 없고 뚜렷한 주제도 없이 잡다한 생각이나 잡다한 상상이 또는 혼재된 상태로 반복을 거듭하여 융합이 완료된 것이 쌓이더라도 이것은 불특정한 것이므로 출구가 없다. 기억이 전기적 신호로 저장되는 것처럼 융합이 완료된 것도 전기적 신호로 저장되거나 임시로 저장되거나 수학적 공식처럼 저장되지 않나 앞서서 주장한 적이 있다. 의식 세계의 요청으로 뇌는 융합작용을 완료해 쌓아놓았으나 특정한 목적도 없었고 의도도 분명치 않으므로 출구를 외부적 자극으로 선택한 것이다. 잡다한이란 말이 의미하듯 잡다한 여러 개를 융합한 것이므로 이것을 담을 수 있는 말을 찾아야 하고, 그 말을 출구로 삼고, 그 말에 적합하도록 정리하거나 변형하기 위하여 하루라는 시간이 필요했던 것이다. 앞서 예를 모아본 것처럼 늘 반복적으로 생활하는 공간은 한정적이므로 적합한 말을 찾을 수 없으므로 다른 공간으로

이동했을 때 우연이든 아니든 적합한 말(외부적 자극)을 찾았을 때 외부적 자극이 있고, 주로 그다음 날 창의성이 발현한 것이다. 그래서 학자들은 이 창의성을 하늘에서 뚝 떨어진 것과 같다고 했다. 이 창의성은 비중이 비교적 크다. 외부적 자극이 있고, 그다음 날 잡생각이나 상상에 몰입하던 중에 그 자극 부분에 창의성이 발현한 것은 그 외부적 자극이 늘 반복적으로 생활을 하는 환경이 아닌 다른 환경에서 주로 일어난다. 그리고 그 출구는 외부적 자극이고 출구가 정해진 다음 날 의식 세계에 전달된다.

- 한 가지 행동을 무한 반복하는 중에 창의성(영적 체험) 발현. 종교에서 의식을 행하는 3,000배, 오체투지, 성지순례 등은 한 가지 행동을 무한 반복하는 중에 영적 체험이 이루어지므로 출구도 그 행위와 동시에 생각한 것이 출구이니 동시에 이루어진다.

■ 비중이 있는 창의성을 발현할 수 있는 상태에 이르게 하는 방법

이 항목은 최근에 검토 후 추가로 적는 것이다. 그동안 전문적인 훈련을 통해 역량을 쌓는 방법에 대한 의문이 있었으나 입증하기가 어려웠던 게 사실이다.

아이를 창의적 천재로 만드는 뇌의 비밀

① 전문적인 훈련을 통해 역량을 쌓는 방법

아직 앤더슨의 『일만 시간의 법칙』이나 창의성 전문가들이 말하는 정확한 창의성에 대한 생각을 알 수는 없으나, 대체로 10년 이상 전문적인 훈련을 통해 역량을 쌓았을 때 비중이 있는 창의성을 발현할 수 있다고 하는 것 같다.

현재 운동선수나 바둑인, 예능인 등 10년 이상 전문적인 훈련으로 역량을 쌓은 이는 수없이 많은데 비중이 있는 창의성을 발현하는 이는 극소수인 것을 알 수 있다. 그 문제점이 플러스 알파로 해결될 수 있다고 보았고 그 원인을 정확히 알 수 없었다.

전문적이란 말은 전문가의 조언하에 이루어지는 것을 뜻한다고 본다. 전문가의 조언하에 훈련을 거듭하여 역량을 쌓는다면 초기에는 역량이 급속도로 쌓이는 것은 사실이다. 그러나 어느 지점에 오면 한계에 오는 경우가 많게 된다.

전문가의 조언이란 전문가의 시각에 한계가 있고, 목표가 정해져 있으므로 생각이나 상상을 할 공간도 상대적으로 좁으며, 강의식 수업처럼 편리함이 존재하므로 생각이나 상상을 할 공간은 더욱 좁아진다. 즉, 부분적으로 목표가 정해져 있고 그 목표에 빨리 도달할 수 있는 편리한 방법도 이미 주어져 있으므로 생각이나 상상을 할 공간은 좁을 수밖에 없으며 경우의 수도 적게 발생할 수밖에 없다. 이것이 습관이 되어 계속 쌓여가므로 어느 시점에 가면 한계에 부딪히고 마는 것이다. 뇌는 목표하는 바를 이루게 되면 더는 진행하지 않을 확률이 높아지게 된다. 그러므로 전문가의 조언하에 훈련을 거듭하는 것은 강의식 수업과 흡사하다.

자율성이란 말이 있다. 전문가는 한번 방법을 제시하면 더는 간섭하면 안 된다. 즉, 스스로 그 방법에 이르는 길을 찾아야 하고 스스로 노력하면서 훈련하는 방법도 익혀야 한다. 처음에는 그 역량의 증가가 상당히 더디게 진행되지만, 생각이나 상상을 반복하는 공간은 넓어지고 경우의 수도 증가한다. 무엇보다도 스스로 역경을 이겨냄으로써 자존감도 생기고 추진 원동력도 된다.

전문가는 단계마다 방법을 제시하면 되고 그 훈련하는 방법이 크게 벗어나지 않았다면 간섭해서는 안 된다. 이것은 장기적인 경주이고 일정한 기간이 지나면 그 역량이 폭발적으로 증가하거나 비중이 있는 창의성을 발현할 수 있는 상태가 되는 것이다.

즉, 초기나 중도의 역량의 차이는 크게 문제 되지 않는다. 오히려 초기나 중도에 역량이 뛰어나면 독이 될 수 있다. 영재나 신동이 성인이 되었을 때 영재성이나 신동성이 남아 있을 확률이 낮은 것을 생각하면 알 수 있을 것이다.

그리고 유아기나 어릴 적에는 기능, 재능이나 영재성이 형성되는 시기이고 연속성이 있을 때 효율성이 크므로 그 기간은 십수 년 이상 걸린다고 봐야 한다.

② 스스로 생각이나 상상을 반복하면서 역량을 쌓는 경우

이 경우는 유아기나 어릴 적에 어느 한쪽 분야에 많이 노출되면서 시작되고, 그 시기는 스펀지가 물을 빨아들이는 것과 같이 역량이 급속도로 쌓일 확률이 높다.

아이를 창의적 천재로 만드는 뇌의 비밀

영재나 신동이라 하는 이들은 보통 5~8세 사이에 나타난다. 이렇게 불리는 이들은 세상에서 인정해주는 노래, 춤, 예술적 재능, 운동 등의 재능 또는 영재성일 경우이다. 이들은 세상에 선보이는 횟수가 많아지면서 목적하는 측면을 이룬 측면도 있고, 초심을 잃어버리면서 서서히 그 재능이나 영재성이 더는 진행되지 않을 확률이 높아진다.

◇ 자신의 방법으로 훈련하면서 재능을 키우는 고등학생

재능이나 영재성의 역량이 뛰어나지만, 세상에서 인정해주지 않는 분야에 있는 이들도 있다. 이 경우에는 부모가 보더라도 세상에 선보일 수 있는 것이 아니므로, 그리고 그쪽 분야는 성인이 되었을 때 크게 성공할 수 있는 것이 아니므로 좀 별나다고 취급하게 된다.

그러나 아이로서는 유아기나 어릴 적에 많은 노출로 인해 이미 뇌에 자리 잡았고 습관이 되어 있는 상태이므로 유치원이나 학교에 들어가서도 이 습관을 계속 유지하는 이들도 있다. 즉, 스스로 생각이나 상상을 반복하고, 자신의 방법으로 훈련하면서 재능의 역량을 일정 기간 쌓는 이들이다.

한가지 예를 들어보자. '세상에 이런 일이'라는 방송 프로그램이 있다. 출연진 중에 고등학교 2~3학년인 것 같다. 상상 속의 우주선이나 우주 함선을 그리는데, 표현하기가 모호한데도 볼펜으로 수많은 선이나 부품 같은 모양을 가득 채워 그리는데 전체적으로도 연결이 되고 부분적으로도 뜻이 있다. 문제는 복잡한 것은 4~5시간이 걸리는데 처음부터 쉬지 않고 한 번도 고친 적이 없다는 것이다.

다른 학생이 한 명 더 있는데 그 학생도 우주선이나 함선을 그렸고 앞의 학생과 같았다. 전문가들도 그들의 상상력에 놀랐고 칭찬을 아끼지 않았다. 나중 학생은 뇌파 검사를 하였는데 명상파가 명상할 때보다 훨씬 높게 나왔고 각성파도 높게 나왔는데 그 이유를 설명하지는 못했다. 이들이 7~8세 때 로보트를 그린 그림이 있다. 안에 부품을 그려 넣었는데 둘 다 그 나이에 비교해 잘 그렸지만 어설펐다. 이를 미루어 추정해보면 스스로 생각이나 상상을 반복하면서 자신의 방법으로 역량을 쌓아온 것이다.

이들은 우주인과 교류하고 있고 우주인이 가르쳐준다고 했다. 마치 수학자 라마누잔이 그를 도운 영국의 학자가 그러한 재능이 어디서 나오는지 물었을 때 신이 가르쳐준다고 한 내용을 방송 영화에서 본 것이 떠오른다. 그들은 지금의 자신의 뇌 상태를 알 수 없기에 그렇게 말한 것 같다.

생각하거나 상상을 반복하면서 재능의 역량을 쌓아가는 것을 습관화하여 일정한 기간 이어가면 비중이 있는 창의성을 발현할 수 있는 상태에 이르고 그 후에도 초심을 계속 이어가다 보면 '경우의 수'가 폭발적으로 증가할 수 있고 이를 조절할 수 있게 된다. 물론 이때도 초심을 잃게 되면 그러한 기능은 서서히 사라진다.

뇌 활성을 살펴보면 소극적 활성, 중극적 활성, 적극적 활성으로 나눌 수 있다고 본다. '경우의 수'가 폭발적으로 증가한다는 것은 적극적 활성을 할 때라고 본다. 뇌를 단련해왔기 때문에 뇌 에너지를 더 사용하지 않아도 적극적 활성이 가능해진다고 본다.

위에서 살펴본 것과 같이 스스로 생각이나 상상을 반복하면서 자신의 방법으로 재능의 역량을 쌓으면 가장 이른 시기에 비중이 있는 창의성을 발현할 수 있는 상태에 도달할 수 있고 그 후에도 초심을 잃지 않고 계속 이어가면 적극적 활성이 이루어지고, 그리고 그 후로도 초심을 계속 이어가면 가칭 '생각하는 뇌의 문이 열린다'라는 수준에 이를 수 있다.

하지만, 앞에서 살펴본 바와 같이 대부분 유아기나 어릴 적에 형성되므로 그 재능이나 영재성이 세상의 관심 분야라면 초심을 이어가기가 매우 어렵고, 설사 그 후 전문적인 훈련을 받더라도 그것은 초심을 이어가는 것이 아니므로 성인이 되었을 때 대부분 영재성이 사라질 확률이 높게 된다. 앞에서 예를 든 이들도 세상에서 인정받게 되면 초심을 이어가기가 어려우므로 뇌의 방향을 더는 진행하기 어려워진다.

그리고 요즈음은 각종 매체 등을 통해 유아기나 어릴 적에 많은 노출로 인해 스스로 생각하거나 상상을 반복하고 재능을 훈련하면서 역량을 쌓아가는 경우가 많이 있지만, 옛날에는 주위 환경을 스스로 관찰하면서 재능의 역량을 쌓은 경우가 대부분이다. 자폐증 아이의 뛰어난 연산 능력도 '경우의 수'가 폭발적으로 증가한 것이고, 이들은 상대적으로 이러한 수준에 이를 확률이 높다.

③ 잡다한 생각이나 상상을 반복하고 이를 습관화하여 계속 이어가는 경우

잡다한 생각이나 상상을 반복하고 이를 습관화하여 계속 이어가다가 비중이 있는 창의성이 발현할 수 있는 상태에 도달할 수 있다고 하면 놀라는 이가 많을 것으로 본다.

의사들이나 학자들은 잡생각이나 잡다한 상상을 하지 말라고 한 것으로 알고 있다. 나는 오직 잡다한 생각이나 상상을 반복하고 이어가다가 비중이 있는 창의성을 2건 발현하였고, 그중 한 건이 창의성에 대한 창의성이 발현한 것이었다. 그 뒤로도 잡생각이나 상상을 반복하는 것을 10년 넘게 이어가면서 어쩌다 한 번씩 창의성에 관련된 것이나 뇌에 관련된 지식을 방송이나 신문을 통해 습득한 것이 다지만, 그 역량은 비대해져가는 느낌이 든다. 그리고 이 책을 통해 그것에 관한 글을 쓰고 있는 것이다.

잡생각이나 상상은 크게 2가지 종류로 분류할 수 있다. 근심이나 걱정 등 비관적인 생각을 하는 경우와, 주위 환경이 별로지만 희망적인 요소가 있어서 긍정적인 생각을 하는 경우다.

과학자들은 생각을 거듭하면 뇌 활성(중극적 활성)이 일어나고 뇌 에너지도 5%를 더 사용하여 25%를 사용한다고 한 것으로 알고 있다. 전자의 경우는 불안감이나 존재감을 상실해가는 과정에서 주로 하게 되는데 이것도 뇌 활성이 되므로 그 주위 환경이 변하지 않으면 일종의 중독성이 있으며 심해지면 불면증이나 정신분열 또는 우울증으로 발전할 가능성이 크고, 나이가 들었을 때 이런 상태가 되면 치매로 발전할 가능성이 크다.

그러므로 뇌 활성을 계속 유지할 수 있으나 일정한 기간 지속할 수 없으므로 비중이 있는 창의성을 발현할 수 있는 상태에 도달할 수 없다. 이러한 현상을 막기 위해서는 주위 환경을 바꾸어주는 것이 좋은 방법이라고 본다.

후자의 경우는 말 그대로 소위 쓸데없는 것이라 말하는 지식수준이나 경험이 하찮은 것일 때가 많다. 사람은 혼자 있게 되면 그 시간을 보내기 위해 TV, 만화책, 책, 요즈음은 스마트폰을 가지고 놀면서 시간을 보내거나, 또는 잡생각이나 상상을 하면서 시간을 보낸다. 그리고 성격이 외향적이라면 영화를 보러 가거나 친구를 만나러 가는 등 에너지를 밖으로 발산하려 할 것이다.

잡생각이나 잡다한 생각을 반복하고 이것을 습관화하여 계속 이어 가는 것은 주위 환경과 밀접한 관계를 맺고 있으므로 비중이 있는 창 의성을 발현할 수 있는 상태에 도달하기가 매우 힘들다. 습관화하는 것은 유아기나 어릴 적에 형성하는 것이 매우 유리하므로 잡다한 생 각이나 상상도 이때 형성된다고 보며, 요즈음은 각종 매체의 발달로 스스로 생각이나 상상을 반복하면서 재능의 역량을 쌓은 것이 훨씬 유리하게 됐다.

옛날에는 혼자 있을 때 현재처럼 주위에 관심을 끌 수 있는 것이 상 대적으로 적어 잡생각이나 상상을 하는 데는 유리했다. 옛날에는 처 음에는 잡생각이나 상상을 하다가 차츰 주위 환경에 관심을 기울이 면서 관찰하거나 스스로 재능의 역량을 쌓아 비중이 있는 창의성을 발현할 수 있는 상태에 도달하기도 했다. 그 대표적인 이는 에디슨이 나 레오나르도 다빈치가 있다 하겠다.

이 경우에도 주위 환경과 밀접한 관계를 맺고 있다고 본다. 즉, 열악 한 환경이지만 희망이 같이 상존하여야 하며 혼자 있는 시간이 있어 야 하고 그 환경이 오랫동안 지속되어야 한다.

그리고 주위 환경을 관찰하거나 재능의 역량을 쌓지 않고 오직 잡 생각이나 상상을 반복하는 것을 오랫동안 지속하는 경우이다. 이 경 우는 특히 주위 환경과 매우 밀접한 관계를 맺고 있는데, 열악한 환경 이나 희망이 같이 상존하고 있거나 혼자 있는 시간이 있는 등 스스로 재능의 역량을 쌓는 경우와 같다. 그러나 살다 보면 주위 환경이 수시 로 변하고, 상대적으로 어떤 목표의식이나 의도가 약해지므로 열악한 환경이 개선되거나 바빠지게 되면 잡다한 생각이나 상상을 반복할 수 있는 공간이 점점 적어진다. 그리고 이 경우 의식 세계에서 역량의 증가를 느낄 수 있는 것은 아무것도 없다.

이 경우에도 두 가지 형식으로 나타나는데 잡다한 생각이나 상상을 반복하는 것이 습관이 되어 오랫동안 이어가다 보면 창의성 발현이나 영감이 떠오른 후 재능이나 소질의 역량을 쌓는 경우와, 잡다한 생각이나 상상을 반복하는 것이 습관이 되어 오랫동안 이어가다 보면 어느 한두 방향으로 생각이나 상상을 반복하는 것을 1~3년 이어가다 보면 비중이 있는 창의성을 발현하는 경우이다.

전자의 경우는 가정주부가 어느 날 영감을 얻어 주방이나 가정에서 쓰는 물건을 개발하거나 '세상에 이런 일이'에 나오는 사람 중에 특히 자영업에 종사하는 사람 중에 자기가 하는 일의 찌꺼기나 부품을 이용하여 예술 작품을 만들기 시작하면서 역량을 쌓는 이들로서 이들은 전에 예술에 대해 배운 적이 없다 한 이들이다.

후자의 경우는 비중이 있는 창의성을 발현하게 되는데 주로 정신적인 영역에서 발현하며, 잡생각이나 상상이 어떤 목적이나 의도에 의해 이루어진 것이 아니라 주위 환경에 적용하기 위한 것이 특징이다.

비중이 있는 창의성을 발현할 수 있는 상태에 도달하는 방법이 더 있는지는 모르겠지만, 비중이 있는 창의성을 발현하였거나 그 상태에 도달하였다고 해서 뇌의 진행 방향이 완성되는 것은 아니다. 특히 목적의식이 있거나 의도에 의해 그러한 상태에 도달하였다면, 말 그대로 목표한 바나 의도한 것이 이루어졌으므로 주위 환경의 변화로 인해 뇌의 방향이 더는 진행되지 않거나 서서히 퇴화한다. 즉, 뇌의 방향이 계속 진행되려면 비중이 있는 창의성을 발현할 수 있는 상태에 도달하였더라도 그 초심을 계속 이어가야 하며, 경우의 수가 폭발적으로 증가하는 적극적 활성이 되도록 하여야 한다. 그리고 그 후에도 초심을 계속 이어가면 가칭 '생각하는 뇌의 문이 열린다'가 되는 것이다. 물론 이때도 초심을 계속 이어가야 퇴화하지 않는다. 아리스토텔레스나 레오나르도 다빈치는 이 단계에 이르렀다고 본다.

그리고 경우의 수가 폭발적으로 증가하는 단계에 이르면 다른 영역으로의 전환이 매우 빨리 이루어진다. 뇌 활성을 축적하거나 단련함으로써 적극적 활성을 하더라도 뇌 에너지를 더 사용하지 않고 가능하게 만드는 것이 뇌의 비밀이다.

12. 남다른 생각

■ 아니라고 말하는 것

"세상사에 대하여 NO라고 하라"라는 말이 기억난다. 세상사에 대하여 다른 생각을 하거나 "노오!"라고 말하는 것은 결코 쉬운 일이 아니다. 사실 세상 사람들과 다르게 살아가는 것이 다른 생각을 하기에 유리한 환경인 것 같다. 난 남들과 다른 생각을 하며 살아왔다. 그리고 일상의 일들에 대하여 말할 때마다 다른 사람과 차이가 있었다. 그것이 쌓여 창의적인 상상으로 점점 승화되어갔다.

내가 세상에 대하여 남다른 생각을 해온 것은 거의 25년쯤 된다. 아니, 어쩌면 그 이전부터 다른 생각을 해왔는지 모르겠다.

일상의 일들에 대해 아니라고 말할 때마다 새로운 생각이 떠올랐다. 잡다한 생각이나 상상을 어린 시절부터 지금까지 기회 있을 때마다 조금씩 반복해왔다. 이러다 보니 현재는 일과 상상을 동시에 하는 것이 습관이 되었다. 고승이 동굴에서 도를 닦고 수도사가 외진 곳에

아이를 창의적 천재로 만드는 뇌의 비밀

서 수행하는 것처럼 지금의 내 일 또한 늘 반복적으로 이루어지므로 나의 일터 또한 일하면서 동시에 창의적인 상상을 반복하는 공간이 되었다. 일을 하면서도 정신적인 영역에 있어서 정진할 수 있게 된 것은 생활의 달인들이 수십 년 동안 한 가지 일을 반복한 경우와 같다.

■ 다른 생각에는 남다른 삶이 있었다

나는 보통 사람과 다른 인생을 선택했다. 창의성의 발달이라는 측면에서 볼 때는 다행이라 생각한다. 만약 일반인들처럼 결혼하여 정상적인 가정을 이루었다면, 사회생활에서도 하는 일이 잘되고 부와 명예까지 누리며 편리한 생활을 영위하고 있다면 내가 세상일에 대해 다른 생각을 할 수 있었을까? 아니라고 본다. 성직자들이 척박한 곳에 교회를 짓고 오랜 기간 수행하는 이유도 그렇고 고승들이 외지고 척박한 동굴 같은 곳에서 명상이나 참선을 오랜 기간 수행하는 이유 역시 진리를 추구할 수 있는 환경이 필요해서이다.

창의성의 발현을 위한 삶은 외롭고 고달픈 길이다. 모든 사람들과 어울려 사는 길은 창의성의 환경이 아니라고 본다. 만약 정상적인 가정을 이루고 다른 이들과 같이 어울려 살아가면서 직장에서 승진을 위해 노력하고, 사업을 하며 돈을 벌기 위해 노력하고, 아이들 교육이나 가정의 평화를 위해 애쓰며 살아가는 가정주부처럼 세상의 성공에 몰두했다면 다른 생각을 하거나 진리를 추구하기가 쉽지 않다. 그 이유는 여러 가지 있겠지만 창의적인 인간이라 할지라도 권력과 명예 그리고 부가 따르고 일상의 편리함을 많이 이용하다 보면 창의성의 영감이 점점 사라지기 때문이다. 남다른 생각을 위해서는 힘들지만 열악한 환경과 외롭고 고달픈 삶이 더 나아 보인다.

인류가 문명을 연 이후 수많은 철학자나 사상가들은 삶의 도리나 이상을 이야기하였고, 선지자들은 종교와 경전을 만들었다. 현재의 석학들도 세상사에 대해 논하고 있는 현실에서 철학에 대한 책을 읽거나 공부를 한 적이 없는 야인인 내가 생각과 상상만으로 다른 생각을 한다는 것은 쉽지 않았다. 당연히 논리적으로도 많이 부족하다. 상상만으로 세상사에 대해 깊게 파고들거나 세심하게 논하는 것은 분명 한계가 있다. 나의 문제는 상상을 반복하더라도 이론적 확장성이 없고 항상 벽에 부딪힌다는 것이다. 이는 메이커 교육에서처럼 직접 만들어보거나 행동하는 실행력이 없기 때문이라는 것을 최근에야 알게 됐다. 그래도 나의 상상은 이어졌다.

인간은 환경의 동물이라 했듯이 지금 내가 할 수 있는 일은 낮에 일하는 것 빼고 어쩌다 한번 밤이나 새벽에 이 글을 쓰는 것이 유일한 낙이다. 낮에는 일하며 상상 속에 잠기고 밤에는 그 생각을 글로 정리한다. 나는 어쩌다 동생이 운영하는 공예품 제작소에서 공예품을 만드는 일에 뛰어들었고 이 일에 종사한 지 어느덧 40년이 되었다. 매우 열악한 환경이지만 나는 일요일도 없이 묵묵히 일한다. 그렇게 해도 생활 형편이 좋아지지 않아 일견 남들이 보면 비웃을 수도 있지만, 나는 생활이 나아지는 것을 크게 바라지도 않는다. 이는 상상 속에서 창의적인 생각을 이어가는 행복함 때문인가 한다.

아이를 창의적 천재로 만드는 뇌의 비밀

■ 상상의 대상을 확장해보다

2009년 초 같은 업종에 종사하는 친구의 소개로 한국 과학기술대학교의 전통공예 1년 코스에 입학했다. 반 인원은 30명이었는데 그들이 생업으로 하는 공예 분야가 매우 다양하고 스펙도 무척 화려해서 놀랐다. 목각 공예품에 종사하는 나는 우물 안 개구리였음을 알게 되었다. 이 학교에 들어간 것은 내 생각이 변하는 데 무척 중요한 계기가 되었다. 그동안 한정된 공간에서 하찮고 잡다한 상상을 반복하다가 오랜만에 외출을 하니 자동으로 생각이나 상상의 대상도 바뀌었다. 침체해가는 공예산업을 살리기 위해서는 동기들과 졸업생을 합한 150명과 합심하면 돌파구가 있다고 보고 그에 대한 생각이나 상상을 반복했다.

'어떻게 하면 침체된 공예품 분야를 더 활성화할 수 있을까?'

'일반인들이 좋아하는 공예품들의 분야를 개발하려면 무엇부터 해야 할까?'

'이 화려한 스펙들로 무엇을 하면 우리 공예품이 세계적인 예술로 승화할 수 있을까?'

물론 공예가들끼리 합심하는 방법에 대해서 어떤 특별한 의도나 목표가 있기보다는 그들을 만나면서 다른 생각이 자연스럽게 형성되었으며, 다른 부분도 아무런 의도나 목표도 없이 그전에도 늘 해왔듯이 그냥 일의 고달픔이나 지루함을 달래기 위한 것이었다. 단지 일의 지루함이나 고달픔을 잊기 위한 것이다 보니 도중에 궁금한 것이 있더라도 일하는 중이라 못 했고, 나중이라도 관련된 내용을 찾아본 적이 없고 그저 내가 알고 있던 상식 내에서만 생각이나 상상을 반복했다.

그리고 한 가지를 몇 시간씩 계속 생각이나 상상을 한 적은 별로 없으며 일의 성질과 숫자에 따라 그때그때 생각이나 상상이 일어나는 대로 틈틈이 생각했다. 대개 하루 중 3~4시간은 한 것 같다.

예를 들어 이런 주제에 대해서 생각하고 생각했다.

'세종대왕은 어떻게 명군이 될 수 있었을까.'

'이순신은 어떻게 23전 23승, 전승할 수 있었을까?'

'에디슨은 어떻게 수많은 발명품을 남겼을까?'

'교회에서 손뼉 치고 큰 소리로 찬송가를 따라 부르면 방언이 잘 터지는 이유는 무엇인가?'

'아멘이나 주기도문을 반복하는 이유는?'

'절에서 3,000배는 왜 할까?'

'힘들고 고달픈 오체투지는 왜 할까?'

'나무아미타불 관세음보살 진언은 왜 긴 시간 반복할까?'

이런 상상은 실생활과 동떨어진 질문이라 할 수 있지만 어찌 보면 삶의 기본을 알아가는 방향이다. 힘들고 지루한 생업 중에 일하면서 동시에 상상을 반복했다. 손은 손대로 움직이고 머리는 생각에 빠져 있다고나 할까.

이 문제에 대해 생각하고 또 생각하던 2년째 합심하는 방법에 대해 이전보다 훨씬 비중이 있는 창의성이 발현하였다. 그다음 해에 한국 경제 신문에서 공예 아카데미 6개월 코스 강의를 듣던 중 하루는 한 강사님이 혁신과 창의성에 대해 강의하였다. 늘 그렇듯이 감흥이 가는 내용은 없었는데 다음 날 상상을 몰입하던 중에 갑자기 혁신과 창의성에 대해 학자들이 말한 것처럼 '하늘에서 뚝 떨어진 것과 같은' 비중 있는 창의성이 발현하였다. 전에 생각이나 상상을 해왔던 것과 궁극적으로는 관련이 있지만, 전혀 뜻밖에 나타난 혁신성과 창의성은 곤충이 우화하는 것과 같다. 그리고 그 이유 5가지가 잡다한 생각이나 상상 중에 갑자기 떠올랐다가 사라졌다.

나는 혁신과 창의성에 대한 공부는 물론 관련 도서를 읽은 적이 없음에도 혁신적인 창의성이 발현되었다. 손과 눈은 일하지만, 동시에 생각이나 상상은 얼마든지 가능하다. 점차 깊은 몰입으로 창의적인 상상 속으로 들어갔다. 예를 들면 '세종대왕은 어떻게 명군이 되었을까?' 먼저 상식으로 알고 있는 것을 총동원하여 상상을 이어가보았다.

■ 세종대왕은 어떻게 성군이 되었을까?

'세종대왕의 아버지 태종 이방원은 이복형들을 죽이고 그의 아버지 이성계마저 권좌에서 내쫓았다. 거기에다 왕권을 강화하기 위해 수많은 공신들을 이런저런 이유로 죽인 분이다. 게다가 세종은 위로 양녕대군과 효령대군 두 분의 형님이 계셨으니 당연히 왕의 자리가 자신의 몫이 아님을 잘 알고 있었을 것이다. 당시 다음 왕위 계승자인 세자는 양녕대군이었다. 이런 상황 속에서 세종대왕은 어린 시절을 어떻게 보냈을까? 세종은 이러한 주위 환경을 감내하기가 쉽지 않았을 것이다. 이런 정신적 고통에서 그가 피난처로 삼은 것이 책이었고,

독서에 몰입하며 고통을 잊을 수 있었을 것이다. 또, 책에는 생각이나 상상을 반복할 수 있는 소재가 풍부하므로 자연스럽게 생각이나 상상을 반복하는 습관이 형성되었으리라.'

나는 이런 식으로 상상을 이어간다. 한번 생각에 빠진 다음 날은 약간 다른 생각이 올라오곤 한다. 물론 나만의 이야기다. 앞서 예를 든 다른 것들도 다 비슷하다. 날이 지날수록 한 생각에 덧붙인 다른 생각이 떠올랐다. 겉으로 보기에는 단지 일하면서 지루함이나 고통을 잊기 위함이므로 상상을 반복하더라도 확장성은 별로 없지만, 그것은 전혀 문제가 되지 않았다. 한 주제를 들고 며칠간 상상에 빠져 있다가 어떤 날은 뚜렷한 주제 없이 잡다한 것들을 상상하기도 했다. 어떤 날은 여러 가지 주제를 두고 상상했고 한 가지 주제를 여러 번 반복하여 생각한 적도 있다.

세종 등 앞서 예를 든 다른 것들을 반복한 '창의 상상' 여러 건이 융합하여 축적되었고 여기에 외부 자극(혁신성과 창의성)을 받아서 변형하여야 하는 과정이 더해졌다. 대개 하루가 지난 뒤 기존 창의성에 대한 새로운 창의성이 발현했다(11장 「창의성 발현의 종류」 중 '창의성 발현의 형태' 항목 참조). 창의성에 대한 창의성이 발현한 이후 이 둘을 비교하고 분석해가면서 왜 그런 현상이 나왔는지 역추적하다 보니 자연스럽게 창의성 및 그 주변에 대해 많은 것을 알게 되었다.

■ 3일만 생각하고 또 생각하면 누구나 창의인재가 된다

2017년 4월, EBS '통찰'이라는 프로그램에서 방영하였던 모 교수님의 강의에서 새로운 걸 알게 되었다. "1초도 쉬지 않고 생각하고 또 생각하기를 3일 동안 계속하게 되면 누구나 창의적인 사람으로 변할 수 있다." 놀라운 팁을 얻고 처음에는 무엇을 훔쳐 먹다 들킨 사람처럼 당황스러웠다. 다시 4번 정도 반복해서 시청하다 보니 내가 본래 생각하고 있던 창의성에 관련된 내용들을 약간이나마 이론적으로 정립할 수 있어 감사하다.

창의성이 발현하는 형태는 여러 가지가 있다. 모 교수님은 생각을 반복했을 때 창의성을 발현하는 경우를 강의하였는데 내가 생각하는 것과 다른 부분도 여러 곳 보였다. 이 강의는 2016년 말에 브라질의 한 연구원생이 신경세포가 증식하는 것을 발견했다는 신문기사 다음으로 창의성에 대한 전문 지식이다. 그 뒤로 '명견만리', '세상을 바꾸는 15분' 등 교육이나 창의성과 관련된 프로그램을 어쩌다 한 번씩 보는데 본 것에 창의 상상을 반복하지 않더라도 얼마간의 시간이 지나면 본 것의 전문 지식이 극히 미미한 경우에도 그 부분에 대한 장단점이나 새로운 생각이 나타났다.

예를 들면 나만의 창의적인 상상은 이렇다. 내 상상의 재료가 된 창의성 교육, 메이커 교육, 융합 교육 등은 수박 겉핥기식으로 방송을 통해 본 것뿐이다. 이 분야에 대한 전문 지식은 극히 미미하다. 결론적으로 말하자면 지금까지 배운 지식을 응용해서 스스로 문제를 풀거나, 스스로 생각하고 그것을 만들어보기, 그리고 창의성 교육과 메이커 교육, 토론식 교육을 합한 융합 교육 등은 분명 뇌가 활성화되는 교육이 맞다. 하지만 현재의 이런 교육들을 통해서 스티븐 호킹, 베토벤, 에디슨, 아인슈타인, 뉴턴, 레오나르도 다빈치와 같은 뛰어난 인재를 양성하기에는 부족해 보인다.

■ 두뇌를 활성화하는 창의성 교육의 조건

이런 교육들을 통해 비중이 낮은 창의성을 발현하는 데는 문제점이 없지만 효율적인 창의성 교육을 위해서는 몇 가지 조건이 더 설정되어야 한다.

- 현재의 창의성 교육환경에는 안으로 갈무리하는 환경이 설정되지 않았다.
- 느리고 반복적으로 해야 하므로 한두 과목 이상은 수행이 힘든 면이 있다.
- 정답을 구하는 교육이 아닌 축적을 목표로 하여야 한다.
- 어릴 적에 습관이 되어 있지 않으면 정착하는 데 시간이 걸린다.

이러한 여러 문제점이 있으므로 여러 면을 고려한 뒤 시행해야 한다고 본다.

아이를 창의적 천재로 만드는 뇌의 비밀

■ 천재는 어떻게 만들어지는가

위대한 과학자나 철학자들과 이집트의 천재들, 지하 수로를 설계한 수메르인, 그리스의 철학자들, 중국의 공자와 맹자 등등, 나스카 문명의 사막에 도형물을 그린 천재, 잉카문명과 마야 문명의 천문학자들과 수학자들은 어떻게 철기문화가 없음에도 돌로 성곽을 쌓는 축성술이 가능했을까? 현대에도 규명이 안 되는 비료인 아마존 흙탄의 발명가, 불교, 기독교, 이슬람교 등의 선지자들, 고대의 수많은 천재는 위 교육제도가 없을 때 탄생했다. 위 교육제도와 비슷한 교육을 받았다는 근거는 어디에서도 찾을 수 없다. 어떤 사람들은 이집트의 피라미드, 잉카와 마야 문명의 피라미드, 그리고 별자리, 나스카 문명의 도형물을 예로 들며 우주인이 지구에 내려와 가르쳤다고 한다.

과연 천재는 어떻게 형성되고 그 천재성은 평생 유지될까?

과학자들은 천재성이 유전되지 않는다고 했고, 아인슈타인이나 뉴턴 등의 자손이 선친과 같이 뛰어난 천재라고는 어디에서도 들은 적이 없으므로 나도 그렇게 생각한다. 그렇다면 어머니 배 속에서나 과학자들이 말한 2~5세에 뇌의 발달 방향이 정해진다는 말은 맞는가? 그때 천재성이 결정되는 것일까? 나는 2~5세에 뇌의 방향이 정해진다는 말에 동의하기가 매우 어렵다. 이런 의문들로부터 시작해보자.

■ 뇌의 발달 방향에 대한 의문들

- 인간이나 동물은 태어나는 순간부터 세상이 시작되고 또 치열하게 배우기 시작하는 것이 아닌가?
- 성인이 되거나 나이가 들어서도 뇌가 계속 발전할 수 있다는 것은 뇌의 발달 방향도 얼마든지 바꿀 수 있다는 뜻이 아닐까?
- 영재나 신동이 성인이 된 이후까지 영재성이 남아 있는 이유는 무엇인가?
- 신동들이 더 이상 발전하지 못하는 이유는 무엇인가?
- 천재적인 예술가들이 중도에 방황하다가 다시 천재성을 발휘하는 이유는 무엇인가?
- 초식동물의 경우 태어나는 순간부터 일어서려고 노력하고, 1~2시간 후에는 달리기를 연습하는데 이것을 전부 본능으로만 설명할 수 있을까?
- 어미의 배 속에 있을 때 위기에 처한 어미가 달리는 것에 뇌가 자극받거나 어미와 교감을 통해 학습하도록 유전되어온 것은 아닐까?
- 조류의 경우 포란 중에 부모가 아닌 사람과 교감을 나누면 알에서 깨어나 사람을 부모로 알고 따르는 새의 종류가 너무 많지 않은가?
- 임신 중에 엄마하고 태아가 전기적 신호로 교감을 나누는 걸로 알고 있는데 이것은 무엇을 의미할까?

인간과 동물의 뇌에 용량의 차이는 있을 수 있지만, 뇌 체계는 비슷

아이를 창의적 천재로 만드는 뇌의 비밀

하다. 임신 중에 어미와 새끼가 은연중에 신체를 형성하거나 생명을 유지하는 데 필요한 것들에 대해 교감을 나누는 것인지 생각해봐야 한다. 과학자들은 태어나는 순간 뇌 신경세포가 비어 있는 것을 발견하였다고 주장한다. 하지만 그때의 뇌 신경세포의 수가 전부 똑같은 것인지, 또는 뇌 용량이 전부 같은지, 한 개의 뇌 신경세포의 크기나 질량은 다른 뇌 신경세포하고 다 같은지, 아니면 다른 아이들과 똑같은지 생각해 봐야 한다.

■ 엄마와 전기적 신호로 교감하는 태아

우리의 몸은 자연의 소재로 이루어졌고, 우리 몸의 중추 역할을 하는 뇌는 태어날 때 최적화되었다고 본다. 조류의 예를 보더라도 엄마의 배 속에서와 같은 역할을 하는 알에서 교감을 나누면서 깨어날 때를 준비하고, 초식동물 같은 경우는 태어날 때 이미 활동하도록 설계되어 있는데 만물의 영장이라고 하는 인간의 엄마 배 속에서의 긴 시간 열 달을 인체 형성에만 시간을 보낸다는 것은 너무 형평성이 맞지 않는 느낌이 든다. 역시 엄마와 태아는 다양한 정보를 무의식적으로 주고받지 않을까?

또 한 가지, 인간은 태어나서 1살 동안 말을 배우기 전에 너무 많은 것을 배우는데 이것은 사색이 없다면 불가능하다. 이때 이미 습관들이 형성되고 정착되어가는 시기라고 보며, 이것 또한 생각이나 상상이 없다면 불가능하다고 본다. 기억이나 경험이 전기적 신호로 저장된다.

다시 말하면 1살 때는 아직 말을 배우기 이전이지만, 전기적 신호로 얼마든지 사색이 가능하다. 엄마의 배 속에서 교감도 전기적 신호로 이루어진다. 1살 때도 태아의 연장선에 있다고 볼 수 있다. 말을 배우기 시작하는 2살 때부터 관찰과 사색으로 들은 단어를 입의 말로 옮기기 시작한다. 뇌 과학자들이 밝혀냈듯이 태어나는 순간에는 뇌가 비어 있으므로 처음 습득하는 지식이나 경험이 제일 중요하다. 이것이 확실하게 자리 잡는 것이 5세까지라고 한다(10장 「한 살의 기적」 참고).

즉 1~5세 시기는 뇌의 방향 설정에 결정적인 역할을 한다. 그때 뇌의 방향에 설정된 것은 성인이 되어서까지 영향을 미친다. 말을 배우기 전이지만, 사색이 전기적 신호로 이루어진다. 그렇다면 어머니 배 속에서 태아 시절에도 어느 정도 영향을 준다고 볼 수 있고 5세까지가 뇌의 방향에 결정적인 역할을 한다고 보는 것이 타당하다. 즉, 말을 배우기 전인 한 살 때는 전기적 신호로 사색이 이루어지다가 말을 배우기 시작하는 두 살 때부터 의식 세계에서 한편으로는 사색이 말로 서서히 표현되고, 다른 한편으로는 기억이 전기적 신호로 저장되는 이중적인 체제가 완성된다.

아이를 창의적 천재로 만드는 뇌의 비밀

■ 창의성을 발현하는 동물 이야기

동물의 육아 방법을 살펴본 후 뇌의 방향에 대하여 살펴보자. 동물의 세계를 먼저 들여다보면, 포유동물이 도구를 사용한다는 사실이 1960년대 말에 밝혀졌다. 뇌의 무게가 작은 새들도 도구를 사용하는 것은 물론 사색도 하고 창의성도 발현한다. 그 예를 들어보자.

- 인도네시아의 바닷가에 사는 원숭이는 밀물과 썰물의 차이를 이용해서 게를 잡는다.
- 돌고래는 두세 마리가 힘을 합쳐 홍수림의 갯벌로 물고기를 몰아 물고기를 잡는다.
- 범고래는 좌초될 위험에도 불구하고 바닷가에서 물개를 잡는다.
- 범고래는 두세 마리가 파도를 만들어 빙상 위의 물개를 끌어내려 잡는다.
- 바우어 새는 자손 번식을 위해 하나였던 정자의 입구를 2~3개로 만들었다.
- 동물들은 새끼를 어떻게 가르치기에 도태되지 않고 계속 생을 이어갈 수 있을까?

이런 이야기들은 동물 수준에서는 상당히 비중이 큰 창의성의 발현이다. 파푸아뉴기니 섬에 사는 바우어 새의 경우도 매우 특이하다. 인간의 관점에서 추적하고 상상해보면, 이 새에게 있어서 수컷의 임무는 후손을 남기는 것이라고 강하게 유전자 속에 각인된 것 같다.

추측하건대, 일반 수컷의 정자에는 암컷들이 많은 관심을 보이고 짝짓기도 잘 이루어지는데 한 수컷에게는 암컷들이 관심을 주지 않고 다 날아가버리는 경우가 있다. 무언가 부족한 이 수컷은 어떻게든 짝짓기를 해야 하는데 암놈이 관심을 주지 않으므로 사색을 거듭한 끝에 암놈의 관심을 분산시킬 수 있는 정자의 입구를 2~3개로 만들었다고 본다. 어쩌면 성장 과정에 문제가 있었는지도 모른다. 어쨌든 다른 개체에 비교해 무언가 부족한 점이 있으므로 그렇게 몸을 변형시켰을 것이다. 후손을 남기는 가장 큰 과제를 극복하기 위하여 얼마나 많은 고민과 사색을 했을지 짐작할 수 있다.

■ 불편함의 해결이 창의성 발현에 유리하다

이처럼 주류가 아닌 2% 부족한 비주류가 창의성을 발현하기에 유리하다. 동물의 창의성은 환경에 적응하는 과정에서 발현되었다. 동물들은 어떻게 창의적인 육아를 할까? 동물은 언어도 문자도 없고 무리의 수가 많으며 대체로 단순한데 말이다.

방송에서 동물의 유아기에 대해 방영했는데 새끼들끼리 서로 어울려 놀면서 하나하나 삶을 배워가는 것처럼 보였다. 어린 시절의 놀이 문화를 강조하는 학자들의 말이 생각난다. 물론 놀이 문화는 무척 중요하나, 창의성을 설명하기에는 많이 부족하다. 어미가 새끼를 어떻게 육아하는지 살펴보자. 학자들에 의하면 어린 시절 치열하게 배운다고 했다. 치열하게 많이 배우고 빨리 배워야지 도태되지 않기 때문이다.

아이를 창의적 천재로 만드는 뇌의 비밀

■ 남다른 생각은 홀로 있을 때 형성된다

동물은 문자로 가르칠 수도 없고 표현 방법도 단순하므로 일일이 가르치지 못한다. 어미가 직접 생활 방법을 가르친다기보다는 새끼가 어미의 행동을 보고 따라 배운다. 어미가 하는 것을 보고 따라 배우기 위해서는 어미가 하는 행동에 주의를 기울여야 하고 왜 그렇게 하는지 스스로 사색을 반복해야 가능하다. 때로는 배우고 따라 하다 실패도 한다. 형제나 친구들과 어울려 노는 것도 스스로 하는 행동이므로 사색이 반복된다. 하지만 놀이 문화에서 처음에는 놀이 방법을 살펴보는 생각이나 상상이 있지만 놀이가 거듭되다 보면 단순 반복하게 되므로 다른 무엇인가 있어야 설명이 된다.

어미가 하는 행동을 보고 따라 하거나 새끼들끼리 놀이 문화를 할 때 사색이 없다면 반도체 칩에 기억력을 입력시키고 필요할 때 꺼내어 쓰는 것이랑 무엇이 다르겠는가. 즉, 성체가 되었을 때 유아기 때 한 행동을 그대로 할 수밖에 없게 된다. 따라서 동물들이 어떤 행동을 할 때 사색은 필수적이다. 그리고 사색하는 역량은 어미가 먹이를 구하러 나갔을 때 새끼들만 남겨진 경우에 은신처에 숨어서 가만히 숨죽이고 있는 시간에 이루어진다고 본다.

인간이나 동물은 홀로 있게 되면 잠을 자거나 무엇이든 생각이나 상상을 할 수밖에 없다. 물론 요즈음은 주위에 TV나 신문, 스마트폰, 잡지 등이 있거나 밖에 나가 할 일이 있으면 그를 하면서 시간을 보낼 수 있는데 이런 상황을 다 배제한 경우다. 주위 환경은 수시로 변하므로 그에 맞추어 행동하려면 이제까지 습득한 지식이나 경험이 생존을 위해서 매우 중요하다. 이렇게 다른 생각이나 다른 행동의 밑바탕은 유아기 때 홀로 있을 때 생성된다고 본다.

놀이를 하거나 어미가 하는 행동을 보고 따라 하는 것만으로는 경우의 수가 너무 적으므로 도태될 수밖에 없다. 결국 유아기 시절 홀로 있을 때 동물들의 경우는 사색하는 공간이라 하고, 인간의 경우는 생각이나 상상을 하는 공간이라고 이름을 지어본다.

하지만 유아기 때 이 사색하는 공간이 있다고 해서 모든 동물이 비중이 있는 창의성을 발현할 수 있는 것은 아니다. 그렇다면 동물들도 인간처럼 진화하였을 것이다. 즉, 비중이 적은 다른 생각이나 창의성을 발현할 수 있을 뿐이라고 본다.

인간의 경우 생각이나 상상을 반복하고 이것이 습관이 되어 일정한 기간이 지나야만 비중이 있는 창의성을 발현할 수 있다. 자연 상태의 인간에게 창의성의 발현은 몇백만 분의 일로 발생하므로 동물의 경우는 이보다 훨씬 어렵다.

즉, 유아기 때는 생각이나 상상을 반복할 수 있는 공간이 있다 하더라도 성장하다 보면 변하는 주위 환경에 적응해야 한다. 성장할 때까지 계속 도와주어야 하는데 그 가능성은 매우 희박하다. 창의성을 발현할 수 있는 가능성은 수명과도 깊은 관련이 있다고 보인다. 즉, 옛날의 인간 수명을 50살로 보았을 때 1/3에서 1/4 사이일 거라고 추정해본다.

아이를 창의적 천재로 만드는 뇌의 비밀

■ 두뇌가 일을 많이 하는 상상의 반복이

이것은 자연의 상태, 즉 어떤 목적이나 의도에 의해서 이루어지는 것이 아니라 살아가면서 자연스럽게 형성되는 것이므로 주위 환경의 영향을 받을 수밖에 없다. 동물이나 인간의 뇌 체계는 비슷하다고 본다.

창의성을 잉태하는 기본은 유아 시절부터 스스로 생각이나 상상을 반복해줌으로써 뇌가 일을 많이 하게 하는 것이다. 인간은 선사시대에 나무에서 땅에 내려와 두 발로 걷기 시작하면서 멀리 있는 맹수를 감시하고 두 팔을 사용함으로써 혁신을 이루었으나 그 대가로 허리에 통증을 유발하였다. 도구를 발명하고 도구를 사용하여 맹수를 제압할 수 있고, 사냥감을 쉽게 잡을 수 있는 혁신을 이루었으나 그 대가로 체력은 오히려 약화됐다. 인간은 불을 발명하고 음식을 익혀 먹음으로써 편하게 음식의 다양성과 맛을 알게 되는 혁신을 이루었으나 그 대가로 치아와 내장 기능도 약화되고 면역력도 떨어졌다. 정착 생활을 하면서 씨족사회에서 부족사회로 그리고 부족국가로, 국가로 성장하면서 말을 체계화하고 문자도 만들고, 교육제도도 만들면서 선대의 지식과 경험을 너무나도 쉽게 배울 수 있는 혁신도 이루었다. 이 교육제도 때문에 선대의 지식과 경험을 쉽고 빠르게 배울 수 있게 되었기에 성인이 되어 사회에서 소통하는 데는 아무런 문제점이 없어 보인다.

그러나 앞서 보았듯이 편리함에는 반드시 그 반대의 대가가 따르기 마련이다. 선대의 지식이나 경험을 책이나 교육제도를 통해 너무나도 쉽고 빠르게 습득하게 되면 그대로 굳어질 확률이 높아진다. 이미 세상을 살아가는 데 필요한 모든 것이 완벽하게 구비된 것 같은 느낌을 갖게 된다. 이렇게 스스로 생각하고 상상을 반복해가면서 지식이나 경험을 습득해갈 기회는 점점 사라졌다. 현대에는 과학과 기술이 엄청나게 발전했으며 사회 구조가 복잡하게 얽혀 있다 보니 더 많은 지식과 경험이 필요한데도 성장하면서 생각하거나 상상을 반복할 두뇌의 공간은 거의 없어졌다.

이제 통신과 교통의 발달로 세계가 하나로 연결되었고 자유 시장경제 시스템이므로 경쟁도 치열해져 혁신과 창의성이 절실하게 필요한 시대가 되었다. 따라서 기존의 교육제도를 보완하기 위해 창의성 교육, 토론식 교육, 메이커 교육, 코딩 교육, 그리고 융합 교육까지 만들어졌다. 그러나 이러한 교육제도가 과연 비중이 있는 창의성을 발현할 수 있는 상태에 이를 수 있는 최상의 교육 방법인지는 의문이다.

먼저 고대의 천재들이 어떻게 탄생하게 되었는지를 살펴보자. 물론 그에 따른 자료는 극히 미미하지만, 그 시대에 맞추어 추적해볼 수는 있다. 고대에는 지금과 같은 교육제도도 없었고, 선대의 지식을 쉽게 후대에 전할 종이도 없는 상태였다. 그런데 어떻게 이집트나 메소포타미아 유역의 문화와 같은 수준의 비슷한 문화가 가능했는지, 특히 중남미 아메리카는 문자도 덜 발달하였고 교육제도도 특별하다고 볼 수 있는 근거가 아무것도 없음에도 뛰어난 천재가 어떻게 나올 수 있었는지 의문이다.

그 증거가 조금이라도 남아 있는 위인들도 있다. 중세 유럽의 레오나르도 다빈치, 미켈란젤로, 공자, 맹자, 노자 등의 사상가들, 한국의

아이를 창의적 천재로 만드는 뇌의 비밀

장영실이나 세종대왕을 비롯한 천재들, 근대사회의 뉴턴, 파스칼, 에디슨이나 현대사회의 아인슈타인, 스티븐 호킹 같은 천재들이 있다.

■ 제도 교육에서는 천재가 나오기 어렵다

옛날이나 지금이나 천재들의 숫자는 극히 제한적이었다. 그 이유는 무엇일까? 대다수 과학자의 주장을 빌리면 천재성은 유전되지 않는다고 한다. 그렇다면 천재아는 유전이 아니라 어머니 배 속에서나 또 태어나 성장하면서 천재성이 형성된다는 걸 알 수 있다.

일반 가정의 육아나 일반적인 제도 교육을 받을 때는 천재아가 나오지 않는다는 걸 미루어 짐작할 수 있다. 만약 제도 교육으로 천재아들이 육성된다면 그 수는 엄청날 것이다. 더구나 현대에는 편리함이 곳곳에 스며들어 있으므로 천재들의 특징인 창의적인 생각을 할 공간이 좁을 수밖에 없다. 그래서 일반적인 교육은 천재 형성의 장에서 배제할 수밖에 없다고 본다.

그렇다면 천재성의 형성은 유아기 때나 어린 시절의 정상적이지 않은 가정이나 열악한 환경을 생각할 필요가 있다. 세상에는 그 방법이 여러 가지 존재할 수밖에 없지만, 그 방법이 밝혀진 것이 없으므로 자연 상태에서 자연스럽게 형성되는 경우를 상상해보고 추정해보고자 한다.

■ 홀로 상상하는 시간이 천재의 길

비정상적인 가정이라고 하면 동일한 조건의 다른 가정에 비교해 무언가 부족한 부분이 있을 때일 것이다. 뭔가 환경도 열악할 것이다. 만약 육아기나 어린 시절에 이러한 상태에 놓여 있다면, 다른 아기들보다는 교감하는 시간은 줄어들고 상대적으로 홀로 있는 시간이 늘어날 것이다. 물론 정상적인 육아의 경우 어머니나 양육자와의 교감 반복으로 빠르게 지식과 경험을 습득하는 것이 사실이다. 그렇다면 습득한 지식이나 경험을 바탕으로 다른 생각을 하는 경우의 수는 어떻게 만들어질까?

생각을 거듭하게 되면 뇌가 활성화하는 것을 과학자들이 밝혀냈다는 것은, 곧 뇌가 융합작용을 하는 것이 되므로 다른 생각의 경우의 수는 홀로 있을 때 생각이나 상상을 반복함으로써 그 기본이 형성된다고 추정해본다. 인간이나 동물은 태어나는 순간부터 생각이나 상상을 할 수 있도록 설계되었다. 이러한 기능은 유아기 때 가장 활발하다고 보며 자연적인 상태에서 이 공간은 성장하면서 점점 좁아진다. 그 이유는 이러하다.

정상적인 가정에서 너무 잦은 교감으로 인해 생각이나 상상을 하는 공간이 좁아지면서 그 취득한 지식이나 경험은 그대로 굳어진다. 반대로 비정상적인 가정이나 열악한 환경에서는 상대적으로 홀로 있는 시간이 늘어나고 생각이나 상상을 하는 공간도 유지된다. 이에 따라 다른 생각이나 경우의 수도 활성화된다. 단, 이 경우에도 적당한 교감은 필수적이다. 교감을 통한 지식이나 경험을 취득한 것이 전혀 없을 때 생각이나 상상을 할 기본 자료도 없기 때문이다.

아이를 창의적 천재로 만드는 뇌의 비밀

앞서 설명했듯이 비중이 있는 창의성을 발현할 수 있는 상태에 이르려면 생각이나 상상을 반복하고 이것이 습관이 되어 일정한 기간 동안 유지되어야 한다. 이는 어떤 목적이나 의도를 갖고 하는 행동이 아니므로 자연 상태에서는 성장하면서 주위 환경이 계속 상상을 지속하도록 도와주어야 하는데 환경은 수시로 변하므로 그 가능성은 매우 희박하다.

생각이나 상상을 반복함으로써 역량이 쌓여 다른 생각이나 비중이 적은 창의성이 발현하더라도 아무런 실행이 없이 생각만으로 그치는 경우는 오히려 별나게 보이거나 엉뚱하게 보일 수 있다. 이런 일은 초심을 이어가는 데 오히려 도움이 된다.

■ 장기간 상상의 공간을 만든 외계 우주 화가

『일만 시간의 법칙』에서나 학자들은 전문적인 훈련을 통해서 역량을 쌓아가면 대략 10년쯤 후에 비중이 있는 창의성을 발현할 수 있다고 한다. 이때도 창의적인 상상을 할 수 있는 공간이 없다면 그 가능성은 희박하다.

'세상에 이런 일이'라는 방송에 소개된 '미스터리 외계 그림 화가'가 있다. 그는 고등학교 3학년 학생이다. 그는 종이와 펜으로 상상 속의 우주선과 같은 것을 수많은 선과 부품 같은 모양으로 그린다. 그냥 선이나 부품 같은 것을 그려 넣는 것이 아니라 영역별로 뜻이 있고 전체가 하나로 연결된 것 같은 느낌이다. 놀라운 것은 처음부터 끝까지 뜸을 들이지 않고 단번에 그린다. 작품마다 선과 부품 같은 모양이 다르다. 기자의 앞에서 카멜레온을 그리는데 머리 부분은 실물대로, 나머지 부분들은 상상의 모습으로 너무도 정교하고 환상적으로 그린다.

전문가도 그의 상상력을 평가하지 못할 정도이다. 미술 전문가 대구교대 박중열 교수는 창의적 요소와 놀라운 손의 테크닉에 놀라워했다.

"예상했던 것보다 훨씬 더 독창적입니다. 20년 미술 영재를 연구했지만 가장 우수한 영재 중의 하나라고 여겨집니다. 파블로 피카소의 초현실주의 기법이 녹아 있습니다. 이런 창의성은 최소한 3년에서 10년 동안, 처음에는 작았던 지식들이 점점 커지면서 치밀해지는 것이지요."

외계인 세계에 접속하여 그림을 그리는 시간이 너무나 행복하다고 말하는 소년의 말이다.

"실제로 제가 접속하는 백색 세상에는 생명체가 있고, 그 외계생명체들이나 건축물들을 볼 수 있고 서로 대화를 하면서 그리는 것이에요."

이러한 교신의 상태는 머릿속에 뭐가 있기에 가능한 것일까? 미술 영재가 우주 세계 접속 시에 뇌파 상태를 확인해본 결과, 명상파와 하이 베타파가 동시에 나타나 놀라움을 안겨주었다.

그는 자기가 우주인과 교류하고 있으며 외계생명체가 그림을 다 보여주고 가르쳐준다고 했다. 마치 인도의 수학자 라마누잔이 그의 조력자 영국의 교수가 그 재능이 어디서 나오는지 물었을 때 신이 가르쳐준다고 한 것과 같다. 그가 7~8세 때 이미 만화 영화에 나오는 로봇과 부품들로 채워 넣은 그림을 그린 걸 보면 스스로 상상하고 그리면서 성장한 것으로 보인다. 그 기간이 10년 이상 흘렀다. 아니, 어릴 적부터 계산하면 그 기간은 훨씬 길다. 이제 그의 상상력의 공간은 이루 헤아릴 수 없는 경지에 올랐다. 여기서 눈여겨볼 부분은 자기 자신이 좋아한 상상을 반복했다는 것이다. 어떤 전문가의 조언도 없이 어떤 목적이나 의도 없이 좋아하는 일을 마음이 가는 대로 행동한 결과다. 그 과정이 위안이 되어 오랫동안 이어졌다고 본다.

■ 실행이 없어도 창의성을 발현할 수 있는가

창의적인 상상은 오랜 시간 반복적인 실행으로 점점 역량이 증가한다. 그런데 놀랍게도 실행 없어도 비중이 있는 창의성을 발현할 수 있는 상태에 이를 수 있다. 주로 정신적 영역이다. 정신적 영역의 경우, 대체로 수년 동안 한 방향으로 집중적으로 상상을 반복해야 한다. 자기의 직업과 전혀 관련이 없는 부분에서 어느 날 갑자기 예능 쪽에 재능을 발휘하는 이들이 여기에 속한다. 참고로 '세상에 이런 일이'에 나오는 이들 중에서 이런 경우를 많이 보았다.

그것이 어떻게 가능했는지 추적해보았을 때, 잡다하거나 하찮은 생각이나 상상이 그 토대가 되었음을 알 수 있었다. 뇌는 그것이 옳은지 아닌지 잡다한 것인지 하찮은 것인지 판단할 수 없다. 생각을 거듭하게 되면 분명히 뇌가 활성화하는데 거기에 지식의 정도나 수준은 전혀 문제가 되지 않는다.

이들은 영감이 떠오른 다음에 급속도로 역량이 증가한다. 후자인 정신적인 영역의 경우, 잡생각이나 상상을 반복하는 것을 이어가다가 보면 다른 생각도 하게 된다. 이런 상태가 오랫동안 지속되다가 보면 유형이 비슷한 한 방향이나 쌍방향에 집중적으로 몰입하게 되고 그의 직업과 관계가 없이 그에 대하여 정신적인 영역에서 넓은 의미의 창의성이 발현하게 된다.

모든 사물에는 양면성 이상의 뜻이 존재한다. 실행이 동반될 경우 비중이 있는 창의성을 발현할 수 있는 단계에 빠르게 도달하는 것은 사실이지만, 의도나 목표를 가지고 의식행위를 하여 목적하는 바를 이루게 되면 그 목적이 상실되는 면도 있고 주위 환경도 변함에 따라 초심을 이어가기가 힘들어지므로 비중이 있는 창의성을 발현할 수 있는 상태에 이르기가 쉽지 않다.

■ 창의성 발달이 정지되는 건 초심을 잃어서다

여기서 핵심은 뇌를 활성화하고 경우의 수를 적극적으로 활용할 수 있는 상태까지 이어갈 수 있느냐가 관건이다. 즉, 창의적 상상을 습관화하여 비중이 있는 창의성을 발현할 수 있는 상태까지 계속 유지할 수 있느냐가 관건이다. 여기까지 도달하였다고 해서 뇌의 발달 방향이 완성되는 것은 아니다. 운동선수, 바둑인, 예능인 그리고 다른 분야의 천재도 비중이 있는 창의성을 발현한 이후에 그 상태에서 멈춘다. 이는 초심을 잃었기 때문이다. 뇌의 방향을 연속성으로 보아야 하며 초심을 계속 이어가야 뇌도 계속 발전하여 경우의 수를 최대로 활용할 수 있다. 즉, 가칭 '생각하는 문이 열린다' 상태가 될 수 있다고 본다. 최고의 기량에 오른 운동선수가 운동을 그만둔 이후 시간이 흐르면 일반 사람들과 비슷한 체력이 되는 것과 마찬가지다. 뇌의 방향도 초심을 잃으면 그와 비슷하게 된다.

『일만 시간의 법칙』에서 주장하는 것처럼 전문적인 훈련을 통해서 역량을 쌓아나가면 대략 10년쯤 후에는 최고의 기량이나 비중이 있는 창의성을 발현할 수 있는 상태에 이를 수 있다. 여기에 덧붙여 어릴 적의 습관도 필요하고 생각이나 상상을 반복할 수 있는 공간이 계속 주어지느냐가 매우 중요한 조건이다. 두 가지 조건이 충족되었을 때 그 효과는 더 크다. 두뇌의 활성화 방향을 연속성으로 보아야 한다는 것은 뇌가 계속 발전할 수 있다는 뜻이다.

■ 창의인재가 초심을 잃어버리는 이유

최근 뇌 과학자들이 밝혀낸 것처럼 생각을 거듭하면 뇌 에너지가 평상시보다 더 많이 소비된다. 일상적으로 두뇌는 우리 몸이 섭생과 운동으로 생산한 에너지의 20%를 최우선적으로 가져다 쓴다. 거기에 창의 상상을 거듭하면 급격하게 증가한 두뇌 활동으로 에너지가 더 소모된다. 일상적 몸 상태에서 하루 2~3시간 이상 두뇌 활동으로 소모되던 에너지 수준은 애초의 목적을 달성하면 몸의 균형을 위해 평상시로 돌아간다. 즉, 남은 에너지가 말초신경계로 이동한다. 이 때문에 초심을 계속 이어가지 못한다. 육체의 한계라고도 할 수 있다.

다른 이유도 있다. 창의성을 발현하는 천재들이 사회로부터 주목받고 그에 따라 권력과 부, 명예가 주어지면 초심을 잃어버린다. 갑작스런 유명세에 따라 할 일들이 많아지고 창의 상상을 할 시간과 공간은 좁아질 수밖에 없다. 이로써 더 이상 뇌를 활성화하거나 창의성을 발현할 수 없게 되고 만다.

연구직에 있는 이가 직업적인 연구를 계속해야만 그 직을 유지할 수 있는 특수한 경우를 제외하면 그렇다. 유혹에 쏠린 천재들도 당분간은 그동안 역량을 쌓아온 것이 있으므로 지진이 일어날 때처럼 처음에는 비중이 있는 창의성이 몇 건 더 나타나기도 한다. 하지만 뇌의 발전에 있어 연속성이 끊어졌으므로 이제까지 쌓아온 것을 다 소진하고 나면 초심을 잃은 상태가 된다. 다만, 이런 유혹을 알아차리고 다시 초심으로 돌아가면 그 연속성을 유지할 수 있다.

문제는 다시 초심을 이어간다고 해서 금세 그 연속성이 유지되지는 않는다는 것이다. 즉, 초심을 잃어버린 기간이 짧으면 바로 연속성을 이어갈 수 있지만 그 기간이 길면 길수록 복구하는 기간도 길어지기 때문이다. 대부분은 다시 초심을 이어가려 해도 더는 천재성이 발전하지 않는다. 불행히도 유명한 천재들은 예전의 천재성을 발휘하였을 때의 명성에 기대어 자신을 속인다. 천재라고 칭송받던 예술가가 어느 날부터인가 술독에 빠져 괴로워하며 오랫동안 방황하는 것도 이런 이유다.

아이를 창의적 천재로 만드는 뇌의 비밀

■ 초심을 회복하고 창의성을 회복한 베토벤

베토벤은 천재적인 피아니스트로 부와 명예를 누렸다. 추측하건대 그도 유명세로 인해 초심이 중단된 적이 있었다고 본다. 그런데 남들에게는 불행이라 할 청각 장애가 오히려 초심을 회복하는 계기가 되었다고 추정한다. 창의 상상이 중단된 기간이 얼마인지는 정확하게 알 수 없지만 청각 장애로 인해 부와 명성이 추락한 반면에 초심을 다시 이어갈 수가 있게 되었다. 장애로 인해 소통의 어려움이 있었지만 그는 모든 유혹을 이겨내고 고요한 내면의 세계에서 창의적인 상상을 이어갔고 그 결과 인류사에 빛나는 뛰어난 작품을 많이 남길 수 있었다.

참고로 국어사전에서 찾아본 베토벤은 이렇게 설명되어 있다.

> 베토벤은 독일의 도시 본에서 음악가의 아들로 태어나 14세에 궁정 예배당의 오르간 연주가가 되고 20세에는 하이든의 제자가 되어 피아니스트와 작곡가로 이름을 떨쳤다. 1800년경부터는 귀가 잘 들리지 않아 32세 때에는 자살을 하려고까지 하였다. 결국 이러한 불행을 딛고 '영웅', '운명', '전원', '합창' 등의 교향곡을 비롯하여 32곡의 피아노 소나타, 16곡의 현악 4중주, 열 곡의 바이올린 소나타, 오페라 '피델리오'와 '장엄 미사' 등 세계 음악사에서 영원히 사라지지 않을 많은 작품을 남겼다. 악성(樂聖)이라고 불린다.

요즈음은 증가하는 인구의 수에 비례하여 영재나 신동의 수도 상당히 증가했다. 영재의 사례들이 증가하고 있는 것은 연구자에게는 좋은 소식이다. 몇 년 전, 신문과 방송에 기사로 나온 이야기를 해보자. 한 가정에서 두 명의 자녀를 키웠다. 한 명은 어릴 적에 뛰어난 영재로 판명이 나 그에 따른 영재 교육을 받았고, 다른 한 명은 일반 교육을 받았다.

이들이 성장하여 학위논문을 썼는데 둘 중 누구의 박사 논문이 통과되는지가 당시 세간의 관심사였다. 우리의 예상과 달리 일반 교육을 받은 이의 박사 논문이 통과되었고 뛰어난 영재의 논문은 통과되지 못했다.

영재는 유아기나 어릴 적에 뇌의 그쪽 부분이 많이 노출되었고 그에 따라 그쪽의 뇌가 자극되어 영재성이 형성된다. 신동 역시 그 부분이 뇌에 많이 노출되었고 그 기능이나 재능을 집중적으로 스스로 연습하면서 신동이 된다. 그리고 이 시기는 뇌의 대부분이 비어 있으므로 성인보다 더 빠르게 그 부분이 활성화될 수밖에 없다.

음악 신동, 트로트 신동, 작곡 신동, 어학 신동, 댄스 신동 등 방송에서 보이는 아이들 역시 그 방면에 많이 노출된 것을 알 수 있다. 세계 올림픽 피겨 부문 금메달리스트인 김연아는 그 어머니가 젊은 시절 스케이트 선수였고 어린 시절 자주 스케이트장을 찾았다. 5개 국어를 하는 아이들의 경우에도 외교관으로 일하시는 부모님을 따라 여러 나라에서 외국 생활을 하여 언어 영재성 발현에 유리한 환경 노출이 있었다.

한 가지 유의할 것은 어린 시절의 영재성이 또래의 아이들보다 월

아이를 창의적 천재로 만드는 뇌의 비밀

등히 뛰어날 수 있지만 그 재능이 완성된 것이 아니라는 점이다. 다만 뇌의 활성화의 출발선이 다른 아이들보다 훨씬 유리하다는 것은 인정한다.

영재의 부모나 주위 사람들은 아이의 영재성과 재능을 발견하고 너무나 기쁘고 흥분한 나머지 과도한 칭찬으로 미완성된 창의적 영역들을 자주 노출한다. 영재나 신동의 역량은 뛰어나지만, 그 층이 매우 얇다는 걸 간과해버리고 만다. 이때 갓 피어난 영재성을 다 소진하고 나면 무엇이 남겠는가? 어린 나이에 성공하여 많은 박수를 받는 것으로 그친다면 얼마나 아쉬운 일인가? 얼마든지 더 나아갈 수 있고 완성된 경지에 오를 수 있는데 작은 성공에 자만하면 더 이상 창의성이 빛나지 않는다.

영재성을 더욱 꽃피우고 발전시키기 위해 필요한 것은 자제력이다. 영재성이나 재능이 있다는 것을 알게 되면 밖으로의 노출을 자제해야 한다. 즉, 안으로 갈무리하고 그 초심을 계속 이어가는 데 집중해야만 훨씬 빨리 비중 있는 창의성을 발현할 수 있는 단계에 도달한다.

과학자들은 2~5세 사이에 뇌의 방향이 정하여진다고 하였으나 더 빨리 1~5세에 결정적인 역할을 한다는 가정하에 다시 살펴보자. 초식동물은 태어나는 순간부터 금방 일어서고 움직인다. 조류는 포란 중에 교감한 이를 부모로 안다. 이것은 인간도 어머니 배 속에서 교감의 기간이 있다는 걸 미루어 유추해볼 수 있다.

2~5세에 접한 것이 뇌의 발달 방향에 결정적 역할을 한다는 것에 주의를 기울일 필요가 있다. 어머니 배 속에서나, 태어나는 순간부터 세상을 치열하게 배운다는 것은 어느 정도 뇌의 발달 방향을 이미 준비하고 있다고 보아야 한다. 아기의 한 살 때를 살펴보면 의사 표현이

충분하여 교감에도 어느 정도 적용하기 시작한다. 좋으면 웃고, 싫으면 울고, 싫으면 떼쓰는 방법도 알고, 기어가는 방법을 익히고, 일어서려고 노력도 하고, 장난감을 가지고 놀고, 말의 첫걸음도 시작하려고 하는 등이다. 무엇보다 떼를 쓴다는 것은 버릇이나 습관이 자리를 잡아가기 시작했다는 것을 의미한다. 그리고 이러한 행동들은 사색(생각, 상상)이 없으면 불가능하다고 본다.

더욱이 과학자들이 밝혀낸 것처럼 뇌 신경세포가 하얗게 비어 있는 상태에서 처음으로 받은 지식이나 경험이 기억으로 저장되는 것이므로 바로 이때 뇌의 발달 방향에도 연속성이 있고 가장 효율성이 크다고 보는 것이 나만의 생각일까? 다시 말하자면 두뇌가 비어 있는 시기에 보고 배운 것들은 관찰과 생각과 상상을 거쳐 성장의 변화가 매우 빠른 것이다.

■ 군대처럼 강력한 환경은 습관도 바꾼다

사람이 살아가다 보면 자기 주도로 설정한 환경보다 타의에 의해서 설정한 환경이 훨씬 더 많다. 사람은 환경에 적응하며 살아야 하므로 어릴 적에 뇌의 방향에 결정적으로 영향을 받았다고 해도 뇌의 방향이 변할 확률이 더 높다.

예를 들면 타의에 의해 설정된 환경 중에서 군대는 매우 강하게 설정된 환경이다. 군대에 가면 그동안 가진 습관은 일시에 바뀌게 된다. 제대를 하게 되면 얼마 동안은 그 바뀐 버릇이나 습관을 유지하나 이

아이를 창의적 천재로 만드는 뇌의 비밀

내 군대 가기 이전의 버릇이나 습관으로 돌아간다. 직업 군인이 되어 10년 이상 근무하다 제대하는 경우는 군대의 습관이 상당히 오랫동안 유지된다. 여기서 알 수 있는 것은, 어릴 적의 버릇이나 습관은 잘 바뀌지 않지만 환경이 강하게 설정되고 그 기간이 길면 어릴 적의 버릇이나 습관도 바뀔 수 있다는 것이다. 뇌의 방향도 이와 같다.

현시대에 각종 매체에 영재나 신동이 소개되는 경우가 많은데 그들이 각종 언론 매체나 주위 환경에 노출이 되었을 때 신동의 기능이나 재능이 특출나게 발전하지 않는 이유는 무엇인가? 세월이 흘러 그들이 성인이 되었을 때는 영재성이 제로가 된다.

뇌의 방향이라는 것이 그 어느 한 방향으로 꾸준히 발전해가는 것이라고 볼 때 그들이 왜 멈추었는가 생각하지 않을 수 없다. 10대나 20대에 영재성을 자랑하던 아이들이 성인이 되어 더는 비중이 있는 창의성 발현이 없거나 천재성이 후퇴하는 이들이 많다. 이는 뇌의 방향이 계속 진행되지 않았다는 것이다.

여기서 살펴볼 수 있는 것은, 뇌가 뜻하는 바를 어느 정도 이루게 되면 뇌의 방향이 너무 쉽게 바뀌어버린다는 것이다. 천재는 많이 존재하지만, 천재 중의 천재가 적은 이유이기도 하다. 뇌의 방향은 중도에 어느 정도 뜻하는 바를 이루면 뇌의 방향이 바뀔 확률이 높고 주위 환경 역시 뇌의 환경이 바뀌는 원인이 된다.

과학자들은 미래에는 전기적 신호로 뇌를 자극해 영재로 태어나게 할 수 있다고 말한다. 현재에도 영재나 신동들이 많이 있는 것을 보면 전기적 신호로 뇌를 자극하지 않더라도 영재나 신동으로 바꿀 수 있지 않을까, 이런 생각을 해볼 필요가 있다고 본다.

대부분의 학자들은 천재는 유전되지 않는다고 했고, 과학자들의 말처럼 태어날 때 뇌 신경세포가 비어 있다는 것을 전제로 일단은 태어날 때부터 생각해보자. 아기가 태어나 눈을 뜨고 있다. 아기의 뇌는 비어 있는 상태이므로 눈에 보이는 것이 무엇인지 알 수 있는 정보는 없지만, 눈에 보이는 화면은 뇌에 저장된다.

모든 것은 무의식적으로 눈에 들어와 두뇌에 저장된다. 이때 본 것들 중에 어느 것 하나 깊이 각인되지 않는 것이 있겠는가?

■ 언어 환경에 계속 노출되면
언어 장애아도 언어 영재가 된다

'세상을 바꾸는 15분'이라는 방송 프로그램에서 한 강사가 자기의 아기가 언어 발달 장애로 판명이 나서 다니던 직장을 그만두고 아이와 같이 극성스러울 정도로 언어에 매달린 결과 5세 무렵에 5개국 언어를 할 수 있게 됐다고 강의한 걸 본 적이 있다. 여기서 살펴볼 수 있는 중요한 것이 있다. 아마 아이에게 언어 발달 장애가 있다는 사실을 안 것은 2살 중반 이후일 것이다. 말을 잘 못하는 아이가 2년 반 만에 5개국 언어를 할 수 있게 됐다는 사실은 언어 환경에 계속 아이를 노출시켰다는 것을 말한다. 오직 언어 환경이라는 한 방향으로 이루어진 것이므로 배움의 속도가 놀랍도록 빠르다. 즉, 수없이 반복적으로

아이를 창의적 천재로 만드는 뇌의 비밀

언어에 관련된 행위를 시행함으로써 언어를 담당하는 뇌를 자극하여 일어난 현상이다.

물론 그 나이의 다른 아이처럼 세상의 다양한 지식이나 경험은 어른에 비해 부족할 것이다. 하지만 계속 자극을 주면 언어 영역이 엄청나게 발달한다는 이 예화는 얼마든지 인위적 설계로 아이의 뇌의 방향에 영향을 줄 수 있다는 것을 보여준다. 영재로 성장하도록 설계하기 위해서는 태어난 아이의 주위 환경이 중요하다. 5세까지의 주위 환경이나 잠재적 교육과정인 부모나 주위 사람들의 행동에도 아기는 민감하다.

■ 인생은 변하는 환경에 자기 의지로 적응해가는 것

과학자들은 물체가 움직일 때 의식 세계가 뇌보다 0.몇 초 빨리 반응함으로 인간의 삶이 자신의 의지인지 운명인지 알 수 있다고 주장하여 한때 논란이 있었다. 스티븐 호킹 박사는 세 사람 뒤에 일렬로 아바타를 죽 세워놓고 옆으로 한 번에 한 발자국씩 움직이게 하여 나중에 뒤를 돌아보았을 때 일렬이 아니라 뒤죽박죽이 되는 실험을 통해서 인간의 삶은 자기 자신의 의지에 의한 것이라고 말했다. 나 역시 자신의 의지대로 삶이 이루어진다고 본다. 그럼에도 인간의 생애 중 환경은 수시로 변하므로 그때그때 변하는 환경에 자신의 의지대로 적응해가는 것이라 정리한다. 그래도 미래의 환경까지 DNA에 저장할 수는 없다.

예를 들면, 친구를 만나는 모임이나 세미나에 갔을 때 누군가 돌출적인 발언을 하면 반박을 하고 싶어도 전에 알았던 지식이나 내용이 그 순간에 기억이 나지 않는 경우가 종종 있다. 때로는 서로 다른 기억 때문에 싸움으로 번지기도 한다. 그러다 시간이 조금 흐른 뒤나 그 다음 날에 그 돌출적인 발언의 배경에 대해 생각이 날 때가 있다.

■ 돌출적인 행위에는 두뇌가 대응하지 못한다

살면서 습득한 지식이나 경험의 바탕 위에서 삶의 모든 행위가 이루어진다. 이는 예측 가능한 일이다. 그런데 상대가 돌출적인 발언을 하면 습득한 지식이나 경험이 분명히 있음에도 그게 말이 되어 입 밖으로 나오지 못한다. 흡사 버스가 지나간 뒤 손을 흔드는 것과 같다. 뒤늦게 생각이 난다. 왜 그때 그 말을 못 했지?

수많은 상황에 있어서 대체로 우리 두뇌는 그에 맞는 행위를 할 수 있지만, 상대편의 돌출적인 행위에 유독 약한 이유가 무엇일까? 뇌는 앞날을 예언할 수 있다는 말을 얼핏 들은 기억이 있다. 사실 일상생활을 함에 있어 그에 맞는 행위를 한다는 것은 습득한 지식과 경험 중에서 그 행위에 맞는 기억이나 경험을 두뇌에서 다시 꺼내어 쓰는 것이다. 일상 행위는 뇌가 미리 예측하고 준비한 것이 아닐까? 다시 말하면 두뇌에는 기억 저장 장치가 있어서 그 안에서 정답을 꺼낼 수 있다. 과거의 데이터를 기반으로 하여 미래를 예측하는 건 충분히 가능하다.

아이를 창의적 천재로 만드는 뇌의 비밀

요즘 빅데이터라는 말이 유행하고 그에 따른 직업이 각광받고 있다. 일상생활에는 반복적인 행위가 많이 존재하는데 오늘이나 내일 또는 모레의 생활도 반복의 연속이므로 이미 정해진 일정이 대부분이다. 뇌는 이미 행하여진 행위들의 데이터를 모으고 그것을 분석하여 앞날의 행위를 예측하고 그에 필요한 지식이나 경험를 다각도로 준비하여 앞날에 있을 그 행위를 원활하게 할 수 있도록 대비한다. 즉, 빅데이터에 의해 앞날의 행위가 이루어진다고 본다.

그러나 상대방의 돌출적인 발언은 데이터에서 빠져 있던 것이므로 그 순간 기억을 못 하거나 합리적으로 대처할 수 없어 당황한다. 그래서 싸움에 이르는데 시간이 지난 뒤에 급히 그에 대한 지식이나 경험을 찾아내어 의식 세계에 통보하는 것이다. 또는 싸운 것을 후회한다. 즉, 돌출적인 행위에 대해서는 뇌가 예측을 할 수 없다.

뇌가 미래를 예측한다는 것은 습득한 지식과 경험의 바탕 위에서만 이루어지므로 주위 환경이 급변하게 되면 이런 예측이 무용지물이 된다. 미래를 예언하는 예언가들이 모호한 단어로 예언을 하는 이유는 이현령비현령을 가능하게 하여 위장한 것이다. 따라서 예언한 것은 맞을 수도 있고 맞지 않을 수도 있다.

■ 외부 자극 → 두뇌(아이디어) → 의식 세계

창의성이 발현하는 형태를 보면 갑자기 하늘에서 아이디어가 뚝 떨어진 것과 같은 형태가 있다. 즉, 외부에서 자극이 있고 나서 주로 그

다음 날 그 자극 부분의 창의성이 발현한다. 이 경우는 반드시 외부에서 자극이 있어야 하고, 이것들을 융합하고 축적하였으나 뇌가 의식 세계에 전달할 통로가 없을 때 나타나는 현상이다. 또 외부에서 자극으로 그 통로가 될 수 있는 용어가 정해지고 그 부분으로 변형할 수 있는 시간이 필요하므로 주로 그다음 날 창의성이 발현한다. 즉, 외부에서 자극된 부분이 통로가 되어 뇌가 의식 세계에 전달한 것이다. 정리하면 이렇다. 외부 자극 → 두뇌(아이디어) → 의식 세계의 순서이다.

외부에서 자극이 있고 영감을 얻거나 아이디어가 떠오르는 다른 경우도 있다. 길을 가다가 서점이 보여서 한 권의 책을 펼쳐보았는데 우연히 어떤 영감이나 아이디어가 떠오른다. 아무런 목적이나 의도가 없다는 부분이 가장 어려운 부분이다. 이 부분은 정말 우연히 일어난 현상처럼 보이는데, 사실 뇌가 의도한 측면이 강하다. 즉, 뇌가 의도하거나 지시한 행동으로 볼 수밖에 없는 행위이다. 이것을 보면 삶이 미리 예측된 운명처럼 보일 수도 있다. 이 경우 뇌가 융합하여 축적되었을 때 그 축적된 것을 의식 세계에 전달하는 과정에서 나타나는 현상이다.

우리의 몸은 자연의 일부로 만들어졌으므로 뇌와 의식 세계의 관계는 관포지교일 때 가장 효율성이 크도록 설계되었으며, 앞날을 전부 예측할 수 있다면 돌발적인 사고나 돌연사도 미리 방지할 수 있어야 한다. 즉, 빅데이터에 의해 앞날을 위해 준비하지만 주위 환경에 돌발적인 행위나 상황이 있다면 그것은 빅데이터에 없던 것이므로 기억이 나지 않거나 당황하게 된다.

태어날 때부터 5세까지는 뇌가 비어 있는 상태에서 처음으로 지식

아이를 창의적 천재로 만드는 뇌의 비밀

이나 경험이 기억으로 저장되므로 그 후에 습득하는 지식이나 경험보다 몇 배나 가치가 있다. 어떻게 하느냐에 따라 뇌의 한쪽을 강하게 자극하는 요인도 될 수 있으므로 이때 형성된 버릇이나 습관 그리고 뇌의 방향은 일생 동안 작용한다.

그러나 이때 형성된 버릇이나 습관 그리고 뇌의 방향은 성장하면서 주위 환경의 여러 변수에 의해 그 방향이 바뀌는 경우가 대부분이다. 즉, 뇌가 자극되고 발전할 수 있는 방향으로 결정되고 그 방향으로 진행하다가 소기의 목적을 달성하면 주위 환경이 변하면서 그 방향이 멈추어지고 더는 뇌가 발전하지 않게 된다.

에디슨을 추적, 상상해보자. 에디슨은 어릴 적에 닭이 알을 품으면 병아리가 되는 것을 보고 자신도 알을 품어 병아리를 만들려 했으나 실패했다. 알을 품어 병아리를 만들려 했다는 것을 볼 때 에디슨은 근처에 또래 아이들이 없었거나, 같이 놀고 장난치는 환경이 아니었다고 짐작된다. 또, 부모와 같이 시간을 보낼 수 없었던 것으로 보인다. 그런 환경에서 그가 할 수 있는 일은 주위의 환경에 관심을 보이며 시간을 보낼 수밖에 없었고, 그러다가 차츰 관심이 가는 것에 몰입하게 되고 생각이나 상상을 반복하는 횟수도 늘어나게 되었을 것이다.

대부분의 아이는 부모나 같은 또래의 아이들과 어울리거나 장난치면서 의심이 있는 것은 부모에게 묻거나 다른 아이에게 물어 쉽게 문제점을 해결할 수 있고, 의문이 되는 주위 환경에도 쉽게 의구심을 해결할 수 있으므로 당연하게 받아들이며 더 이상 생각이나 상상을 하지 않게 된다. 그러나 홀로 있게 되면 저절로 주위 환경을 관찰하고 관심을 기울일 수밖에 없다.

이처럼 에디슨이 홀로 지내다 보니 주위 환경에 관심을 두고 몰입하면서 생각이나 상상을 반복하는 것이 습관이 된 것이다. 만약에 그가 끝까지 이 일에 집착을 보여 시간이 걸리더라도 성공했다면 성인이 되었을 때 영재성이 남아 있지 않은 경우처럼 될 수 있다. 즉, 창의적인 상상을 반복하는 습관이 변할 수 있다. 뛰어난 발명품이 많은 걸 보면 혼자 지낼 때 주위의 환경을 관찰하고 몰입하여 생각이나 상상을 반복하다가 관찰한 것을 주위에 있는 나뭇가지나 돌 또는 흙으로 만들어보면서 놀았을 것이다. 이때 또래의 아이들과 어울려 놀게 되면 쉽게 따라서 할 수 있고 모르는 것도 쉽게 배울 수 있으므로 소통하는 데에는 아무런 문제가 없으나 창의성을 잉태하는 데는 부족하게 된다.

그가 16살에 인쇄소에 취직하였다는 점에서 가정 형편이 풍족하지 않았다는 것을 알 수 있다. 그동안 생활이 변하지 않았고 생각이나 상상을 반복하는 것이 어느 정도 습관은 되었다. 다만 10살 이후에는 생각이나 상상을 반복하는 횟수가 많지 않았을 것으로 보인다. 어릴 때 이후에도 생각이나 상상을 반복하는 것이 일상이라면 뉴턴이나 파스칼처럼 최소 20살 전후에는 창의성이 발현한다.

인쇄소에 들어간 이후 또래의 다른 이들과 어울리거나 소통하는 데 시간을 보냈다면 다른 이들처럼 이후에 창의성을 발현할 수 없었을 것이다. 예나 지금이나 직공의 초보 월급은 많지 않아 가정 형편에 크게 도움이 되지 못했고 주변 환경은 여전히 열악했을 것이다.

그때 당시의 초보 직공은 몇 년 동안 힘들고 단순 반복되는 작업을 했으므로 내가 그랬던 것처럼 어릴 적이나 그 후에 근근이 이어져오던, 생각이나 상상을 반복하는 습관이 다시 시작되었을 가능성이 있

아이를 창의적 천재로 만드는 뇌의 비밀

다고 본다. 잡다한 생각이나 상상을 현실에 대해 비관적으로 하게 되면 마음의 병을 얻거나 인쇄소를 그만 다녔을 것이므로 그는 현실과 반대인, 희망적인 잡다한 생각이나 상상을 반복하다가 차츰 주변 환경에 대해 생각이나 상상을 반복하였을 것으로 추정해본다. 즉, 인쇄소의 기계에 대해서 관심을 두고 생각이나 상상을 반복하면서 본격적으로 이 분야에 역량을 쌓아가기 시작했을 것이다.

에디슨이 처음 창의성을 발현한 것이 언제인지 알 수 없지만, 어릴 적이나 그 후에 생각이나 상상을 반복한 것이 합산되었을 것이므로 긴 시간은 걸리지 않았을 것이고, 창의성이 발현한 후에도 주위 환경에 흔들리지 않고 생각이나 상상을 반복하는 습관인 절대적 습관자가 된 것은 확실해 보인다. 이로써 '생각하는 뇌의 문이 열린' 것으로 보인다.

■ 고아의 아들, 레오나르도 다빈치 이야기

이 책을 쓰는 중에 레오나르도 다빈치에 대한 중요한 정보를 얻게 됐다. 월터 아이작슨이 지은 책 내용이 경향신문과 조선일보에 동시에 실렸다. 다빈치의 어머니는 시골 마을의 16살 고아이고, 아버지는 부유한 사람으로 시골에 왔다가 어머니와 정을 통해 임신했으나 아버지는 하층 계급의 남자에게 돈을 주고 다빈치의 어머니와 결혼하게 했다. 즉, 다빈치는 사생아였다. 주산학교는 다녔으나 16살 이후 더 이상 정규 교육은 없었다. 그에 대한 사실을 나열해보자.

- 다빈치가 평생 남긴 메모는 7,200쪽, 생전에 쓴 것의 4분의 1로 추정된다.
- 화가의 첫걸음이 21세였고 고향 아르노강 골짜기의 풍경화였다.
- 방정식도 대수학도 라틴어도 배우지 않았다.
- 당시에 좀 별난 취급을 받았다.
- 남긴 메모지의 그림에는 어린 시절과 관련된 것이 많다. 딱따구리의 혀 모양인 아르노강의 골짜기 풍경, 하늘을 나는 새, 물의 소용돌이, 식물 줄기, 우화 천사에 관한 이야기 등이다.

그리고 조선일보 곽아름 기자가 쓴 '아이작슨이 바라본 다빈치에 대한 생각들'을 보자. 글의 내용은 레오나르도 다빈치의 재능이 신에게서 비롯했다고 주장한 다빈치 친구 바사리의 생각을 반박한 글이다. 아이작슨은 이렇게 말한다.

"레오나르도 다빈치에게 천재라는 딱지를 붙이는 것은 그를 벼락맞은 특별한 인간으로 만듦으로써 오히려 그의 가치를 축소시킨다."

아이작슨은 레오나르도의 천재성이 개인의 의지와 야심을 통해 완성되었다고 주장한다. 아이작슨이 그려내는 레오나르도는 뉴턴이나 아인슈타인처럼 초인적 두뇌를 지닌 '가뿐한 천재'가 아니다. 기하학에는 능했으나 산수에는 약해 평생 방정식을 이해하지 못했고, 손이 느려 회반죽 벽이 마르기 전에 재빨리 그림을 넣어야 하는 프레스코 벽화도 잘 그리지 못했다. 그림을 미완성으로 남겨두는 일로 악명이 높았다. 그가 전부 그렸거나 주도적으로 그렸다고 알려진 작품은 열

다섯 점에 불과하다.

그러나 아이작슨은 말한다. "창조력은 때때로 뜸을 들이는, 심지어 아주 꾸물거리는 작업 방식을 요구한다." '최후의 만찬'을 그릴 때 레오나르도는 평소처럼 꾸물댔다. 그림이 완성되지 않을까 걱정된 의뢰인이 그를 호출했을 때 레오나르도는 "대단한 천재성을 지닌 사람은 때로는 가장 적게 일할 때 가장 많은 것을 성취합니다"라며 "아이디어와 그 구성을 완벽하게 실행하는 방식을 골똘히 고민한 다음에야 거기에 형태를 부여할 수 있기 때문입니다"라고 답했다.

아이작슨은 "창의성은 협업에서 나온다"라고 말하면서 레오나르도의 그림 '성모와 실패'에는 조수들이 그린 수많은 복제화가 존재하는데, 아이작슨은 이를 놓고 "어떤 버전이 오리지널이고 어떤 것이 일개 복제화에 불과한가?" 하는 미술사학자들의 전통적인 질문을 살짝 뒤집어야 한다고 주장한다.

"거장과 제자들의 협업이 이루어졌던 레오나르도의 피렌체 작업실은 개인의 천재성과 팀워크의 결합을 통해 굴러갔다."

레오나르도의 탁월한 관찰력도 노력의 산물에 가까웠다고 해석한다. 딱따구리의 혀 모양에까지 관심을 기울인 노력이 입술 근육에 대한 강박적인 해부학 연구로 이어졌고, 위대한 작품 '모나리자'의 미소를 그려내는 데 이바지했다는 것이다. 아이작슨은 평소에 창의성에 관심이 많았고, 결론에서 "호기심을 가져라, 한 분야에 갇혀 있지 마라"라고 말했다. 그리고 레오나르도에게 배울 점 등을 리스트로 제시하면서 마무리되어 있다.

이것은 나에게 매우 귀중한 자료다. 월터 아이작슨은 물론 경향신문과 조선일보에 감사한다. 그러나 창의성을 잉태하거나 창의성의 발현 또는 천재성을 발휘하는 데 있어서 나와 생각이 다른 부분이 너무 많은 것 같다.

나는 천재를 천재, 천재 중의 천재, 대천재의 3종류로 분류하는데 레오나르도 다빈치는 대천재로 분류한다. 그 이유는 다양한 분야에 창의성이 발현하였고 나이가 들어서도 계속 창의성을 발현했기 때문이다. 위 레오나르도의 기록을 전제로 하나하나 생각이나 상상으로 추적해보고자 한다.

'레오나르도의 어머니는 시골 마을의 16살의 고아이고, 아버지는 부유한 사람으로 시골 마을에 왔다가 어머니와 정을 통해 아이를 뺐으나 아버지는 하층 계급의 남자에게 돈을 주고 레오나르도의 어머니와 결혼하게 했다는 것, 즉 사생아였다.'

상식적으로 생각해도 정상적인 가정하고는 거리가 너무 멀다. 후에 주산학교에 다닌 것을 보면 레오나르도의 양육에 친부의 도움이 어느 정도 있었다고 보이나 양부가 레오나르도를 진정 사랑으로 양육했다고 보기는 어렵다. 그 이유는 레오나르도가 자연환경에서 보낸 시간이 너무 많기 때문이다. 어머니도 시골 태생의 고아이고 16살이므로 제대로 아이를 양육했다고 보기 어렵다.

■ 과학자들의 주장과 내 생각의 차이

레오나르도가 어릴 적에 영재성이 있었다는 기록은 없다. 21살부터 천재성을 발휘하기 위해서는 어릴 적에 영재로 출발하는 것이 훨씬 유리한데 말이다. 과학자들은 2~5세 사이가 뇌의 발달 방향에 결정적이라고 했지만 나는 어머니 배 속이나 태어나는 순간부터 5세 사이로 보았고 성인이 되어서도 얼마든지 뇌의 방향을 바꿀 수 있다고 앞서 설명했다. 과학자들은 미래에는 전기적 신호로 뇌에 자극을 주어 영재성을 만들 수 있다고 했고, 나는 어머니가 임신 중에 생각이나 상상을 반복하고 이를 지속해서 태아의 뇌에 자극을 주거나 태어나는 순간부터 주위 환경을 디자인하고 부모가 그에 맞추어 행동함으로써 아이가 스스로 따라 배우려고 노력하거나 스스로 생각하거나 상상을 반복할 수 있는 공간을 만들어주고, 이를 지속 반복하다 보면 그 부분의 뇌를 자극할 수 있다고 보았다.

과학자들의 주장	저자의 생각
2~5세 사이가 뇌의 발달 방향에 결정적이다.	– 어머니 배 속이나 태어나는 순간부터 5세 사이 – 성인이 되어서도 얼마든지 뇌의 방향을 바꿀 수 있다.
미래에는 전기적 신호로 뇌에 자극을 주어 영재성을 만들 수 있다.	– 임신 중에 어머니가 생각이나 상상을 반복한다. 이를 지속해서 뇌에 자극을 준다. – 태어나는 순간부터 주위 환경을 디자인하고 부모가 그에 맞추어 행동한다. – 아이 스스로 따라 배우려고 노력하거나, 스스로 생각하거나 상상을 반복할 수 있는 공간을 만들어준다.

레오나르도의 친부가 어느 정도 양육에 필요한 도움을 주었지만, 그것은 양부의 손에 들어갔을 확률이 높고 그의 어머니는 생활고를 해결하기 위해 들에 나가 일하면서 레오나르도는 첫 번째 자식이므

로 등에 업고 일하거나 눈에 잘 보이는 가장자리에 눕혀놓고 일을 했을 수도 있다. 옛날에는 충분히 가능성이 있어 보인다. 또는 2~3살 무렵 걷기 시작할 때도 위와 같이 했을 수 있다. 보통 그 나이의 아이들은 부모로부터 모든 것을 배우므로 부모와 교감을 나누기를 좋아하고 조금 틀어지면 보채거나 심술을 부린다.

■ 아마도 레오나르도의 어린 시절은

레오나르도의 엄마도 처음에는 아이가 울고 보채면 아이를 달랬지만 일은 해야 하고 눈치가 보이므로 차츰 아이를 먼발치에 두고 일을 할 수밖에 없었을 것이다. 레오나르도도 처음에는 울고 보채면 엄마가 달려와 돌봐주었지만, 아무리 울고 떼써도 정해진 시간 외에는 엄마가 돌봐주지 않으므로 점차 울고 떼쓰는 대신 그 대안으로 그가 있는 주위의 환경에 관심을 돌릴 수밖에 없었다고 본다. 그 나이 때는 관심의 대상을 다른 곳으로 옮기기가 쉽다고 본다. 주위에 부모나 누군가 있다면 아이는 흥미를 느끼는 것에 대하여 손으로 가리키거나 말로 물어보면 금방 가르쳐주므로 아이를 돌봐주는 사람의 말이니 당연하게 받아들이고 금세 흥미를 잃어버리고 만다. 그런데 레오나르도의 경우 주위에 도움을 주는 이가 아무도 없으므로 흥미로운 것을 알기 위해서는 스스로 생각이나 상상을 반복할 수밖에 없었을 것이다. 이때부터 주위 환경에 관심을 보이고 몰입하여 생각이나 상상을 반복하는 습관이 되었다고 본다.

아이를 창의적 천재로 만드는 뇌의 비밀

이렇게 하다 보면 시간 가는 줄을 모르게 되므로 엄마와 떨어져 있는 시간에 주위 환경에 친숙해지고 엄마 대신에 주위 환경과 교감을 나누게 되었다고 본다. 후에 그의 메모지에 그의 고향에 있는 딱따구리의 혀 모양, 아르노강의 골짜기. 하늘을 나는 새, 식물 줄기, 물의 소용돌이, 우화, 천사의 이야기 등 어린 시절에 관련된 것이 많다는 것은 어린 시절 주위의 자연환경에 관심을 보이고 몰입하여 생각이나 상상을 반복하는 습관을 오래 지속하였음을 알 수 있다.

그리고 유년기에도 그가 사는 시골에서 예나 지금이나 사생아라는 사실은 또래의 아이들에게 놀림감이 되므로 이미 습관이 되어버린 대로 홀로 놀거나 관심을 보이면서 생각하거나 상상을 반복하는 것을 이어갈 수 있었다고 본다.

후에 그림이나 조각 등 뛰어난 작품이 많은 걸 보면 어느 순간 그동안 주위 환경에 관심을 보이고 몰입하여 생각하거나 상상을 반복했던 부분에 대해 표현해보고 싶은 욕망에 사로잡히게 되고 그것을 나뭇가지로 땅에 그려보거나 흙으로 만들어보면서 놀았을 것이다. 앤더슨 에릭슨은 『일만 시간의 법칙』에서 훈련하고 또 훈련하기를 일만 시간을 채우게 되면 뛰어난 재능을 보인다고 했지만, 레오나르도의 경우는 해당하지 않는다고 본다.

레오나르도는 그림, 조각 등 재능 부분을 다른 이에게 배웠다는 기록이 없는 것을 보아서는 유년기에 관찰한 것을 나뭇가지로 땅에 그려보거나 흙으로 만들어봄으로써 어느 정도 스스로 자기만의 방식으로 기초를 다지고 역량을 쌓았다고 봐야 한다. 옆에 누가 있어서 방법을 쉽게 취득하고 연습하거나 훈련을 계속 반복한다면 일만 시간의 법칙이 적용될 수 있으나, 스스로 관찰하고 몰입하여 생각이나 상상을 반복하면서 연습하거나 훈련을 계속 반복할 경우에는 뇌를 압박하여 융합작용이 일어나므로 그 차이는 크다고 할 수 있다.

그리고 성장하면서 얼마간 주위 사람들과 소통이 있었다고 본다. 이것이 없다면 세상과 단절되므로 창의성을 잉태하는 데 측면에서 지원하는 보급로가 끊어지는 것과 같으므로 이 열악한 환경이 레오나르도의 창의성이 잉태하도록 자연스럽게 도왔다고 본다. 레오나르도가 사회생활을 할 수 있는 21세에 개인적으로 창의성이 발현했는지는 알 수 없으나, 그가 어릴 적에 영재성이 있었다고 본다. 주위 환경에 몰입하여 생각이나 상상을 반복하는 것이 뇌에 자극을 주어 영재성이 생성되었다고 보고 있으며, 누가 가르쳐주지 않고 주위 환경을 관찰하고 생각이나 상상을 반복하면서 그만의 방식으로 배웠기 때문에 말하거나 행동을 하면 주위의 다른 사람들이 볼 때는 별나거나 엉뚱하게 보일 수밖에 없었을 것이다.

특히 어릴 적 그가 살던 곳이 시골 마을이므로 주위의 사람들이 그가 땅에 그리거나 흙으로 만든 것을 보더라도 스스로 관찰한 것을 자신의 방법으로 표현한 것이라 이해할 수 없으므로 별나고 엉뚱한 아이로 보였을 것이다. 만약에 그의 영재성이 주위의 관심을 끌었다면 영재가 성인이 되었을 때 영재성이 남아 있는 경우가 적은 경우와 마찬가지로 그의 영재성도 더는 진행하지 않았을지도 모른다. 그림이나 조각 등 재능 부분은 어릴 적부터 역량을 쌓지 않으면 뛰어난 재능을 발휘할 수 없으므로 위와 같이 추적해보았다.

■ 친부가 돌봐주었더라면 창의성은 줄었을 것

'주산학교는 다녔으나 16살 이후에는 더 이상 교육이 없었다는 것', '라틴어도 대수학도 방정식도 배우지 않았다는 것'을 살펴보자.

주산학교에 다녔다는 것은 친부가 계속 돌봐주었다는 것을 의미하지만, 16살 이후 더 이상의 교육이 없었다는 것은 레오나르도가 공부에 재능이 없으므로 친부도 가르치는 것을 포기했다는 것을 의미한다. 만약에 친부가 유년기에 레오나르도와 같이 살았다면 그림이나 조각에 소질이 있는 것을 발견하고 그림이나 조각 선생님을 붙여 배우게 했을지도 모른다. 이렇게 됐다면 그림이나 조각에 뛰어난 재능은 발휘할 수 있지만, 다른 이들처럼 창의성은 훨씬 줄었을 것이다.

보통 다른 학생이라도 주산에 관심을 두고 조그만 연습을 이어가도 중간 정도 성적을 내는 것은 어려운 일이 아니므로 레오나르도는 누구한테 배운다는 것이 생소하기도 하고 훈련이 안 되어 있음은 물론 주산 공부 시간에 공부에는 관심이 없고 그가 평소에 몸에 밴 습관대로 생각이나 상상을 반복하는 것은 얼마든지 가능하므로 이것을 이어갔다고 본다.

그리고 '라틴어도 대수학도 방정식도 배우지 않았다는 것'도 누구한테 배운다는 것이 생소하고 훈련이 안 되어 있었다는 것을 의미한다고 보고, 친부 역시 주산학교의 성적도 별로이고 레오나르도도 관심을 보이지 않아 포기했다고 본다.

'화가의 첫걸음이 21살이었고, 그의 고향인 아르노강 골짜기의 풍경화였다는 것', '딱따구리의 혀 모양, 하늘을 나는 새, 물의 소용돌이,

아르노강의 골짜기, 식물 줄기, 우화, 천사 이야기 등 어린 시절과 관련된 것이 그의 메모지에 특히 많다는 것'을 살펴보자.

　대부분 사람은 성인이 된 다음에는 주변 환경에 적용하고 주위 환경에 어울리는 생활을 하거나 재능을 펼치면서 어릴 적 기억은 잠시 먼 기억으로 저장한다. 레오나르도의 메모지에 그의 고향의 주변 환경에 있는 어릴 적 기억이 창의성으로 많이 등장하는 것은 앞서 추적하여 설명했듯이 주변 환경을 관찰하고 생각하거나 상상을 반복하였고 이것이 오랫동안 이어졌음을 보여주는 것이다. 이에 뇌에는 융합하고 축적된 부분이 많았음을 알 수 있다.

　창의성 발현 과정을 살펴보면 외부에서 지식이나 경험을 취득하게 되면 뇌를 자극하게(외부적인 자극) 되어 바로 그 순간이나 다음 날 잡다한 생각이나 상상에 몰입하는 중에 창의성이 발현하는 경우가 있는데, 레오나르도의 어릴 적에 융합하고 축적된 부분에 외부에서 새롭게 지식 및 경험을 자극받았을 때 그 순간이나 그다음 날 변형하여 발현한 것을 메모지에 적은 것이 많다고 본다.

　메모지에 적지 않게 되면 창의성으로 발현한 것은 순간적으로 왔다가 순간적으로 사라진다. 이 부분은 뒤에 '생각하는 뇌의 문이 열린다' 항목에서 다시 한번 들여다볼 것이다.

　'당시에 좀 별난 취급을 받았다는 사실'은 다른 이들과 소통하는 데 문제가 있었다는 것이므로 어릴 적에 홀로 지낸 시간이 많았고 자신만의 방법으로 형성된 것이 많다는 것을 증명한다고 본다. 아이작슨이 바라본 레오나르도에 대한 생각들, 즉 "레오나르도에게 천재라는 딱지를 붙이는 것은, 그를 벼락 맞은 특별한 인간으로 만듦으로써 오히려 그의 가치를 축소시킨다"라는 것은 레오나르도의 재능이 신에게서 비롯했다고 한 당시의 친구인 바사리의 생각을 부정한다.

아이작슨은 "레오나르도의 천재성은 개인의 의지와 야심을 통해 완성되었다"라고 주장한다. 아이작슨이 그려내는 레오나르도는 뉴턴이나 아인슈타인처럼 '가뿐한 천재'가 아니다.

나는 레오나르도 다빈치를 대천재로 분류한다. 뉴턴이나 아인슈타인에 대한 지식은 극미하므로 평한다는 것이 말이 안 될 수 있지만 대천재로 분류하는 것이 옳다고 보며, 레오나르도는 매우 다양한 분야에 창의성을 발현했지만 만유인력, 상대성 이론 등 매우 뛰어난 창의성을 완성한 것은 인류에게 지대한 공헌을 했다고 보며 단지 레오나르도와 뉴턴, 아인슈타인은 천재성이 다른 방향으로 진행됐다고 본다.

그리고 레오나르도와 뉴턴, 아인슈타인을 비교한다는 것은 의미가 없다고 할 수 있지만 레오나르도는 다양한 분야에서, 어떤 것은 깊이가 얇을 수 있으나 너무나 많은 양의 창의성이 발현한 것은 매우 특이하다고 할 것이다.

천재가 야망이 크면 끝이다. 앤더슨 에릭슨의『일만 시간의 법칙』에서 말하듯 재능에 있어서 의지에 의해 천재성이 잉태될 수도 있지만, 천재성이 형성된 다음에 야심이나 야망이 커지다 보면 주변 환경이 변하게 되고 천재성이 더는 진행하지 않는 경우가 많다.

■ 다빈치의 본업은 상상과 메모

그리고 특별한 환경에 적응하다 보면 앞서 설명한 대로 의지나 야심, 그리고 목표를 정하지 않더라도 자연적으로 천재성은 잉태된다. 천재성이 창의성으로 발현한 후에도 초심대로 생각이나 상상을 반복하는 것을 계속 이어갈 수 있다면 '생각하는 뇌의 문'도 열리게 되므로 의지나 야심 또는 목표도 더 이상 필요가 없게 된다.

창의성은 권력과 부, 그리고 명예와 반비례한다고 주장한 것과 마찬가지로 의지와 야심도 탐욕의 일종이므로 창의성과 반비례한다. 특히 레오나르도는 뛰어난 많은 작품을 남겼지만, 그것은 세상과 소통하려는 방편으로 보이며 7,200쪽에 달하는 메모지 그것도 생존에 그가 남긴 것에 4분의 1로 추정한다는 것은 그는 주로 잡다한 것을 생각이나 상상을 몰입하는 것이 일상화되어 있었고, 몰입 중에 떠오른 것을 메모지에 적은 일이 본업이라고도 할 수 있을 것이다.

잡다한 것에 대한 생각이나 상상에 몰입하더라도 꿈을 꾸는 것처럼 어느 순간 한 가지에 초점이 맞추어지면서 영감이 떠오르는 것이다. 이것은 꿈을 꾸고 눈이 떠질 때와 마찬가지로 순식간에 사라지기 시작하므로 메모지에 적지 않으면 다시 떠오르지 않는다.

'평생 가족다운 가족을 갖지 못했다'라는 것은 레오나르도의 천재성을 논할 때 무척 중요하다고 본다. 만약에 그에게 사랑스러운 아내나 자식이 있어 정상적인 가족을 이루고 살았다면, 다른 이들처럼 가족에 대한 책임감은 물론 그에 따른 할 일도 많아지고 가족의 행복을 위해서 야심이나 탐욕은 늘어날 수밖에 없으므로 다른 천재라고 하는 이들처럼 더는 뇌가 발전하지 않거나 창의성이 발현하지 않게 되었을 수도 있다.

즉, 다른 할 일이 많다는 것은 생각이나 상상을 반복하는 것이 점점 줄어들다가 생각의 고착화 상태에 이르게 되고 뇌 또한 에너지를 더 소비하지 않는 편리한 쪽으로 쉽게 변할 수 있으므로 평생 가족다운 가족을 갖지 못한 레오나르도에게는 불행일지 모르나 창의성 측면에서는 다행이라고 본다.

천재적인 예술가가 중도에 술독에 빠지거나 방황하다가 일정한 시간이 지난 후 천재적인 예술 작품을 남긴 경우가 여럿 있는 것으로 알고 있다. 천재적인 재능을 가진 예술가라고 하면 그 방향으로 계속 진행되고 발전하여야 하나 창의적인 작품을 창작하게 되면 권력이나 명예 그리고 부가 따르게 되고, 그에 따라 할 일도 많아지게 되므로 다음 창작을 위한 생각이나 상상을 반복할 수 있는 시간은 줄어들 수밖에 없게 되고 급기야는 생각의 고착화 상태에 이르게 된다.

창의성 발현은 우리의 몸이 자연을 닮아 이루어졌으므로 지진이 일어날 때와 같이 창의성이 발현한 이후 몇 건의 창의성을 더 발현할 수 있으나 그것이 잡다한 생각이나 상상이라도 반복하는 것을 계속 이어가지 않는다면 더는 창의성이 발현하지 않는다.

천재적인 예술가가 이유 없이 자살하거나, 중도에 술독에 빠지거나 방황하다가 일정한 시간이 지난 후 천재적인 재능이 다시 살아난 이유는 생각의 고착화 상태에 이르게 된 것이고 이것이 지속되다 보면 생각이나 상상을 반복하더라도 금방 그 재능이 회복되지 않으므로 좌절하게 되어 자살하거나 방황하게 되는 것이다.

방황이라는 것은 그 자체에 잡다한 생각이나 상상을 반복하는 것을 수반하므로 어느 순간 그의 재능에 대한 생각이나 상상을 반복하는 것으로 바뀌게 되고 재능이 부활하게 된다. 여기서 잡다한 생각이나 상상이 비관적일 경우 자살할 확률이 높으므로 비관적인 생각이나 상상은 짧을수록 좋다.

생각의 고착화 상태가 얼마나 이어졌느냐에 따라 그리고 방황의 정도에 따라 그 기간은 다르다고 본다.

■ 윤선도, 정약용, 김정희는 유배지에서 천재성을 발휘

윤선도, 정약용, 김정희 등의 인물이 정상적인 사회활동을 할 수 있는 곳이 아닌 유배지에서 창의성이 발현한 것을 눈여겨보면 쉽게 이해할 수 있다고 본다.

물론 유배생활을 한다고 해도 변수가 너무 많으므로 누구나 창의성을 발현하는 것은 아니다. 레오나르도가 평생 가족다운 가족을 이룬 것이 없는 것은 어릴 적부터 생각하거나 상상을 반복했던 습관을 계속 이어가도록 도운 측면이 있다고 본다.

'기하학에는 능했으나 산수에는 약해 평생 방정식을 이해하지 못했고, 손이 느려 회반죽 흙이 마르기 전에 재빨리 그림을 그려 넣어야 하는 프레스코 벽화도 그리지 못했다', '그림을 미완성으로 남겨두는 일로 악명 높아서 오늘날 그가 전부 그렸거나 주도적으로 그렸다고 알려진 작품은 열다섯 점에 불과하다'라고 했지만, 아이작슨은 말한다. "창조력은 때때로 뜸을 들이는, 심지어 아주 꾸물거리는 작업 방식을 요구한다. 최후의 만찬을 그릴 때 레오나르도는 평소처럼 꾸물

아이를 창의적 천재로 만드는 뇌의 비밀

댔다."

그림이 완성되지 않을까 걱정된 의뢰인이 그를 호출했을 때 레오나르도는 "대단한 천재성을 지닌 사람은 때로는 가장 적게 일할 때 가장 많은 것을 성취한다"라며 "아이디어와 그 구성을 완벽하게 실행하는 방식을 골똘히 고민한 다음에야 거기에 형태를 부여할 수 있기 때문"이라고 답했다.

아이작슨은 레오나르도의 탁월한 관찰력도 노력의 산물에 가까웠다고 해석한다. 딱따구리의 혀 모양에까지 관심을 기울인 노력이 입술 근육에 대한 강박적인 해부학 연구로 이어졌고, 이것이 '모나리자의 미소'를 그려내는 데 기여했다는 것이다.

어제 탈 공방을 하는 친구에게 주문한 공예 부속상품을 배달하기 위해 다녀왔다. 이 친구는 공예 탈 기술사이고 공예 관련 바깥 생활도 많이 하는 편인데 지방자치단체에서 도깨비를 주제로 탈을 주문받았고, 또 하나는 유튜브를 하는 고객으로부터 새를 주제로 탈을 쓰고 유튜브 방송을 할 수 있는 탈을 주문받아 제작해주었다. 고객으로부터 만족스럽다는 리뷰를 받았고, 만든 것을 스마트 영상을 통해 나에게 보여주었는데 대체로 잘 만들었다는 느낌이다. 위와 같이 한 분야에 전문가라고 하면 까다로운 고객이라고 하더라도 의뢰한 작품을 완성하는 데는 큰 문제가 없고, 의뢰인과 작품 구성만 협의되면 완성까지 시간도 많이 걸리지 않는다.

레오나르도와 같은 천재가 그것이 창의적인 작품이라 하더라도 영감만 떠오르면, 그리고 그것을 완성하려는 의지만 있다면 많은 시간이 필요하지 않을 것이다. 그리고 '생각하는 뇌의 문이 열린다'가 되면 지금 하는 것에 머뭇거림이 있을 때 다음 날이면 바로 해결되는 경우가 많다.

그가 작품 활동을 할 때 꾸물거리는 것은 다른 이유는 영감이 떠오르거나 창의성이 발현한 것을 메모지에 적는 것이 주업이었기 때문이다. 작품 활동은 생계를 유지하거나 그곳이 영감이 떠오르거나 창의성을 발현할 수 있도록 자극을 공급해주는 곳이기 때문에 작품 활동에 최선을 다하지 않은 것이다.

영감이나 창의성은 자극을 받을 때 즉시 떠오르거나 그다음 날 발현하므로 꾸물거리는 것과는 거리가 멀다. 대부분의 사람은 작품을 그리거나 만들 때 막히는 부분이 있을 때 꾸물거릴 수 있으나 정신적인 영역(생각하는 뇌의 문이 열린다)에 있어서 일정한 수준에 이르면 그가 가는 뇌의 방향에 있는 어려운 문제는 그다음 날이면 거의 해결될 확률이 높다고 본다.

'기하학에는 능했으나 산수에는 약해 평생 방정식을 이해하지 못했고, 손이 느려 회반죽 흙이 마르기 전에 재빨리 그림을 그려 넣어야 하는 프레스코 벽화도 그리지 못했'라는 대목을 살펴보면, 만약에 그가 살아가는 데나 작품 활동을 하는 데 방정식이 필요했다면 어떻게든지 배웠을 것이고 의뢰받은 작품에도 뜸을 들이는 것을 보면 전력을 다하지 않고 있음을 보여주는 것이다. 그림을 그리는 데 손이 느리다는 것은 그림을 정통적으로 배우지 않았다는 것이다. 만약 그가 의지력만 있었다면 동료나 다른 이에게 빨리 그리는 방법을 배워 프레스코 벽화도 그렸을 것이다.

레오나르도가 그림을 그리거나 조각을 하는 것은 생계 수단으로 보일 수밖에 없다. 또는 작품 활동을 하는 것이 영감을 제공하는 곳이거나 창의성을 위한 자극을 제공하는 곳인 것이다.

■ 레오나르도를 이해하는 법

레오나르도를 이해하려면 다른 측면에서 바라보아야 한다고 본다. 성격이 별나다는 것과 남겨진 메모지가 7,200쪽이라는 것, 그것도 그가 남긴 분량의 4분의 1로 추정한다는 것에 주목해야 한다고 본다.

남겨진 메모지가 7,200쪽이라면 20살부터 60살까지 계산한다면 2일에 1장을 메모한 것이고, 그것의 4배 분량이라고 추측한다면 하루에 두 장을 메모한 것이 되고, 그것도 빈칸이 없을 정도라면 일기로 쓰기에도 많은 분량이다. 정상인이 아닌 천재라고 하더라도 결코 쉽지 않다고 본다. 새로운 것을 관찰하거나 노력한다고 하면 시간도 많이 걸리고, 정상인들이 하는 방식으로는 이해할 수 없다고 본다. 아이디어나 영감은 떠오르는 즉시 메모지에 적지 않으면 사라지는 경우가 많으므로 즉시 메모지에 적어야 한다.

하루에 2쪽 분량을 가득 채울 정도면 아이디어나 영감이 수시로 떠올라야 하고 메모지에 적어야 하므로 작품 활동 중에도 아이디어나 영감이 떠오르면 즉시 메모지에 적었을 것이다. 아이디어나 영감은 한 번으로도 족할 수 있지만, 생각이나 상상을 반복해야 완성할 수 있는 것도 많으므로 작품 활동은 지연될 수밖에 없었다고 본다. 앞서 설명했듯이 전문가라면 의뢰인이 의뢰한 작품 정도를 완성하는 것은 그렇게 어려운 일이 아니고, 레오나르도라면 더욱 그랬을 것이다.

■ 수시로 떠오르는 영감의 상태

창의성 발현 과정을 살펴보면, 외부에서 지식이나 경험을 습득하게 되면 이것이 뇌를 자극해 그 즉시나 그다음 날 무엇을 생각하거나 상상하는 것에 몰입하는 중에 하늘에서 뚝 떨어진 것과 마찬가지로 창의성이 발현하거나, 뇌 활성화 상태가 오랫동안 이어지고 뇌 활성화 상태가 최고조에 이르게 되면 '생각하는 뇌의 문이 열린다'라는 상태가 된다. 외부에서 지식이나 경험을 습득하게 되면 그 지식이나 경험이 처음 습득한 것이 아니라 오래전에 습득했더라도 그 부분에 융합 작용이 되어 있는 상태이므로 현재 습득한 지식이나 경험을 빌미로 즉시 혹은 그다음 날 창의성 또는 아이디어 및 영감으로 떠오르는 것이다. 그리고 이러한 상태가 수시로 가능하므로 작품 활동 중에는 더욱 빈번할 수 있다.

레오나르도에게 작품 활동은 사회와 소통하는 수단이고, 또 그것이 가능했던 것은 생계를 해결해주는 동시에 작품 활동이 뇌를 자극해 아이디어나 영감이 떠오르는 공간이 될 수 있었기 때문이다.

'창조력은 때때로 뜸을 들이는, 심지어 아주 꾸물거리는 작업 방식을 요구한다' 항목을 보자. 레오나르도는 "대단한 천재성을 지닌 사람은 가장 적게 일할 때 가장 많은 것을 성취한다"라며 "아이디어와 그 구성을 완벽하게 실행하는 방식을 골똘히 고민한 다음에야 거기에 형태를 부여할 수 있기 때문이다"라고 답했다. 맞을 수도 있고, 핑계일 수도 있다고 본다.

일반적으로 전문가라 해도 작품을 할 때, 특히 의뢰인이 의뢰한 작품을 할 때 구상을 하거나 영감이 떠오르기 위해서는 얼마간의 시간

아이를 창의적 천재로 만드는 뇌의 비밀

이 필요하다. 특히 창의성을 부여하기 위해서는 시간이 더 필요하고, 작품이 마음에 들지 않으면 진행 과정에서 시간을 지체할 수도 있다. 그러나 창의성을 부여한다고 해도 모든 작품이 그렇지는 않는다고 본다.

■ '모나리자'는 미완성 작품이 아니다

작품을 구상하고 영감이 떠오르게 되면 일사천리로 진행되는 경우도 많다. 천재성이나 창의성이 사물을 인지하는 순간에 떠오를 수도 있지만, 연구하고 노력해도 뇌에 저장된 것에 부합하지 않는다면 시간이 오래 걸릴 수도 있는 것이 사실이다. 앞서 설명했듯이 7,200쪽 또는 4배의 메모지를 생각한다면 레오나르도의 말은 맞을 수도 있고, 핑계일 수도 있다고 보고, 창의성은 영감이 떠오르면 즉시 실행해야 하는 경우도 많으므로 시간에 뜸을 들이면 처음 의도와 달리 누더기가 될 수도 있다고 본다.

'모나리자의 미소'의 눈썹을 그리지 않고 미완성으로 남겨둔 것은 레오나르도의 천재적 창의성을 생각한다면 그림을 그리는 중도에 의도적으로 눈썹을 그리지 않았다고 볼 수 있으므로 미완성이 아닌 완성된 작품으로 보는 것이 타당하다고 본다.

아이작슨은 "창의성은 협업에서 나온다", "거장과 제자들의 협업이 이루어졌던 레오나르도의 피렌체 작업실은 개인의 천재성과 팀워크의 결합을 통해 굴러갔다"라고 했다. 창의성은 협업에 의해 나올 수 있다고 본다. 특히 현대의 거대 기업들은 팀워크가 매우 탄탄하고, 이미 많은 것이 밝혀진 상태이므로 협업에 의해 충분히 창의성이 나올 수 있다고 본다. 하지만 과거의 비중이 큰 창의성은 개인에 의해 이루어졌다.

레오나르도의 작품 중 대작은 거장 및 제자들과 협업을 통해 이루어졌을 수도 있지만, 피렌체의 작업실은 앞서 설명했듯이 레오나르도의 뇌를 자극해주는 공간의 측면이 더 크다고 본다.

■ 생각하는 뇌의 문이 열린다

가칭 '생각하는 뇌의 문이 열린다'에 대해 생각해보자.

앤더슨 에릭슨의 『일만 시간의 법칙』을 보면 훈련하고 또 훈련하기를 일만 시간을 넘기게 되면 '살아 있는 생물처럼 된다'라고 했는데(그가 쓴 책을 읽어보지는 못했음) 베토벤을 예로 든 것으로 알고 있다. 그리고 그는 학자로서 오천 시간을 넘긴 사람과 일만 시간을 넘긴 사람 등을 조사해 위와 같은 결론을 낸 것으로 알고 있다.

- 김연아 같은 선수는 피땀 흘려 훈련한 결과 세계 정상에 올랐고, 몇 년 후에는 빙상의 여왕 자리를 다른 이에게 내주었다.
- 타이거 우즈는 천재라고 불리는 골프 황제로 스캔들이 있은 후 이혼했고, 방황하다가 다시 골프를 시작했지만 정상 자리에 선적은 별로 없다. 골프는 나이가 들어도 우승자가 많이 나오는 운

동 종목 중 하나이다.

- 조훈현, 이창호, 이세돌은 두뇌로 하는 바둑에 있어서 천재라고 불렸고 세계 정상에 많이 올랐지만 지금은 아니다.

이처럼 수많은 운동선수가 세계 최고에 올랐다가 금방 다른 선수에게 정상의 자리를 내주는 경우가 너무 많다. 재능을 가진 예술가 등은 천재라고 불렸으나 베토벤처럼 많은 이들이 천재 중의 천재가 되지 못한 이유는 무엇일까?

운동선수나 바둑의 경우 20대 전반이나 드물게 20대 후반기에 정상에 올랐다가 이내 정상 자리를 후발주자에게 내주는 경우가 너무 많다. 바둑의 경우 정상에 서는 것이 운동선수보다 좀 더 빠르고 정상을 내주는 것도 좀 느린 것 같다.

20대를 지나면서 체력이 서서히 저하되는 것이 자연적인 현상으로만 봐야 하나?

운동선수 중에 올림픽 종목에서 3연패를 하거나 10년 이상 정상의 자리를 지킨 이들도 많이 있다. 옛날에 정상에 섰던 운동선수들이 방송에 소개되는 경우가 많은 데 20~40년이 지난 현재는 체력 조건이 같은 나이의 정상인들과 똑같다.

'세상에 이런 일이' 등 방송에 소개된 이들을 보면 60대는 물론 70~90대 노인들도 운동을 꾸준히 하니 병원에 가 조사한 결과 40~50대의 체력이라고 판명 난 경우가 많다. 며칠 전에 방송을 통해 본 92세 된 세 분은 축구를 꾸준히 해온 경우로, 축구를 해온 40~50대들과 비교해도 재능은 물론 체력도 그리 뒤지지 않았다.

바둑의 경우 나이가 들어도 꾸준히 바둑을 두어온 이들은 20세 전후의 프로 여자 선수들과 경기를 하여도 승수가 대등하였다가 최근에는 여자 프로 선수들이 승률이 높은 것을 바둑 방송을 통해 보았다.

『일만 시간의 법칙』대로 한다면 예능에 있어서 천재성이 발휘되고, 그 후로도 그 천재성이 그대로 유지됨은 물론 여기에 2~5세에 뇌의 발달 방향이 정해진다는 것을 적용하면 그 방향이 진행되어야 하므로 베토벤처럼 그 천재성이 계속 발전하여야 한다. 우리나라에도 국제 콩쿨 대회에 나가 우수한 성적을 거둔 피아노, 첼로, 바이올린, 성악 등 천재 예술가들이 많은데 지금 그들은 그 명성에 기대어 활동하고 있는지, 아니면 베토벤처럼 그 천재성이 계속 발전하고 있는지 궁금하다.

베토벤을 살펴보면 그는 청각 장애인임에도 불구하고 뛰어난 작곡을 많이 남겼다. 작곡을 하기 위해서는 음각이 살아 있는 정상인이 백번 유리하다. 베토벤은 음각을 느낄 수 없는 청각 장애인이 아니었나?

나는 권력과 명예, 부 그리고 편리함은 창의성과 반비례한다고 주장했다. 비중이 있는 창의성을 발현하게 되면 권력과 명예 및 부는 자연스럽게 따라오게 되고, 점점 그쪽으로 시간을 더 할애하게 되면서 훈련하고 또 훈련하거나, 생각이나 상상을 반복할 수 있는 시간은 줄어들게 되며 뇌도 에너지를 더 소비하지 않는 편리한 쪽으로 바뀌게 되고, 신체도 편안함 쪽으로 바뀌게 된다.

청각 장애인은 정상인들과 소통하는 데 상당한 어려움이 있으므로 권력과 명예 및 부를 누리는 것도 쉬운 일이 아니므로 그가 가장 잘할 수 있는 작곡을 통해 정상인들과 소통을 한 것이다. 즉, 환경이 그를 천재 중의 천재가 되는 것을 도운 것이다.

베토벤은 피아노를 일만 시간 이상을 훈련하고 또 훈련했으므로 눈을 감고도 피아노를 칠 수 있었을 뿐만 아니라 절대음감도 뇌에 저장되어 있으므로 청각 장애인이라는 것이 크게 문제가 되지 않았다고 본다. 중도에 훈련하거나 생각 및 상상을 반복하는 것이 초심만큼은 아니더라도 근근이 이어져 왔거나, 청각 장애인이 된 후 생각하거나 상상을 반복하는 것을 집중적으로 하였다면 1~2년 안에 창의적인 작곡을 할 수 있었을 것이다.

앤더슨 에릭슨은『일만 시간의 법칙』에서 일만 시간 이상을 훈련하고 또 훈련했을 때를 논하였는데 그다음은 설명이 없었다. 다시 말해 운동선수의 경우 일만 시간 이상을 훈련하여 그 계통에서 최고의 자리에 오르더라도 초심을 잊어버리면 그 기술이나 체력은 서서히 저하되고, 예능의 경우에도 천재성을 발휘하더라도 훈련하거나 생각, 상상을 반복하는 것을 중단하게 되면 운동선수보다는 서서히 진행되지만 천재성은 앞으로 진행하지 않고 서서히 감퇴한다. 뇌의 방향도 마찬가지다.

운동선수의 경우를 좀 더 살펴보자.

■ 최고의 자리에 오르게 되면

올림픽이나 큰 대회에서 최고의 자리에 오르게 되면 각종 매체와 인터뷰를 하게 되고 각종 행사장에 불려 다니게 된다. 그리고 친지들로부터 축하를 받음은 물론 그들과 어울리는 데 시간을 할애하게 되고 신체 또한 당분간 쉬기를 원한다.

최고의 자리에 오른 대부분의 선수들은 다음 대회를 앞두고 빠르면 2년, 늦으면 1년 전에 다시 훈련을 재개하고 2연패, 3연패를 하는 선수들이 있는데 처음 최고의 자리에 올랐을 때보다 기술이나 기록이 더 좋아진 선수는 손에 꼽을 정도다.

『일만 시간의 법칙』에서 일만 시간 이상을 훈련하고 또 훈련하면 '살아 있는 생물처럼 된다'라고 했으니 잠시 훈련을 중단하고 휴식 시간이 있더라도 훈련하고 또 훈련하면 앞으로 계속 진행되므로 기술이나 기록은 더 좋아져야 원칙 아닌가?

쓰지 않으면 녹슨다는 말이 있듯이 신체나 재능 부분은 아무리 일만 시간 이상을 연습하거나 훈련하여 최고의 경지에 올랐더라도 초심대로 연습하거나 훈련을 하지 않으면 서서히 퇴화한다. 그리고 중단한 시간이 길면 길수록 그가 가진 최고의 기록이나 재능을 복구하는 시간은 그에 비례하며, 운동선수의 경우 20대 초반을 기점으로 신체의 기능이 서서히 저하되므로 중단한 시간이 길면 길수록 그가 가진 최고의 기록을 복구할 수 없게 된다.

바둑의 경우 두뇌로 하는 것이며 고도의 집중력을 요하는 게임이다. 위와 마찬가지로 우승한 뒤 각종 매체나 행사장에 시간을 할애하게 되면 초심을 잃게 되고 점점 최고의 경기력을 보일 수 없게 된다.

운동선수나 바둑에서 최고의 자리에 오른 이들이나, 최고의 재능을 가진 이들이 정상을 지키거나 더 나은 기록 및 더 좋은 재능을 원한다면 정상에 오른 다음에도 즉시 초심대로 연습하거나 훈련을 이어가야 가칭 '신의 경지'에 이르게 되는 것이다. 즉, '일만 시간의 법칙'에서 끝나는 것은 아니다.

■ 작은 성공에 흥분해서는 안 된다

평창 동계올림픽 때 쇼트트랙이나 빙상대회에서 우리나라 선수들이 결승전에 오르게 되면 각종 매체에서 결승전에 오른 선수와 인터뷰를 하기 바쁘다. 21살 이하 선수 축구 월드컵에서 결승전에 오르게 되니까 감독이나 선수에게 각종 매체에서 인터뷰를 하느라고 난리였다. 감독이 하는 말은, 신세대들의 훈련은 자율에 맡기고 마치 우승한 것처럼 들떠 있었다. 아직 결승전이 남아 있는데 어떻게 이런 일이 일어나는지 상식으로 도저히 납득이 되지 않는다.

평소에 전문가라고 하는 이들은 많은데 다 어디 갔는지 보이지 않는다. 평창 동계올림픽에서 결승전에 오른 선수는 평소의 기량대로라면 충분히 우승할 수 있다. 물론 다른 나라 선수들도 최고 수준에 이른 선수들이다. 이들과 경쟁에서 이기기 위해서는 체력 관리는 물론 긴장감을 계속 유지하여야 함에도 불구하고, 선수들의 긴장감을 흐트러놓아 경기에 몰입을 떨어뜨리는 행위이다.

월드컵 결승전 후반전에 한국 팀이 지고 있을 때 해설자가 체력이 떨어져서 고전하고 있다는 말은 경기에 임하는 그들의 자세를 대변하고 있다고 본다. 최고의 기량에 오른 선수들의 경기에서 결승전이 끝나기 전까지 중도에 선수나 감독의 몰입도를 떨어뜨리는 모든 행위는 독주를 권하는 것과 같다.

그리고 『일만 시간의 법칙』에서 말하는, 전문적인 훈련 방법도 생각해볼 문제라고 본다. 대부분 운동선수, 바둑인, 예능인은 일만 시간보다 훨씬 더 많은 시간 동안 전문적인 훈련을 하였다. 하지만 최상위 그룹에 속하는 경우는 몇 명 되지 않는다. 그 이유는 훈련하는 집중력이나 어떻게 훈련을 하는가도 중요하지만, 또 다른 이유는 없는지 생각해봐야 한다고 본다.

모든 행위는 뇌와 연결되어 있고, 과학자들이 생각을 거듭하게 되면 뇌가 활성화하는 것을 밝혀냈듯이 전문적인 훈련을 할 때 생각을 겸해서 할 수 있으나 생각이나 상상을 할 수 있는 공간을 따로 만들어 전문적인 훈련과 겸해서 이미지 트레이닝을 한다면 훨씬 효율적이라고 본다.

창의성 발현 과정을 살펴보면 잡다한 생각이나 잡다한 상상을 반복해주고 이것을 습관화하여 오랫동안 이어가다 보면 비중이 있는 창의성을 발현할 수 있는 상태에 이르는 것을 보면, 한 방향으로 전문적인 훈련을 해주고 이와 관련된 것을 생각이나 상상을 훈련하지 않는 시간에 훈련처럼 반복해준다면 이것은 생각이나 상상을 한 것을 실행하는 것과 같으므로 그 효과는 매우 크다고 본다.

■ 창의성을 발휘하는 경우

비중이 있는 창의성을 발현할 수 있는 상태에 이를 수 있는 길은 여러 가지가 있을 수 있는데 정리해보자. 그 길은 자연적으로 형성되는 경우와 인위적으로 형성되는 경우의 2가지가 있다고 본다.

① 자연적으로 형성되는 경우

아이를 창의적 천재로 만드는 뇌의 비밀

자연적으로 형성되는 경우는 어떤 의도나 목적이 없이 형성되는 경우이다. 이 경우도 2가지로 요약할 수 있는데, 생각이나 상상한 것을 행동으로 실행하는 경우와 잡다한 생각이나 상상을 하고 행동으로 실행하지 않는 경우로 나눌 수 있다. 후자는 열악한 환경에서 그 환경으로 인해 자연스럽게 형성된다고 본다. 전자는 열악한 환경에서 자연스럽게 형성되거나, 또는 어릴 적에 한 방향에 대한 많은 노출로 인해 뇌가 자극받아 형성되는 경우도 있다.

◇ 생각이나 상상한 것을 행동으로 실행하는 경우

열악한 환경에서 자연스럽게 형성되는 경우는 홀로 주위 환경에 자주 노출되다 보면 자연스럽게 그 환경에 관심을 갖게 되고 그 결과를 스스로 자기만의 방식으로 실행하고 표현하는 데 열악한 주위 환경의 바탕 위에서 그 주위 환경이 때때로 변할 수 있다. 그러므로 그에 맞게끔 관심의 대상도 바뀌고 그 관심을 실행하는 표현 방법도 다를 수 있다. 즉, 다양한 뇌의 발달 방향으로 진행될 수 있다. 다만 어릴 적에 전체적인 틀에서 보면 열악한 환경(홀로 지내는 시간)이 상당한 시간 동안 지속되어서 이것이 습관이 되어야 한다. 그리고 이때 형성된 뇌의 발달 방향은 다양한 방향으로 진행될 수 있다. 뇌의 발달 방향은 연속성이 있을 때만이 그 방향으로 계속 진행하므로 습관이 되더라도 비중이 있는 창의성을 발현할 수 있는 상태까지의 기간은 정도에 따라 다르지만, 어릴 적부터 거의 15년쯤(다양한 방향으로 진행하기 때문에 시간이 더 걸린다고 봄) 걸리기 때문에 습관이 되더라도 열악한 주위 환경이 계속 도와주어야 한다. 이 조건을 충족하여야 하므로 그 확률은 매우 희박하게 되는데 레오나르도 다빈치가 이에 해당한다고 본다.

생각이나 상상한 것에 대해 한 방향으로 행동을 실행하는 경우는 어릴 적에 한 방향에 대한 많은 노출로 인해 뇌가 자극받아 시작되는 것으로 보는데 스스로 즐기면서 전문가의 도움이 없이 스스로의 방법으로 한 방향으로 역량을 쌓아가는 경우다. 어떤 의도나 목적이 있을 수도 있고 없을 수도 있다고 본다. 하지만, 스스로 즐기면서 역량을 쌓아가므로 그 의도나 목적이 상대적으로 약할 수 있다. 이 경우에도 습관이 되어야 하고, 정도에 따라 다르지만 한 방향으로 진행되므로 다양한 방향으로 진행할 때보다 기간이 적게 걸린다고 보고 있다. 또 이 경우에도 주위 환경이 도와주어야 한다. 요즈음은 각종 매체의 발달로 쉽게 한 방향으로 진행할 수 있는데, 역으로 중도에 그 각종 매체나 주위 환경에 노출될 수 있는 확률도 높아지게 되므로 비중이 있는 창의성을 발현할 수 있는 상태에 이르지 못할 확률도 높아지게 되는 것이다. 이 경우는 주로 기능이나 재능 분야에 많다고 본다.

◇ **생각이나 상상을 하고 그 실행이 없는 경우**

이 경우는 매우 특이한 경우로, 정신적인 영역에서 나타날 수도 있고 기능이나 재능에도 나타날 수 있는 현상이다. 잡다한 생각이나 잡다한 상상을 반복해야 하고 이것이 습관이 되어 오랫동안 이어져야 하므로 열악한 주위 환경과 매우 밀접한 관계를 맺고 있다 할 수 있다. 잡다한 생각이나 상상이라 함은 말 그대로 지식이나 경험 수준이 경미하거나 하찮은 경우가 대부분이므로 논란이 많을 것이라 예상된다.

앞서도 논했듯이 과학자들이 생각을 거듭하면 뇌가 활성화한다고 했고 뇌가 자체적으로 그것이 옳은 것인지 아닌지 판단할 수 없다는

아이를 창의적 천재로 만드는 뇌의 비밀

것에 유념해야 된다고 본다. 그리고 열악한 주위 환경에서도 오랫동안 병마에 시달리거나 신체의 장애로 인해 공간이 한정되어 있거나, 또는 여러 가지 이유로 공간이 한정되어 있고 열악한 환경도 지속되어야 한다. 하지만 그 주위 환경이 너무 열악하게 되면 잡다한 생각이나 상상이 근심이나 비관적인 흐름으로 중단될 수 있는 확률이 높아지게 되므로 그 열악한 환경이 적당해야 하고 희망이 상존해야 한다.

◇ 병마나 신체 장애의 고통이 상상으로 이끌어

병마에 시달리거나 신체의 장애로 인해 공간이 한정되어 있고 홀로 있게 되면 자연스럽게 잡다한 생각이나 상상을 하게 된다. 그것이 어릴 적이라 하면, 잡다한 생각이나 상상에 몰입하면 아픔을 잊거나 시간을 보낼 수 있으므로 자연스럽게 형성되고 그 기간이 어느 정도는 돼야 습관으로 정착된다. 주위 환경은 수시로 변하므로 그 열악한 환경이 지속되거나 또는 틈틈이 지속되어 잡다한 생각이나 상상을 이어갈 수 있도록 주위 환경이 도와야 한다.

이것은 어떤 목적이나 의도가 전혀 없이 단지 아픔을 잊거나 시간을 보내기 위한 것으로 주위 환경이 변하게 되면 이어갈 수 없다. 따라서 비중이 있는 창의성을 발현할 수 있는 상태에 이를 확률이 매우 희박하다.

이 경우에도 두 가지 유형이 있는데 잡다한 생각이나 상상을 반복하고 이것이 습관이 되어 이어가다 보면 창의성이나 영감이 있고 난 뒤 역량을 쌓는 경우와 비중이 있는 창의성을 발현하기 전 1~3년 전부터 한 방향으로 잡다한 생각이나 상상을 집중적으로 반복하다 창의성이 발현한 경우다.

이 경우에도 전자는 기능이나 재능 부분에 발현하고, 후자는 정신적인 영역에 창의성이 발현한다. 전자의 경우에는 '세상에 이런 일이'에 나오는 사람 중에서 주로 자영업에 종사하는 사람 중에서 어릴 적에 전문적으로 예술적인 교육을 받지 않았음에도 어느 날 영감이 있고 난 후 주로 자기가 종사하는 업종의 찌꺼기나 폐품을 이용하여 예술 작품을 만들면서 역량을 쌓는 이들이 여기에 해당한다.

후자의 경우에는 자기가 종사하는 일과 관계없이 비중이 있는 창의성을 발현하기 1~3년 전부터 한 방향으로 생각이나 상상을 반복했을 때 비중이 있는 창의성이 발현하는 데 주로 정신적인 영역인 인문학 분야에 있으며 초심을 잃지 않고 계속 이어간다면 그 역량은 계속 쌓여 가칭 '생각하는 뇌의 문이 열린다'가 될 수도 있다.

② 인위적으로 형성되는 경우

인위적으로 형성되는 경우는 어떤 의도나 목표를 갖고 역량을 쌓는 경우이다. 에릭슨 앤더슨의 『일만 시간의 법칙』에서와 같이 전문가의 조언과 전문적인 훈련으로 역량을 쌓는 것인데, 여기에는 몇 가지 주의할 점이 있다고 본다.

- 어릴 적에 형성된 버릇이나 습관 그리고 경험이 다 다르므로 그에 맞는 옷을 입히는 것이 중요하다.
- 다른 이의 간섭에 의해 훈련이 이루어지므로 중도에 이탈하거나 포기할 가능성 또는 변수가 많으므로 가장 우선시할 것은 그가

아이를 창의적 천재로 만드는 뇌의 비밀

그 훈련을 즐기도록 하여야 한다.

- 생각이나 상상을 할 수 있는 공간을 따로 만들어주어 그 훈련을 즐기도록 도와야 하고 그 훈련을 하는 데 있어서 경우의 수를 적극 활용할 수 있도록 도와야 한다.

즉, 생각이나 상상을 하는 것과 훈련하는 것은 상호작용을 하도록 해야 한다.

자연적으로 형성되든 인위적으로 형성되든 그것은 장기적인 경주이므로 주위 환경이 변함에 따라 중도에 이탈할 가능성이 매우 크므로 비중이 있는 창의성을 발현할 수 있는 상태에 도달하기가 쉽지 않고, 비중이 있는 창의성을 발현하게 되면 급속도록 주위 환경이 변할 확률이 높아지므로 그만큼 초심을 이어가기가 힘들다. 따라서 더는 신체나 예술성이나 뇌의 발전은 어느 정도 그 상태를 유지하다가 이내 중단되는 것이다. 즉, 뇌의 방향이 중단되는 것이다.

그러므로 주위 환경이 변하더라도 초심을 이어갈 수 있는 '절대적 습관자'가 되어 가칭 '생각하는 뇌의 문이 열린다'가 되어 '경우의 수'를 적극적으로 활용할 수 있는 수준에 도달하는 것이 뇌의 마지막 비밀이라고 본다.

■ 창의성을 키우는 방법

주위의 여건을 잘 활용하면 창의성으로 변하게 하는 방법은 많다고 본다. 그 기본은 생각이나 상상을 반복해줌으로써 뇌를 활성화하고 그 상태를 계속 유지함으로써 뇌의 활성화도 계속 유지토록 하여 역량을 쌓아 궁극적으로 경우의 수를 적극적으로 활용하는 상태를 만드는 데 있다 하겠다.

① 일기

매일 일기를 쓰는 것은 그날 하루를 돌아보는 의미도 있고, 기록으로 남기는 의미도 있고, 잘만 활용하면 문장력도 풍성하게 할 수 있고, 습관을 정착시켜 다음에 어떤 계획을 세우고 실천하려고 할 때 훨씬 유리하다. 그날 있었던 일을 기록으로 남기면서 그래도 생각이 가는 부분에 대한 생각이나 상상을 1시간 이상 쓰는 훈련이 필요하며 이것을 계속 이어갈 수 있다면 문장력은 물론 생각이나 상상력도 풍성하게 되고 생각이나 상상을 반복하는 횟수도 늘어나게 되면서 훗날 창의성을 발현하는 데 큰 도움이 된다.

② 여행

여행은 다른 지식과 경험을 취득할 수 있는 매우 유익한 통로이다.

그리고 생각이나 상상을 유발할 수 있는 소재도 매우 풍성하며 체험도 할 수 있는 공간이므로 사물을 바라보는 시각이나 관찰하는 훈련도 되고, 체험하는 훈련도 된다.

여행을 통해서 창의성을 잉태하기 위해서는 최소한 한 달에 한 번은 여행을 하여야 하며, 사물을 바라본 시각이나 관찰한 것 또는 체험한 것에 대한 생각이나 상상을 잠자기 전에 1시간 이상 9회 이상 반복하는 것이 필요하며 종이에 글로 쓰는 것이 가장 좋다.

③ 책

책은 여행과 더불어 창의성을 잉태할 수 있는 쌍두마차이다. 내용이 가벼운 책일 경우 책을 다 읽고 3~4회 이상 그에 대한 생각이나 상상을 잠자기 전에 1시간 이상 하고 종이에 글로 쓰는 것이 좋다. 그리고 그 책을 2번 더 읽고 다시 반복해주는 것을 1달 안에 끝내고 다른 책으로 이것을 계속 이어간다. 내용이 난해한 책일 경우 2~5회로 나누어 1회분을 위와 같이 해준다.

학생일 경우 다른 과목도 필요하므로 여행이나 책을 한 과목으로 설정하면 되고, 성인일 경우 일상생활과 병행하여야 함으로 작심삼일이 되지 않도록 유념해야 한다.

책이나 여행에는 지식과 경험이 풍부하게 내포되어 있으므로 책을 읽거나 여행한 것에 대해 일주일에 6번 정도를 계속해서 잠자기 전에 1시간 이상 생각과 상상을 하는 것을 위와 같이 반복할 수 있다면 잠이 들면서도 계속 연장될 수 있다. 그러므로 '일만 시간의 법칙'보다 훨씬 빠른, 대략 10년 안팎의 기간에 비중이 큰 창의성이 발현할 수 있다고 본다.

④ 자기가 가장 좋아하는 부분에 대한 생각이나 상상을 반복하고 기능, 재능의 역량을 쌓는다

전문가의 도움이 없이 기능이나 재능을 쌓는 경우 처음에는 전문가의 도움이 있는 경우가 유리하나, 시간이 지나면서 자기만의 공간을 설정하는 데는 전문가의 도움이 없는 경우가 훨씬 유리하다. 그리고 특히 자신이 가장 좋아하는 부분의 역량을 쌓는 것이므로 작심삼일이 되지 않고 계속 이어가는 데 유리하며, 특히 처음의 그 환경만 계속 유지한다면 중도에 이탈하지 않고 비중이 있는 창의성을 발현할 수 있는 상태에 도달하는 기간도 단축될 수 있다.

생각이나 상상을 반복하는 것과 역량을 쌓는 시간이 하루에 3시간 이상이면 가능하므로 학생일 때도 얼마든지 본업인 공부를 하면서도 가능하고 성인일 때도 자기의 본업을 하면서 얼마든지 가능하다.

■ 잡다한 생각이나 상상

지식수준이나 경험 측면에서 미미한, 잡다한 생각이나 상상을 반복하더라도 창의성을 잉태하는 데에는 지장이 없다. 창의성을 잉태하

아이를 창의적 천재로 만드는 뇌의 비밀

고 비중이 있는 창의성을 발현하기 위해서는 『일만 시간의 법칙』에서 말하듯 몰입 정도 및 다른 요인이 있을 수 있으므로 시간을 특정지을 수는 없지만 오랜 시간이 필요한 것은 사실이다.

지식수준이나 경험 측면에서 미미한, 잡다한 생각이나 상상을 반복하는 것을 이어가다 보면 창의성을 발현하기 전에 한두 가지 의제에 생각이나 상상을 집중적으로 반복하게 되고 반복한 것에 유사한 창의성이 발현한다. 또는 영감이나 창의성이 발현한 이후 역량을 쌓는 경우도 있다.

이것을 통해 알 수 있는 것은 비중이 있는 창의성을 발현하기 위해서는 일정한 시간이 필요하다는 점이다. 지식수준이나 경험 측면에서 미미한, 잡다한 생각이나 상상을 반복하더라도 시간을 채우는 데는 지장이 없다는 것이다.

지금까지 설명한 것처럼 비중이 있는 창의성을 발현하기 위해서는 의식 세계에서 생각이나 상상을 3회 이상 반복해주어 이에 상호작용하는 잠재의식 세계인 뇌에서 이를 인지하고 뇌 활성화 작업인 융합 작용이 일어나고 축적하기를 계속 반복해야 한다. 이후 뇌 에너지가 어느 정도 쌓여야 비로소 비중이 있는 창의성이 발현하는 것을 알 수 있다.

그리고 혁신적인 교육제도로 창의성 교육, 토론식 교육, 메이커 교육, 융합 교육인 활동적 수업이 있는 것으로 알고 있다. 특히 활동적 수업에 대해서는 2020년 4월에 EBS에서 10부작으로 방영하였고 8월부터 살펴보게 됐다. 이 교육들은 제대로 알고 시행한다면 전부 비중이 있는 창의성을 발현할 수 있는 상태에 이를 수 있는데 이에 대해서는 13장 「다시 학교다」에서 살펴보자.

된장류의 발효에서 보여주듯 어느 정도까지만 숙성시키면 일반적인 맛이 든다. 하지만 계속 숙성시키면 깊은 맛이 나는 것과 마찬가지로 비중이 큰 창의성을 발현한 이후 초심을 잃지 않고 계속해서 생각이나 상상을 반복해준다면 어느 정도 시간이 지난 후 '생각하는 뇌의 문이 열린다'가 되는 것이다. 그리고 에디슨이 말했던 '다 쓰지 못한 뇌의 비밀'은, '생각하는 뇌의 문이 열린다'가 되어 경우의 수를 적극적으로 활용하는 것으로 보인다.

평생 창의적인 사람으로 산다는 것은 매우 외롭고 고달픈 길이므로 행복한 길은 아니라고 본다.

13. 다시 학교다

■ 창의성에 대한 색다른 접근

온 세상이 신종 코로나19 때문에 난리다. 나라마다 이동제한은 물론이고 유사 이래 엄청난 돈을 쏟아붓고 있지만, 경제는 예전으로 돌아갈 기미가 보이지 않는다. 세계 최고의 강대국이자 선진국인 미국에서 코로나19 환자가 제일 많이 발생했다. 아직도 진행형이다.

유전자를 변형하여 새로운 특성을 갖는 식물을 개발한 지는 오래되었고, 지금은 유전자를 융합하여 기능성을 갖는 식물도 개발되었다. 동물의 특정 부위만 살찌게 만들거나 인공적인 고기도 만들 수 있다. 4차 산업혁명 시대니, 인공지능 시대니 한창 떠들어대는 시대에 바이러스 한 종 때문에 사람들이 허둥대는 것을 보면 인간은 참으로 모를 동물이다.

EBS에서 방영하였던 '다시 학교다'라는 프로그램을 지인이 스마트폰으로 보내온 것을 일부분 한 번 보고 그대로 내버려두었다. 이쪽 분야에 대해 연구하거나 관심이 있는 사람이라면 10부작이니까 단숨에

볼 것이고 몇 번을 반복해서 봄으로써 자기 것으로 만들려고 하겠지만, 나는 활동 수업에 대한 지식은 극히 일부분만 취득하고 된장도 숙성시켜야 제맛이 드는 것처럼 3개월 동안 본업인 공예품을 만드는 일을 하면서 동시에 어쩌다 한 번씩 활동 수업에 대한 생각이나 상상을 해보곤 했다. 물론 활동적 수업이라는 말 그 자체를 처음 들은 것이고 수행평가 등 용어 자체가 생소한 것들이 있어서 자식이 수학 선생인 분에게 만나게 해달라고 부탁을 했으나 이런저런 이유로 만나지 못했다. 또는 주위에 있는 학교에 방문해 활동형 수업에 대해 자문을 구하여야 한다는 생각은 여러 번 했으나 코로나19 사태도 있고 실행성도 약해 이런저런 이유로 3개월이라는 시간이 흘러갔다.

나는 1장 「야인의 이야기」에서 설명했듯이 혁신성이나 창의성에 대한 창의성이 발현한 이후 창의성에 대해 8년간 생각이나 상상으로만 추적해보았으며, EBS에서 2017년 2월 초에 방영하였던 '통찰'이라는 프로그램에서 모 교수님의 강의 내용 중 '생각하고 또 생각하기를 1초도 쉬지 않고 3일간 계속할 수 있다면 누구나 창의성을 발현할 수 있다'라는 내용을 보고서는 창의성 및 그 주변에 대해 내 생각을 정립할 수 있었다.

이것은 보고 있던 신문을 통해 2016년 말에 뇌에 대한 극히 일부의 전문 지식을 외부에서 취득한 후 2번째로 외부에서 창의성이나 뇌에 대해 지식을 취득한 것이다. 그 후로도 방송이나 신문을 통해 이와 관련된 지식을 취득한 것이 다다. 더욱이 인터넷도 할 줄 모르고 창의성 및 그 주변 그리고 교육에 대해 따로 공부나 연구는 물론 다른 책을 읽은 적도 없다. 이런 내가 창의성이나 교육에 대해 말한다면 모두 비웃을 것이다. 창의성과 교육이 서로 깊은 관련이 있는 것은 사실이나

아이를 창의적 천재로 만드는 뇌의 비밀

우리가 보편타당하다고 알고 있는 것과는 다르게 접근할 필요가 있다고 본다.

현재는 문명이 극도로 발전하였으며 눈앞의 이익만 생각하고 세계 각 나라가 하나로 연결되어서 무한 경쟁을 하다 보니 살아남기 위해서는 창의성이니 혁신성이 절실한 시대가 되었다. 이에 발맞추기 위해 교육도 창의성 교육, 토론식 교육, 코딩 교육, 메이커 교육, 융합 교육, 활동 수업, 지식 활용 수업 등 다양하게 시도하는 것 같다.

■ 천재성은 유전되지 않는다

나는 1장 「야인의 이야기」에서 우리의 주위에 있는 것을 제대로 활용할 수 있다면 뇌를 발전시키고 창의성을 발현하는 상태로 만드는 방법에 여러 가지가 있다고 논한 적이 있다.

고대로부터 천재들은 많이 존재하였고 소위 천재 중의 천재는 1세기에 1~2명 정도로 적었다. 과학자들의 의견에 따르면 천재성은 유전되지 않는다는 것이 대세이고, 나도 천재성은 유전되지 않는다고 본다. 그렇다면 과학자들이 말한 2~5세 사이에 접한 것이 뇌의 발달 방향에 결정적인 역할을 한다는 것은 이때 형성될까, 이 부분에 대해서는 많은 생각을 할 필요가 있다. 그리고 이것이 어떻게 형성되느냐다(10장 「한 살의 기적」 참조). 또는 고대나 현재나 천재들은 많은데 천재 중의 천재는 적은 이유는 무엇일까, 천재성이 형성되면 유지되는 것은 물론 계속 발전하는 쪽으로 진행할까(1장 「야인의 이야기」 참조).

인간이나 대부분의 동물은 태어날 때부터 부모로부터 양육 및 교육을 받고 성인이나 성체가 되었을 때 생을 이어가는 것은 대부분 자기의 책임하에 이루어진다.

■ 동물도 창의성을 발휘한다

동물의 세계를 살펴보면 동물들도 연장을 사용하는 경우가 많고, 사색도 하고, 인간처럼 창의성을 발현한다는 것이 최근 밝혀졌다. 그리고 부모나 모가 양육하는 경우 그렇지 않은 경우보다 지능지수가 높다고 보며, 물고기 같은 경우도 알을 보살핀 경우가 그렇지 않은 경우보다 훨씬 지능지수가 높은 예도 있다(문어). 대부분의 동물은 인간보다 언어 체계도 단순하고 문자도 없으나 양육하는 데 아무런 지장이 없으며 성체가 되었을 때 살아가는 데 문제없이 적응할 뿐만 아니라 연장을 사용하는 예도 있고, 사색도 하고 창의성을 발현하는 예도 있는데 이 부분에 주목할 필요가 있다.

선사시대에는 인간도 동물들과 같았다고 본다.

도구를 발명하고 불을 이용하고 농사를 지으면서 정착생활을 하게 되면서 무리의 수가 점점 늘어감에 따라 의사소통을 위해 말도 정교해지고 농사를 짓는 것을 거듭하면서 기억의 필요성도 높아지고 후손에게 농사법을 전수하는 것도 점점 중요하게 됐다. 무리의 수가 점점 커짐에 따라 이것을 편리하게 하려고 상형문자나 갑골문자 등도 만들어졌다. 그리고 종교나 사회 계급이 생기면서 종교인이나 지도층을 중심으로 양육이나 교육의 특수성도 생기게 됐다. 제대로 된 양육이나 교육을 받음으로써 선대의 지식이나 경험에 대해 쉽게 많은 것을 배울 수 있게 되어 사회생활을 원활하게 하거나 지도층을 형성하여 무리를 이끄는 것도 원활하게 이루어졌다.

우리나라의 교육은 삼국시대, 고려, 조선시대에는 주로 불교나 지배 계층을 중심으로 이루어지다가 현시대에는 모든 사람을 중심으로 교육이 이루어진다. 세상이 하나로 연결된 지금은 무한 경쟁에 접어들면서 혁신이나 창의성이 무척 중요하게 되어 교육도 주입식 교육에서 창의성 교육, 토론식 교육, 메이커 교육, 코딩 교육, 융합 교육(활동 수업), 지식 활용 수업 등으로 발전하게 되었다.

■ 고대 문명과 창의성 교육

문명이 발달한 이후의 교육 발달사나 목적 또는 전반에 대해 논하기에는 관련 지식도 미미하고 너무 방대하므로 내가 알고 있는 창의성 및 그 주변에 관련된 부분을 논하고자 한다. 고대로부터 수많은 천재가 존재했고 천재 중의 천재는 1~2세기에 한두 명으로 극히 극소수인데 그들은 어떻게 형성되었는지, 또는 어떤 교육을 받아 천재가 되었는지 궁금하다. 아메리카 대륙의 철기문화나 제대로 된 문자도 없는데도 불구하고 나스카 문명의 도형물, 아마존강 밀림지대의 비료인

혹탄, 잉카나 마야 문명의 돌 축성술 등을 학자들의 말처럼 학습 효과로 전부 설명할 수 있는지 궁금하다.

고대 이집트, 수메르, 그리스, 중국 등의 천재들은 그때 당시 교육을 제대로 받을 수 있는 지배 계층에서 나온 경우가 얼마나 되는지 궁금하다. 그리고 그들은 현재의 창의성 교육, 토론식 교육, 메이커 교육, 융합 교육, 지식 활용 수업 등으로 교육받았는지도 궁금하다. 그때 당시 교육을 받을 수 있는 지배 계층의 수에 비교해 천재의 수가 극히 적은 것은 혹시 천재가 다른 계층에서 탄생한 것은 아닐까 궁금하다.

- 공자에게는 많은 제자가 있었고, 그들이 많은 활약을 했으나 공자보다 더 뛰어난 제자는 없었는데 그 이유가 궁금하다. 그들은 공자로부터 제대로 교육을 받은 이들이다.
- 그리스의 도시 국가 시절 인구가 많은 도시 국가도 십수만 명에 불과했을 것이고 전체 도시 국가 수를 합해도 백만 명을 넘지 않았던 시기에 정치나 문명도 고도로 발달하였고 인류 역사상 가장 많은 사상가나 철학자를 배출한 이유는 어디에서 찾을 수 있는지 궁금하다.
- 현시대 혁신의 상징이 된 스티브 잡스의 전기를 쓴 월터 아이작슨이 레오나르도 다빈치에 관해 쓴 책이 있다. 조선일보와 경향신문에 동시에 실린 책 소개란을 보면 레오나르도의 어머니는 농촌의 16살 고아이고 친부는 그 지역의 청년에게 정략적으로 결혼하게 했다는 것이다. 즉 사생아였다는 것이다.

아이를 창의적 천재로 만드는 뇌의 비밀

■ 홀로 관찰하는 습관이 가져다준 에디슨의 창의성

거의 누구나 알고 있는 에디슨은 어린 시절 닭이 알을 품고 있으면 병아리가 되는 것을 보고 닭처럼 알을 품었다. 그리고 16살에 인쇄소에 취직한 것을 보면 가정 형편이 별로였던 것 같다. 추적해보면 에디슨의 집은 시골에 있었다는 것을 알 수 있고, 보통 아이들은 나이가 비슷한 아이들과 어울려 노는 것이 일상인데 닭을 관찰하고 닭처럼 알을 품었다는 것은 다른 아이들과 어울리지 못할 이유가 있거나 집이 동떨어져 있었던 것을 의미한다. 그때 당시의 시골은 낮에는 부모가 다 농사일로 바쁘므로 에디슨은 집에서 홀로 시간을 보내는 일이 많았을 것이다.

사람도 환경의 동물이라고 했듯이 에디슨은 집 주위에서 홀로 지내는 방법을 스스로 터득했다. 닭이 알을 21일 동안 품어야만 병아리가 되는데 적어도 몇 번 이상을 반복해서 관찰해야만 알 수 있으므로 주위 사물에 대하여 집중하고 관찰하는 능력은 이때 생겼다고 할 수 있다. 그리고 이 버릇은 습관으로 굳어졌을 것이다.

또 한 가지, 에디슨이 닭처럼 알을 품은 것이 실패하였다는 것도 중요하다. 그가 만약 성공하였다면 초심을 이어갈 수 있는 환경이 바뀔 수도 있으므로 더는 주위 사물에 대하여 집중하거나 관찰하는 습관도 사라졌을 가능성도 크다. 에디슨이 16살에 인쇄소에 취직하였다는 것은 집안 형편이 좋지 않았다는 것을 의미하며, 자세히 알 수 없지만 정규 교육을 받지 않았을 것으로 판단된다. 우리나라도 1960년도까지 시골에서 가정 형편이 어려운 집에서는 그러했듯이 인쇄소에 취직하기 전까지 집안일을 도왔을 가능성이 있다고 본다. 이런 그가 인쇄소에 들어간 이후에 수많은 발명품을 남겼다는 것은 상식으로는 설명할 수 없다.

천재성은 유전되지 않는다는 것이 대세이고 어릴 적에 영재라고 하더라도 성인이 된 다음에 천재성이 남아 있는 경우가 적은데(1장 「야인의 이야기」 중 영재나 신동이 성인이 된 다음 영재성이 사라지는 이유) 에디슨은 앞에서 설명했듯이 정규 교육을 받지 않은 것 같은데 어떻게 뇌를 관리하거나 학습을 하였는지 생각하지 않을 수 없다.

■ 외로운 시골 환경의 레오나르도 다빈치

레오나르도 다빈치도 신문의 책 소개란을 보면 일반인이 볼 때 어릴 적 가족 환경은 최악이었다(12장 「남다른 생각」 참조). 레오나르도의 친부가 시골에 왔다가 16살의 고아와 정을 통해 그를 잉태했으나 그 동네 하층민 계급의 청년에게 돈을 주고 정략 결혼을 하게 한 것은 어느 정도 레오나르도의 어머니를 경제적으로 도와주었다는 것을 의미하지만, 양부가 그를 헌신적으로 양육하거나 교육하였다는 흔적은 없다.

그가 처음 그렸다는 아무르강의 골짜기 풍경화는 그의 시골 환경이었고, 후에 그의 메모지에 남아 있는 꾀꼬리의 혀 모양, 비행기, 하늘을 나는 새, 물의 소용돌이, 식물 줄기 등 그의 어린 시절 시골 환경에 관한 것이 많은 것을 살펴볼 필요가 있다.

그때 친부가 어린 그를 데리고 다니면서 시골 환경에 대해서 양육하거나 교육했을 가능성은 얼마나 될까? 양부가 친부에게 돈을 요구하기 위해서나 그냥 헌신적으로 그렇게 했을 가능성은 얼마나 될까? 그의 어린 시절 주위의 같은 또래의 아이들도 있었을 것인데 같이 어울리지 못하고 왜 들이나 골짜기가 그의 놀이터가 됐을까? 홀로 지내는 시간이 많았던 것을 의미하는 것은 아닐까?

한 가지 분명한 것은 어릴 적의 그는 시골 환경에 많이 노출되어 있었다는 것이다.

■ 홀로 있는 시간이 창의성과 깊은 관계가 있다

후에 16살에 주산학교를 마지막으로 다녔다는 것을 보면 어릴 적에 그의 친부가 어느 정도 경제적으로 도움을 주었을 가능성이 충분하지만, 양부가 헌신적으로 가정을 꾸려가고 있었다고 보기 어려우며 그의 어머니는 생계를 위해 그를 데리고 들이나 밭에 나가 일했을 가능성이 크다고 본다. 처음에는 업고 일하거나 밭 가장자리에 눕혀놓고 일하다가 아이가 울면 보살피다가 주인이나 다른 이의 눈치를 볼 수밖에 없었을 것이고 차츰 그는 홀로 있는 시간이 많았을 것으로 추정한다. 잠을 자지 않고 홀로 시간을 보내다 보면 주위의 벌레가 기어가는 모습이나 꽃 등에 자기도 모르게 관심을 기울일 수밖에 없었을 것이고 이것이 습관이 되었다고 본다.

인간도 환경의 동물이다. 후에 남겨진 메모지에 그의 어릴 적 고향의 자연환경에 관한 것이 많은 것을 보면 5~6세 전에 그러한 환경에 **반복적으로 홀로 노출이 되었을 때 가장 강하게 뇌를 자극하게 되고**

활성화된다고 본다. 그리고 이후로도 이러한 환경은 지속되었다고
본다.

■ 생각, 상상, 관찰을 거듭하려면 홀로 있어야

과학자들은 생각을 거듭하게 되면 뇌의 신경세포가 활성화하는 것
을 밝혀냈다.

생각, 상상, 관찰을 거듭하기 위해서는 홀로 있어야 한다.

운동선수나 예능인이 훈련하고 또 훈련하기를 일만 시간을 넘기면
최고의 기량을 발휘하는 것과 마찬가지로 뇌의 신경세포에서도 생각
이나 상상의 반복을 하루 중 어느 정도씩 상당한 시간 동안 계속 이
어가게 되면 학자들이 말하는 것처럼 하늘에서 뚝 떨어지는 것과 같
은 창의성이 발현하게 된다. 앞에서 제기한 것과 마찬가지로 이후에
초심을 잃게 되면 뇌 신경세포의 발전이나 활성화 상태가 멈추게 된
다. 이것이 현시대에 창의적인 사람들이나 천재들은 많이 존재하지
만 천재 중의 천재는 드문 이유이다. 즉, 뇌의 발전이나 활성화도 연
속성이다.

그리고 하늘에서 뚝 떨어진 것처럼 비중이 있는 창의성이 발현한
이후 어떠한 환경에도 초심을 잃지 않고 생각하거나 상상을 반복하
는 것을 계속 이어가다 보면 가칭 '생각하는 뇌의 문이 열린다'라는 상
황에 이르게 된다.

에릭슨 앤더슨은 『일만 시간의 법칙』에서 훈련하고 또 훈련하기를 일만 시간을 넘기게 되면 '살아 있는 생물처럼 된다'라고 했다. 예로 베토벤을 들었지만, 베토벤이 천재 중의 천재가 된 진짜 이유는 청각 장애인이 됐기 때문이다.

운동선수나 예능인이 훈련하고 또 훈련하기를 일만 시간을 넘기게 되면 최고의 기량을 발휘하는 천재라는 소리를 들을 수 있다. 하지만 초심을 잃게 되면 운동선수는 그 기량이 서서히 퇴화하기 시작하고, 예능인들도 초심을 잃게 되면 그때까지의 기량을 어느 정도 유지할 수 있으나 더는 발전이 없다. 즉, 연속적이라는 것이다(8장 「일만 시간의 법칙」 참조).

베토벤 같은 경우 청각 장애인이라는 열악한 환경이 그를 초심을 이어갈 수 있게 했기 때문에 위대한 음악가로 남게 했다. 가칭 '생각하는 뇌의 문이 열린다'가 되면 창의성 발현의 규칙이 무너지게 된다(11장 「창의성 발현의 종류」 참조). 2017년 2월 초에 EBS '통찰' 프로그램에서 모 교수님이 '생각하고 또 생각하기를 1초도 쉬지 않고 3일 동안 계속한다면 누구나 다 창의성을 발현할 수 있다'라고 한 것처럼, 특별히 생각을 거듭하지 않더라도 외부에서 자극이 있으면 즉시나 그다음 날 영감이나 창의성이 발현하는 경우가 많아진다.

■ 메모의 왕 레오나르도 다빈치

레오나르도 다빈치의 피렌체 연구소를 예로 들어보자.

레오나르도는 평소에 작품을 완성하는 데 꾸물거리기로 악명이 높았다고 한다. 그는 창조성은 꾸물거리는 데서 나온다고 하였지만, 그가 메모지를 7,200쪽이나 남긴 것에 주목할 필요가 있다. 그것도 그가 남긴 것의 4분의 1로 추정한다고 했다. 그것도 빈칸이 없을 정도로 빼곡히 적었다고 한다. 성인이 된 다음부터 죽을 때까지 계산한다면 하루에 2페이지 정도다.

영감이나 아이디어 또는 창의성 발현은 꿈을 꾸고 깼을 때 생각나다가 이내 사라지는 것처럼 그것들도 이내 사라져버리므로 바로 메모지에 적어야 한다. 레오나르도의 주된 직업은 메모지에 적는 것이었다. 작품 활동은 생계 수단이고, 작품 활동이나 피렌체 연구소는 외부에서 자극을 주는 장소였다. 즉, 영감이나 아이디어 또는 창의성을 유발하는 장소이다.

보통 전문가라고 하면, 작품의 틀이 구상되면 특별한 경우가 아니면 꾸물거릴 이유가 없다. 레오나르도가 작품 활동 중에 영감이나 아이디어가 떠오르고 또는 어제 자극받은 부분에 대한 창의성이 발현하므로 작품 활동을 원활하게 하지 못하고 꾸물댈 수밖에 없었던 것이다.

이처럼 가칭 '생각하는 뇌의 문이 열린다'가 되면, 전에 알았던 지식이나 경험에 대해 외부에서 다시 자극을 받게 되면 자극을 받는 순간 영감이나 아이디어가 떠오르기도 하고, 하늘에서 뚝 떨어진 것처럼 비중이 있는 창의성이 발현하게 된다. 그리고 새로운 지식이나 경험을 습득하고 얼마간의 생각이나 상상을 거듭하다가 그만두더라도 얼마의 시간이 지난 후 창의성이 발현하는 경우가 많다. 그러므로 레오나르도는 작품에 전념할 수 없었던 것이다.

아이를 창의적 천재로 만드는 뇌의 비밀

고대의 이집트 문화, 수메르 문화, 그리고 고대 아메리카의 철기문화나 제대로 된 문자가 없을 때도 뛰어난 천재가 존재하였다는 것은 교육에 대하여 전혀 다른 측면에서 바라보아야 한다고 본다. 앞서 공자의 제자가 공자보다 더 뛰어나지 못했던 것도 같은 이유이다. 양육이나 교육은 태어났을 때는 뇌 신경세포가 비어 있으므로 그것을 채워주는 의미도 있고, 성인이 되었을 때 사회생활을 함에 있어서 소통을 원활하게 하게 하기 위한 것이라고 본다.

　하지만 사회생활이라는 것은 선대가 편의로 다 만들어놓은 것이므로 기존의 양육 방식이나 교육으로 충분히 대처할 수 있었다. 그러나 현시대는 세계가 하나로 연결되어 경쟁이 치열한 시대이다 보니 창의성 및 혁신성에 맞지 않는 양육이나 교육이 된 것이다.

　과학자들은 2~5세 사이에 접한 것이 뇌의 발달 방향에 결정적인 역할을 한다고 하였으나, 나는 어머니 배 속이나 태어나는 순간부터 시작된다고 본다. 인간도 환경의 동물이라 했듯이 특별한 환경이 설정되고 5세까지 설정된 뇌의 방향이 희석할 만큼 설정된 환경이 오래간다면 뇌의 방향도 바뀔 수 있다고 본다.

　그리고 중도에 주위 환경이 자기가 원하는 대로 되어 있다면 뇌의 방향이 후퇴할 확률이 높다. 즉, 뇌의 발달 방향이 바뀔 수 있다. 하지만 세 살 버릇이 여든 간다는 말이 있듯이 대체로 태어나는 순간부터 5세까지 뇌의 방향에 결정적인 역할을 하는 것은 옳다고 본다.

　그러나 영재나 신동이 성인이 되었을 때 영재성이 사라지는 경우가 많은 것처럼 5세까지 뇌의 방향에 결정적 역할을 한 것이 퇴화하기는 쉬우나, 5세까지의 뇌의 방향에 결정적인 역할을 한 것의 방향을 틀어 뇌를 발전시키거나 뇌를 활성화하는 것을 지속적으로 하여 창의적이나 천재로 바꾸는 것은 앞서 설명한 것처럼 특별한 환경이 설정되고 5세까지의 뇌의 방향을 희석할 만큼 오래 지속되어야 하므로 극히 어렵다.

태어나는 순간 뇌의 신경세포가 비어 있다는 것은 그때부터 하나하나 지식이나 경험을 채워가는 것이므로 무척 중요하다. 콩 심은 데 콩 나고, 팥 심은 데 팥 나는 것과 마찬가지로 어떻게 양육하느냐가 뇌의 방향을 정하는 데 있어서 임의로 조정할 수 있다고 본다. 현재의 양육 방식대로 아기와 무한히 교감을 하고, 과도한 사랑과 과도한 칭찬으로 양육하는 것은 문제가 많다고 본다.

■ 교육받지 않은 천재들

에디슨이나 레오나르도는 제대로 된 교육을 받지 않았고, 고대의 천재들도 현재의 창의성 교육, 메이커 교육, 토론식 교육, 융합 교육(활동 수업), 지식 활용 수업은 물론 그때 당시의 지도층에서 받았던 교육도 제대로 받지 않았다고 본다.

과학자들은 미래에는 전기적 신호로 뇌를 자극해 영재나 신동으로 만들 수 있다고 했다. 그러나 현재에도 영재나 신동이 많이 존재하고 있다는 사실에 주목할 필요가 있으며, 그들이 어떻게 형성되었는지를 살펴보는 것이 우선이라고 본다.

예를 하나 들어보면, '세상을 바꾸는 15분'이라는 프로그램에서 언어 발달 장애라고 판명이 난 아이를 위해 엄마가 다니던 직장을 그만두고 말을 트게 하려고 극성스러울 정도로 아이와 같이 말에 매달린 결과 5살 무렵엔 5개 국어를 말할 수 있게 되었다는 것을 방송을 통해 본 적이 있다. 이것은 언어 발달 장애을 가졌음에도 불구하고 그쪽 뇌를 집중적으로 자극해 언어를 관리하는 뇌가 극도로 활성화하고 발달한 것이다. 어떻게 양육하느냐에 따라 뇌의 발달 방향을 설정할 수 있다는 것을 보여준 것이라고 본다.

막 태어난 아기들은 너무 여리고 세상에 대하여 아무것도 모르는 상태이므로 현재에는 무한한 교감과 과도한 돌봄으로 양육하고 있는 상태다. 더욱이 현재에는 아이를 1~2명만 낳고 있으므로 그 정도가 더욱 심화됐다.

아이가 말하기 전 1살 때는 신체가 무척 연약하고 뇌의 신경세포가 빈 상태이므로 모든 것을 부모가 도와주어야 하고 교감을 통해 배우므로 돌봄과 교감은 꼭 필요하지만, 이 부분에 대해서는 많은 생각을 할 필요가 있다.

사람이 살아가면서 버릇이나 습관은 무척 중요한데 이것은 태어나는 순간부터 시작되는 것이다. 또한 뇌 신경세포가 비어 있는 상태라고 하는 것은 처음에 그것을 어떻게 채워가든지 다 가능하다는 것을 의미하므로 꼭 필요한 돌봄이 아니면 어느 정도 절제할 필요가 있다고 본다.

그리고 과학자들이 생각을 거듭하게 되면 뇌가 활성화하는 것을 밝혀냈듯이 아이가 생각을 거듭할 수 있는 공간을 만들어줄 필요가 있다. 아이가 말을 배우기 전인 1살 때라도 엄마의 배 속에 있을 때의 연장선인 연속성이므로 전기적 신호로 생각을 얼마든지 할 수 있다고 본다.

물론 교감은 생각을 할 수 있는 밑알이므로 꼭 필요하지만, 아이가 깨어 있을 때 꼭 필요한 돌봄이 아니라면 처음에는 3분의 2 정도 교감을 나누고 아이를 혼자 놔둘 필요가 있다. 처음에는 아이가 보챌 수 있지만, 모른 척한다면 이내 누그러질 것이다.

시간이 가면서 깨어 있는 시간의 3분의 1 정도 교감을 나누고, 3분의 1은 아이가 잘 볼 수 있는 곳에서 부모나 그 주변 사람이 아이의 뇌의 방향에 영향을 줄 수 있는 것을 몸소 행동함으로써 아이가 보고 홀로 배우게 해야 하고, 나머지 3분의 1은 아이 혼자 생각할 수 있도록 홀로 있게 해야 한다. 이때 아이의 눈에는 보이지 않는 곳에서 살펴볼 필요가 있으나 크게 잘못된 것이 아니면 절대 간섭해서는 안 된다.

■ 수학자로 키우려면 수학적 환경을

예를 들어 아이가 수학자나 과학자가 되기를 원한다면 수학은 필수이므로 먼저 환경을 만들어주어야 한다.

아이의 방은 주위 환경이 무척 중요하므로 숫자나 그와 관련한 아주 간단한 프로그램으로 장식하고, 부모나 주위 사람들이 행동하는 시간에 숫자나 프로그램을 갖고 놀게 한다.

아이에게 직접 가르치려고 해서는 안 되며 아이가 관심을 두더라도 무시해야 한다. 숫자놀이 등 수학적 행동을 몇 번 거듭하면 아이는 자연스럽게 관심을 두게 된다.

사람은 홀로 있게 되면 주위 환경에 관심을 두거나, 생각이나 상상

아이를 창의적 천재로 만드는 뇌의 비밀

을 하면서 시간을 보낼 수밖에 없으므로 아이가 홀로 있는 시간은 이 것을 생각하거나 정리하는 시간이 될 것이다. 사람은 힘들게 반복적으로 지식이나 경험을 습득하여 자리 잡게 되면 그와 상반되는 지식이나 경험을 받아들이기가 무척 힘들다.

과도한 돌봄이나 교감을 나눈 아이들이 떼를 쓰거나 보채는 이유는 뇌 신경세포가 비어 있는 상태에서 과도한 돌봄과 교감을 통해 배운 것 말고는 그와 상반되는 것을 배운 적이 없기 때문이다.

형제가 여러 명일 때 지능지수가 다 다른 이유 역시 주위 환경 때문이라고 본다. 즉, 한 살 때부터 생각이나 상상을 반복할 수 있는 공간이 얼마나 확보되어 있느냐에 따라 달라진다고 본다. 지능지수는 스스로 형성하는 것이라고 본다.

■ 환경 + 교감 + 사색 = 아기의 창의성 발달

동물들도 육아기에 어미나 아비가 직접 가르치지 않고 새끼들이 어미나 아비가 하는 행동을 보고 관찰하며 따라 배우는 경우가 많다고 본다. 그리고 부모가 먹이 채집 활동을 할 때 새끼는 쥐죽은 듯 가만히 있는데 이는 사색하는 공간이라고 본다.

아이의 1살 때를 살펴보면 말을 배우기 전에 아이가 배우는 것이 많은데 이것은 생각을 수반하지 않으면 불가능하다. 더욱이 주위 환경이 제대로 장식되어 있고, 교감을 통한 밑알도 준비되어 있고, 따라 배울 수도 있고, 이것들을 혼자 생각할 수 있는 시간도 갖추어 있다고 하자. 이것이 반복된다면, 삼박자와 사박자가 다 갖추어져 있으므로 이쪽 뇌가 자극되어 활성화할 수 여건은 충분히 갖추어졌다고 본다.

■ 뇌 발달 방향은 1살 때까지가 중요

영재나 신동은 그 한쪽의 뇌가 자극되어 형성되었다고 본다.

의식 세계에서 말을 시작하는 것은 빠르면 1살 말부터 시작하여 배우기 시작하므로 배운 말로 생각이나 상상을 할 수 있는 2~5세 사이에 접한 것이 뇌의 발달 방향에 결정적인 역할을 한다고 하였다. 그러나 모든 것은 연속성이 있을 때 가장 효율성이 극대화하므로 엄마의 배 속에 있는 기간은 준비 기간으로 보더라도 밀알이 공급되는 태어나는 순간부터 시작해도 충분하다고 보며 생각이나 상상을 하는 그 행위는 전기적 신호로 이루어지다가 말을 배우기 시작하면서 의식 세계에서 생각이나 상상을 배운 말로 하는 체계가 차츰 바뀌어간다고 본다.

따라서 태어나서부터 버릇이나 습관, 뇌의 발달이나 지능지수, 그리고 뇌의 방향에 영향을 주는 1살 때가 무척 중요한 것이다. 그리고 5세까지 세상사에 대하여 배울 수 있는 기본적인 밀알이 어느 정도 축적이 되어 있으므로 이것을 근본으로 뇌에 자리 잡게 되므로 무척 중요한 시기이다. 이때 어떻게 양육하느냐가 그 아이의 성장에 영향을 크게 끼치게 된다.

■ 과도한 돌봄의 문제점

뇌 신경세포가 비어 있는 상태에서 처음 그 공간을 채우는 것이므로 지금처럼 과도한 돌봄이나 과도한 교감을 나누더라도 아이한테는 아무 이상이 없지만, 아이가 훗날 성인이 되었을 때 일상생활을 하는 데 있어서 여러 가지 문제점이 나타날 수 있다. 창의력이나 천재성을 발휘하게 하려면 초석을 잘 다져놓아야 하므로 아이의 주위 환경도 중요하고, 부모와 주변 사람들의 행동도 중요하고, 절제된 돌봄이나 교감도 중요하고, 아이 혼자 생각이나 상상을 스스로 형성시킬 수 있는 공간도 매우 중요한데 이러한 환경을 설정하더라도 아이는 이것을 처음 접하는 것이므로 그대로 받아들일 수밖에 없게 된다.

그리고 부모와 주위 사람들이 아이의 주변에 장식한 것처럼 행동함으로써 아이가 스스로 보고 뇌를 자극하거나, 아이 혼자 있게 함으로 스스로 생각할 수 있는 공간을 돌봄이나 교감을 통해 밑알이 어느 정도 쌓였을 때 하는 것이 옳은 것인지 생각할 필요가 있다. 아이가 태어나서 1달 정도 지나 깨어 있는 시간이 늘어가게 되면 시행할 수 있다고 본다. 또는 태어나는 순간부터 시행해도 된다고 본다.

아이가 말을 배우고 스스로 행동할 수 있는 5세까지 이어가는 것은 물론, 연속성은 계속 필요하므로 그 후로도 생각이나 상상을 반복할 수 있는 공간은 어느 정도 책정하는 것이 필요한지 정확히 알 수는 없지만 최소 2시간 이상, 깨어 있는 시간의 최대 3분의 1시간이면 충분하다고 본다.

타의에 의해 설정된 환경 중에서 가장 강하게 설정된 곳이 군대다. 군대에 들어가게 되면 전에 있던 버릇이나 습관은 다 바뀌게 된다. 2

년 정도 복무를 마치고 제대를 하게 되면 군대에 있던 버릇이나 습관은 대부분 차츰 퇴색되어 군대 가기 전의 버릇이나 습관으로 회귀한다. 반대로 오랫동안 복무한 상사 같은 경우는 제대를 하더라도 군대 있을 때의 버릇이나 습관이 쉽게 바뀌지 않는다.

3살 버릇이 여든 간다는 말이 있듯이 버릇이나 습관, 뇌의 발달 방향 등이 5세까지 뇌에 자리를 잡게 되면, 그것들은 뇌가 비어 있는 상태에서 어렵게 처음 자리 잡은 것이므로 쉽게 변하지 않는다.

인간도 환경의 동물이듯이 환경이 변하게 되면 그에 적응해야 하므로 일시적으로 변할 수 있으나, 군대의 예를 보듯이 5세까지 자리 잡은 버릇이나 습관, 뇌의 방향은 일시적으로 변할 수 있다. 하지만 그 변한 환경이 끝나면 다시 회귀하므로 그것을 변하게 하려면 그것들을 회석할 만큼 오랫동안 그 환경이 유지돼야 한다. 즉, 5세까지의 버릇이나 습관, 뇌의 발달 방향은 그만큼 중요하다는 것이고 중도에 이를 바꾸는 것은 힘들다는 것이다. 이는 교육에 적용해도 마찬가지다.

그리고 인간은 말초신경계가 극히 발달한 것 같다.

■ 말초신경계 보상을 즐기는 것은 퇴화의 지름길

과학자들이 생각이나 상상을 반복하게 되면 뇌 에너지를 더 소비한다는 것을 밝혀낸 것처럼, 영재나 천재성을 발휘하여 그에 대한 보답으로 주위로부터 집중적으로 관심을 끌거나 권력과 부 그리고 명예가 주어진다면 뇌도 에너지를 더 소비하는 초심을 버리고 이를 즐기

아이를 창의적 천재로 만드는 뇌의 비밀

는 말초신경계로 방향이 바뀌게 된다.

영재나 천재들은 영재성이나 천재성이 계속 진행되는 것으로 착각하고 있으나 초심을 잃으면서 서서히 퇴화하거나 더는 발전하지 않게 된다. 그리고 초심을 중단한 것이 길면 길수록 복구하는 시간도 길어지게 되므로 대부분 초심을 다시 이행하더라도 금방 천재성이 발전하는 쪽으로 진행하지는 않으므로 대부분 천재성을 발휘할 때의 명성에 기대어 유지하고 지내는 것이다.

- 정명훈 씨 같은 경우 한때 천재 피아니스트로 주목받았으나 베토벤과 같은 반열에 오르지 못한 이유는?
- 베토벤은 청각 장애인이 되면서 소통의 어려움으로 초심을 이어갈 수 있는 환경이 도와주었기에 위대한 음악의 아버지가 된 것인가?
- 에디슨도 닭처럼 알을 품었지만, 성공하지 못했기에 초심을 이어갈 수 있었나?
- 레오나르도는 어릴 적에 그만의 방식으로 행동했기 때문에 주위의 관심을 끌 수 없었고 그들과 다름으로 별나다는 소리는 들었기에 초심을 계속 이어갈 수 있었을까?

사람은 누구나 태어나는 순간부터 생각이나 상상을 반복할 수 있는 능력을 갖고 태어나지만, 과도한 돌봄이나 과도한 교감으로 생각할 수 있는 공간을 없애버려 창의성을 상실하게 된다. 소통의 어려움, 실패, 별난 성품이 오히려 초심을 이어나가는 데 도움이 된 것을 알 수 있다.

어릴 적에는 누구에게나 생각이나 상상을 반복하는 공간이 어느 정도씩 있다. 이것을 근간으로 작은 의미의 다른 생각을 할 수 있다. 성장하면서 반복적으로 이루어지는 일상생활이 너무 많으므로 그 부분에 대해 생각을 거듭하게 되면 작은 문제를 쉽게 해결할 수 있고 비중이 적은 창의성은 발현할 수 있다.

1장 「야인의 이야기」에서 비교적 비중이 있는(넓은 의미의) 창의성은 생각이나 상상을 반복하고 이것을 지속적으로 이어 갔을 때 상당한 시간이 지난 후 학자들이 말했듯이 하늘에서 뚝 떨어진 것과 마찬가지로 창의성을 발현한다고 설명한 바 있고, 그 후로도 초심을 잊지 않고 계속 이어가다 보면 가칭 '생각하는 뇌의 문이 열린다'라고 주장했다.

이 상태에 이르게 되면 일반적으로 창의성 발현의 형태가 무너지게 되고 특별히 생각이나 상상의 반복을 길게 하지 않더라도 외부에서 어떤 것을 인지하는 순간이나 그다음 날 그것에 대한 참이 보이거나 창의성을 발현하는 경우가 많아진다.

에디슨, 뉴턴, 베토벤은 거의 이 수준에 이르렀다고 보고 있으며, 레오나르도는 특히 주목할 필요가 있다고 본다. 남아 있는 메모지의 양이 7,200페이지고 이것을 그가 남긴 메모지의 4분의 1로 추정한다면, 그가 가칭 '생각하는 문이 열린다'의 수준에 이르지 않았다면 이러한 현상을 설명할 길이 없다고 본다.

에릭슨 앤더슨은 『일만 시간의 법칙』에서 훈련하고 또 훈련하기를 일만 시간을 넘기게 되면 살아 있는 생물처럼 된다고 한 것으로 알고 있다. 5,000시간을 훈련한 사람과 10,000시간을 훈련한 사람의 차이를 설명하면서 베토벤을 예로 들었는데 여기에는 약간의 문제점이

아이를 창의적 천재로 만드는 뇌의 비밀

있다고 본다.

운동선수나 예능인들 또는 기능인들은 훈련하고 또 훈련하기를 거의 일만 시간을 넘기게 되면 최고의 기량이나 좋은 작품이 나올 수 있다. 그러나 운동선수나 예능인들 또는 기능인들의 경우 전문적인 훈련뿐만 아니라 생각이나 상상을 반복하는 것을 겸비해야만 창의적인 운동선수나 예능인 또는 창의적인 기능인이 될 수 있다. 운동선수의 경우 최고의 기량을 발휘하는 프로 선수라고 하더라도 그다음 해에 징크스가 있거나 기복이 있는 이유는 초심을 잃었기 때문이다. 마찬가지로 창의적인 예능인이나 기능인이라고 하더라도 초심을 잃게 되면 창의성은 더는 진행하지 않는다. 즉, 일만 시간을 채웠다고 하더라도 초심을 잃게 되면 서서히 퇴화하거나 창의성이 더는 진행하지 않는다. 운동선수의 경우 나이에 따른 체력 감소를 늦추거나 그 기량을 계속 유지할 수 있다. 기능인이나 예능인에게도 창작성을 계속 진행하기 위해서는 초심을 잃지 않는 '연속성'이 중요하다.

그리고 전문적인 훈련은 노력한 만큼 역량이 증가하므로 창의성하고는 상당히 거리가 있다. 앞서 설명했듯이 베토벤은 청각 장애인이라는 환경이 그를 도와 중단된 초심을 복구해서 계속 이어갈 수 있었기에 훌륭한 음악가가 된 것이다.

뇌를 발전시키는 방법은 생각이나 상상을 반복함으로써 뇌를 활성화하는 것이고 이것을 오랫동안 유지해 뇌를 가칭 '생각하는 문이 열린다'로 만드는 것이고, 뇌가 말초신경계로 이동하지 않도록 '연속성'을 유지하기 위하여 초심을 잃지 않는 것이 중요하다. 이는 어릴 적에 습관화할수록 유리하므로 뇌 신경세포가 처음으로 채워져 자리 잡기 시작하는 시기, 즉 태어나는 순간부터 시작하는 것이 가장 유리하다고 본다. 그리고 이로 인해서 중도에 소기의 성과를 이루어 주위로부터 주목을 받게 되면 뇌는 에너지를 덜 소비하는 편리한 쪽으로 이동하기 쉬우므로 중도에 소기의 성과를 이루더라도 이를 안으로 갈무리하는 것도 매우 중요하다. 고승이 동굴에서 참선하는 이유나 수도사들이 척박한 곳에 교회를 짓고 수련했던 이유는 창의성인 진리를 탐구하기에는 열악한 환경이 유리한 것과 중도에 이를 갈무리하기가 훨씬 유리하므로 비중이 있는 진리를 탐구할 수 있었기 때문이다.

교육제도가 발달하지 않은 고대의 천재나 천재 중의 천재에게는 다른 이유도 있을 수 있지만, 어릴 적에 레오나르도나 에디슨처럼 어느 정도 혼자 있는 공간이 설정되어 있었다고 본다. 교감이나 보고 따라 배울 수 있는 공간도 최소한은 확보되어 밀알을 공급할 수 있어야 하며, 성장하면서도 이와 같은 환경이 계속 설정되어 있어야 한다. 중도에 영재성이나 천재성을 발휘하더라도 주위의 시선이나 주목을 받아서도 안 되며 비중이 큰 천재성을 발휘할 때까지 그 환경이 계속 유지되어야 하므로 이 모든 조건을 충족할 수 있는 확률은 매우 낮았다.

그리고 그 후로도 연속성을 유지해야만 천재 중의 천재가 될 수 있으므로 그 확률은 더욱 낮았고 사후에 인정받는 경우가 있는 것은 이 때문이다. 즉, 고대나 근대사회 이전에는 천재나 천재 중의 천재는 주위 환경이 도와주어야 하고 연속적이므로 계속 주위 환경이 도와주어야 한다. 이것이 천재들의 숫자는 극소수이고, 천재 중의 천재는 더욱 드물었던 이유이다.

지금까지 살펴본 바와 같이 뇌를 발전시키는 것은 생각이나 상상을

아이를 창의적 천재로 만드는 뇌의 비밀

반복하고 이를 습관화하고 계속 유지하여 뇌를 활성화하여 비중이 있는 창의성 발현을 할 수 있는 상태로 만드는 것이고, 중도에나 비중이 있는 창의성이 발현한 이후에도 뇌를 활성화할 수 있는 환경이 변하기 쉬우므로 이를 안으로 잘 갈무리하는 '절대적 습관자'가 되어 초심을 잃지 않고 계속 유지하여 가칭 '생각하는 뇌의 문이 열린다'를 만들어 창의성 발현을 아주 쉽게 할 수 있는 상태를 만드는 것이다.

생각이나 상상을 반복하여 비중이 있는 창의성을 발현할 수 있는 단계로 이르게 할 수 있는 방법에는 여러 가지가 있을 수 있다. 현재의 양육이나 교육 방법을 살펴본 후에 결론을 짓고자 한다.

■ 5살 때까지 양육의 중요성

앞에서 살펴본 것처럼 엄마의 배 속에 있을 때도 뇌에 어느 정도 자극을 줄 수 있지만, 태어나서부터 5살까지의 양육이 매우 중요하다. 현재 대부분 유아의 양육을 살펴보면 관습대로 돌봄이나 교감에 치중되어 있다. 집집마다 아이가 1~2명이다 보니 돌봄이나 교감하는 것이 과도하게 되어 스스로 따라 배우거나 혼자서 생각이나 상상을 할 수 있는 공간은 더욱 좁아졌다.

두뇌 발전의 대척점에 있는, 편리의 대명사인 스마트폰을 아이의 손에 쥐어주는 것은 생각이나 상상을 할 수 있는 공간을 더욱 없애버리는 일이다. 수동적으로 멍하니 바라보는 것이니 두뇌의 활성화도 극도로 작아져버린다.

칙센트미하이 교수가 강의한 것을 유튜브로 볼 수 있어서 창의성 및 그 주변에 관한 지식을 외부에서 습득할 기회가 생겼다. 특히 무아경에 대한 지식을 넓힐 수 있어서 감사하게 생각한다.

강의한 내용 중에서 창의성 관련 부분에 대해서만 다른 생각을 해 보고자 한다.

- 왜 명예나 부가 기대되지 않는 일을 하면서 생을 보내는지에 대해 이해하려고 했다.
- 이것은 습관에 기인한 측면이 크다고 할 수 있고 그들에게 그것 말고는 대체할 만한 즐길거리나 위안거리가 없는 측면도 있다.

■ 사회에서 인정받을수록 창의성은

'명예와 부 그리고 권력은 창의성과 반비례한다'라고 1장 「야인의 이야기」에서 주장한 바 있다. 생각을 거듭하게 되면 뇌 에너지를 더 소비한다고 과학자들이 말한 것처럼, 무아경의 상태를 유지하기 위해서도 뇌 쪽으로 에너지를 더 보낼 수밖에 없어진다.

만약에 그 음악가가 작곡한 것이 초기에 사회에서 인정을 크게 인정을 받게 되고 부와 명예를 얻게 되었다면 축적한 것이 어느 정도 그를 무아경에 이르게 하겠지만, 그의 주변 환경이 변했으므로 뇌도 에너지를 더 소비하지 않는 말초신경계로 이동하게 된다. 즉, 초심을 잃을 확률이 높아지게 된다. 천재나 창의적이거나 또는 무아경에 쉽게 이를 수 있는 상태라고 하더라도 뇌의 발전은 연속성에 있으므로 초심을 잃게 되면 그 상태를 어느 정도 유지하다가 이내 사라지게 되므로 더는 창의적이지 않고 그 명성에 기대어 유지하고 있는 경우가 대부분인 것이 그 이유이다.

천재들에게 명예나 부가 따를 때 초심을 잃을 확률이 높아지고 그렇게 되면 얼마 후에는 무아경에 이르지 못할 것이다.

■ 무아지경에 들기 쉬운 장소가 있다

"사원, 원형광장, 경기장, 공연장도 그렇습니다. 사람들은 여기에 와서 보다 농축되고 보다 정돈된 형태로 삶을 경험하게 되죠. 우리가 겪던 일상생활과 다른 현실에 참여하게 됩니다. 이곳은 무아경을 위한 곳입니다."

칙센트미하이 교수의 강의에서 인상 깊었던 구절이다. 평소에 이 부분은 주변에서 늘 일어나므로 가끔 생각을 해보아도 의문이 해소되지 않았는데 새로운 사실을 알게 되어 기쁘다.

인류가 문명을 연 이후 사냥을 하거나 전쟁을 하면서 내면에 쌓여 있던 욕구를 표출할 기회가 많았다. 그리고 인간은 땅에 내려와 살게 되면서 주위 맹수들에 비해 열악하므로 무리를 이루어 대항하게 되면 대항할 수 있다는 것을 알게 되었다. 먹을 것을 사냥할 때도 무리를 이루면 유리하다는 것을 습득하였고, 이것이 세대를 거듭하면서 유전적으로 내려왔고 지금도 사람들이 무리를 이루면 더 공격적으로 변할 확률이 높다고 한다.

위의 장소에서 사람들이 열광하는 것은 내면에 쌓여 있던 일종의 욕구를 표출하는 장소로 보았는데, 더 많은 생각을 거듭해야 할 것 같다. 이 장소들은 타의에 의해 설정된 환경이다. 강의한 내용을 인용하면 타의에 의해 설정된 환경에서 무아경에 이르지만, 그 설정된 환경이 해체되면 더는 무아경에 이를 수 없다. 다만 쌓여 있던 욕구를 표출하는 것뿐이다.

작곡가처럼 무아경에 이르는 상태는 자의적으로 설정한 환경이고, 오랫동안 초심을 습관화하여 이어가야 이를 수 있는 상태이고 창의성 발현이 가능하다.

■ 10년 이상의 전문적인 훈련이 있어야

"즉, 제가 여기서 말씀드리고 싶은 것은 그가 말하는 이 자동적 자발적인 처리는 오로지 매우 잘 훈련되고 테크닉을 발전시켜온 사람들에게만 일어날 수 있다는 것입니다." 이 말도 같은 맥락이다. 그러나 자동적 자발적인 처리는 잘 훈련되고 테크닉을 발전시키지 않더라도 다른 방법이 있다고 본다.

"창의성 관련 연구에선 일종의 뻔한 이야기인데, 특정 분야에서 전문적인 훈련에 몰두해서 10년 이상은 되어야 무언가를 창조할 수 있습니다. 그것이 수학이든, 또는 음악이든… 오래 걸리죠."

"그 많은 사람이 이런 상태를 자발적인 몰입이라 설명했습니다."

"저는 이런 유형의 경험은 '몰입 경험'이라고 부릅니다."

『몰입 경험』이라는 책을 보고 난 후에 논해야겠지만, 지금 그럴 환경이 아니므로 강의한 것을 중심으로 살펴보고자 한다. 비중이 있는, 또는 넓은 의미의 창의성을 발현할 수 있는 상태에 이르게 할 수 있는 방법은 특정 분야에 대해 전문적인 훈련에 몰두하는 것 말고도 다양하게 있을 수 있다. 또한, 현재 특정 분야에 10년 이상 전문적인 훈련에 몰두한 이는 무척 많은데 창의적인 경우는 극히 소수다. 그 전문적인 훈련을 어떻게 하느냐가 더 중요하다고 본다.

그리고 전문적인 훈련이나 자동적 자발적 처리는 오로지 매우 잘 훈련되고 테크닉을 발전시켜온 사람들에게만 일어나는 것인지도 살펴볼 필요가 있다고 본다. 이 부분은 8장 「일만 시간의 법칙」을 참고하면 된다.

어린 시절 영재라고 하면 특정 부분에 뇌가 자극되어 형성되었다고 본다. 초심을 그대로 이어갈 수 있다면 그 기간은 훨씬 빨라지고, 특정한 분야에 전문적인 훈련을 하지 않고도 이를 가능하게 하는 다양한 방법이 있다고 생각한다.

■ 몰입보다 거듭 생각하는 반복이

창의성 발현을 몰입으로 전부 설명할 수 있는지 생각해봐야 한다. 일반적인 사람들도 어떤 작은 문제가 생겼을 때 생각을 거듭하다 보면 문제가 해결될 때가 많다. 이때 생각을 하다 보면 몰입이 되는 것은 사실이나, 여기서 들여다볼 것은 거듭한다는 것이다. 즉, 반복이다. 다시 말하면, 한 번 생각에 몰입하는 것만으로는 문제가 해결되지 않지만 거듭 생각을 반복하게 되면 문제가 해결되므로 몰입이 주가 아니라 반복이 주라고 본다. 물론 이 부분은 개념이 모호하므로 논란이 있을 것으로 본다.

창의성을 잉태시키는 것의 핵심 역시, 몰입도 중요하지만 반복이 핵심이라고 본다. 창의성이 발현하는 경우의 상태를 살펴보면 생각하고 또 생각을 거듭한 부분은 무아경이나 몰입 상태에서 발현하지만, 뇌가 활성화 상태를 계속 유지하면 어떤 문제를 생각하고 또 생각하기를 며칠을 반복하다가 문제가 해결되지 않아 그만두더라도 서너 달이 흐른 뒤 신문이나 주위 환경에서 그 문제를 인지하는 순간 그 문제가 해결되는 때도 있다. 이때 인지하는 순간 바로 떠오르므로 무아경은 물론 몰입이 개입할 시간이 없다.

■ 무한 반복이 무아경에 이르는 길

불교의 3,000배와 오체투지, 기독교의 성지순례 등 타의에 의해 설정된 환경에서도 무한 반복 중에 무아경에 이르게 되고 영적 체험 등 창의성이 발현한다. 이때 이것이 자발적인 몰입이냐 아니냐에 대해서는 논란이 있을 수 있다. 이에 참여한 이가 전부 영적인 체험을 하는 것은 아니니 말이다.

학자들이 말하는 것처럼 하늘에서 뚝 떨어진 것과 같은 창의성이 발현하는 때도 있다. 이것은 외부에서 자극이 있고 주로 그다음 날 생각이나 상상에 몰입하는 중에 외부에서 자극이 있는 그 부분에서 창의성이 발현한다. 문제는 발현할 당시 생각이나 상상에 몰입한 것이 창의성 발현한 것과 전혀 관련이 없는 것을 몰입한 것이고, 이전에도 이와 관련된 것을 직접적으로 생각이나 상상에 몰입하는 것을 반복한 적이 없고, 다만 유사한 것 여러 건을 생각이나 상상을 반복했던 것이 있었을 때 나타나는 현상이다. 물론 뇌의 활성화 상태가 오랫동안 이어져왔을 때이다.

그리고 이때 잠깐 몰입 상태이고 몰입 부분이 발현한 창의성과 전혀 관계가 없는 것이지만 창의성이 발현하는 상태는 무아경이라 본다.

참고로 '세상에 이런 일이'라는 방송 프로그램에 출연한 사람 중에서 1인 자영업을 하는 사람 중에 그가 일하는 소재를 사용하여 어느 날 갑자기 예술적 재능을 보이는 이들이 있다. 그들은 전에 예술적 재능을 위해 전문적인 훈련을 받은 적도 없고 배운 적도 없는 이들도 있다. 나는 이들이 손님이 없을 때 잠깐씩 잡다한 생각이나 상상을 반복하거나 또는 일을 하면서 잠깐씩 잡다한 생각이나 상상을 반복하는 것을 습관처럼 이어오다가 그가 하는 일에 대해 생각이나 상상을 반복하던 중에 일하고 남은 찌꺼기나 폐품을 이용하여 예술 작품을 만들기 시작한 것으로 보고 있다. 즉, 이들은 창의성 발현이 소질이나 재능으로 발현한 것으로 보고 있다. 그리고 창의성이 발현한 이후 그 역량을 급격히 쌓아가고 있는 이들이라고 본다.

결국 한 방향으로 전문적인 훈련을 거듭하지 않고 시간이 있을 때마다 잠깐씩 잡다한 생각이나 상상을 반복하고 이것을 습관처럼 오랫동안 이어가다 보면 어느 날부터 한 방향으로 잡다한 생각이나 상상을 반복하는 횟수가 늘어가게 되고, 이것이 그의 일과는 전혀 관계가 없는 것이라면 1~2년 안에 비중이 있는 창의성이 발현하는 때도 있다.

■ 내향적, 소극적인 성격이 잡다한 생각을 하는 데 유리

여기서 유의할 점은 이렇다.

- 잡다한 생각이나 상상이 근심, 걱정 등 비관적인 것은 병의 원인이 될 수 있어 오랫동안 이어갈 수 없으므로 창의성이 발현할 수 없다.
- '잡다한'이란 말 그대로 지식수준 면에서 아주 하찮은 것이나 단순한 것도 상관이 없다. 처음 시작할 때는 그렇게 시작하지만, 시간이 지나면서 차츰 세상사나 어느 한 방향으로 자연스럽게 옮겨가게 된다.
- 오랫동안 이런 시간이 있을 때마다 잠깐씩 생각이나 상상을 반

아이를 창의적 천재로 만드는 뇌의 비밀

복하므로 그 습관만 유지한다면 10년 이상, 20~30년이 걸릴 수도 있다.

- 자연적으로 형성되므로 성격도 내향적이거나 소극적이어야 한다.
- 주위 환경도 너무 안 좋으면 중간에 중단되거나 비관적으로 흐를 수 있으므로, 주위 환경이 어렵지만 항상 희망이 상존하여야 한다.
- 열악한 상황이 오랫동안 지속되어야 한다. 즉, 주위 환경이 도와 주어야 한다.
- 이 모든 조건을 갖추어야 하므로 창의성 발현의 확률은 매우 낮다.

비중이 있는 창의성이 발현한 이후 초심을 계속 이어가다 보면 가칭 '생각하는 뇌의 문이 열린다'라고 앞에서 언급한 것과 같이 외부에서 지식을 습득하게 되면 따로 생각이나 상상에 몰입하지 않더라도 같은 방향일 경우 다음 날 정도면 다른 생각이 쉽게 떠오른다. 전혀 다른 방향이 아니라면 며칠 생각이나 상상을 몰입하고 반복했을 때 다른 생각이 쉽게 떠오르지 않더라도 그 상태로 그냥 두어도 얼마 지나지 않아 자연적으로 다른 생각이 떠오르는 경우가 많다. 즉, 창의성 발현이 무척 빨라진다. 레오나르도 다빈치의 메모지를 생각하면 쉽게 이해할 것이다.

■ 휠체어 탄 스티븐 호킹이 아인슈타인보다 초심을 이어가기 쉽다

학자들이 창의성을 말할 때 아인슈타인의 말을 많이 인용하는데 그는 인류 역사에 위대한 업적을 남겼고 위대한 과학자이며 천재 중의 천재인 것은 분명하다. 하지만, 정신적인 영역이나 인문학 분야의 천재인가엔 의문점이 든다. 아인슈타인보다 2019년에 타계한 스티븐 호킹 박사가 인문학 분야에 더 조예가 깊다고 본다.

그가 강연한 것을 방송을 통해 몇 번 시청한 것뿐이지만 아인슈타인보다 스티븐 호킹 박사가 다른 영역을 넓힐 수 있는 조건을 충분히 갖추고 있다. 둘 다 명예나 부를 누린 건 사실이다.

아인슈타인은 어느 정도 초심을 유지하고 있다고 보지만 그 정도가 다른 영역으로 확장되기에는 부족하다고 본다. 스티븐 호킹은 부와 명예가 있으나 20대 이후에 평생을 휠체어에 기대어 앉아 잘 움직이지 못했다. 그런 그가 잘할 수 있는 일은 생각이나 상상을 몰입하고 반복하는 일뿐이었다. 둘 다 가칭 '생각하는 문이 열린다'의 상태가 되었다 하더라도 아인슈타인은 한 방향으로 이루어졌다고 보며 다른 영역을 확장하기에는 주위 환경이 부적합하다고 본다.

반면 스티븐 호킹은 초심을 이어가는 데 주위 환경이 평생 도와주었으므로 얼마든지 다른 영역으로 확장할 수 있었다. 즉 스티븐 호킹이 인문학 분야에 훨씬 조예가 깊다는 것이다. 다만, 그에게는 경험이나 체험이 부족한 것이 흠이다.

아이를 창의적 천재로 만드는 뇌의 비밀

■ 생각을 거듭하면 뇌가 융합하여 의식 세계에 답을

앞에서 살펴본 것과 같이 창의성을 잉태하거나 발현하는 데는 생각이나 상상은 필수이고, 생각이나 상상을 하는 데 반복이 주라고 보며, 몰입은 부라고 본다.

나는 1장 「야인의 이야기」에서 의식 세계와 뇌의 관계를 관포지교로 보았다. 즉, 상호보완적인 관계다. 앞에서 본 일반 사람들도 작은 문제점이 있을 때 생각이나 상상을 거듭하면 뇌가 융합하여 의식 세계에 전달하는 것으로 보았다.

친구들을 만나거나 모임에 갔을 때 상대가 돌출적인 발언을 하면 그대는 알맞은 대답이 생각이 안 나다가 집에 오는 도중이나 다음 날 생각이 나는 경우가 많은 경우가 그렇다. 창의성을 발현하는 형태를 살펴봐도 뇌와 의식 세계의 관계는 상호보완적이다. 단순히 한번 생각이나 상상을 몰입했을 때 문제가 해결되거나 다른 생각이나 창의성이 발현하지 않으므로 반복이 핵심이라고 본다. 또한, 이 초심을 오랫동안 이어가야 비중이 있는 창의성이 발현할 수 있는 조건이 갖추어지므로 단순히 몰입이나 무아경만으로 설명하기에는 부적절하다.

■ 몰입 상태를 만드는 7가지 조건

칙센트미하이 교수는 8,000명 이상의 사람들을 인터뷰했다. 도미니크의 수도사들부터 시각 장애인, 수녀들, 히말라야 등산가들, 그리고 나바호족 양치기에 이르기까지 자신들의 일을 즐기는 사람들을 대상으로 몰입을 주제로 인터뷰했다. 그 내용을 정리해보자.

"몰입은 문화와 관계가 없습니다. 교육 수준이나 기타 어떤 것과도 관계없습니다. 사람이 몰입 상태를 알아볼 때는 일곱 가지 조건이 있습니다."

- 무아지경으로 인도하는 데 초점이 있다.
- 매 순간 원하는 것이 무엇인지 정확하게 알고 있다.
- 즉각적으로 피드백을 받는다.
- 해야 할 일이 비록 어렵더라도 해낼 수 있다는 것을 알 수 있다.
- 시간관념은 사라진다.
- 자기 자신을 잃어버린다.
- 더 큰 무언가의 일부가 된 것처럼 느낀다.

"이런 조건들이 형성되면 하고 있는 일이 그 자체로 해야 할 가치가 있게 됩니다."

위 내용만 가지고 미하이 교수의 이론 전체를 논하기는 부족한 부분이 많겠지만, 하나씩 교수의 관점에 대해 논해보겠다.

이 인터뷰는 주로 자기가 하는 일에 어느 정도 성취를 이룬 사람을 대상으로 한 것 같고, 현재 그들의 몰입 상태를 대상으로 한 것 같다.

■ 몰입에 대해서

먼저 몰입이나 무아경이 자기가 하는 일을 즐기는 사람들의 전유물인지 의심이 든다. 앞서 언급한, 잡다한 생각이나 잡다한 상상에 몰입하는 경우다. '몰입은 문화와 관계없이, 교육 수준 또는 어떤 것과도 관계없이'라고 한 것처럼 자기가 하는 일을 전념하거나 즐기지 않을 때도 몰입을 하고 무아경에 이를 수 있다고 본다.

■ 목동의 경우

예를 들어 양치기하는 한 목동이 있다고 해보자. 다른 아이들은 좋은 집에서 좋은 음식을 먹고, 교육을 받으면서 다른 아이들과 뛰어노는데 이 목동은 가정 형편상 교육은커녕 다른 아이들과 뛰어놀 수도 없고 양들을 돌볼 수밖에 없는 상황이라고 가정하자. 양들이 목초지에 이르게 되면 목동에게는 시간의 여유가 많아지게 된다. 양들 옆에 양을 지키는 양몰이 개가 있으면 더욱 시간의 여유를 가질 수 있다. 사람은 혼자 있게 되면 잠을 자든지 주변에 TV가 있으면 TV를 볼 것이고 신문이나 잡지가 있으면 신문과 잡지를 보지만, 소극적인 성격이고 주위에 관심을 끌 것이 아무 것도 없으면 잡다한 생각이나 상상을 거듭하면서 시간을 보낼 수밖에 없다.

목동은 잠깐 잠을 자거나 주위 환경에 관심을 가지고 몰입할 수도 있지만, 늘 보던 주위 환경이라 당연시하며 지나칠 수 있다. 다른 아이들이 좋은 집에서 좋은 음식을 먹고 학교도 다니며 친구들과 어울려 뛰어노는 것을 어느 정도 인지하고 있다고 볼 때 혼자서 자신에 대한 생각이나 상상에 몰입할 확률이 높다. 다른 아이들은 좋은 환경에 살고 있다는 지식이 저장된 상태이기 때문에 자기 자신과 비교하는 것은 자연스러운 것이며 근심, 걱정처럼 비관적인 것이 아닌 현실과 정반대되는 잡다한 생각이나 상상을 몰입하는 것은 좋은 현상이다. 그리고 몰입하다 보면 때로는 무아경에 이르기도 한다고 본다. 성장기에는 대체로 비관적인 것보다는 긍정적으로 잡다한 생각이나 상상에 몰입한다.

■ 40대 가정주부의 경우

어느 한 가정에 40대 말의 가정주부가 있다고 가정해보자. 아이들은 어느 정도 자라 엄마와 함께 시간을 보내거나 자기만의 공간을 가지기를 좋아한다. 남편은 자기가 하는 사업이나 회사의 일에 전념하기 위해 자주 늦게 귀가하면서 집은 단지 쉬어가는 공간이다. 따라서 가족 간의 소통이 원활하지 않은 실정이다. 이때 지금까지 가정에 충실하기 위해 살았을 뿐 취미나 자기계발은 전혀 하지 않은 가정주부는 자존감을 상실하고 비관적으로 잡다한 생각이나 상상을 거듭하다가 우울증에 걸릴 수 있다. 이렇게 비관적으로 잡다한 생각이나 상상을 거듭하는 것도 몰입을 반복하다가 생긴 하나의 현상이라고 본다.

■ 자발적인 몰입의 예

이 가정주부처럼 자존감을 상실하고 비관적으로 잡다한 생각이나 상상에 몰입하게 되면 우울증에 걸리거나 자살에 이르게 되는데 이 때 상상의 효과나 능률은 있다 하겠다.

목동도 현실과 정반대되는 잡다한 생각이나 상상에 몰입하므로 능률은 있을 수 있으나 도전성은 낮을 수 있다. 몰입 정도는 높을 수 있는데 이것은 단지 홀로 있는 시간을 보내는 것으로서 어릴 적 습관에 기인하는 경우가 많다. 물론 자기의 일을 즐기지 않는 경우이다. 혹 무아경에 이르기도 하는데 이 경우를 '자발적인 몰입'이라고 본다.

이렇게 창의성을 발현할 수 있는 상태에 도달하지 않은 수많은 사람들도 자기가 하는 일과는 상관이 없는 잡다한 생각이나 상상을 반복할 때도 몰입할 수 있다. 물론 도전성은 거의 없으나 반복되다 보면 쉽게 몰입에 이를 수 있다.

앞서 설명한 것과 같이 전문적인 훈련을 오랫동안 했을 때 '자발적인 몰입'에 이르고 창의성을 발현하는 경우 대체로 스포츠, 바둑, 예능 등 기능적인 측면에서는 축적이 중요하므로 유리하다고 보고 있다. 잡다한 생각이나 상상을 반복하고 이것을 습관화하여 오랫동안 이어가다가 비중이 있는 창의성을 발현하는 경우는 실험이 없으므로 정신적인 영역이나 인문학 쪽에 유리하다고 본다.

그리고 이것으로 인해 성과가 크거나, 창의성이 발현하고 그것으로 권력, 부와 명예를 얻게 되면 초심을 잃게 될 확률이 높아지게 되므로 무아경의 상태를 어느 정도 유지하다가 어느 순간 소멸해버리고 만다. 무아경도 초심을 잃지 않아야 유지되므로 연속성이 중요하다. 위

조건이 이정표는 될 수 있으나 모든 창의적인 사람에게 적용하는 것은 무리가 있다고 본다.

■ 몰입하는 순간이 늘 행복한가

앞에서 살펴본 바와 같이 몰입하는 순간이 꼭 행복한 순간이라 할 수 없는 예도 있다. 그리고 모 교수가 말한 맹수에게 쫓기는 동물이 최선을 다해 도망갈 때 몰입하는 때도 행복한 순간이라 말할 수 없다. 자기 일을 즐기는 사람들이 몰입하는 순간이 행복하다고 해도 그것은 몰입하는 순간에만 일어날 수 있는 현상이므로 진정한 행복이라 할 수 없을지도 모른다. 물론 행복은 보거나 만지거나 할 수 없는 추상적인 개념으로 단언하기가 힘든 단어이다.

즐겨보는 방송 프로그램 중에 '인간극장'이 있다.

그들 중 도시 생활을 접고 귀농해서 살면서 부부가 함께 힘을 합쳐 열심히 농사를 짓고 아이들은 도시에 있을 때처럼 학교 외에 학원에는 다니지 않고 가정일도 나누어서 하고, 부모가 하는 농사에 일손을 보탤 때도 있다. 이와 비슷한 다른 귀농인들에게도 비슷한 현상이 있다. 가족 간의 환경을 공유함으로써 소통이 매우 원활하고, 이웃 간에도 환경을 공유함으로써 소통이 대체로 잘된다. 힘은 들지만 가족 구성원이 전부 밝은 얼굴이다.

아이를 창의적 천재로 만드는 뇌의 비밀

■ 최선의 적응 + 탐욕 없음 = 진정한 행복

'나는 자연인이다'라는 방송 프로그램을 한때 즐겨본 적이 있다. 병이 들었거나 도시 생활에 실패했거나 이런저런 이유로 산에 홀로 들어와 사는 이들이다. 전기도 안 들어오고, 문명과는 거리가 멀지만 산 속 생활에 적응한 이들인데 홀로 자급자족하기 위해 부지런히 움직이고 몸도 관리하면서 살아간다. 그들은 그 환경에 적용했기에 고독도 극복하였고 하나같이 얼굴이 밝다.

그들에게 다시 도시에 나가 살 의향을 물어보면, 작가가 의도한 측면이 얼마나 개입하였는지 모르지만 도시에 나갈 생각은 전혀 없고 지금의 생활에 만족한다고 한다. 나라별 행복지수를 조사했을 때 네팔과 부탄이 제일 높게 조사된 적이 있다.

위의 경우처럼 주위 환경에 최선을 다해 적응하여 살아가면서 가족 간에 소통이 잘되고 더는 탐욕을 부리지 않거나 탐욕을 부릴 공간이 적을 때 진정한 행복한 순간이라 보고 그 순간이 오래간다고 생각해 본다.

■ 다시 학교

'다시 학교'라는 10부작 EBS 프로그램을 보면서 개별적으로 토를 달기 위해 저장해놓은 스마트폰 영상을 매우 어설프게 앞으로, 뒤로, 중단을 거듭해가면서 메모지에 그 내용을 적어보았다. 중간 정도는 한 것 같다.

몇 년 전인가 혁신학교라는 말을 신문이나 뉴스에서 들었고 진보 교육감이 경기도에서 당선되었고 그다음 선거에서는 보수적인 경상도를 빼고는 거의 진보 교육감이 당선됐다.

이 진보 교육감들이 내세웠던 것이 혁신학교와 활동적 수업인 것을 이 프로그램을 보면서 처음 알게 되었다. 이 수업은 이미 선진국인 유럽에서 시행하고 있으므로 진보 학자들이 한국에 들여와 시행한 것 같다.

스스로 생각하는 교육은 연속성이 있을 때 매우 효과적인데 우리나라에서의 육아 방법 위에서 이 교육이 얼마나 타당한지, 우리나라의 교육 시스템과 얼마나 어울리는지, 창의성이 어떻게 잉태되는지, 또는 이 교육 시스템의 문제점은 없는지 깊은 성찰이나 연구한 흔적이 보이지 않고 선진국인 유럽에서 시행하고 있으므로 늘 그랬듯이 그대로 들여와 한국 교육 시스템에 맞춰 시행한 느낌이 든다.

학교란 타의에 의해 설정된 환경이므로 개인의 자유가 상당히 제약된 공간이다. 우리나라의 육아 방법상 아이를 1~2명만 낳다 보니 아이와의 교감은 지나치게 되고 그 집의 가정생활이 대체로 아이를 중심으로 이루어진다. 이런 상태에서 아이는 어린이집과 유치원에 가고 보통 2~5개의 학원에 다니게 된다. 어린이집과 유치원, 학원은 타의에 의해 설정된 환경이지만 인간도 환경에 적용하는 동물이므로 집과 그곳의 환경이 달라도 어릴 적이므로 이내 쉽게 그 환경에 적응하게 된다.

문제는 아이의 집과 어린이집, 유치원, 학원 등의 환경에 유사한 점이 많을수록 유리하지만, 다른 점이 많다면 아이는 처음에는 다른 환경에 적응한 것처럼 보인다. 그러나 집의 환경도 같이 존재하고 있으므로 시간이 지나면서 다른 환경에 완전히 적응하지 못하고 갈등하는 경우가 많게 된다는 점이다.

아이에게는 처음 뇌 신경세포에 지식이나 경험을 저장해놓은 것이 무척 중요하다. 이것을 지우기 위해서는 이것을 지울 수 있는 더 많은 노력과 시간이 필요한데 현실은 집과 그곳의 환경이 같이 존재하므로 다른 환경에 완전히 적용하지 못하고 갈등하거나 이중적인 성격이 형성된다. 중세 유럽의 기독교에서 아이를 기숙사에서 생활하게 하거나 네팔, 부탄, 티벳트 등 불교에서 입문하면 사원에서 수행하게 하는 것은 외부와 단절된 환경, 즉 타의에 의해 강하게 설정된 환경이므로 그 효과가 매우 크다. 즉, 바뀐 환경만 존재하고 이미 형성된 지식이나 경험을 희석할 만큼 시간이 길기 때문에 이미 형성해놓은 버릇이나 습관 또는 지식이나 경험이 바뀐 환경에 맞게 적응하는 데 훨씬 유리하게 작용하게 된다.

아이가 1~5세 때 나이는 어리더라도 따라서 배울 수도 있고 사색도 할 수 있다고 10장 「한 살의 기적」에서 논하였다. 따라 배울 수 있는 공간도 필요하고 사색을 할 수 있는 공간도 필요하고 이 프로그램에 나온 학자들이 말한 배경지식인 밀알을 위한 교감을 위한 공간도 필요하다고 주장했다.

학자들이 아이에게 놀이 문화가 필요하다고 주장한 것처럼 놀이 문화는 따라 배울 수 있는 공간이 있으나 편리함도 같이 존재하므로 다양한 놀이 문화를 준비해 일정한 시간이 지나면 다른 놀이로 이동하는 것이 중요하다. 그날 놀이를 한 것을 사색할 공간을 만들어주는 것이 중요하므로 이것을 숙제로 주는 것도 한 방법이다.

교육은 연속적일 때 그 효율성이 가장 크다. 즉 육아를 어떻게 하느냐도 무척 중요하다. 아이가 처음 태어났을 때 뇌 신경세포는 비어 있는 상태이므로 육아 방법을 어떻게 설정하느냐에 따라(과학자들은 2~5세 때 접한 것이 뇌의 발달 방향에 결정적인 역할을 한다고 했지만, 1세 때부터 진행하는 것이 더 효율성이 크다고 본다) 그 방향이 결정된다고 본다.

학교도 마찬가지다. 학교는 중도에 시행하는 것이므로 현재의 육아가 어떻게 이루어졌느냐에 따라 설계되어야 하고 그에 부족한 점도 보완할 수 있게 설계되어야 한다.

이를 토대로 또는 앞서 설명한 창의성 관련 부분을 참고로 현재 학교에서 시행하고 있는 활동적 수업을 바라보고자 한다. 참고로 활동적 수업이라는 것을 이 프로그램을 통해 처음 들었고 그 개념을 몰라 학교에 방문해 자문을 구하도자 했으나 코로나19 전염병 문제도 있고, 하고 있는 일이 바쁜 관계도 있고, 차일피일 미루는 성격 탓도 있어 이 프로그램을 조금 본 후 4개월이 지났지만 사실 이 기간 동안 활동적 수업이라는 단어를 뇌가 인지하고 자극되어 새로운 지식이나 경험에 대응할 수 있는 힘을 스스로 키웠던 것이다.

사실 그 동안 창의성 교육, 메이커 교육, 토론식 교육 등의 개념의 장단점을 정확히 이해하지 못했던 것도 사실이다. '다시 학교다'라는 프로그램을 스마트폰에서 어설프게 앞뒤로 조정해가면서 중요한 부분을 종이에 옮겨 적고, 다시 노트북에 옮기면서 장단점을 파악한 과정이므로 그대로 적고자 한다.

활동적 수업은 어느 한 단원을 처음부터 학생이 스스로 주도적으로, 주로 4명씩 팀을 이루어 서로 도와가면서 수행을 하는 수업인 것 같다. 중요한 부분을 점검해가면서 살펴보고자 한다.

아이를 창의적 천재로 만드는 뇌의 비밀

"활동형 수업을 하면 대부분의 학생이 즐거워하며 재미있어하고 적극적으로 수업을 한다."

나: 아이들이 놀이 문화를 하면 거의 전부 적극적으로 참여하고 시간 가는 줄도 모른다. 여기서 보여주듯이 적극적으로 참여하는 것은 이곳에 그들이 지금까지 습득한 지식이나 경험을 실험할 수 있는 공간이 있기 때문이다. 처음에는 생소하지만, 이곳에는 따라 배울 수 있는 공간도 있으므로 놀이가 거듭될수록 이내 쉽게 어울리게 되고 어른들의 간섭 없이 자신들만의 공간이고 이것을 아이들 스스로 할 수 있는 유일한 곳이므로 최선을 다하게 된다. 즉, 이곳은 지금까지 습득한 지식이나 경험이 쉽게 융합될 수 있는 공간이다. 그리고 이것은 성인을 흉내 내는 과정이고 후에 성인이 될 때를 위한 준비 과정이라고 할 수 있다. 그러다가 학교에 들어가서는 주로 강의식 수업만 하다 보니 일부 체험 시간이 있으나 자기의 생각을 마음껏 발산하지 못하고 억눌린 상태이며 배운 것을 실행에 옮길 수 없으므로 학생들이 자기 주도로 이루어지는 활동형 수업을 즐거워하고 재미있어하는 것은 당연하다고 본다.

"교사: 활동형 수업의 장점, 여럿이 모여서 토론으로 문제 접근"

나: 토론에 대해서는 생각할 부분이 많다. 토론은 어떻게 하느냐에 따라 뇌를 자극할 수 있다. 언젠가 현 정부에서 대통령이 화기애애한 분위기에서 정부 각료들과 토론을 하는 모습을 방송을 통해 본 적이 있다. 과연 얼마나 토론의 효과가 있었는지 의문이다. 토론은 보통 그가 알고 있던 것을 의견으로 제시하고 다른 이들이 제시한 의견과 비교하여 그중 나은 것을 선택하는 것이 토론이 잘 이루어진 것이다. 여

기서 알 수 있듯이 이것은 그들이 이미 알고 있던 것을 끄집어낸 것에 불과하고 요즈음에 1차나 2차 산업을 역설하는 것과 크게 차이가 없다고 본다. 토론을 할 때 사람은 어떤 문제에 있어서 그가 습득한 지식과 경험의 바탕 위에서 발언하므로 그와 배치되는 상대방의 의견이 제시되었을 때 그것을 금방 수용하기가 매우 어렵다. 사람에게는 자존감이 존재하므로 상대방이 자기와 대치되는 의견을 제시하거나 월등한 의견을 제시하게 되면 금방은 그것을 수용하거나 그보다 더 나은 의견을 말할 수 없다. 그러나 얼마간의 시간이 지난 후나 특히 하룻밤이 지난 후 상대방의 의견을 수용하거나, 단점이 보이거나, 더 나은 의견이 생각날 경우가 있다. 뇌의 활성화 상태가 이어져가고 있을 때는 이러한 현상은 더 빈번하게 일어난다. 뇌는 자극에 특히 민감하게 반응한다. 즉, 상대방이 자기와 대치되는 의견을 제시하거나 월등한 의견을 제시하게 되면 뇌는 이에 자극을 받게 되고 자기의 자존감을 지키기 위해 자신이 축적한 지식과 경험의 바탕 위에 새로 습득한 지식과 경험이 융합작용을 하기 위한 시간이 필요한 것이다. 시간을 두고 이러한 과정을 몇 번 반복해야만 제시됐던 의견들이 갈고 닦아져 창의적인 의견이 완성될 수 있는 것이다. 그러므로 토론에 참여하는 학생들이 토론하는 방법을 제대로 배운 적이 없으므로 따로 놀수밖에 없고, 수업에 이를 적용해도 시간의 제약을 받으므로 큰 효과를 낼 수가 없다.

"**학생**: 해야 하는 건 너무 많은 데 시간이 없기도 하고 '이것을 다 할 수 있을까?' 이런 생각을 많이 했어요."

"**현직 교사가 청와대 게시판에 올린 글**: 아이들이 피곤에 지쳐 정상적인

아이를 창의적 천재로 만드는 뇌의 비밀

수업을 하기 어렵다. 무엇보다 기초학력이 중요한 시기, 반 혼수상태로 학교생활을, 기초학력이 중요한데 배운 내용을 학습할 시간은 매우 적습니다."

"**학생**: 수행평가를 하다 보면 음악, 미술, 체육을 빼도 24개예요. 그럼 그걸 하기 위해서 정말 치열하게 하는 거죠. 수행평가가 정말 많아서 휴대전화 메모장에 어떤 수행평가가 있는지, 뭘 해야 하는지 다 일일이 적어두고 끝날 때마다 체크하고…"

"**교사**: 애는 그림을 그리게 하고, 애는 수학 뭘 풀게 하고 이렇게 역할을 한대요. 그럼 그림을 그리는 애는 뭐죠! 수학 시간인데 꾸미는 역할을 한 게 그 친구의 역할이면 그걸 수학 수업을 했다고 볼 수 없잖아요."

"**학생**: 선생님께 얻는 게 하나도 없는 느낌? 학교 다녀서 얻는 게 있나? 이런 기분이 들 때가 많아요."

"다양한 활동을 수행하기 위해 아이들이 들인 노력은 상상 이상입니다."

나: 여기서 먼저 생각할 부분은 자기 주도형 활동을 하기 위해서는 미리 그에 대하여 숙지를 해야 한다는 점이다. 즉, 주도적으로 그것을 공부할 시간이 필요하다. 그런 다음에 토론하고 미진한 부분을 보충한 다음에 수행평가가 이루어지는 것이 순서라고 본다. 이렇게 하기 위해서는 상당한 시간이 필요하다. 강의식 수업도 예습과 복습을 해야만 그 효과가 어느 정도 있는데 학자들이 말한 배경지식이 전혀 없는 상태이고 주어진 활동을 하기 위한 공부 시간이 충분하지 않은 상태에서는 정상적인 활동이나 토론이 이루어질 수 없다고 본다. 더욱이 이 상태에서 정상적인 수행평가가 가능한지 의문이다. 앞에 열거

한 것처럼 수행평가가 그렇게 많다면 도대체 무슨 교육을 하는 건지 알 수가 없다. 운동선수나 예능인들도 수없이 반복적인 훈련을 통해 자리를 잡아간다. 활동형 수업의 장점이라고 하는 역량도 반복적인 학습을 통해 한 가지라도 자리를 잡을 수 있고 그 후로도 반복적인 학습을 해야만 역량을 키울 수 있는데 수행평가가 그렇게 많다면 성적이 우수한 학생도 역량에서는 수박 겉핥기도 제대로 못 하는 것과 같다고 볼 수 있다. 그리고 수학 시간에 그림을 그리거나 다른 식으로 수행하는 것은 그 개념을 이해하고 토론을 거친 후 역할 분담 후 할 수 있는 행동이라고 보는데 과연 주어진 시간 안에 가능한지 묻고 싶다.

"21세기는 새로운 교육을 요구한다."

"학생주도의 수업이 효과적이다."

"학교가 이렇게 변한 건 아이들이 스스로 학습을 주도해나가는 것이 좋다는 믿음 때문이었습니다. 그렇다면 어떤 수업이 좋은 수업일까요?"

"**송성민 교수**: 학생 중심 활동 수업이 최근엔 각광을 많이 받고 있고 특히 미래 사회에서 학생들의 역량이라든가, 이런 부분이 강조되면서…"

"우리들의 믿음처럼 아이들이 주도하는 수업이 최고의 수업일까요?"

"6명의 교사들이 모여 학업 성취도 조사, 전국의 600명 대상, 한 달간 수업 실험. 강의형 수업, 교사 적극 개입 학생 활동 수업, 학생주도형 활동 수업."

"**학생**: 평소 배우는 거랑 다르게 그림도 그리고 애들이랑 같이 모둠

아이를 창의적 천재로 만드는 뇌의 비밀

활동하면서 해서 재미있었어요."

"**학생**: 모둠 활동이 많았거든요. 근데 그거 안 하고 설명을 많이 해 주시니까, 이해도 더 잘됐던 것 같아요."

"**교사**: 활동 자체로만 끝나는 게 아니라 여기에 대해서 어떻게 학생 들과 피드백이 잘 이뤄지고…."

"학습이 끝난 뒤 학생들에게 마인드맵을 그려보게 했습니다. 수업 내용을 얼마나 기억하고 핵심 개념을 얼마나 정확히 이해하고 있는 지…. 결과는 강의형 수업이 제일 성취도가 높았고, 학생주도형 수업 이 제일 성취도가 낮았습니다."

"실제 성취도에서는 강의형 수업이 좋고, 학생주도 활동형 수업이 제일 낮았다."

"**송성민 교수**: 마인드맵 결과에서 알 수 있듯이 굉장히 오개념을 많 이 가지고 있고, 제대로 그림을 그리지 못한다든가 숫자로 환원할 수 없는 부분까지 감안을 한다면 굉장히 심각한 학습 결손이 발생하고 있다는 것입니다. 제대로 된 수업이 이루어지지 못했을 때 그 피해를 받는 학생은 누구인가? 하위권 학생들 혹은 개념이나 지식이 풍부하 게 형성되지 않은 학생들은 그 방임형(학생주도 활동형)으로 진행되는 자율적인 수업에서는 상당히 수업결손이 발생할 수밖에 없었고요, 우리가 교육적으로 방치하는 게 아닌가 하는 생각을 합니다."

나: 이 실험에서는 한 과목만인지 여러 과목인지는 알 수 없지만, 교 육은 연속성이 있을 때 그 효과가 큰데 중도에 그것도 한 달간 실험한 것이다. 중도에 그 교육 방법을 바꿀 때는 사전에 그 교육 방법(학생주 도 활동형 수업)을 어떻게 할 것인지 교사와 함께 연습할 시간이 필요하 다. 그 기간은 한 달이 더 걸릴 수도 있다. 앞서 설명한 것과 같이 학

생주도 활동형 수업을 하기 위해서는 그 내용을 숙지할 수 있는 시간이 필요하고 토론을 걸쳐 자기가 혼자 공부했던 부분의 미진한 부분도 보충한 다음에 소위 융합이라고 할 수 있는 것에 대해 그림을 그리든지 아니면 다른 활동을 할 수 있다고 본다. 학생주도 활동형 수업은 많은 시간이 필요한 수업이고 역량을 키우기 위해서는 반복적인 활동형 수업도 필요한 경우가 많은데 한 달간 실험한 후 평가하는 것은 의미가 없다. 중도에 아무 대책도 없이 활동형 수업을 하게 될 경우 오개념이 많은 것은 당연한 결과이다. 그리고 강의형 수업은 연속성이므로 능률이 좋은 것은 너무도 당연하다.

"10년 전부터 교육이 바뀌어야 한다는 목소리가 지속해서 있었습니다."

"**이주호 전 교육부 장관:** 올해 400개의 교과 연구를 지원했습니다만, 내년에는 1000개의 교과 연구회를 지원해서 자연스럽게 사례 중심학습, 또 팀 프로젝트, 토론, 실습 등이 활성화되도록 그렇게 하겠습니다."

"**강사:** 지식의 양을 늘리는 게 중요하지 않으니까요. 그렇지 않아요? 지식의 양은 네이버 검색, 지능화된 기계가 다 해줄 거니까요. 우리 문제가 뭐냐! 지식 위주의 교육이야. 선생님들요, 이제 선생님들의 역할이 무엇이냐고 했을 때, 이제 지식을 전달하는 역할에서 벗어나서 뭘 해야 된다고요?"

"2015년 새로운 교육 과정이 등장, 학생 중심의 교육 과정을 개발한다."

"오는 2018년부터 초, 중, 고 교육 과정이 많이 바뀝니다. 국, 영, 수 등 기초 영역의 비중은 전체 교과의 50% 이하로 제한됩니다."

"**영어 교사:** 교사 입장에서는 가뜩이나 줄어든 수업 시수에 활동적 수업을 하다 보니까 진도를 끝까지 못 하는 선생님들이 굉장히 많죠. 그래서 그런 면에서 봤을 때는 학교가 아이들에게 해야 하는 여러 가지 역할 중에 교과 지식을 충분히 가르치고 있냐고 묻는다면 그러기엔 부족함이 있다고 생각을 합니다."

"해당 학년에서 배워야 할 최소한의 학습량을 따라가지 못하는 이른바 기초학력 미달 학생이 해마다 늘고 있습니다."

"**이주호 전 교육부 장관**: 10년 전만 해도 그 당시에 너무 지나친 입시 위주, 입시 지옥이라고까지 말하는 지금도 사실은 여전히 문제가 있지만, 그 당시도 정말 심각했거든요. 그래서 그런 창의적인 활동이나 토론이나 프로젝트 수업이 들어왔던 거거든요. 그래서 충분히 의미가 있지만, 지금은 이제 학력을 걱정해야 되는 목소리가 높아지지 않습니까? 그 의미는 균형을 잡아야 할 때가 됐다는 거고요."

"수업 방식만큼이나 학교가 제대로 가르치고 있는지 뒤돌아봐야?"

"**교사**: 두 명이나 세 명 짝을 지어서 대화문을 자기들이 작성해야 하는 거거든요. 그러면 조금 실력이 있는 친구들은 재미있어 해요. 그런데 어느 정도 실력이 되어야 영작이나 이런 걸 찾을 수 있지 밑에 하위권 애들은 못 하고 묻혀서 가는 거죠. 짝한테 묻혀서 옆에서 한글 대본 정도만 같이 작성하고 나머지 영작하는 거는 상위권 아이들이 하고."

"학생주도 활동형 수업의 사전 사후 성취도 비교, 저 성취도의 아이들이 오히려 수업 전보다 오히려 더 떨어졌다."

"수업에서 교사의 최소한의 안내, 개입이 효과적이지 않은 이유는 무엇인가?"

"비구조화된 수업은 더 숙련된 학습자에게 더 효과적이다."

"교사가 최소로 개입하는 수업이 더 좋다는 사실을 뒷받침할만한 실증적인 증거는 미비하여 중간 또는 낮은 수준의 학생들에게는 이와 같은 수업이 오히려 오개념이나 불완전한 지식을 심어줄 수 있다."

"**김경자 2015 교육 과정 개정 연구 위원회 위원장**: 활동 중심 교육 과정에 대한 맹신, 이런 것들이 그렇게 만드는 것 같아요. 심층적인 이해를 하게 하기 위해서 우리가 학생주도의 활동 중심의 수업을 하자고 한 거지 학생들이 한바탕 재미있게 손과 몸이 바쁜 이런 활동을 하자는 의도는 아니었습니다. 그리고 교육에서 내용 없는 활동은 가능하지 않고 시간 낭비라는 이런 생각까지 저는 가지고 있습니다."

"**조희연 교육감**: 일반적으로 오해가 있는 게 사실입니다. 암기식 교육 중심으로 가서는 안 된다는 것이지 지식 교육 전체를 부정하는 의미로는 사용할 필요가 없다, 저는 그렇게 보완적으로 말씀드리고 싶습니다."

나: 우리나라보다 선진국인 유럽에서 이미 시행하고 있는 학생주도 활동형 수업을 우리나라 교육체계 위에 그대로 시행했다는 느낌을 지울 수 없고 학생주도 활동형 수업의 장점, 단점 또는 보완적인 연구를 한 흔적은 보이지 않는다. 어느 강사가 지식을 늘리는 게 중요하지 않고, 지식의 양은 네이버 검색, 지능화된 기계가 다 해줄 거라고 강의한 내용이 있는 데 이 부분은 많은 생각을 해야 한다. 책에도 많은 지식이 저장되어 있지만, 그것을 내 것으로 만들려고 노력할 때만 내 지식으로 저장된다. 과연 책을 통해 자기 자신을 더 풍요롭게 노력하는 이는 얼마나 될까? 그리고 일반적으로 책을 많이 읽는다고 해서 창의적인 이가 되는 것은 아니다. 요즈음 스마트폰은 누구나 다 갖고 있으며 강사가 강의한 대로 클릭만 하면 너무 쉽게 원하는 지식을

다 찾아볼 수 있다. 하지만 그곳에는 말초신경을 자극할 수 있는 게임, 쇼핑, 만화, 스포츠 또는 각자의 흥미를 자극할 수 있는 것들이 너무 많으므로 지식을 찾아보다가도 다른 것으로 관심이 너무 쉽게 이동할 수도 있으며, 또한 어느 한 지식을 찾아본다고 해도 너무 다양한 답이 있으므로 어느 것이 옳은 답인지 알 수 없을 때도 있다. 필요할 때마다 클릭 한 번으로 필요한 것을 너무 쉽게 찾아볼 수 있다는 편리함이 있지만, 자주 하다 보면 뇌는 그것에 적용하고 마는데 대상이 학생인 것을 생각하지 않을 수 없다. 프로 선수들이 경기나 운동을 하는 것을 본다고 내 신체가 그와 같이 되는 것은 아니며 운동을 내가 직접 수없이 반복해서 땀 흘리고 노력해야 신체가 단련되는 것이다. 예능인들도 수없이 반복적으로 훈련해야 기초가 다져지고 이것을 이어가야 훌륭한 예능인이 될 수 있는데 학생 신분에서 클릭 한 번으로 찾아본 지식이 과연 뇌에 저장되거나 뇌가 발전할 수 있을까? 학생은 성숙한 단계가 아니므로 기초지식을 쌓도록 노력을 반복하여야 하며 물론 그 방법을 어떻게 하느냐에 따라 역량을 키우든지 창의적인 이가 될 수 있는 것이다. 그리고 기초지식이나 상식이 풍부할수록 후에 비중이 있는, 또는 넓은 의미의 창의성을 발현하는 데 큰 도움이 된다. 학생일 때에는 꼭 필요한 때가 아니면 스마트폰을 멀리하여야 하며 군이 스마트폰으로 지식을 찾아보려고 하면 생각을 거듭한 후 다음 날 문제가 해결 안 되면 그때야 비로소 찾아봐야 한다. 양날의 칼이라는 말이 있듯이, 스마트폰은 편리하고 얻는 게 많지만 그에 못지않게 잃는 것도 많다. 또한, 편리함은 창의성과 대척점에 있다. 제대로 된 자기 주도 활동형 수업은 시간을 많이 필요로 하는 수업이고, 중도에 이 수업을 하기 위해서는 교사와 같이 연습할 시간도 필요하다고 앞에서 설명하였는데 영어 교사의 말과 같이 지금의 활동형 수업을 하는데도 교과를 끝마치지 못하는 교사가 많다고 했다. 그런데도 하루에 여러 과목을 하는 것이 과연 옳을까? '비구조화된 수업은 더 숙련된 학습자에게 더 효과적'이라 했고, 교사가 최소로 개입하는 수업이 더 좋다는 사실을 뒷받침할 만한 실증적인 증거는 미미하여 '중간 또는 낮은 수준의 학생들에게는 이와 같은 수업이 오히려 오개념이나 불완전한 지식을 심어줄 수 있다'라고 했다. 더 숙련된 학습자에게 더 효과적이라고 한 것이 어떤 개념으로 말한 것인지 불분명하지만, 학습은 연속성이 있을 때 그 효과가 가장 크므로 유아기 때 스스로 따라 배울 수 있는 공간도 있고 스스로 생각이나 상상을 반복할 수 있는 공간도 있으며 이것을 습관처럼 이어왔을 때 자기 주도 활동형 수업에 유리한 것이지 성적이 우수하다고 유리한 것은 아니다. 지금과 같은 상태에서의 교사가 최소로 개입하는 수업은 중도에 시행하는 수업인데 그것을 하기 위한 예비수업도 없으며, 활동을 위한 지식을 습득할 만한 시간도 없으며, 활동하는 시간도 부족한데 더욱이 활동하는 과목이 너무 많다. 이런 상태에서는 유아기부터 습관으로 이어왔거나 성적이 우수하여 자기 주도 활동형 수업을 잘하는 것처럼 보여도 후에 역량이 크게 늘거나 창의성이 잉태되지는 않는다. 다시 말하면 그 지식을 완전히 자기 것으로 만들기에는 방법도 미미하고 시간이 너무 부족하다. 강의식 수업에서도 하위권 학생은 늘 존재해왔다. 그들은 공부에 흥미가 없거나 중도에 공부하려고 해도 기본적인 지식이 부족하면 잘 안되는 과목이 많으므로 포기하는 예도 있을 것이다. 그들에게 필요한 것은 상담을 통해 그들에 맞게 부족함을 채워주는 것이 우선이고 그런 다음에 자기 주도 활동형 수업도 가능하다고 본다.

"**포항제철중 교사**: 사회 수업 시간인데 2인 1조로 주사위를 굴려 문제를 푸는 것인데요, 많은 문제를 푸는 팀이 승리하는 것인데 문제들이 쉽지 않습니다. 4명이 보드게임으로 수업을 하니까 수업 효과가 더 높아진 것 같아요. 잘 들어가요. 근데 모르는 게 많아서 책을 많이 찾아봐야 해요."

"아이들이 문제를 풀기 위해 저절로 교과서를 찾아보게 됩니다. 아이들이 풀어야 할 문제는 철저히 오늘 배울 교과 지식과 관련된 것입니다."

"아이들이 수업에서 흥미를 느끼는 것과 학교에서 배워야 할 지식을 습득하는 것은 다른 문제죠. 활동 수업이 한바탕 재미있는 활동으로 끝나지 않기 위해서 선생님은 오랜 시간 고민했습니다."

"활동이 끝나면 꼭 이렇게 오늘 배워야 할 내용을 다시 한 번 강의로 정리합니다. 여전히 교실 안에는 선생님의 설명이 필요한 아이들이 존재하기 때문입니다."

나: 선생님의 역할을 충실히 이행하신 선생님께 존경의 마음을 드린다. 먼저 살펴볼 수 있는 것은 사회 과목은 기초지식이 어느 정도 부족해도 중도에 본인이 열심히 하면 따라잡을 수 있는 과목이라 생각된다. 즉, 배워야 할 부분을 문제로 만들어서 게임을 통해 경쟁심을 유발한 것은 창의적이라 생각되며 책을 찾아보면서 문제를 웬만큼은 풀 수 있는 과목이라고 생각된다. 더욱이 활동이 끝나면 오늘 배워야 할 내용을 다시 한 번 강의로 정리해 학생들이 그 내용을 다시 살펴볼 수 있게 한 것은 매우 잘한 일이다. 여기서 살펴볼 수 있는 것은 게임

을 이긴 조가 문제를 푸는 방식이라면 진 조는 그 시간에 무엇을 하는지 알 수 없고, 경쟁적으로 문제를 풀다 보면 책을 찾아보더라도 시간에 쫓겨 그 문제에 대한 이해도가 적을 수 있으며 그리고 주어진 시간 안에 오늘 풀어야 문제를 다 풀 수 있는지 궁금하다. 선생님이 그 내용을 강의로 정리해 나중이라도 다시 볼 수 있게 한 행동은 옳은 방식이나 문제는 다른 과목의 수행평가를 해야 할 것이 너무 많으므로 그 강의를 과연 제대로 볼 수 있는 학생이 몇 명이나 될까 하는 점이다. 활동형 수업은 오늘 배워야 할 내용을 미리 숙지하든지 아니면 그 조가 책을 찾아보면서 서로 토론을 하면서 오늘 배워야 할 내용을 배운 다음에 수행을 할 수 있어야 본래 취지에 맞는다고 본다. 그러므로 시간이 오래 걸리는 수업 방식이다.

"1990년대 우리보다 앞서 활동형 수업을 도입한 프랑스는 국제 학업 평가도 결과 유럽에서 수학을 가장 못 하는 나라가 됐습니다."

"프랑스 교육부에서는 최근 보고서를 발표했다. 수학 교육을 위한 21가지 조치다. 수학을 하기 위해서는 먼저 '수학을 배워야 한다'라는 것을 사람들은 잊는다. 활동들을 하는 것은 모두 좋은 의도에서 나온 것이다. 그러나 현재 나타나는 조치들은 좋지 않다."

"샤를로 토로 시 양 프랑스 국가 교육 총감독관: '브릿지'라는 카드놀이가 있습니다. 당신이 양로원에 갔다고 예를 들어볼게요. 당신은 '브릿지'라는 카드게임을 하는 노인들을 보고 '저들은 수학을 하고 있다'라고 생각하나요? 문제는 바로 이겁니다. 즉, 카드게임 자체가 수학은 아니라는 겁니다. 그들이 하고 있는 게 어떤 수학이죠? 활동 자체로는 어떤 수학적 개념을 배우는지 설명할 수가 없습니다."

아이를 창의적 천재로 만드는 뇌의 비밀

"영국도 2010년 학력 저하 문제로 새로운 교육 개혁에 나섰습니다."

"**마이클 코브 전 영국 교육부 장관**(2011. 6. 29.): 매년 약 절반의 학생들이 수학 성취도 평가에서 C조차 달성하지 못하고 학교를 떠납니다. 저는 우리 아이들이(미래에) 힘이 되는 필수 지식에 접근할 수 있도록 우리의 시스템을 개혁하겠습니다."

"학생주도 학습만을 지나치게 강조한 것이 문제였다는 건데요, 영국은 지식을 강조하는 새로운 교육 과정을 도입했습니다."

"엄격하고 지식이 풍부한 교육 과정을 제공하는 것이 우선순위가 돼야… 새로운 교육 과정은 영어, 수학 및 과학이 교과 과정의 핵심이 되도록."

나: 영국이 2011년도에 학생주도 활동형 수업에서 절반 이상의 학생들이 수학 성취도 평가에서 학력 저하가 심한 것을 인정하고 지식을 강조하는 새로운 교육 과정을 도입했는데 우리나라에서 2015년에 연구하고 2018년에 학생주도 활동형 수업을 시행한 것은 이해하기가 힘들다. 그리고 활동형 수업에 문제가 있는 것이 아니라 시행하는 방법에 문제가 있다고 보는 것이 타당하다고 본다. 바뀐 내용을 알 수 있다면 도움이 될 텐데 아쉽게 생각한다.

"**교사**: 활동 수업과 제가 시험 평가를 하기 위해서 전달해야 하는 지식적인 부분을 50분 안에 몰아넣기에는 사실 시간적인 한계가 너무 크더라고요."

"**교사**: 알아야 하는 지식은 많이 있고 수업 시간은 정해져 있고 활동도 해야 되고, 과연 학교 수업 시간으로 이 많은 내용을 다 아이들이 소화할 수 있게끔 잘 구성할 수 있을까? 또 활동을 많이 했는데 남는

지식이 없어서 아이들의 학력 저하가 더 일어난다고 얘기가 나오지 않을까 그게 가장 우려가 되는 바예요."

"**교사:** 수업이 없을 때는 동영상 강의를 만듭니다. 사실 활동식 수업이란 게 내신 지필고사에는 별로 도움이 되지 않는 경우가 많아요. 짧은 시간에 고등학교 수준에서 이야기하는 지식을 다 깨달을 수 있느냐, 그러기엔 시간적으로도 매우 부족하고 활동의 깊이가 너무 얕아요."

"선생님이 만든 동영상을 통해 수업 시간에 배워야 할 교과 지식들을 설명해주고 있습니다. 학교가 제대로 가르치지 않으면 아이들은 누구에게 배울까 고민이 컸습니다."

"**교사:** 아이들이 대부분 자기가 혼자 인터넷 강의를 듣든 아니면 학원을 가든지 해서 부족한 진도를 메우고 있습니다. 힘들긴 한데 그래도 애들한테 도움이 됐으면 하는 바람에, 그렇지 않으면 또 다른 길을 찾아야만 하니까요."

나: 학생들을 위하여 노력하는 교사들에게 존경의 마음을 드린다. 교사들이 지적했듯이, 그리고 앞서 설명했듯이 올바른 활동형 수업을 하기 위해서는 활동형 수업을 본격적으로 시행하기 전에 중도에 하는 수업이므로 그 수업을 어떻게 해야 할지 연습 시간이 필요하고, 활동을 하기 위한 지식을 스스로 공부할 시간도 필요하고, 그리고 그것에 대해 팀별로 토론을 거쳐 부족한 지식을 충족한 후 그런 다음에 각자의 역할을 하는 게 올바른 활동형 수업이라고 보므로 현 교육체계 그리고 현재의 교과서로는 여러 과목을 동시에 시행하는 것이 불가능하다고 본다. 이 부분은 맨 나중에 다시 한번 논해보고자 한다.

아이를 창의적 천재로 만드는 뇌의 비밀

■ 최고의 수업

"지금은 말하기 평가를 하고 있는 중입니다. 고등학생이 낯선 시험 관 앞에서 막힘없이 말하는 것은 드라마 앞에서나 가능한 일입니다. 현실에서는 머뭇거리는 게 당연합니다. 말을 이어가던 중 갑자기 찾아온 침묵, 이 순간 무슨 생각을 할까요? 학생의 머뭇거림 침묵은 신호입니다. 교육은 이 침묵을 이해해야 합니다. 학생이 다시 말을 이어갈 수 있게 필요한 지식과 역량을 채워줘야 합니다. 우리의 교육을 뒤돌아봅니다. 일등 인재를 만드는 것이 유일한 목표였지요. 학교는 그 목표에 충실했습니다. 스마트폰, S.M이 없던 시절에는 최대한 많은 지식을 가르치는 것이 최대의 목표였습니다. 교과서 속의 지식을 외우고 단편적인 지식을 평가했죠. 이제 정답만 아는 것은 아무런 소용이 없습니다."

"**찰스 마셀 OECD 교육 위원회 의장:** 역설적이게도 한국을 발전시켰던 것이 다음 단계로 가는 것을 막고 있습니다. 학원에서 학생들을 자정까지 가르치는 경우도 있죠. 극단적이고 균형을 잃은 거예요. 대학 진학을 위한 과도한 경쟁 시대에 뒤떨어진 사람들과 사고방식 때문입니다."

"이런 반성에서 강조된 것이 역량입니다. 요즈음은 학생의 역량을 키우는 수업이 최고의 수업으로 인정받습니다. 프로젝트 수업, 발표 수업 같은 활동 중심 수업이 유행하고 있습니다. 물론 우려도 있습니다."

"**조현영 교수:** 현장에서 가장 크게 우려하는 부분이 활동 중심 수업으로 인해 아이들에게 지식이 약화되는 측면이 있다는 것이 학부모와 교사, 학생 등 모두가 가지고 있는 우려라고 봅니다."

"2019. 11. 23. 일산 킨텍스에서 열린 OECD 국제 교육 콘퍼런스 PISA 책임자인 교육 국장: 미래 교육 방향을 제시했습니다. 우선 학업 성취도에서 삶의 질로 교육 목표를 바꿔야 한다고 강조했습니다."

나: 그동안 우리나라 교육은 오직 좋은 대학에 가는 것이 목표였고 그것은 대학을 졸업하고 좋은 곳에 취직하도록 연결되었기 때문이다. 그동안 이 문제를 해결하기 위해 몇 번의 교육 개혁을 하였지만, 대학교나 사학재단 그리고 사회 분위기에 가로막혀 변한 것은 별로 없다. 시대가 변했고 더욱이 세계가 하나로 연결되어 경쟁이 치열해지다 보니 대기업에서부터 성장 동력을 얻기 위해 창의적인 인재를 찾게 되었고 교육부에서도 진보 성향의 교육감이 많이 당선되면서 선진국인 유럽에서 이미 시행하고 있는, 역량을 강조하는 활동형 수업을 혁신적인 수업이라는 이름으로 우리나라에 적용한 것 같다. 그러나 그 개념을 정확히 이해하지 못한 상태에서 시행하다 보니 앞서 열거한 교사나 학생들의 말처럼 많은 문제점이 불거진 것이다. 우리나라 교육 시스템은 성적을 매기고 등수를 정하는 것이 제일 큰 문제인 것 같다. 그리고 사회적으로도 이런 분위기를 바꿔야 한다. 이 부분은 창의성과 관련이 있으므로 뒤에 서술하고자 한다. 학생일 때를 돌이켜 보면 어떤 과목은 수업 시간이 즐거웠고, 어떤 과목은 수업 시간에 앉아 있는 것이 고역일 때도 있었다. 유치원이나 초등학생일 때부터 맨 처음 할 일은 공부를 즐거운 마음으로 할 수 있도록 세심한 배려가 필요하다고 본다. 활동형 수업은 스스로 생각하면서 배울 수 있는 공간도 있고, 뇌를 자극할 수 있는 토론도 있고, 또 이 토론을 거쳐 미진했던 부분을 보충할 수 있는 공간도 있고, 그 후에 역량을 키울 수 있는 수행을 할 수 있는 공간도 있다. 어떤 사물에도 두 가지 이

아이를 창의적 천재로 만드는 뇌의 비밀

상의 뜻이 있듯이 이 수업의 최대 단점은 시간이 너무 많이 걸린다는 것이다. 우리나라 현 교육 시스템하에서는 올바른 활동형 수업이 불가능하다. 학업 성취도에서 삶의 질로 교육 목표를 바꿔야 한다고 한 말은 공감이 가지만, 그에 대한 지식이 전혀 없으므로 그에 대한 것은 후로 미루고자 한다.

"안드레아스 슐라이히 OECD 교육 국장, PISA 책임자: 현대사회는 지식만으로 모든 것을 말할 수 없습니다. 모든 지식은 인터넷 속에 있습니다. 그 지식으로 무엇을 할 수 있는지가 관건이죠. 지식과 역량은 대조되는 개념이 아닙니다. 그 둘은 서로 연결되어 있습니다. 지식이 바탕이 되어야 역량을 더 키울 수 있고, 역량을 통해 지식을 더욱 창의적으로 적용할 수 있습니다. 역량이란 지식과 기술의 통합을 말합니다."

"언제부턴가 교실은 역량과 지식에 대한 논쟁으로 갈등하고 있습니다."

"우리는 한 달 동안 국어 수업을 통해 활동 중심의 수업과 지식 수업이 학습 경험의 질에 미치는 영향을 실험했습니다."

"조현영 교수: 먼저 활동 중심의 수업과 지식 중심 수업의 특징을 알아야 합니다."

"1학년 7반이 지식 중심 수업으로 이루어졌고, 1학년 8반은 활동 중심 수업으로 이루어졌는데요, 1학년 8반은 훨씬 더 학습자의 주도성을 강조한 수업으로써 활동 위주로 지식을 조금 더 약화하고 학습자의 자율성이나 확산적인 사고를 드러내는 수업으로 활용했다는 점에서…"

"국어과 교사: 가장 중요한 포인트는 자기화입니다. 내가 문학을 해석하고 감상하는 것이 다른 이의 것이 아니고 내 것이라는 것, 그것은 내 것이기도 하지만 내 친구의 것이고 그것을 통해 세상을 좀 넓게 보고…."

"한 달 후 서로 다른 학습 경험은 두 반의 학생들에게 어떤 영향을 끼쳤을까요? 전문가와 함께 객관식 시험, 논술, 말하기 평가로 활동 중심 수업과 지식 중심 수업의 역량을 평가했습니다. 객관식 평가에서는 소설에 대한 이해와 구성 등 다양한 평가를 했습니다. 논술 평가에서는 의견을 설득력 있게 서술하기 위해 적절한 근거를 찾고 표현하는 능력을 살펴봤습니다. 말하기 평가에서는 유창성을 비롯해서 지식과 지식 생성 능력을 살펴봤습니다."

"객관식 평가: 지식 중심 수업 5, 5점. 활동 중심 수업 5, 33점. 논술 평가: 지식 중심 수업 8, 51점. 활동 중심 수업 7, 64점. 말하기 평가: 지식 중심 수업 10, 88점. 활동 중심 수업 11, 1점."

"**조현영 교수**: 활동 중심 수업을 했던 1학년 8반에서는 자신들의 사고 과정 자체를 다양한 매개체로 풀어내는 방식으로 했기 때문에 소설에 대한 몰입도라든지 이해 정도 내지는 소설의 전개에 대해서 구체적으로 이해할 수 있는 특징을 보였지만, 1학년 7반 같은 경우에는 그것들을 조금 더 배타적으로 인식하고 소설에 적합한 용어로 풀어내는 데 있어서 훨씬 더 용이하지 않았나 생각합니다."

나: 여기서 먼저 살펴볼 것은, 그 대상이 소설을 해석하고 감상하는 것이라는 점에 주목할 필요가 있다. 즉, 전에 강의식 수업에서 배운 배경지식이 있는 상태에서 활동형 수업이 이루어진 측면이 크므로 도표에서 보여주듯 그 차이는 미세하게 나타난 것 같다. 하지만 앞서서 설명했듯이 1달간 시행한 것은 아무런 의미가 없다고 본다. 그리

아이를 창의적 천재로 만드는 뇌의 비밀

고 올바른 방식으로 활동형 수업을 한 것인지 여기서는 알 수가 없다. 여기서 강의형 수업과 활동형 수업의 차이점을 살펴보자. 강의형 수업은 짧은 시간에 많은 기초지식을 습득할 수 있다. 그리고 그 역량도 금세 효과가 있는 것으로 보일 수 있다. 그러나 너무 편리하게 지식을 습득하였기 때문에 그 지식이 그대로 뇌에서 자리 잡아 굳어져 뇌에서 융합이 되지 않기 때문에 경우의 수를 적극적으로 활용할 수 없는 단점이 있다고 본다. 활동형 수업은 상당히 느린 교육으로 해야 한다는 단점이 있다. 그리고 교육의 방식은 연속성을 요구하는데, 준비 기간도 없이 1달간 시행한다는 것은 말이 안 되며 더욱이 올바른 방식의 토론은 여러 번 반복해야만 뇌를 자극하고 융합으로 이끌 수 있고, 거기에다가 역량을 쌓는 활동이 있는 것을 고려하면 섣부른 방식으로 활동형 수업을 할 경우 효과를 보기가 쉽지 않다. 그리고 역량 또한 미세하게 진행되므로 금방 그 효과를 본다는 것은 활동형 수업이 아니며 이 수업은 축적이 목표이므로 진행 중의 역량 차이는 큰 문제점이 아니라고 본다. 이 수업은 습관화를 목표로 해야 하므로 본인이 잘할 수 있는 한 분야만 하는 것이 가장 효율적이라 본다. 이 수업의 최대 장점은 시간이 지날수록 계속 역량이 쌓여 비중이 있는, 또는 넓은 의미의 창의성을 발현할 수 상태에 이르는 여러 가지 방법 중 가장 이른 시간 안에 도달하는 방법의 하나다. 뒤에 더 논해보고자 한다.

"대니얼 윌링햄 인지 과학자: 학생들과 이야기를 나누어보면 발표하는 것이 좋고 많이 배운다고 말합니다. 다른 학생들도 발표 수업이 괜찮다고 대답합니다. 하지만 발표한 학생은 교수가 아니기 때문에 내용이 그렇게 대단할 수는 없겠죠? 흥미롭게도 학생들에게 이 수업을 계속할지 물어보면 모든 학생이 원합니다. 발표 수업을 계속했으면 하죠. 다른 학생의 발표에서 얻는 지식이 별로 없다 해도 말이죠."

"인지 과학자로서 학교 교육에 조언해온 윌링햄 교수는 활동 수업의 장점을 인정합니다. 동시에 배움 없는 활동을 경계합니다. 윌링햄 교수의 연구에 따르면 활동은 수업의 목표에 따라 구체적으로 설계되어야 하고 학생들의 지식을 확인하는 과정이어야 합니다. 학생들의 수업 시간에 배운 지식으로 나중에 무엇을 할 수 있을지 생각해야 합니다. 수업 중에 학생들 의식 흐름 역시 교실 밖에서 이루어질 흐름과 비슷해야 하죠. 윌링햄 교수는 어떤 활동이든 반드시 지식이 필요하다고 강조합니다."

나: 학생 중심 활동형 수업이나 배경지식이란 단어를 '다시 학교'를 통해 알게 되었지만 10장 「한 살의 기적」에서 교감을 통한 밀알을 설명한 바 있다. 윌링햄 교수의 주장에 대체로 동의하고, 특히 활동은 수업의 목표에 따라 구체적으로 설계되어야 하며 학생들의 지식을 확인하는 과정이어야 한다는 주장에 뜻을 같이한다. 사람은 습득한 지식과 경험의 바탕 위에서 모든 것이 이루어진다. 특히 학생이고 어린 나이라면 기본적인 지식이나 경험이 취약하므로 새로운 지식이나 경험을 자기 주도 활동형으로 습득하려고 하면 럭비공이 어느 곳으로 튈지 모르는 것과 같이 오개념으로 흐를 확률이 높게 된다. 그러나 이 부분에 대해 많은 생각이 있어야 한다고 본다. 그리고 교육도 연속성이 있을 때 그 효율성이 크므로 유아기나 유치원 등에서 활동형 수업을 경험하지 않고 중도에 학교에서 활동형 수업을 할 때는 배경지식을 습득하는 방법이나 그것을 활용하여 활동하는 방법을 상당 기간 연습하는 것이 더 효율적이라 본다. 초등학교 1학년부터 시행한다

면 뇌가 언제든지 활성화할 수 있으므로 그 기간은 짧을 것이고 학년이 높을수록 그 기간은 길게 설정되어야 한다고 본다. 우리나라는 성적 지상주의로 교육을 해왔고 지금도 그렇게 하는 것으로 알고 있다. 떡잎부터 알아본다는 말이 있지만, 지금의 1등이 미래에도 1등이라는 보장은 없으며 특히 활동형 수업은 그 역량이 장기간에 걸쳐 형성되는 것이므로 지금의 성적이 중요한 것이 아니라 활동을 올바르게 하게 위해 지식을 확인하기 위한 과정이어야 한다는 주장에 전적으로 동의한다.

"배경지식은 중요합니다. 하지만, 세상의 모든 지식을 가르칠 수 없습니다. 그렇다면 학교에서는 어떤 지식을 가르쳐야 할까요."

"**미국 뉴욕주 아이컨 차터 스쿨**: 뉴욕 외곽에 있는 한 초등학교, 주로 다문화 가정이 다니는 이 학교는 놀랍게도 뉴욕에 있는 2,400여 개 학교 중 상위 8%에 속합니다. 학생들은 전액 장학금을 받고 전부 사립학교에 진학합니다."

"**선생**: 오늘은 조별로 글의 특정한 부분을 분석하고 그 내용을 바탕으로 포스터를 만들 거예요."

"지금은 사회 수업 시간입니다. 그런데 교사는 과학 시간에 배운 지식을 언급합니다."

"산이 어떻게 만들어졌는지 과학 시간에 배운 것과 연결해볼 거예요. 자연과 사람이 어떻게 연결되나 떠올려보세요."

"교사가 준비한 활동자료는 과학 시간에 배운 지식을 토대로 구성했습니다. 아이들은 이미 학습한 배경지식에 새로운 지식을 쌓아올립니다."

"교사: 이 수업은 핵심 지식 교육 과정에 기반을 둔 수업입니다. 지난 과학 시간에 배운 내용을 사회 탐구 과목과 연결지어 배우고 있어요. 지형에 대해 배운 것을 사회 탐구에 적용해서 동물들이 산에서 어떻게 살아남는지 배웁니다. 그리고 언어 과목과도 연계해 글을 분석하고 주요 개념을 구분할 수 있도록 가르칩니다."

"이 학교에서는 특별한 교육 과정과 정해진 지침에 따라 지식을 가르칩니다. 오늘 아이들은 세계의 산에 대해 배웁니다. 교육 과정에서는 가장 먼저 각 단원에서 배워야 할 핵심 지식을 설명합니다. 이 단원의 핵심 지식은 산이 인간과 동물들의 삶의 활동에 영향을 준다는 사실입니다. 이 단원을 배우기 위해서 학생들이 알고 있어야 할 지식과 학생들이 알아야 할 지식도 제시되어 있습니다. 학생들을 가르치기 위해 교사들이 알아야 할 지식도 있죠. 그리고 학생들에게 핵심 지식을 이해시키는 데 필요한 질문과 단어도 정리되어 있죠. 이 교육 과정의 특징은 다른 과목들과 연결할 수 있도록 구성되어 있다는 것입니다. 세계의 산 단원에서는 과학 과목의 지구의 생성 단원과 연계해서 가르쳐야 합니다. 이렇게 설계된 지식 체계 속에서 자유롭게 활동이 이루어집니다. 덕분에 학생들은 수업 내용을 더 잘 이해할 수 있습니다."

"물론 학생마다 배경지식과 역량에 차이가 있습니다. 교사는 이런 차이를 세심하게 배려해 그룹을 형성합니다. 학생들이 서로 도움을 주고받으며 배움이 이루어집니다."

"가장 강조하는 것은 학생들이 배우는 지식이 서로 연결되어야 한다는 것입니다. 수업 시간에 배운 지식이 서로 연결되어 있다는 것을 학생들이 이해했으면 해요. 개인적인 연결뿐만 아니라 학교 밖 세상

아이를 창의적 천재로 만드는 뇌의 비밀

과의 연결까지도 말이죠."

"마치 이 버블 맵처럼 학생들이 수업 시간에 배운 지식은 이미 알고 있던 배경지식과 연결되고 핵심 지식으로 확장됩니다. 중세시대라는 하나의 주제로 다양한 과목의 지식들과 연결하고 통합해서 가르칠 수 있습니다. 이렇게 연결되는 지식들은 학생들이 좋은 학교에 진학할 수 있는 토대가 됩니다. 이 학교는 거대한 하나의 실험이었습니다. 이 학교가 위치한 브롱크스 지역은 낙후된 지역입니다. 사회적 격차 교육 불평등을 줄이는 것이 과제였죠. 빈곤한 환경에서 자란 아이들에게 가정에서 배우지 못한 지식을 가르쳐 뒤처지지 않게 했습니다. 가난한 아이들에게 풍부한 핵심 지식을 심어주는 것은 지식의 격차를 줄일 수 있다는 것을 보여주기 위한 실험이었습니다. 그리고 결과는 성공적이었습니다."

"중세 유럽을 음악, 미술, 체육, 외국어, 특별 활동, 미디어, 세계사, 언어 등 각 분야 전체와 연계하여 수업."

"이 실험을 고안한 에릭 허쉬 교육학자, 코어 날리지 재단 설립자: 사회학적으로도 과학적으로도 정말 흥미로운 실험이었습니다. 모두가 이 학교를 좋아하게 됐어요. 언어, 학습, 소통을 이해하는 데 가장 중요한 것은 필요한 배경지식이 있느냐 하는 것입니다. 만약 상대적으로 부유하지 않은 가정에서 자랐다면 그런 배경지식이 없어요. 부모님은 고학력자가 아니거든요. 학생들에게 지식을 체계적이고 효율적인 방법으로 제공하는 것이 정말 중요합니다. 왜냐하면, 지식 없이는 기술도 가질 수 없거든요. 기술은 역량의 기반이 되기 때문에 중요하죠. 지식 격차를 해소하면 기술 격차와 사회 경제적 격차도 어느 정도 해소할 수 있어요."

"허쉬 박사는 아이들은 백지와 같기 때문에 풍부한 지식으로 채워 줘야 한다고 말합니다."

"**에릭 허쉬 박사:** 1690년 존 로크가 '마음은 백지다'라는 말을 했습니다. 인간은 경험을 기반으로 다양한 것을 배울 수 있다는 의미죠."

"어떤 지식은 오래 남고 어떤 지식은 쉽게 사라집니다. 허쉬 박사의 기억에는 학창 시절에 배운 라틴어가 남아 있습니다. 이제는 사용할 수 없는 쓸모없는 지식이 됐다고 아쉬워합니다."

나: 초등학생들이 유창하게 발표하고 거침없고 조리 있게 말하는 것을 보고 놀랐다. 여기서 우선 들여다볼 것은 이 학교가 빈곤 지역에 있다는 것이다. 허쉬 박사는 그곳의 아이들이 부모가 고학력자가 아니므로 배경지식이 부족하다고 했는데 이 부분을 짚어보자. 부유한 가정에서 태어난 아이들은 대부분 유아 기간에도 많은 돌봄을 받고 자라며 그 후로도 필요한 지식을 대부분 쉽게 제공받는다. 다시 말하면 따라 배울 수 있는 공간도 적고 스스로 생각할 공간도 적다. 즉, 필요한 지식을 쉽게 얻을 수 있으므로 그에 익숙해지게 되고 더는 생각하지 않으므로 학교에서 필요한 배경지식은 많을 수 있으나 그 배경지식은 고정되고 굳어진 상태라고 본다. 빈곤한 지역에서 자라온 아이들은 유아기 때 부모가 대부분 생활고에 많은 시간을 보내야 하므로 상대적으로 교감 시간이 적을 수밖에 없는데 이것은 사회적인 시선으로는 좋지 않게 볼 수 있다. 그렇지만 교감을 통해 지식을 배울 수 있는 공간은 적어도 따라 배울 수 있는 공간이나 스스로 생각할 수 있는 공간이 교감을 많이 제공받은 부유한 가정의 아이들보다 상대적으로 많다고 본다. 물론 이들도 주위 환경에 따라 영향을 많이 받는다. 그 후로도 또래의 아이들과 놀면서 따라 배우기도 하고 혼자 있는

시간에 방금 놀았던 것이나, 다른 생각을 할 수밖에 없는 경우가 많게 된다. 그러므로 학교에서 필요로 하는 배경지식은 부족할지 모르나 성장하는 데 필요한 배경지식은 풍부하다고 할 수 있다. 그리고 교육은 그 방법에 연속성이 있을 때 효율성이 크다고 앞서 설명한 바 있다. 활동형 수업은 스스로 생각도 필요로 하고 활동도 해야 하므로 일종의 강의식으로 지식을 제공받은 부유한 가정에서 자란 아이들보다 빈곤한 가정에서 자란 아이들이 훨씬 유리하다고 본다. 이 교육 방법에서 한 과목당 시간을 얼마나 배정하였는지는 알 수가 없으나 배경지식을 설명하고 아이들이 서로 도움을 주고받으며 서로 배우고 활동을 하기 위해서는 시간이 많이 필요하다고 본다. 한 단원 과목들을 서로 연계하여 교육하고 선생님이 해야 할 부분, 학생이 해야 할 부분을 세심히 고려한 새로운 교육 시스템은 매우 획기적이라 본다. 신체를 단련하기 위해서는 한 부분에 대해 힘든 노력을 끊임없이 반복하고 다른 부분으로 넘어가고, 예능인들도 한 부분을 끊임없이 반복하여 훈련한 후에 다른 부분으로 넘어가는 것처럼 지식도 알고자 힘든 노력을 반복하여야 기억이 잘되고, 역량도 한 부분을 반복해야만 기초가 다져지고 내 것으로 자리 잡는다. 그러나 이 경우에도 그렇게 하기 위해서는 그와 직접 관련이 없는 다른 기초지식이나 상식이 풍부할수록 유리하다고 보는데 그것은 직접 관련이 없더라도 그가 훈련하는 일에 옳은 방향을 제시하기도 하고 알게 모르게 측면에서 도움을 줄 수 있기 때문이다. 과목들을 서로 연계하여 교육하는 교육 시스템은 다른 과목에서 배운 지식을 다시 끄집어내어 활용할 기회가 여러 번 있으며 팀원끼리 서로 도움을 주고받거나 활동을 할 때 또 한 번 반복이 이루어지므로 뇌를 활성화하기에는 적합하다고 본다. 이런 식으로 교육을 하다 보면 우리나라 초등학교보다는 훨씬 적은 양의 지식을 공부하지만, 모든 과목끼리 서로 연계하여 공부하므로, 더욱이 활동도 있으므로 경우의 수는 훨씬 많이 발생한다고 본다. 그러나 창의성 발현 과정을 살펴보면 전문 지식이 필요한 것이 아니라 기초지식이나 상식이 풍부할수록 다양한 창의성을 발현할 수 있다고 보는데, 비중이 있는 또는 넓은 의미의 창의성을 발현할 수 있는 상태에 도달하기 전후에 급속도로 역량이 쌓이기도 한다. 이렇게 교육을 하기 위해서는 초등학교에서 배울 배경지식에 대하여 더욱 더 많은 생각을 할 필요가 있는 것 같다. 학생마다 배경지식과 역량에 차이가 나므로 교사는 이를 세심히 배려하여 그룹을 형성하고 학생들이 서로 도움을 주고받으며 배움이 이루어진다는 말은 참으로 옳은 방법이다. 여기서 우려할 만한 것은, 활동이 매우 뛰어난 학생일 경우 그 역량을 안으로 갈무리할 제도적 장치가 없는 것 같다. 아직은 역량이 완성된 것이 아니므로 초심을 계속 이어가야 하는데 역량이 너무 뛰어나면 이탈할 가능성이 있으므로 조심해야 하며 상급학교에 진학해서도 이 초심을 계속 이어갈 수 있는지 궁금하다. 교육의 방향은 연속성일 때 가장 효율성이 크고 비중이 있거나 넓은 의미의 창의성을 발현할 수 있는 상태나 무아지경에 이룰 수 있는 상태에 도달하기 위해서는 장기적인 경주이기 때문이다. 후에 기회가 된다면 배경지식이 있는 교육에 대하여 더 많은 생각을 하여야 할 것 같다.

■ 창의적인 교육

"창의적인 사람이 되고 싶다면 호기심도 있어야 하고 많이 알아야 합니다. 학교에서 창의성 교육이 필요한 이유입니다."

"미국 뉴저지주 라이더 대학교의 창의성 분야 세계적 석학 존 베어 교수는 창의적 인재의 교육 목표는 막연한 표현이라 강조합니다."

존 베어 교수: 창의적인 학생이라는 것은 전문가라고 하는 것과 같아요. 무엇에 대해 전문가라는 것이죠? 물리학 혹은 셰익스피어에 대한 전문가가 있듯 일반적인 전문가가 아니라 '특정 분야'의 전문가로 세분화되어야 합니다."

"이해할 수 있을 듯 잘 이해가 가지 않습니다. 조금 더 구체적인 설명을 부탁했습니다."

존 베어: 사람들이 말하는 일반적인 '창의성'이란 존재하지 않습니다. 공학, 철학, 역사 등 아무 분야에나 갖다 붙이면 되는 게 아니에요. 창의성은 매우 영역 특수적입니다. 일반적인 창의성이라는 건 없어요. 한 영역에서 창의적이라 해서 다른 영역에서도 창의적인 것은 아닙니다."

"존 베어 교수는 기타를 좋아합니다. 하지만 자신이 이 분야에 창의적이라 보지 않습니다. 하지만 인문학 분야에서는 대단한 창의성을 발휘해왔습니다. 특정한 영역에서 발휘되는 창의성 영역 특수적인 창의성은 창의성 교육의 핵심입니다."

존 베어 교수: 흥미로운 일을 하려면 많은 것을 알아야 합니다. 그전에 어떤 일이 있었는지 먼저 알아야 하죠. 아니면 이미 있었던 일을 반복할 테니까요. 예를 들어 시에는 여러 종류가 있어요. 그걸 모른

다면 어떻게 활용하겠어요?"

"존 베어 교수는 실험으로 증명했습니다. 한 반에서는 일상적인 문학 수업을 진행하고, 다른 반에서는 시를 쓰는 연습을 했습니다. 하루에 한 시간씩 일주일에 두 번 4주 동안 시를 쓰는 연습을 시킨 후 두 반의 학생들에게 시를 써보게 했습니다. 예상대로 시 수업을 한 학생들이 훨씬 창의적이었습니다."

"존 베어 교수: 소설 쓰기에서의 창의성을 키우는 훈련이 아니었기 때문이죠. 시 쓰기와 소설 쓰기에서의 창의성 훈련은 서로 다른 종류의 훈련인 것입니다. 그래서 특정 분야의 문제 해결을 위한 창의성 훈련을 할 수 있지만, 다른 분야로 옮겨가지는 않습니다. 학생들이 역사를 공부했다고 해서 물리나 대수학에 대한 지식이 쌓이는 게 아니니까요."

"존 베어 교수의 이 실험은 학교에서 창의성 교육에 큰 시사점을 줍니다. 창의성은 수업을 통해 길러줄 수 있다는 것입니다. 그리고 과목별 특성을 고려해서 영역 특수적 창의성을 기르는 것이 교육적 효과가 크다는 사실입니다."

"존 베어 교수: 공교육에서 할 수 있는 첫 번째는 생각의 전환을 연습시키는 거예요. 다양하고 많은 아이디어를 낼 수 있도록 도와줄 수 있을 거예요. 공교육에서 할 수 있는 두 번째는 창의성을 가치 있게 여기는 것입니다. 또한, 학생들은 피드백이 필요합니다. 예를 들어 작가가 되고 싶은 학생이 있다면 창의성도 중요하지만, 글쓰기가 어떻게 이루어지는지 그 방법도 배워야 합니다. 어떻게 대화를 구성하고 문장 부호를 사용하는지 그 기법에 대해서도 배워야 하고요. 이런 것들을 하려면 피드백, 글 평가가 필요하죠."

아이를 창의적 천재로 만드는 뇌의 비밀

"존 베어 교수에 따르면 창의성을 평가하는 방법도 중요합니다."

"**존 베어 교수:** 창의성은 영역 특수적이라서 평가 또한 영역별로 이루어져야 합니다. 일반적인 창의성 평가는 불가능해요. 일반적인 창의성은 존재하지 않기 때문입니다. 모든 창의성은 영역 특수적입니다. 따라서 창의성 평가도 달라야 합니다."

"미국 뉴햄프셔주 틸튼 스쿨 창의성 전문가에 따르면 자발적인 동기는 창의성의 중요한 요소입니다. 다만 교사들은 창의성처럼 점수를 나타낼 수 없는 역량을 평가할 수 있는 방법이 필요했죠. 그래서 기존의 평가 방법 외에 새로운 평가를 추가로 도입했습니다. 새로운 성적표에는 과목이나 등수가 없습니다. 대신 소통 능력을 비롯해서 다양한 능력을 평가합니다. 창의성을 평가하는 창의적 수행도 포함되어 있습니다."

"**교사:** 기존의 성적표는 학생의 가장 중요한 부분을 평가하지 못한다는 것을 깨달았어요. 학생들은 A만 받으라는 말만 듣고 자라왔으니까요, 성적표에 피드백은 없었죠. 왜 '넌 낙제야', 혹은 '넌 A다'라고 할까요? A가 안다는 뜻이 아니고 F가 정말 실패했다는 뜻이 아니잖아요. '정말 좋아, 더 공부해야지' 혹은 '정말 어려운데, 도움이 필요해'라고 느낄 수 있는 피드백이 필요한 거죠."

"창의적 수행을 평가할 수 있는 중요한 요소는 실패에 도전하는 것입니다."

"**총괄 담당 교사:** '일곱 번의 시험에 실패했지만, 결국 성공했어요' 같은 거죠. 제 평가가 도움이 될 거예요. '나는 무언가를 이해하지 못했지만 노력하고, 노력하고, 또 노력해서 이해했어요'처럼요. 창의성은 다르게 시도하는 것뿐만 아니라 끝까지 재도전하는 것이라고 생각해요. 학생들이 자신을 측정하기 위한 확실한 방법이죠. 그렇게 꼭 필요한 것을 배우게 되는 거예요."

"학생이 스스로 실패의 원인을 찾아 극복하는 과정은 문제를 발견하고 해결하는 능력, 즉 창의성의 중요한 토대가 됩니다."

"**새넌 파커 틸튼 스쿨 '새로운 성적표' 총괄 담당**: 학생들이 어른의 말을 듣는 것은 쉽습니다. 하지만, 스스로 방법을 찾을 수 있도록 가르쳐야 하죠. 그리고 창의적 시선을 갖는 방법도요. 학생들은 세상을 바꾸는 사람들이자 지도자가 될 거고 그 새로운 세상을 살아가게 될 테니까요. 변화하는 세상에 적응할 수 있도록 준비시켜야 하기 때문이죠. 어떻게 도울 수 있을까요? 학생들에게 앞으로 일어날 모든 일을 알려 줄 수는 없어요."

창의성은 과연 어떻게 잉태되고 어떻게 해야 비중이 있는, 또는 넓은 의미의 창의성이 발현하는지를 먼저 살펴보자. 나는 이쪽 분야와 전혀 관계가 없는, 공에 상품을 생산하는 일을 한 지가 40년 가까이 됐고 20대 초반에 5년간 공무원으로 재직했으나, 퇴직 후 바로 아래 동생이 하는 일을 도와준다고 한 것이 지금까지 그 일에 종사하게 된 것이다. 한때는 사장을 한 적이 있으나 지금은 막냇동생이 하는 곳에서 일하고 있으며 이 글을 쓰고 있는 지금도 일요일도 없이 낮에는 먼지와 가루를 뒤집어쓰면서 일을 하고 새벽에 일어나 조금씩 이 글을 쓰고 있는 것이다. 이것이 지금의 내 주위 환경이다.

창의성 및 그 주변에 관심을 두게 된 것은 2009년인 53살 때다. 대학교에 1년 코스 전통공예학과가 있다는 것을 동종업종 친구의 권유로 알게 되었고 입학하게 되었다. 이것은 늘 공장 안에서 일만 하다가

아이를 창의적 천재로 만드는 뇌의 비밀

오랜만에 밖으로의 외출이었다. 학교를 졸업한 뒤에도 두 달에 한 번 정도 그곳을 졸업한 동료 작가들과 교류를 했다. 그렇게 지낸 지 2년 반 정도만에 한 번, 그리고 3년 정도만에 한 번 성격을 달리하는, 비중이 있는 넓은 의미의 창의성이 발현하였다. 문제는 발현한 그 창의성이 내가 하는 일과는 전혀 상관이 없는 정신적인 영역인 인문학 분야였고 나중에 발현한 창의성은 창의성에 대한 창의성이 발현한 것이다. 그것은 학자들이 하늘에서 뚝 떨어진 것과 같다고 한 것처럼 전혀 뜻밖의 것이 발현한 것이다.

참고로 공예품을 생산하는 일도 동생들이 기능이나 기술 면에서 다른 이들보다 워낙 뛰어나다고 생각했기에 내가 할 수 있는 즉흥적인 관리를 하거나 뒷마무리 일을 주로 했다. 그러므로 40년 가까이 했지만 공예품을 만드는 특별한 기술은 없다. 다행스럽게도 19살 때와 20살 때도 비중은 적을 수 있지만, 비슷한 현상이 있었다. 이 둘을 비교하면서 왜 그런 현상이 나왔는지 생각이나 상상으로 추적하다 보니 자연히 창의성 및 그 주변에 대해 어설프지만 알게 되었고 혼자 술을 마실 때 카운터에 앉아 있는 이에게 말하거나 기회가 있을 때마다 이에 대해서 친구나 주변에 있는 이에게 소가 되새김을 하듯 말하지만 아무도 내 말에 진심으로 귀 기울이는 이는 없었다. 이것은 나에게는 꼭 필요한 행동이었음을 나중에 알게 되었다.

창의성 및 그 주변에 대한 생각은 모두 일을 하면서 형성된 것이고 따로 그것을 위한 공부를 하거나 관련된 자료를 찾아본 적도 없고 이와 관련된 생각을 메모지에 적은 적이 단 한 번도 없다. 일하다 보면 한 가지 일의 숫자가 많을 때가 있다. 그럴 때면 지루하기도 하고 고통이 따를 때가 많다. 그 일은 늘 해오던 것이므로 그럴 때면 나는 일하면서 잡다한 생각이나 상상을 동시에 하는 것이 습관이 되어 있었다. 그 이유는 어떤 목적을 갖고 노력을 위한 것이 아니라 단지 일의 지루함이나 고통을 잊기 위함이었고 그것은 현실에 대한 나의 위안이었다. 창의성 및 그 주변에 대한 것도 외부에서 어떤 도움도 받지 않고 이 상황에서 오직 생각이나 상상의 반복으로 추적했으므로 상당히 어설플 수밖에 없었던 같다.

그러던 중에 2017년 2월 초에 우연히 EBS에서 방영한 '통찰'이라는 프로그램에서 모 교수님의 강연 내용 중 '생각하고 또 생각하기를 1초도 쉬지 않고 3일 동안 하게 되면 누구나 창의성을 발현할 수 있다'라는 내용을 접했다. 2월에 방영했지만 4월에 볼 수 있었고, 그전에는 몰입으로 보았으나 생각이나 상상의 반복이 핵심이라는 생각으로 이동하게 되었다. 2016년 말에 보고 있던 신문을 통해 뇌에 대한 지식을 아주 조금 습득한 이후 이것이 외부에서 그와 관련된 지식을 두 번째로 습득한 것이지만, 창의성 및 그 주변에 관해서 조금씩 내 생각을 정리할 수가 있었고 2019년도에 이 글을 처음 쓰는 도중에 월터 작가의 『레오나르도 다빈치』라는 책이 신문 책 소개란에 기재된 내용을 두 신문을 통해 보게 되면서 내 생각이 올바르다는 생각을 하게 됐다. 그리고 이 글을 쓰고 있는 지금 창의성에 대한 전문가의 생각을 보게 돼서 너무 기쁘다.

나는 결혼을 한 적도 없고, 재산도 없으며, 인터넷도 할 줄 모른다. 굳이 이 말을 하는 것은 인터넷을 배우는 것이 어려운 것이 아니라 왠지 모르게 내 몸이 거부하고 있으며, 결혼도 한 적이 없고 재산도 없다고 한 것은 특별히 그쪽으로 신경을 쓰지 않는다는 말이고, 스님이 동굴에서 참선하거나 수도사가 외진 곳에 있는 교회에서 수행할 때와 같은 효과가 일하면서도 비슷한 효과를 볼 수 있다는 것을 알게 되었고, 그리고 다른 생각을 조금씩 해온 지가 40년이 넘었다. 여기서 살펴볼 수 있는 것은 창의성 및 그 주변에 대한 전문 지식이 전무한데도 불구하고 창의성에 대한 창의성이 발현하였고 이후 그에 대한 아주 미미한 전문 지식을 습득하였지만, 창의성 및 그 주변에 대해 지금까지 그 역량이 급속도록 증가하였다는 것이다.

앞에서 설명했듯이 창의성 및 그 주변에 대해 전문적으로 훈련한 적도 없고 다른 분야에서 일하고 있으며 그에 대한 지식도 매우 미미하다. 전문가들은 창의성은 전문적인 훈련을 통해 역량을 키우는 방법이 유일한 것으로 생각하는 듯싶다. 그러나 역량을 키우는 방법은 그 외에도 있다고 본다.

에릭슨 앤더슨이 『일만 시간의 법칙』에서 처음 전문적인 훈련을 일만 시간을 넘기게 되면 '살아 있는 생물처럼 된다'라고 했고 창의력을 발현할 수 있다고 했다. 하루에 훈련하는 시간을 계산해보니까 대략 10년쯤 되는 것 같았고 그때부터 전문적인 훈련을 통해 비중이 있는 창의성을 발현할 수 있는 시기가 10년으로 굳어진 것 같다.

현재 바둑기사, 운동선수, 예능인들을 보면 10년 이상 전문적인 훈련을 거친 이는 너무도 많다. 거의 비슷한 조건에서 거의 비슷한 전문 훈련을 하였지만, 그들을 전부 창의적이라 할 수 있을까? 그리고 기량이 매우 뛰어난 이도 있고 그렇지 못한 이도 있는데 이는 어떻게 전문적인 훈련을 하였는지가 무척 중요하다고 보는데, 즉 플러스 알파가 있느냐인데 앤더슨은 그에 대한 설명은 없었던 것으로 안다. 그리고 교육은 연속성이 있을 때 효율적인데 유아기나 어릴 적에 형성된 것은 계산에 들어가지 않은 것 같다.

그렇다면 미국 뉴욕주 '아이칸 차터 스쿨'처럼 다른 과목과 연계시켜서 배경지식을 먼저 가르치고, 조별로 서로 도움을 주고받으며(토론), 활동을 수행하면서 역량을 쌓아가는 것이 유일한 방법일까? 바둑기사, 운동선수, 예능인들도 다른 지식과 연계시키지 않지만, 그에 대한 배경지식만 먼저 가르친다. 그리고 활동을 수행하면서 역량을 쌓아가는 것은 같으나 조별로 서로 주고받는 것(토론)은 없다. 즉 바둑기사, 운동선수, 예능인 등은 다른 지식과 연계하는 배경지식이 없으며 토론을 하는 공간도 없는 것이 아이칸 차터 스쿨과 다르다고 본다.

바둑이나 예능에는 그 자체에 생각을 반복할 수 있는 요소를 포함하고 있지만, 별도의 생각이나 상상을 반복할 수 있는 공간이 필요하다고 보고 있으므로 운동선수를 포함해서 단순히 배경지식인 기능, 기술 등을 가르치고 그 활동을 반복적으로 수행하면서 역량을 쌓는다면 후에 창의성의 비중은 작다고 본다. 즉, 선생이 가르치는 범주에서 크게 벗어나기가 쉽지 않다고 본다.

이를 극복하기 위해서 별도의 생각이나 상상을 반복할 수 있는 공간을 만들어준다면 뇌가 활성화하므로 역량을 쌓는 데 큰 도움이 된다고 보고 있으며 후에 창의적이거나 창의성의 역량을 발휘하는 데 큰 도움이 된다고 본다.

존 베어 교수는 '창의성은 영역 특수적'이라 했고, '일반 전문가가 아니라 특정 분야의 전문가로 세분화되어야 한다'라고 했다. 그리고 '한 달간의 실험을 통해 즉 한 반에서는 일상적인 문학적인 수업을 진행하고, 다른 반에서는 시를 쓰는 연습을 하루에 한 시간씩 일주일에 두 번 한 달간 한 다음에 두 반의 학생들에게 시를 쓰게 했을 때 예상대로 시 수업을 한 학생들이 훨씬 창의적이었습니다. 소설 쓰기에서의 창의성을 키우는 훈련이 아니었기 때문이죠'라고 했다.

"특정 분야의 문제 해결을 위한 창의성 훈련을 할 수 있지만, 다른 분야로 옮겨가지는 않는다. 역사를 공부했다고 해서 물리나 대수학에 대한 지식이 쌓이는 게 아니다."

"창의성은 수업을 통해 길러줄 수 있고, 그리고 과목별 특성을 고려해서 창의성을 수업을 통해 길러줄 수 있고, 영역 특수적 창의성을 기르는 것이 교육적 효과가 크다."

나: 발현한 창의성이 영역 특수적이라고 한 말은 이해할 수 있지만, '특정 분야'의 전문가로 세분화되어야 한다는 의미는 한 사람이 한쪽 분야의 창의성만 발현할 수 있다는 것인지, 아니면 한 사람이 여러 분야에서 창의성을 발현할 수 있는데 그 하나하나가 특정 분야의 전문가로 세분화되는지 알 수 없다. 하지만 레오나르도 다빈치나 아리스토텔레스는 여러 분야에서 창의성을 발현하였다. 그리고 비중이 있는, 또는 넓은 의미의 창의성은 장기간에 걸쳐 형성되는 것이므로 한 달간 실험을 한 것을 가지고 평가를 하는 것은 의미가 없다고 본다. 소설이나 시는 자매지간이나 마찬가지이므로 비중이 있는, 넓은 의미의 창의성을 발현할 수 있는 상태가 되면 쉽게 그 영역을 확장할 수 있다.

"창의성은 수업을 통해 길러줄 수 있고, 그리고 과목별 특성을 고려해서 창의성을 수업을 통해 길러줄 수 있고, 영역 특수적 창의성을 기르는 것이 교육적 효과가 크다."

"특정 분야의 문제 해결을 위한 창의성 훈련을 할 수 있지만, 다른 분야로 옮겨 가지는 않습니다."

나: 일반적으로 창의성은 과목별 특성을 고려하고, 영역 특수적 창의성을 수업을 통해 기를 수 있고 그 효과가 있는 것은 사실이다. 그러나 정식적인 수업을 통하지 않거나 다른 방법으로 창의성을 잉태할 수도 있다고 본다. 그리고 창의성은 다른 분야에서 발현한 이후 역량을 쌓아가면서 완성해가는 예도 있다. 일반적으로 비중이 적은, 또는 좁은 의미의 창의성은 아이들이나 성인이나 문제 해결을 위해 생각하고 또 생각하기를 거듭하다 보면 해결되는 경우가 많다. 그러나 학자들이 말한 것처럼 하늘에서 뚝 떨어진 것과 같은 창의성이나 비중이 있는 또는 넓은 의미의 창의성은 여기서 말하는 그러한 수업을 통하든지, 전문적인 훈련을 올바른 방법으로 거듭하든지, 잡다한 생각이나 잡다한 상상을 습관처럼 지속하든지 해야 그러한 창의성을 발현할 상태에 이를 수 있다고 보고 있다. 스스로 한 방향으로 생각이나 상상을 반복하고 그에 대한 실행을 계속 쌓아간다면 가장 빠른 시기에 그 상태에 이르며 그의 상상력은 이루 헤아릴 수 없을 때도 있다. 그리고 그 시기는 전문가에 따르면 10년을 보고 있지만, 유아기나 어릴 적은 고려 안 한 측면이 있고, 어떻게 하느냐에 따라 다 다르다고 보고 있다. 잡다한 생각이나 잡다한 상상을 반복할 경우 주위 환경에 영향을 많이 받으므로 20~40년이 걸릴 수도 있다.

몇 가지 예를 들어보자. 전업주부가 어느 날 갑자기 주방용품을 개발하려고 노력했고, 본인이 직접 다 할 수도 있지만, 대체로 기능이나 기술이 없으므로 전문가의 손을 빌려 개발하고 창업하는 이들도 있다.

전업주부가 이 아이디어가 떠오르기 전에 그 주방용품에 대하여 아이디어가 떠오르도록 역량을 직접 쌓아왔느냐다. 대부분 주방일이라는 것이 단순 작업이므로 처음 배우고 나면 이에 대하여 생각이나 상상을 반복할 공간이 적다. 전업 가정주부의 수는 헤아릴 수 없이 많지만 왜 몇 사람만 그러한 일이 가능할까? 그리고 그 용기에 불편함을 느끼고 그 아이디어를 내기 위해서 노력을 많이 했느냐, 아니면 어느 날 갑자기 그 용기에 불편함을 느끼는 순간 그 아이디어가 떠올랐느냐다. 이러한 제품을 개발 생산하는 업체가 아니라 전업 가정주부가 이러한 창의성을 발현하려면 어떤 식으로든지 역량을 길러야 한다. 단순 반복적인 일이 답이라면 전업주부에게는 누구나 이런 일이 일어나야 한다. 그리고 단순하고 반복적인 일이므로 그에 대하여 역량을 키울 공간도 별로 없다. 요즘 전업주부는 아이도 1~2명이고 그리고 거의 다 편리한 기계를 이용하다 보면 시간이 많이 남아도는 경우가 많다. 그 시간에 잠을 자거나 TV를 보거나 친구를 만나거나, 또는 그가 즐겨 하는 일을 하면서 시간을 보낸다. 내향적인 사람 중에 전에 잡다한 생각이나 상상을 반복하는 습관이 미세하게나마 이어져 오던 이도 있을 것이다.

나는 이들이 남아도는 시간에 잡생각이나 잡다한 상상을 이어가다가 그것들이 쌓였는데 잡다한 생각이나 상상은 하찮은 것이 많고 뚜렷한 목적의식이 없으므로 그 가정주부의 몸에 배고 최근에 많이 행동하는 가정용품에 눈이 가고 그 용품에 불편을 느끼는 순간 아이디어가 떠올랐다고 본다. 이러한 경우는 다른 곳에서도 많다고 본다.

SBS에서 방영한 '세상에 이런 일이'라는 프로그램이 있다. 자영업에 종사하는 이들 중에 그가 하는 일의 찌꺼기나 부품을 이용해서 어느 날 갑자기 영감이 떠오르고 그때부터 그것을 이용하여 예술적 작품을 만드는 이들이 있다. 이들은 하나같이 그 예술에 대하여 전에 제대로 배운 적이 없는 이들이 많다. 즉, 이들은 어느 날 갑자기 영감이 떠오른 다음에 그것을 만들거나 그려보면서 그 역량을 키워가는 이들이다. 이들도 가정주부와 같다고 본다. 다른 점이 있다면 가정주부의 개발은 빨리 끝나지만 이들은 영감이 떠오른 다음에, 즉 창의성이 발현한 다음에 그 역량을 키워간다는 것이다. 즉, 창의성 교육이나 전문적인 훈련으로 역량을 길러서 그러한 상태를 만드는 것이 아니라 잡다한 생각이나 상상의 반복을 통해 그러한 상태를 만들고 창의성이 발현한 상태에서 그 역량을 키운다는 것이 다르다. 그리고 이러한 것은 잡다한 생각이나 상상을 통한 창의성의 비중이 비교적 작은 편이다.

전문적인 교육을 통하지 않고 스스로 한 방향으로 생각과 상상을 반복하고 그것을 실행하는 연습을 쌓아온 경우를 예를 들어보자. '세상에 이런 일이'라는 방송에 나온 이다. 고등학교 3학년 학생이다. 그는 볼펜만 있으면 상상 속의 우주선과 같은 것을 그리는데 글로 적기가 모호한데 수많은 선이나 부품 같은 모양으로 가득 채워서 그린다. 그냥 선이나 부품을 그려 넣는 것이 아니라 영역별로 다 뜻을 내포하고 있고 전체가 하나로 연결된 것 같은 느낌을 준다. 놀라운 것은 처음부터 끝까지 쉬지 않고 그리는데, 수많은 선과 변을 한 번도 고친 적이 없다. 다른 작품은 선과 부품 모양이 다르다. 카멜레온을 그리는데 얼굴과 목 부위는 실물대로 그리고 나머지 부분은 그와 같이 그렸다. 너무도 정교하고 가히 환상적이다.

전문가도 그의 상상력에는 평가를 다 하지 못한다. 그리고 그는 자기가 우주인과 교류하고 있으며 우주인이 다 가르쳐준다고 했다. 마치 수학자 라마누잔이 그를 도운 영국의 교수가 그러한 재능이 어디

아이를 창의적 천재로 만드는 뇌의 비밀

서 나오는지 물었을 때 신이 가르쳐준다는 영화를 본 것과 같다.

여기서 잠깐 고등학생이 우주인과 교류하고 있으며 우주인이 다 가르쳐준다고 한 것과 라마누잔이 신이 가르쳐준다고 한 것은 그 당시 자신의 뇌 상태를 알지 못하기 때문에 한 말인데 비중이 있는 또는 넓은 의미의 창의성을 발현할 수 있는 상태가 지속되다 보면 경우의 수가 폭발적으로 증가할 때가 있다는 것을 보여주는 것이라 본다.

그가 그림을 그릴 때는 마치 물이 흐를 때와 같이 거침이 없다. 그리고 그는 7~8세 정도에 그가 그린 그림이 있는데 로봇을 그리고 그 부품을 어설프지만 그의 상상대로 그린 그림이 있다. 이를 미루어 짐작해보면 그는 스스로 상상을 하고 그것을 실제로 그려보면서 역량을 쌓아온 것이다. 그 기간만 해도 10년 이상 흘렀고 그의 상상력의 공간은 이루 헤아릴 수 없는 경지에 올랐다고 본다. 이 같은 경우가 더러 있는데 자기가 좋아서 했고 전문가의 도움이 없이 스스로 상상을 하고 연습하기를 반복한 이들이다.

나는 이들이 평소에는 역량이 크게 증가하지 않고 있다가 현재의 상태가 되기 1~3년 전부터 집중적으로 몰입하다가 현재의 상태가 되었다고 본다. 이 경우 존 베어 교수의 말처럼 창의적 교육을 통해 창의성을 쌓지는 않았지만, 영역 특수적인 것은 맞다고 본다. 다만, 미루어 짐작건대 그의 뇌 상태는 비중이 있는 또는 넓은 의미의 창의성을 발현할 수 있는 상태가 지속되고 있다고 보며 그는 비록 한 분야에 기능이나 기술의 역량을 쌓았지만, 다른 분야의 기능이나 기술의 역량을 새로 배우고 쌓는다면 그 기간은 무척 빠를 것으로 판단된다.

과학자들이 생각을 거듭하게 되면 뉴럴 현상, 즉 신경망이 활성화된다는 것을 밝혀냈다. 뇌가 활성화되는 것이다. 잡다한 생각이나 잡다한 상상을 반복하면 뇌가 활성화되고 이를 오랫동안 이어가다 보면 비중이 있는, 또는 넓은 의미의 창의성이 발현할 수 있다고 하면 논란이 있을 수 있다고 본다.

잡다한 생각이나 잡다한 상상에는 두 가지 종류가 있다고 본다. 한 가지는 근심, 걱정 등 비관적인 생각이나 상상을 거듭하는 경우다. 또 한 가지는 주위의 환경이 별로 좋지 않지만 희망이 같이 존재하고 있는 상태에서 하는 긍정적인 생각이나 상상을 거듭하는 경우이다.

전자의 경우 대체로 자존감을 상실하는 과정에서 일어나므로 불면증에 시달리기도 하고 결국은 우울증 등 병의 원인이 되므로 오랫동안 지속할 수가 없다. 이것은 비록 안 좋은 방향이지만 그쪽으로 뇌가 활성화하기 때문이라고 보고 있으며 이것을 치료하기 위해서는 그의 주위 환경을 바꾸어주면 큰 도움이 된다고 본다.

후자의 경우는 주위 환경과 밀접한 관계를 맺고 있으며 현재 상황이 매우 안 좋거나 희망적인 요소가 없으면 전자처럼 될 수 있으므로 현재 상황은 별로지만 희망적인 요소가 있을 때 하게 되는 잡다한 생각이나 잡다한 상상이다. 그리고 잡다한 생각이나 잡다한 상상은 이것을 하기 위한 공간이 필요하므로 아이들에게는 혼자 있을 때 할 수 있다. 하지만 주위에 스마트폰, TV, 동화책, 만화 등이 있다면 이러한 공간은 생기지 않으며, 또 외향적인 성격이라면 어떻게든지 그 에너지가 밖으로 향할 것이다. 즉, 내향적인 성격으로 주위에 이러한 것들이 없을 때 자연스럽게 잡다한 생각이나 잡다한 상상을 할 수 있다고 보며, 처음에는 이렇게 시작하다 아이이므로 자연스럽게 주위 환경에 있는 것을 관찰할 수도 있고 주변에 있는 것을 갖고 놀 수도 있다. 주위 환경에 있는 것을 관찰하면서 때로는 그것을 만들어보거나 그려보면서 생각이나 상상의 폭을 넓혀가는 때도 있다. 레오나르도 다빈치나 에디슨이 이 상황에 해당한다고 본다.

그리고 아이들이나 성인이나 잡다한 생각이나 잡다한 상상을 반복하지만, 그 외에 만들어보든지 또는 그려보든지 하는 실행이 없이 오직 잡생각이나 상상을 오랫동안 이어가다가 어떤 계기가 되어 잡다하지만 하나의 방향으로 생각이나 상상을 반복하다 보면 학자들이 말하는 것처럼 하늘에서 뚝 떨어진 것과 같은 비중이 있는 창의성을 발현하기도 한다. 이 경우는 가정주부가 가정용품 쪽에서 아이디어가 떠오르거나, '세상에 이런 일이'에 나오는 자영업자들이 예술 쪽에 영감이 떠오르고 역량을 기르는 경우보다는 그 기간이 길다고 보며 일반적인 상식 폭이 클 경우 발현하는 창의성도 그 비중이 크다고 본다.

그리고 잡다한 생각이나 잡다한 상상이라는 것은 말 그대로 지식수준이 낮고 하찮은 것일 때가 많고 어떤 문제를 해결하거나 뚜렷한 목표도 없고 그냥 현실에 대한 희망을 담는 경우도 많다. 이것이 습관화되면 공부할 때나, 신문 볼 때나, 길을 걸을 때나, 화장실에 있을 때나, 운전할 때나, 주로 공장 같은 곳에서 일할 때도 잡생각이나 상상에 동시에 몰입하는 것이 가능하다.

칙센트미하이 교수가 말한 것처럼 자주 반복이 가능하므로 능률은 있다고 볼 수 있다. 그러나 도전성은 전혀 없는데 몰입에 도달하는 시간은 매우 짧으며, 그 상황에 따라 하는 것이므로 몰입하는 시간은 짧아도 자주 몰입할 수 있다.

이런 상태에 도달하게 되면 그가 하는 일에 기능이나 기술 등 역량을 웬만큼 쌓아왔다면 그쪽으로 창의성이 발현하고 그것에 성공하면 더는 잡생각이나 상상을 반복하지 않을 확률이 높아진다. 시도 때도 없이 잡생각이나 상상을 반복한다는 것은 그러한 역량이 없다는 얘기도 된다. 이것을 달리 말하면 창의성을 발현할 수 있는 상태에 이르렀어도 발현할 건수가 없다고도 볼 수 있다.

이러한 상태를 계속 유지하다 보면 어떤 계기에 상식으로 알고 있는, 한 방향에 있는 잡다하다고 할 여러 건에 대해 생각이나 상상에 몰입하게 된다. 물론 이것은 어떤 문제를 특별히 해결하기 위한 것도 아니고 목표의식도 없으며 단지 현실을 외면하거나 고통을 잊거나 시간을 보내기 위함이 크다.

그리고 이것은 그가 주로 하는 일이 아니므로, 즉 전혀 다른 분야이므로 보통 1~3년이 걸릴 수 있다. 이때 발현한 창의성은 여러 건을 융합하여 축적된 것이므로 융합이 완성된 순간 뇌가 의식 세계에 전달할 통로가 없으므로 외부에서 자극이 있을 때 주로 그다음 날 자극 부분에 창의성이 발현하게 되는데 그 자극 부분에 직접 어떤 노력도 하지 않았으므로 학자들은 하늘에서 뚝 떨어진 것과 같다고 한 것이다.

어떤 문제를 해결하기 위해서 생각하고 또 생각하기를 거듭할 때 의식 세계가 생각하는 그 부분이 뇌가 의식 세계에 전달하는 통로이므로 생각 중에 창의성이 발현하고, 뇌가 활성화 상태를 계속 유지하고 있는 상태에서 생각을 거듭해도 그 문제가 해결이 안 된 상태에서 멈추었을 때 얼마간의 시간이 흐른 뒤 그 문제를 인지하는 순간 곧바로 그 문제가 해결되는 때도 있다. 이때는 생각을 멈추더라도 뇌가 활성화 상태를 계속 유지하고 있을 때는 융합작용이 계속 진행한다는 것을 알 수 있으며 융합이 완료되더라도 의식 세계에서는 그 문제를 해결하기 위해 생각이나 상상을 멈춘 상태이므로 뇌가 의식 세계에 전달하는 통로가 막혀 있다가 그 문제를 인지하는 순간에 전달하는

아이를 창의적 천재로 만드는 뇌의 비밀

것을 알 수 있다.

여러 건을 융합한 것은 그 주체가 없다. 그것이 하나로 융합하여 축적되더라도 이것을 뇌가 의식 세계에 전달할 주체가 없으므로 외부에서 자극(주체)이 있을 때 융합하여 축적된 것을 그 자극(주체)을 받은 부분으로 재구성할 시간이 필요하므로 주로 그다음 날 창의성이 발현하는 것이다. 즉, 여러 건을 융합하여 축적한 것은 외부에서 자극받은 부분이 뇌가 의식 세계에 전달하는 통로가 된 것이다(1장 「야인의 이야기」 참조).

이 경우 여러 건을 융합하여 창의성이 발현한 것이므로 비교적 그 비중이 크며, 역량을 쌓아온 경우는 발현한 상태로 완성되고 이로 끝날 수 있지만, 잡생각이나 상상을 습관처럼 해오다가 어느 한 방향으로 이루어진 것이다. 그렇지만 자기가 하는 일하고는 전혀 관계가 없는 경우가 많으므로 전문적인 지식이나 경험은 물론 역량을 쌓은 적이 없을 것이다. 따라서 발현한 그 창의성은 비중이 클 수 있지만, 그 주변에 대한 것에는 어설픈 곳이 많을 수 있다.

다행스러운 것은 전혀 다른 분야라고 하면 그의 주변에는 그를 도와줄 수 있는 이도 없고 그 자체가 기능이나 역량을 쌓아 발현한 창의성이 아니므로 그로 인한 성공이나 그 자신의 주위 환경이 변할 여지가 없으므로 초심을 이어가는 데는 유리하게 된다.

그 초심을 이어가다 보면, 아니, 그것이 유일한 위안일 수도 있지만 그에 대한 전문 지식을 조금씩 습득할 때마다 그 역량은 쌓여간다. 그 습득한 지식 전부가 미미하더라도 그 발현한 창의성 및 그 주변에 대한 것은 역량이 거대해져간다.

한 가지 유념할 것은, 그가 지금껏 해온 것처럼 잡다한 생각이나 잡다한 상상을 반복하는 초심을 이어가야 하며 조바심을 갖고 급하게 그에 대하여 전문 지식을 습득하게 되면 그에 대한 전문가들의 생각에 대하여 다른 생각을 할 공간이 좁아지므로 주위 환경에서 자연스럽게 그 지식을 습득해야 한다. 즉, 그 부분에 대한 생각이나 상상을 반복함으로써 새로운 지식을 받아들일 준비를 하고 있으면 그도 모르게 주위 환경에서 전문적인 지식을 습득할 기회가 생기는 경우가 있게 된다. 그때마다 새로운 전문 지식에 대하여 빠르게 반응하게 되고, 그에 대하여 다른 생각을 형성하는 때도 많게 된다.

위에서 열거한 것과 같이 창의성을 잉태해가는 방법은 여러 가지가 있으며 발현한 창의성 그 자체는 영역 특수적이라 할 수 있으나 다른 분야에서도 창의성이 발현할 수 있다. 이때는 발현한 이후 역량을 쌓아갈 수 있으며, 창의적 교육을 통하지 않더라도 본인이 즐길 수 있으면 스스로 얼마든지 역량을 쌓아갈 수 있다. 기능이나 기술의 역량이 없는 잡생각이나 잡다한 상상의 반복으로도 창의성을 발현하는 상태에 도달할 수 있다.

그리고 창의적인 이가 다른 분야로 쉽게 옮겨가지 못하는 이유는, 그 분야에 충분히 만족하기 때문에 다른 분야로 옮겨갈 이유가 없기 때문이다. 잡다한 생각이나 잡다한 상상으로 비중이 있는, 또는 넓은 의미의 창의성을 발현할 수 있는 상태에 이르기는 하늘의 별 따기와 같다고 본다. 어려운 주위 환경이지만 희망적인 요소가 같이 있어야 하고, 이러한 상태를 오랫동안 계속 이어가야 하고, 또 성격이 내향적이고 홀로 생각할 공간이 있어야 하는데 중도에 그 주위 환경이 좋아지게 되면 그에 따라 바쁘게 움직이게 되고 뇌도 변하게 되므로 이 모든 조건을 맞추어야 하기에 그 확률은 매우 낮다.

아이를 창의적 천재로 만드는 뇌의 비밀

고대의 선인들도 교육을 통하지 않고 스스로 즐기면서 역량을 쌓거나, 잡생각이나 상상을 반복하는 것을 습관처럼 이어가다가 천재가 된 이들이 많다고 본다. 앞에서 살펴본 바와 같이 스스로 즐기면서 생각이나 상상을 반복하고 연습도 반복하면서 역량을 쌓아가는 것이 최선이고 최고의 방법이라고 생각한다.

인간은 수명이 정해져 있으므로 한 방향으로 설정해 역량을 쌓는 것이 효율성을 극대화할 수 있다고 보며 그렇게 하면 그 기간도 상대적으로 짧다고 본다.

시대가 급진적으로 변하고 있으므로 그에 맞추어서 그 방향을 설정할 수 있지만, AI 시대이므로 역설적이지만 일부 전통적인 것을 방향으로 설정할 수도 있다. 그리고 비중이 있는 또는 넓은 의미의 창의성을 발현하고 이러한 뇌 활성화 상태를 유지한다면 다른 분야로 옮겨가더라도 비교적 짧은 시간 안에 그 분야에서 창의성을 발현할 수 있게 된다.

스스로 한 방향을 설정해 역량을 쌓는 경우와 전문적인 훈련을 거듭하면서 역량을 쌓은 경우를 비교해보자. 전자는 한 방향에 많이 노출되다 보면 뇌가 자극받거나 흥미를 갖게 되면서 시작된다고 본다. 요즈음은 주로 TV 등 매체를 통해 이루어지는 경우가 많은데 유아기나 아주 어릴 적에 시작되었다면 뇌의 신경세포가 많이 비어 있는 상태이므로 스펀지가 빨아들이는 것처럼 그쪽으로 역량이 급속도로 쌓여가는 예도 있다. 우리는 그들을 영재나 신동이라고 부른다.

그들은 스스로 역량을 쌓았지만, 매체를 통해 역량을 쌓았으므로 현실에 매우 가깝다. 일반인이 보기에도 그 역량이 뛰어나게 보이므로 영재나 신동이라고 부르고 세상에 선을 보인다. 그리고 그 역량을 세상에 선보이는 데 치중하는 경우가 많다. 그러나 그들은 그 역량이 완성된 것이 아니라 뛰어난 것뿐이다. 즉, 그 역량이 진행하는 중에 주위 환경이 변하게 되면 초심을 이어가지 못하므로 그 역량도 더는 발전하지 않는 것이다. 그리고 이때부터 전문가의 조언으로 훈련을 거듭하더라도 이미 자신이 영재나 신동이라고 확신하는 측면도 있고, 이미 그의 주위 환경이 변하여 있고, 전문가의 조언이 그 초심을 어떻게 이어갈지 모르므로 성인이 되었을 때는 그 영재성이나 신동의 재능이 사라지는 경우가 많다.

인생지사 새옹지마라는 말이 있다. 어릴 적이나 조금 늦게 한 방향으로 역량을 쌓아가지만 그것이 세상이 주목하지 않는 것이거나 세상에서 엉뚱하게 보일 수 있는 것일 때도 있다. 인간은 탐욕이 가장 많은 동물이므로 그 역량을 세상에 선보였을 때 부모나 그 주위에 도움이 된다면 그냥 놔두지 않는다고 본다. 다행스럽게도 기능이나 재능의 역량이 그러한 수준이나 단지 세상에 선보이기에는 엉뚱한 측면이 있게 되면 오히려 초심을 이어가는 데는 도움이 된다. 스스로 즐겨야만 환경이 변하더라도 그 역량을 오랫동안 계속 쌓아갈 수 있다. 이 경우에는 그 확률이 높다. 그리고 스스로 역량을 쌓아가는 경우에도 학자들이 말하는 기초적인 배경지식은 반드시 필요하므로 주위 환경에서 자극받든지 또는 책이나 매체를 통하든지 그것을 통해 전문가의 도움이 없이 스스로 수없는 반복으로 기초가 다져진다.

전문가의 직접적인 조언이 없이 초기에 필요한 것을 스스로 찾아보면서 따라 하는 것은 전문가의 조언이 있을 때보다 훨씬 더 큰 노력이 필요하고 훨씬 더 많은 생각이나 상상이 필요하다. 이 부분을 눈여겨

아이를 창의적 천재로 만드는 뇌의 비밀

보아야 할 필요가 있다.

앞에서 설명한 것처럼 스스로 즐거워하면서 역량을 키우는 경우 일정한 기간이 지나면 그들의 역량이나 상상력은 측정할 수 없을 때가 있다.

후자의 경우 창의성 전문가나 학자들에 의하면, 또는 앤더슨의 『일만 시간의 법칙』에 의하면 전문적인 훈련을 거듭하기를 일만 시간이나 대충 10년 정도를 이어가야만 비중이 있는 창의성을 발현할 수 있는 상태에 이른다고 하는 것 같다. 글이 짧아 전문적인 훈련하는 방법을 정확히 알 수는 없지만, 추정해보면 전문적이란 전문가의 조언을 상정해본다.

전문적인 훈련은 빨라야 6~7세에 시작된다고 본다. 전문가의 조언으로 역량을 쌓아가면 수없는 반복이 있는 것은 사실이다. 하지만 연습 중에 잘못이 있으면 전문가의 조언으로 금방 고칠 수 있으므로 빨리 배우고 다음 행동으로 넘어갈 수 있으니 그 역량도 빨리 쌓여가므로 장점이 많은 것으로 보일 수 있다. 다시 한번 살펴보자. 처음 전문적인 훈련을 시작할 때는 그쪽으로 재능이 있으므로 시작했을 것이다. 그리고 훈련을 하는 중에 잘못이 있으면 전문가의 조언으로 금방 올바른 방법으로 고칠 수 있는데 이 문제부터 짚어보자.

신체의 단련이나 기능, 재능의 역량은 수없이 반복적인 노력으로 이루어진다고 본다. 즉, 땀 흘리고 직접 해야만 가능한 것이다. 안마 의자에 몸을 맡기면 잠시 몸의 피로감을 풀어줄 수 있지만, 몸을 더 좋게 만들지는 않는다. 그리고 자주 사용하다 보면 내 몸이 그것에 적응하여 그것에 몸을 맡기지 않으면 항시 몸이 피로한 것처럼 느껴진다. 그것처럼 신체의 단련이나 기능, 재능 등을 훈련할 때 잘못될 때마다 전문가의 조언이 있게 되면 그도 모르게 그 조언에 익숙하게 된다. 그리고 전문가의 조언이라는 것이 데이터에 의해서 만들어진 것이므로 그것이 그에게 가장 합리적인 방법인지도 생각해봐야 한다. 또한 스스로 즐기면서 역량을 쌓는 경우는 문제가 발생하였을 때 스스로 노력하여 문제를 해결하기 위하여 노력하므로 뇌에서 융합작용이 일어나고 경우의 수가 확장된다. 그러나 문제가 있을 때 전문가의 조언으로 그 문제를 해결하면 수없이 반복적인 노력은 있지만 이미 그 답이 정해진 상태이므로 뇌에서 융합작용도 상대적으로 미미하고 경우의 수 확장도 미미하게 일어날 뿐이다. 그러므로 전문가의 조언으로 계속 역량을 쌓아가는 것은 노력한 만큼의 역량이 쌓일 뿐이고 역량이 일순간에 크게 증가하지 않으므로 일종의 아바타이고 한계에 부딪치게 된다.

이것이 현재 수많은 사람이 전문적으로 훈련하고 또 훈련하기를 일만 시간 이상 역량을 쌓아왔지만, 극소수만이 비중이 있는 창의성을 발현할 수 있는 이유이다.

미국 뉴욕주 아이칸 차터 스쿨에서 실험한 그 교육 시스템은 혁신적이고 매우 좋은 교육 방법이라고 본다. 그러나 그 대상이 빈민가라는 것을 유념해야 하며, 에릭 허쉬 박사는 그들이 배경지식이 약함을 강조했으나 그 자체는 본질이 아니라고 보았다. 그들은 학교에서 금방 필요로 하는 배경지식만 부족하지 이 수업을 하는 데는 편리하게 배경지식을 쌓아온 아이들보다 훨씬 유리하다고 보며 그들이 재능의 역량 차이를 보이는 것은 학교에 들어오기 전의 배경지식보다는 스스로 따라 배울 수 있거나 생각이나 상상을 스스로 할 수 있느냐의 차이가 더 크다고 본다. 교육 시스템은 연속성일 때 그 효율성이 크기

아이를 창의적 천재로 만드는 뇌의 비밀

때문이다.

앞에서 살펴본 것과 같이 뇌가 발전해가거나 창의적으로 변하기 위해서는 스스로 생각하거나 상상을 반복하는 것이 필수임을 알 수 있다. 그리고 이 역량을 쌓기 위해서는 최소한 태어나는 순간부터 시작하는 것이 가장 효율성이 크다고 보고 있으며, 이렇게 하기 위해서는 아기의 주위 환경도 매우 중요하므로 원하는 방향으로 장식하여야 하고 부모 및 주위 사람들의 행동도 매우 중요하다(10장 「한 살의 기적」 참조).

즉, 아기의 주위 환경을 원하는 방향으로 장식하는 것과 부모 및 주위 사람들이 어떻게 행동하느냐가 중요하다. 교감하는 공간, 스스로 보고 따라 할 수 있는 공간, 생각이나 상상을 할 수 있는 공간을 적절히 배분하여 양육한다면 아기의 인생의 방향을 얼마든지 설계할 수 있다고 본다.

우리나라의 육아는 대부분 교감하는 부분이 너무 크다. 즉, 배경지식은 풍부할 수 있으나 그 배경지식을 다 편리하게 습득하였기 때문에 그대로 굳어진 상태가 되므로 다른 생각을 하기가 쉽지 않게 된다. 더욱이 뇌가 비워진 상태에서 반복적으로 습득한 지식이고 이것을 생각이나 상상을 할 공간이 부족하므로 이미 습득한 지식이나 경험이 굳어진 상태가 되는데 어떻게 다른 생각을 할 수 있을까? 한 가지 다행스러운 것은 이 시기는 뇌가 가장 활성화하는 시기이므로 그것을 바로잡는 데 성인일 때보다 유아기 때가 훨씬 빠르다.

요즈음 어린이집이나 유치원에서는 놀이 문화가 강조되고 있는 것으로 알고 있다. 이 시기도 무척 중요한 시기이다. 놀이 문화에는 따라 배울 수도 있고 경쟁심을 유발하여 뇌를 자극하는 장점이 있는 방면에 한 가지 놀이 문화를 너무 오랫동안 지속하면 역량은 조금 쌓일 수 있으나 흥미 위주로 흐를 가능성도 있고 뇌가 편리함에 익숙하게 될 수 있는 부분도 같이 존재하고 있다. 그리고 이 시기는 다양한 지식과 경험이 필요한 시기이므로 적당한 시기를 두고 다양한 놀이 문화를 경험할 수 있게 해야 한다.

그리고 그날 있었던 놀이 문화에 대하여 생각이나 상상을 할 공간을 마련해주어야 한다. 선생님은 생각이나 상상을 하는 방법을 며칠간 연습시키고 그날 있었던 놀이 문화들에 대하여 생각이나 상상을 한 것을 노트에 적어 오도록 숙제를 주고 그 분량은 대체로 1시간 이상이면 된다고 본다. 물론 그 시간이 2시간이면 더 좋겠지만, 그들의 역량이 중요한 것이 아니라 습관화하는 것이 목표임을 명시해야 하며 그렇게 하기 위해서는 부모와의 협력도 매우 중요하므로 부모에게 생각이나 상상의 중요성을 강조하고 그 방법에 대해서도 상담하여야 한다. 한 놀이 문화가 1주일 동안 계속되었다면 그 부분에 대한 생각이나 상상을 한 부분에서 중복되는 되는 것이 많은 것은 자연스러운 현상이므로 전날 하였던 것을 보고 하지만 않으면 괜찮다고 보고 있다. 그 목적은 생각이나 상상을 하는 공간을 확보하는 것과 이것을 습관화하는 데 있는 것이다.

앞에서 살펴본 우리나라의 활동적 수업은 이러한 준비 과정이 생략된 채 중도에 시행한 것이고, EBS 방송에서도 시행착오를 열거했듯이 많은 문제점이 있다. 특히 많은 과목을 함으로써 수박 겉 핥는 형국이 된 것이다.

우리나라의 유아기 교육은 너무나 교감이 많은 상태에서 이루어졌기 때문에 그 배경지식이 굳어진 상태이므로 학교라는 곳에서 중도에 시행하기 위해서는 활동적 수업을 하는 올바른 방법에 대하여 상당한 기간 연습을 한 후에 본격적으로 시행을 하여야 한다. 그리고 그 방법도 우리나라의 육아 방법을 고려하여 설계되어야 한다.

반도체 칩은 입력한 부분을 언제든지 필요할 때 끄집어내어 볼 수 있으나 변형이 없이 그대로만 볼 수 있다. 즉, 경우의 수가 없다. 이것을 보완한 것이 인공지능이다. 즉, 경우의 수가 가능하게 된 것이다.

인간이나 동물은 이 경우의 수가 가능하다. 이 경우의 수를 어떻게 활성화하는 것이 가장 효율적인가가 관건이라고 본다. 그러나 일반 사람들은 이 경우의 수 비중이 적은, 다른 생각은 할 수 있다. 하지만 인공지능처럼 이른 시간 안에 활발한 경우의 수를 생각할 수 있느냐가 관건이다. 그것은 스스로 생각이나 상상을 반복하고 그 실행을 위한 반복 연습을 오랫동안 습관처럼 이어가면 인공지능 수준에 거의 도달할 수 있다고 본다.

인공지능도 아직은 한쪽 분야에서만 그러한 기능이 가능한 것으로 알고 있는데, 인간은 시간상의 제약이 있으므로 한쪽 분야에서만 그러한 설계를 하는 것이 효율적이라고 본다. 즉, 활동적 수업을 모든 과목에서 할 필요가 없다고 보고 있으며 육아 기간에 형성된 역량이 다 다르므로 그에 맞추어 설계하는 것이 올바르다고 생각된다.

역량을 쌓아가는 데는 반복적인 생각이나 상상도 중요하고 반복적인 실습도 매우 중요하다. 그와 마찬가지로 활동적 수업도 팀별로 반복적인 토론도 중요하고 반복적인 수행도 중요하고 또 그에 대하여 반복적인 생각이나 상상을 할 수 있는 공간도 매우 중요하다. 이것은 매우 느린 교육이지만, 우리나라의 학교 교육 기간이 16년이므로 한 분야에서 창의성을 형성할 수 있는 충분한 기간으로 보며, 비중이 있는 창의성을 발현하고 그 상태를 유지하고 있으면 정신적 영역이나 인문학 분야에 역량을 쌓아왔다면 그 분야의 다른 영역에 도전하더라도 비교적 짧은 기간 안에 그 역량을 쌓아 그 분야의 비중이 있는 창의성을 발현할 수 있다. 기능 및 재능의 역량을 쌓아 창의적인 영역에 도달하였다면, 그리고 그 상태를 계속 유지할 수 있도록 초심을 이어가는 상태라면 기능 및 재능의 다른 영역으로 옮기더라도 비교적 짧은 기간 안에 그 분야에 창의적으로 변할 수 있다.

'다시 학교다'의 '활동적 수업'에 대한 개선안을 내놓고 마무리하고자 한다. 미국 뉴욕주 아이칸 차터 스쿨에서 시행하고 있는 것처럼 배경지식과 연계해 활동형 수업을 하는 교육은 매우 혁신적이고 세심한 교육 방법이다. 하지만 창의성 발현 과정을 살펴보면 기초지식이나 상식이 풍부할수록 다양하게 창의성 발현할 수 있다고 보고 있으므로 강의식 수업으로 다양하고 많은 기초지식을 습득할 수 있는 장점이 있기에 활동형 수업과 배분하여 수업하는 것도 아이칸 차터 스쿨에서 시행하는 배경지식과 연계하여서 하는 수업보다 나쁘지 않다고 본다. 그리고 그 기초지식들이 활동형 수업을 하는 데 직접 배경지식으로 작용하지는 않지만, 활동형 수업으로 역량을 쌓는 과정에 그 기초지식들이 측면에서 많은 도움을 준다고 본다.

교육에는 연속성이 있을 때 그 효율성이 가장 크다. 그리고 교육 시스템도 연속성이 있을 때 그 효율성이 가장 크다는 것을 염두에 두어야 한다.

어린이집이나 유치원 동안에 세심히 살펴보면 유아기에 형성된 소

아이를 창의적 천재로 만드는 뇌의 비밀

질이나 재능을 어느 정도 파악할 수 있다고 본다. 어린이집이나 유치원 동안에 소질이나 재능을 파악할 수 있는 시스템을 개발해야 한다.

■ 수업에 대한 제안

- 활동적 수업은 초등학교 1학년부터 시행하고 모든 과목을 하는 것이 아니라 어린이집이나 유치원에서 파악된 소질이나 재능을 기준으로 본인이 가장 즐길 수 있는 분야를 선택하도록 배려해야 한다.
- 활동적 수업을 할 때는 같은 분야 학생들로 따로 반을 구성하여 팀을 이루어 수업하고 그 인원은 4~6명이 적당하다.
- 활동적 수업을 초등학교 1학년부터 시행한다면 6개월 정도 활동적 수업의 올바른 방법을 선생님과 함께 연습하여야 하며 팀원 구성은 물론 이탈자가 없도록 세심한 배려를 해야 한다.
- 활동적 수업을 통한 역량의 증가는 장기적이고 반복으로 이루어지고 이것을 습관화하는 것이 중요하므로 1일 2시간 정도 배정하고 주 5일 정도는 배정하면 좋겠지만, 다른 기초과목도 중요하므로 최소 주 3일 이상 정도는 배정해야 한다. 뇌가 융합할 시간도 필요하다.
- 역량의 증가는 반복이 필수적이므로 1주일에 한 주제를 수업해야 한다.
- 토론은 매우 중요하므로 2시간 중 1시간을 배정하고 토론으로 그

주제에 대해 배우거나 의견을 나누거나 각자의 활동을 한 것에 관해서도 토론을 할 수 있다.

- 활동적 수업의 수행평가 성적은 아무런 의미가 없으며 그것은 단지 활동적 수업을 올바른 방향으로 이끄는 지침서로써 활용해야 하고 본인이나 다른 팀원에게 공표할 필요가 없다.

- 역량의 증가에 있어서 매우 중요한 것 중 하나가 스스로 생각이나 상상을 하는 것과 그것을 실행하는 것이다. 그날 있었던 토론이나 활동에 대하여 집에서 생각이나 상상을 1시간 정도는 해야 하며, 이것은 잠자기 전에 하다가 잠드는 것이 가장 효과적이다. 그 말 자체로 생각이나 상상을 하면 되지만 이것을 습관화하기 위하여 처음에는 노트에 적어 숙제하도록 강제할 필요가 있으며, 활동 수업과 관계없이 주 5일 정도는 해야 한다. 활동한 것에 대해서 집에서 주 3회 이상 다시 연습해야 한다.

- 같은 주제에 대하여 생각이나 상상을 반복하다가 보면 할 때마다 중복되는 부분이 많은 것은 자연스러운 현상이지만, 전에 하였던 부분을 보고 하면 절대 안 되므로 선생님이나 부모님은 그 부분을 유념해야 한다. 처음에는 어설프더라도 관계없으며 이것을 습관화하는 것에 무게를 두어야 한다. 활동에 대해 연습하는 것 또한 같다.

- 의식 세계에서 반복하는 가장 중요한 이유는 그것이 의식 세계에서 중요하다는 것을 표시하는 것이므로 그에 대하여 뇌가 반응하고 활성화하여 답을 내려는 과정이라고 본다.

- 활동적 수업을 하다 보면 역량이 뛰어난 학생이 있더라도 칭찬은 자제하여야 하며 그리고 역량이 뒤떨어지는 경우가 있을 경우에

아이를 창의적 천재로 만드는 뇌의 비밀

도 그것이 올바른 방향일 경우에는 크게 신경 쓰지 않아도 된다. 칭찬은 동력이나 다른 이에게 자극이 될 수도 있지만, 칭찬을 자주 듣다 보면 뇌가 편리한 쪽으로 변할 확률도 있으며 이 수업은 장기적인 수업이므로 일정한 시기에 이르면 기능이나 기술의 역량은 거의 비슷한 수준에 도달한다고 본다. 즉, 현재의 뛰어난 역량이 완성된 것이 아니고 뒤처진 역량도 완성된 상태가 아니므로 그게 올바른 방향이라면 상관이 없다고 본다.

- 활동적 수업은 축적이 목적이고 그것을 습관화하는 것이 본래의 목적이다.

- 이 수업을 하기 위해서는 기초과목에 대해 강의식 수업을 해도 아무런 관계가 없다. 이것은 미국 뉴욕주 아이칸 차터 스쿨처럼 직접적인 배경지식으로 활동적 수업에 활용하지는 않지만, 활동적 수업을 할 때 간접적으로 매우 유리하고 훗날 비중이 있는 창의성을 발현할 때도 크게 작용한다.

- 활동적 수업을 하기 위해서는 그에 맞는 교과서를 개발하여야 하며, 활동적 수업에 많은 시간을 할애하므로 강의식 수업을 하는 과목도 그에 맞추어 시스템을 개발할 필요가 있다. 팀별로 하는 활동적 수업이 강의식 수업과 겹치는 경우가 있는 경우에는 그에 맞추어 활동적 수업의 과목을 구성하는 것이 효과적이라 본다.

과학자들이 생각을 거듭하게 되면 뇌가 활성화한다는 것을 밝혀냈듯이 뇌 일부분의 비밀은 생각이나 상상을 반복하여 뇌를 활성화하고 이 역량을 계속 쌓아 일정한 시기가 되면 무아지경이나 가칭 '생각하는 뇌의 문이 열린다'의 수준에 도달하게 하는 데 있다고 본다. 이 수준에 도달하게 되면 인공지능처럼 경우의 수가 엄청 활성화되고 빨라진다고 본다.

그리고 인간은 태어날 때부터 지식이나 경험 등 정보를 쌓지만, 그것을 거르는 장치가 없기 때문에 그 단점을 보완하기 위해 많이 접한 것을 중요시하게 된다. 대부분의 사람들은 스펙이 강한 지식이나 경험의 정보 또는 반복되는 정보를 취득하게 되면 이에 대응하거나 정제할 수가 없기 때문에 그대로 받아들일 수밖에 없게 된다.

그러나 상상을 반복하는 것을 오랫동안 이어가다 보면 자연스럽게 다른 생각을 하게 되고 또 이를 오랫동안 이어가다 보면 아무리 스펙이 강한 정보라도 자연스럽게 이에 대응하거나 정제할 수 있게 된다. 이것도 뇌의 숨겨진 비밀 중 하나이다.

꼭 학교에 다니지 않아도 위 수준에 도달할 수 있는 방법은 있다. 그리고 학교도 장점이 있으므로 학교에서 시스템을 다시 설계할 필요가 있다. 이 부분은 후에 기회가 된다면 살펴볼 것이다.

아이를 창의적 천재로 만드는 뇌의 비밀

14. 뇌의 비밀

■ 뇌의 10%도 쓰지 못한다는 것은 사실이 아니다

2017년 8월 4일 금요일 자 경향신문에 실린 글이 있다(필자 최영식).

"우리는 뇌의 10%도 못 쓰고 있다는 것은 아쉽지만 사실이 아니랍니다."

2016년 말에 창의성에 대해 좀 더 알기 위해 샀던 『몰입』이라는 책의 갈피에 끼워 넣었는데 몰입에 대해 알고자 책을 조금 읽는 도중 발견하고 이 부분에 대해 생각해보고자 한다. 나에게는 뇌에 대한 귀중한 자료이다.

- 미국 존스홉킨스의대의 배리 고든 박사는 "우리가 뇌의 10%도 사용하지 못하고 있다는 말은 사실이 아니다"라고 단언한다.
- 몸무게의 3% 정도를 차지하는 뇌는 신체 대사의 20%에 해당하는 에너지를 쓴다. 우리가 뇌의 5%만 쓰고 있는데 이를 10%로 늘린다면 지금보다 2배의 에너지가 머리로 가야 한다. 거대한 혈관을

머리에 연결하고 엄청나게 많은 혈액을 부어 넣어야만 뇌를 온전히 사용할 수 있다는 이야기가 된다.

- 뇌의 '10% 사용설'은 첨단 장비로 뇌 활성 지도를 보게 되면서 더욱 사실이 아니라는 점이 드러났다. 우리가 특정한 행동이나 생각을 할 때 뇌 활성을 측정해보면 대부분의 영역에서 활성이 일어난다. 그렇다면 뉴스에서 보듯이 사랑하는 사람을 생각할 때 뇌의 어떤 부분이 반짝반짝한다는 말은 무슨 뜻인가, 그 부분이 나머지 영역에 비해 상대적으로 활발하다는 것이다. 실제로 뇌 활성 지도를 24시간 지켜보자. 하루 중 일정한 순간에 뇌 활성 지도를 보면 특정 부위가 상대적으로 더 활발해 보인다. 그러나 미국 메이요 클리닉의 존 헨리 박사는 "하루 24시간을 지켜보면 뇌의 모든 부분이 골고루 활발하게 작동한다"라고 말한다. 심지어 자는 동안에도 고등 인지기능을 담당하는 전두엽 등이 지속적으로 활동을 한다.

- 뇌의 적용은 신경세포 간의 신경연접(시냅스)이 활성화되면서 가능해진다. 발달 측면에서 보면, 뇌에 필요한 대부분의 신경세포는 태어나면서 갖고 있는데, 이들 신경세포는 필요한 수보다 훨씬 더 많은 신경연접을 갖고 있다. 하지만 의사소통이 일어나지 않은 신경연접은 사라지게 된다. 이를 신경연접의 가지치기라고 하는데, 활성이 없는 신경세포는 이러한 과정을 통해 살아남을 수 없다.

- 4~5세 어린이 대부분은 주어진 정보를 가공해서 거짓말과 같은 새로운 사실을 만들어낼 수 있다. 뇌 발달의 중요한 이정표(마일스톤)라고 부르는 '어린이의 거짓말'은 뇌의 여러 지역이 서로 연결

아이를 창의적 천재로 만드는 뇌의 비밀

돼 작동하기 때문에 일어난다.

- 우리의 뇌가 지난 10년간의 기억을 매일 다시 꺼내서 정리하지는 않는다. 그렇다고 뇌의 일부분만 사용되고 있는 것은 아니다. 다만, 극히 일부분에 저장된 정보만을 활용하고 있는 것이다.

위와 같은 뇌의 정보를 2017년 8월 4일에 처음 취득하였지만, 이에 대응할 수 있는 힘이 생성되지 않고 있다가 창의성 및 그 주변에 대하여 글을 쓰던 중 이 정보를 다시 보게 되었다. 이후 이에 대해서 글을 쓰게 되었고, 다시 수정하고 있는 지금은 뇌 학자들이 이 부분에 어떻게 정의를 내리고 있는지 알 수 없지만 다른 측면에서 바라보고자 한다.

- 4~5세 어린이 대부분은 주어진 정보를 가공해서 거짓말과 같이 새로운 사실을 만들어낼 수 있다. 뇌 발달의 중요한 이정표라고 부르는 '어린이의 거짓말'은 뇌의 여러 지역이 서로 연결돼 작동하기 때문에 일어난다.

어떤 관점에서 이 말을 했는지 정확히 알 수 없지만, 나는 아기가 태어나는 순간부터 정보가 쌓이면 유사하거나 새로운 사실이 자연적으로 만들어진다고 본다(10장 「한 살의 기적」 참조).

초식동물을 살펴보면 대부분 태어나서 1~2시간 안에 일어서고, 그리고 초유를 하고 바로 어미처럼 활동하기 시작한다. 물론 미숙하지만, 그 배우는 속도가 매우 빠르다. 물론 모든 동물과 다른 생명체들, 인간의 진화 형태는 조금씩 다 다르지만 궁극적으로 그 형태에 유사한 부분이 너무 많은 것 같다.

■ 아이의 거짓말은 정보 차이를 메우기 위한 것

고등동물 중에서도 가장 발달한 인간이 새로운 사실을 만들어내기 위해 4~5년을 허비한다는 것은 너무 앞뒤 맥락이 맞지 않는 느낌이 든다. 물론 지금의 육아 및 양육 방법에서는 거짓말과 같은 새로운 정보는 4~5세 시기에 만들어질 수 있다고 본다.

이 시기는 어린이가 유아원이나 유치원에 가는 시기라는 점을 눈여겨볼 필요가 있다고 본다. 이것은 아기가 가정이라는 환경에서 한 방향으로만 정보를 수집하다가 유아원, 유치원 등 다른 환경으로 이동하기 때문에 만들어진다고 본다. 즉, 가정이라는 환경에서 수집한 정보와 유아원, 유치원 등에서 수집한 정보가 배치되거나 다르기 때문에 그 차이를 메우기 위해 거짓말과 같은 새로운 사실이 그때 만들어질 수 있다고 본다.

그러나 새로운 사실은 한 방향에서 수집된 정보로도 얼마든지 만들어낼 수 있다고 본다. 그것은 아기가 수집하는 정보가 같은 부류의 것이라도 매일매일 그 정도의 차이가 다르고, 앞에서 주장했듯이 태어나는 순간에 뇌 신경세포 간의 신경연접이 서로 연결되어 있다는 것은 정보가 쌓인 뇌 신경세포끼리 교류가 가능하다는 것이므로, 처음에는 유사한 부분이 있겠지만 이것도 새로운 사실을 가공할 수 있는 것이 아닌가. 그리고 아기가 태어나는 순간 아기가 평생 쓸 수 있

아이를 창의적 천재로 만드는 뇌의 비밀

는 뇌 신경세포나 신경연접이 다 갖추어져 있으나 어린 시절에 수집된 정보의 양은 상대적으로 너무 적으므로 의식 세계에서 특별한 의식행위를 하지 않더라도 자연적으로 뇌 활성이 활발히 이루어진다고 본다.

한 살 때를 살펴보면 교감을 통해 배우거나 따라서 보고 배운 것 외에도 다른 것이 많은 것을 보면 새로운 사실은 아기가 정보를 쌓기 시작하면 바로 만들어진다고 본다.

- 우리의 뇌가 지난 10년간의 기억을 매일 다시 꺼내서 정리하지는 않는다.

이 말에 동의한다. 만약에 10년간의 기억을 매일 다시 꺼내서 정리한다면 얼마나 비효율적인가. 꿈을 꿀 때 어릴 적 기억을 소재로 꿈을 꾸기도 하는데 어떤 때는 2~3일 정도 어릴 적 기억을 소재로 꿈을 꾸기도 한다. 그러다가 한참 지난 뒤 어릴 적 기억을 소재로 꿈을 꾸는 것을 보면 먼 기억을 전부 소멸시키지 않는 것 같다. 더욱이 나이가 들고 특별히 하는 일이 많지 않을 때 어릴 적 기억이 생생히 나는 경우가 많다. 이런 것을 보면 기억은 '먼 기억이냐, 가까운 기억이냐'가 중요한 것이 아니고 '자주 사용하는 기억이냐, 아니면 현재 자주 사용하지 않는 기억이냐'로 분류하는 것이 맞다고 보며 정리도 그러하다고 본다.

■ 꿈은 뇌 신경세포에 쌓인 노폐물을 제거하는 과정이다

　나는 꿈이 현재의 기억을 정리하거나, 정기적으로 점거하면서 뇌 신경세포에 쌓인 노폐물을 제거하는 과정에서 만들어진다고 생각한다. 커다란 책꽂이에 책이 가득 꽂혀 있을 때나, 물건을 쌓아놓았을 때에 새로 산 책을 책꽂이에 꽂거나 새로 산 물건을 계속 쌓으면 어떻게 되겠는가. 정기적으로 정리하거나 청소를 하지 않으면 먼지는 물론 곰팡이가 끼거나, 무엇이 어디 있는지 모르게 될 것이다.

　이와 마찬가지로 뇌 신경세포에 계속해서 혈류를 공급하다 보면 노폐물이 쌓일 수밖에 없으므로 그 노폐물을 제거함과 동시에 점거한다고 본다. 즉, 꿈은 이 과정에서 발생한 부산물이자 파생품이라고 본다. 따라서 '우리의 뇌는 최근의 기억을 정리하고, 오래된 기억은 정기적으로 점거한다'라고 보는 것이 타당하다고 본다.

　- 우리는 뇌의 10%도 못 쓰고 있다.

　이 말은 뇌의 기능 면이 아니라 주어진 뇌를 어떻게 활용하느냐에 따라 달라질 수 있다는 것을 말한 것으로 보인다. 운동선수의 경우 육상선수, 역도선수나 그 외 운동선수들을 보면 그들의 기량 및 체력은 보통 사람들과 월등히 차이가 난다. 신체의 특정 부위를 훈련하고 또 훈련하기를 반복하고 이를 이어가면 보통 사람들과는 기술이나 체력에서 너무 차이가 난다. 자폐증이 있는 사람 중에 기억력이나 연상 능력이 매우 뛰어난 사람이 있는데 혹시 훈련하고 또 훈련하기를 반복하고 이를 오랫동안 이어간다면 이들과 비슷한 수준에 도달하지 않을까.

　　　　　　　아이를 창의적 천재로 만드는 뇌의 비밀

■ 천재들의 뇌 활용도는 100%인가

인류가 문명을 연 이후 교육제도는 물론 종이가 없던 시절에도 뛰어난 천재가 존재해왔다. 그 후로도 선각자나 예언자들, 그리고 파스칼, 뉴턴, 에디슨, 아인슈타인 등등 뛰어난 천재들은 보통 사람들과 뇌 활용도가 같았을까? 아니면, 창의력을 설파하는 학자들의 말과 같이 생각, 상상, 몰입 등을 하게 되면 뛰어난 천재들과 같이 될 수 있을까? 기록으로 남겨진 천재 중 아리스토텔레스나 레오나르도 다빈치는 여러 분야에 천재성이 있었는데, 특히 레오나르도는 엄청난 양의 메모지를 남겼다. 이런 이들도 주어진 뇌의 용량을 적극적으로 다 활용하기에는 시간이 부족하므로 100% 다 활용하지 못했다고 보는데 이것은 나만의 생각일까? 반도체라는 괴물이 등장하면서 뇌 과학자들은 이를 통해 뇌에 대해 많은 것을 밝혀내는 데 이바지하였으나 아직도 못 밝혀진 부분이 많은 것으로 알고 있으며, 특히 아리스토텔레스나 레오나르도의 경우 그것이 어떻게 가능했는지 미지수인 것으로 알고 있다. 뇌의 비밀은 '필요할 때마다 그때그때 뇌를 활성화해 답을 얻는 것이 아니라, 활성화를 축적하고 또 축적하기를 오랫동안 이어가 뇌의 구도를 변하게 하는 것'이 아닌가 생각된다.

동물이나 인간이 살아갈 때 습득한 지식과 경험의 바탕 위에서 모든 일이 이루어진다. 하지만, 살아가다 보면 주위 환경에 변수가 너무 많다. 즉, 습득한 지식이나 경험만으로는 살아갈 수 없다. 학자들이 밝혀낸 것과 같이 뇌의 여러 지역이 서로 연결되어 작동함으로써 새로운 사실이 만들어진다고 한 것처럼 습득한 지식이나 경험 간에 서로 융합하여 새로운 사실이 만들어진다.

반도체 칩을 내장한 컴퓨터는 정보 100개를 저장하면 100개의 정보만을 꺼내어 쓸 수 있지만, 인간이나 동물은 수를 셀 수 없이 많은 정보를 만들어 꺼내어 쓸 수 있다. 즉, 컴퓨터는 '경우의 수'가 100개이지만, 인간이나 동물의 '경우의 수'는 수를 셀 수 없을 정도가 되는 것이다. 하지만, 동물의 '경우의 수'가 만 개 정도라면 인간의 경우는 십만 개도 활용하지 못한다는 것이다. 그러므로 그 '경우의 수'는 보잘것 없게 되는 것이다.

인간이 뇌의 10%도 사용하지 못한다는 말에 공감한다. 하지만, 이것은 특별한 경우를 제외한 경우를 말한다고 본다. 그리고 '인간은 뇌의 활용도가 10% 정도밖에 안 된다'라고 고쳐야 할 것 같다.

존 헨리 박사의 주장이나 베리 고든 박사의 주장은 일부 맞다고 보지만, 그것은 보통 사람들의 현재 뇌 상태를 나타낸 것으로 본다. 천재성을 밝혀내기 위해 아인슈타인의 뇌를 보관하고 있다는 것을 들은 적이 있으며, 아직 그 원인을 밝혀내지 못한 것으로 알고 있는데 그 방향이 잘못된 것 같다.

한 가지 예를 들어보자. '세상에 이런 일이'라는 방송 프로그램에 나오는 사람 중에 고등학교 2~3학년 학생이 우주선이나 함선 같은 모양을 그리는데 표현하기가 모호하지만, 수많은 선과 부품 같은 모양으로 가득 채워 그려 넣었는데도 부분적으로도 뜻이 있고 전체적으로도 연결이 된 것 같은 느낌이 든다. 그리고 PD가 직접 그려보기를 원했을 때, 바로 그리기 시작해서 3~4시간 동안 쉬지 않고 볼펜으로 그리며 수많은 선이나 부품 같은 모양을 한 번도 고친 적이 없다는 것이다.

전문가에게 작품성에 대한 조언을 구했을 때 그의 상상력의 세계를 극찬한다. 그리고 7~8세쯤에 로보트를 그리고 그 안에 부품 같은 모

아이를 창의적 천재로 만드는 뇌의 비밀

양을 그려 넣었는데 그 나이에는 그런대로 잘 그렸지만, 흉내 수준인 것 같은 느낌이 든다. 이로 미루어보아 더 어린 시절에 로보트가 나오는 TV 방송이나 로보트 만화를 자주 보다가 그것에 자극이 되어 직접 그리기 시작됐고 습관이 됐다고 본다. 즉, 그것에 위안을 받거나 그것이 가장 즐기는 일이 된 것 같다. 그리고 스스로 생각하며 스스로 역량을 쌓아온 것으로 추적해본다.

PD가 그러한 재능이 어떻게 가능한 것인지 물었을 때, 그는 '우주인과 교류하고 있으며 우주인이 가르쳐주는 대로' 그렸다고 한다.

■ 명상 상태 뇌파로 우주 세계를 그리는 화가

같은 또래의 고등학생도 볼펜으로 같은 유형의 그림을 그렸는데, 그도 위와 같지만 차이점이 있다면 최근의 캐릭터와 연결해서 그린다는 것이다. 그도 우주인이 가르쳐준다고 했고, 그의 상상의 세계도 놀라움을 금할 수 없다. 마치 수학자 라마누잔이 그를 도와준 영국의 수학자가 그러한 재능이 어디서 나오는지 물었을 때, '신이 가르쳐 준다'라고 했던 방송 영화가 떠오른다. 이번에는 그의 뇌파를 검사해 활성 지도를 그렸는데 그 활성도에서 명상파가 높게 나왔고 명상할 때는 없는 각성파도 높게 나왔다고 그를 조사한 의사가 말했지만, 그 이유에 대해서는 말을 안 한 것 같다.

그리고 50대 초반인 중년의 여성이 이번에는 수많은 곡선으로 이은 추상화를 연필인가 볼펜으로 그려 넣었는데 그림을 모르는 사람이

봐도 가히 환상적이다. 이번에는 PD가 그림을 그리기 시작할 때 어떤 그림을 그릴 것인지 물었을 때 자기도 그리기를 끝내야만 알 수 있다고 했다.

이들은 그때 당시 자신들의 뇌 상태를 알지 못하므로 그렇게 대답했다고 본다. 즉, 무엇을 하고자 할 때 주제만 정해지면 구상이나 생각이 없이 저절로 완성되는 것이다. 이것은 우리가 상식으로 알고 있는 것하고는 너무도 다르다. 나는 이들이 전문적인 훈련이나 고도의 테크닉을 쌓아온 것이 아니라 스스로에게 위안을 주는 일이나 자기가 좋아하는 일을 습관처럼 이어가다 보면 어느 날부터 몰입도가 높아지면서 1~3년 안에 무아지경에 이르거나 경우의 수가 폭발적으로 증가하는 것으로 생각한다.

자폐인들 모두가 다 연산 능력이 뛰어난 것은 아니라고 보는데, 연산 능력이 뛰어난 이들이나 무아지경에 있는 이들이 일반인들과 뇌를 사용하는 방식이 같은지 묻고 싶다. 그리고 아리스토텔레스나 레오나르도 다빈치도 일반인들과 뇌를 사용하는 것이 같은지 의문이다.

■ 아인슈타인의 뇌의 비밀

아인슈타인의 뇌의 비밀은 뇌의 적극적 활성화 상태를 유지한 것이라고 본다. 과학자들은 생각을 거듭할 때 신진대사의 에너지를 5%를 더 사용하여 25%를 사용한다고 했다.

베리 고든 박사의 주장과 같이 '뇌가 5%의 사용량을 쓰고 있는데,

이를 10%로 늘린다면 지금보다 2배의 에너지가 머리로 가야 한다. 거대한 혈관을 머리에 연결하고 엄청나게 많은 혈액을 부어 넣어야만 뇌를 온전히 사용할 수 있다는 이야기가 된다'라고 했는데 이 부분은 생각해볼 필요가 있다.

신체를 훈련하고 또 훈련하여 역량을 쌓으면 일반인들과 엄청난 차이가 나는 신체를 가질 수 있다. 이들과 일반인들이 같은 운동을 할 때 그 차이는 엄청나게 되는데 이들은 일반인들이 쓰는 에너지보다 수십 배의 에너지를 써야 한다는 결론이다.

신체와 뇌는 다른가? 신체는 훈련하고 또 훈련하여 역량을 쌓아가면 활성화된 신체를 가짐으로써 같은 양의 에너지를 소비하고도 고도의 운동을 할 수 있다. 앞서 예를 든 이들이나 연산 능력이 뛰어난 자폐인들처럼 스스로 훈련하고 또 훈련하는(스스로 훈련을 하게 되면 상대적으로 생각이나 상상을 반복할 수 있는 공간이 확보됨) 것을 습관처럼 이어가면 무아지경처럼 뇌의 구도가 바뀌게 되어 같은 양의 에너지를 사용하고도 뇌의 적극적 활성이 가능해지는 것이다. 신경연접이 왜 그렇게 복잡하게 연결되어 있는가를 생각해보면 그 답을 알 수 있다고 본다.

일반인들은 의식 세계에서 생각이나 상상을 반복하는 의식행위를 해야만 문제점을 해결할 수 있으나 이 상태가 되면 의식 세계에서 그러한 의식행위를 하지 않더라도 인지하는 순간 해결되는 경우가 많으며 그 행위를 의식 세계에서는 감지하지 못하는 경우가 많다.

위 경우들은 보통 뇌의 방향에서 한쪽으로만 역량을 쌓아온 경우이므로 창의성을 발현한 이후 다른 영역으로 확대하기가 쉽지 않게 된다고 본다. 이것들은 좁은 의미의 창의성이고 존 베어 교수가 '다시 학교다'에서 주장한 것처럼 창의성은 '영역 특수적'이라고 주장한 것에 해당하는 것 같다.

그러나 비중이 있는 창의성을 발현할 수 있는 상태에 이르는 길에는 여러 가지 방법이 있으며 의식 세계에서 의도하거나 목표로 하지 않아도 그 상태에 도달하고 의식 세계에서 의도하거나 목표로 하지 않아도 인지하는 순간 문제가 해결되는 넓은 의미의 창의성은 '영역 특수성'에 구애받지 않는 때도 있다(11장 「창의성 발현의 종류」 참조).

■ 에너지의 20%를 두뇌가 최우선 사용해

존 헨리 박사는 하루 24시간 골고루 활성을 한다는 것은 뇌가 신진대사의 에너지 20%를 사용하는 경우로 '소극적 활성'이라 했다. 베리 고든 박사의 말 중 뇌 한 부분이 더 반짝인다는 것은 뇌가 신진대사의 에너지 5%를 더 사용하는 경우로 '활성'이라 하겠다.

그리고 신체의 경우처럼 생각이나 상상을 반복하고(활성의 상태) 이를 습관화해 계속 일정한 기간 이어가면 비중이 있는, 또는 넓은 의미의 창의성을 발현할 수 있는 상태가 되고 초심을 이어가면 무아지경이 되어 경우의 수가 폭발적으로 증가하거나 궁극적으로 가칭 '생각하는 뇌의 문이 열린다'가 된다. 그러면 '적극적 활성'이 가능해진다.

신체와 마찬가지로 뇌도 이 활성을 계속 유지함으로써 '적극적 활성'이 되면 신진대사의 에너지는 같은 양을 사용하지만, 뇌의 구도가 변하게 되는 것이다. 즉, 같은 양의 에너지를 사용하지만 '적극적 활

아이를 창의적 천재로 만드는 뇌의 비밀

성'이 가능해지는 것이다. 이것이 뇌의 숨겨진 비밀 중 하나이지만, 이러한 상태는 초심을 잃게 되면 답보 상태에 머물거나 서서히 사라진다고 본다.

뇌가 바보스럽다는 말을 들은 것 같다. 아마 어느 뇌 과학자나 학자가 말한 것 같다. 이 말이 무엇을 의미하는지 살펴보자.

인간은 자기중심적으로 보고, 듣고, 그리고 행동한다. 즉, 자기가 쌓아온 정보를 토대로 그 위에 또 정보를 계속 쌓으면서 보고, 듣고, 그리고 행동하게 되는데 그 기준이 자기중심적이라는 것이다. 만약에 쌓아온 정보들이 잘못된 것이라도 그것을 거르는 장치가 없다는 것이다. 즉, 새로운 정보에 대하여 대응하거나 그것을 정화할 수 없다는 것이다. 거의 대부분의 인간은 이러한 상태에서 살아가게 된다.

■ 해로운 것이라도 한 방향으로 빠져들게 되는 뇌의 활성화도 있다

그리고 뇌 신경세포의 활성을 살펴보면, 그것이 잘못된 것이라도 한 방향으로 빠져들게 되면 멈출 수가 없게 되는 경우가 많아진다. 자존감을 상실하는 사색의 반복이나, 비관적인 근심, 걱정 등의 사색을 반복하게 되면 불면증에 시달리거나 자살하거나 우울증에 걸리거나 치매에 걸릴 확률이 높아진다. 이는 뇌가 활성이 되어 그러한 상태에 도달한다고 본다.

또는 지식수준이 아주 하찮은 잡다한 것에 대한 생각이나 상상을 반복하더라도 넓은 의미의 창의성을 발현할 수 있는 상태에 도달하기도 하고, 어떤 행위를 무한 반복하다가 창의성이 발현하기도 한다. 이러한 것들도 활성이 되거나 유지됨으로써 가능해지는 것들이 아닌가. 즉, 궁극적으로 뇌 신경세포의 활성 기준이 애매모호해 자기 자신을 해하는 것을 보면 뇌가 바보스러운 것 같다.

인간이 태어나는 순간부터 뇌 신경세포나 신경연접은 평생 쓸 수 있는 양이 갖추어져 있지만 뇌 신경세포에는 어느 정보도 저장되지 않은 빈 상태다. 그렇다면 처음 수집된 정보에 대해 그것을 판단할 기준점이 아무것도 없다는 말도 된다.

성인들의 일상생활을 살펴보면 반복적인 행위가 너무 많다. 마찬가지로 태어나는 순간부터 단조롭게 보이지만, 단순 반복되는 행위들이 있다. 이 반복되는 행위들을 살펴보면 매번 반복될 때마다 미세한 차이가 있게 되는데 이러한 같은 유형의 정보들이 쌓이면서 일종의 거르는 장치가 되는 것이 아닌가 싶다. 그러나 근본적으로 그 기준점이 없으므로 정화할 수는 없다.

그리고 여기서 또 한 가지 살펴볼 것은, 인간은 평생 쓸 수 있는 뇌 신경세포나 신경연접을 갖고 태어났는데 처음부터 정보를 수집하다 보니까 쌓은 정보의 수가 뇌 신경세포나 신경연접의 수와 비교해 너무 적다는 것이다.

달리 말하면 정보를 쌓을 때마다 두뇌 활성이 자연스럽고 저절로 활성이 활발하도록 설계되어 있다. 뇌는 활동을 해야 하는데 일부분에만 정보가 쌓여 있으므로 자연스럽게 교류가 활발히 이루어질 수

아이를 창의적 천재로 만드는 뇌의 비밀

밖에 없다고 보는데 내 생각이 무리일까?

성인이 되어 뇌 신경세포에 정보가 많이 쌓였는데도 작동을 하는데, 쌓인 그 정보의 수가 너무 적다면 상대적으로도 활성이 매우 활발할 수밖에 없지 않는가.

■ 생각의 고착화 현상

또 한 가지 생각할 부분은, 사색인 생각이나 상상을 거듭할 때 뇌가 신진대사의 에너지 5%를 더 사용한다는 것을 뇌 과학자들이 밝혀냈다는 부분이다. 즉, 의식 세계에서 사색이라는 의식행위를 반복하게 되면 뇌가 그것에 답을 주기 위해 활성이 된다는 것인데 태어난 초기에는 자연스럽게 활성이 되는 것이 의식 세계에서 의식행위를 해야만 활성이 되도록 체제가 바뀐다고 보는데 나는 사색하는 의식행위의 시작은 정보가 웬만큼 쌓이는 한 살 때 시작된다고 본다. 이 두 체제를 유지하다가 점점 정보가 쌓여감에 따라 의식 세계에서 의식행위의 비중이 커진다고 본다. 사춘기를 지나면서 의식행위를 해야만 활성이 된다고 본다. 즉, 쌓인 정보의 수가 어느 정도 채워졌기 때문에 의식행위를 해야만 활성이 된다. 이때부터 생각의 고착화 현상이 시작되고 결혼 적령기를 지나면 생각의 고착화가 심해진다고 본다.

아이의 육아나 양육을 살펴보면 교감이 너무 지나쳐 생각이나 상상 등 사색을 반복할 수 있는 공간이 점점 좁아지게 되는데 유아원이나 유치원, 그리고 학교의 교육이 강의식 교육에 치중하게 되면서 사색을 반복할 수 있는 공간은 점점 좁아져 생각의 고착화가 심화된다. 사색을 반복하는 것은 동물이나 인간에게 주어진 고유한 능력이자 영역이다.

■ 무아지경에 도달하지 못하는 이유

의식 세계에서 어떤 작은 문제점이 있을 때 사색과 생각이나 상상을 반복하는 의식행위를 하면 그 문제점이 해결될 때가 많다. 즉, 의식행위를 해야만 그 문제점이 해결된다.

그러나 훈련하고 또 훈련하는 의식행위를 습관처럼 오랫동안 반복하면 기술이나 체력에서 일반인들과의 차이가 엄청나게 된다. 재능 부분을 살펴보면 위안을 받거나, 그것이 피난처이거나, 좋아하는 일이 되어 스스로 훈련하고 또 훈련하기가 습관이 되어 오랫동안 이어갔을 때 무아지경에 이르게 되는 것에 비교해 전문적인 훈련을 한 경우 무아지경에 도달하는 경우가 극히 적은 이유는 스스로 훈련하는 경우보다 사색할 수 있는 공간이 훨씬 적기 때문이라고 하면 무리한 생각일까.

정신적인 영역에도 재능처럼 무아지경과 비슷한 경지에 도달할 수 있다고 본다. 잡다한 생각이나 잡다한 상상을 하는 경우인데, 이것은 습관이 매우 중요하므로 그 출발선은 아주 어린 시절인데 주위 환경이 척박하거나 외롭지만 희망이 같이 존재할 때 자연스럽게 시작된다. 처음에 잡다한 생각이나 상상을 하다가 보면 관찰을 하게 되고 실천을 하는 경우와 잡다한 생각이나 상상을 하고 실행을 하지 않은 경우로 나눌 수 있다.

전자의 경우 어느 한 곳에 집중하게 되면 무아지경에 이른 이들처럼 되고, 이들보다 주위 환경의 여러 곳에 자연스럽게 관찰하고 시행이 느슨한 경우 레오나르도 다빈치처럼 된다. 그리고 에디슨은 그 중간의 형태라고 본다.

후자의 경우는 잡다한 생각이나 상상을 하지만 실행이 없는 경우로, 이 경우는 이것을 습관처럼 상당한 기간 이어가다가 보면 자연스럽게 다른 생각도 같이하게 되는데 이것을 오랫동안 이어가다가 보면 넓은 의미의 창의성을 발현할 수 있게 된다. 이 다른 생각이 정신적인 영역에서 창의성을 발현하게 하는데 실행이 없으므로 발현하기 전까지 확장성이나 역량의 증가를 느낄 수 있는 것은 아무것도 없다.

이 다른 생각은 잡생각이나 상상처럼 대부분 자기의 주위 환경에 관한 것이므로 그것에 대한 전문 지식이 미미하고 그것은 단지 습관처럼 이루어지므로 실행이 없거나 확장성이 부족하다. 하지만 이 상태가 계속 이어진다면 축적에는 오히려 도움이 된다. 다시 말하면 뇌활성이 계속 이어갈 수 있으므로 넓은 의미의 창의성을 발현할 수 있는 상태가 되는 것이다.

■ 최적화되어 있는 뇌의 비밀

그러므로 이 경우에는 주위 환경에 영향을 많이 받게 되므로 위의 다른 경우보다 시간이 훨씬 더 오래 걸린다. 더욱이 넓은 의미의 창의성을 발현하고도 초심을 계속 이어가야 가칭 '생각하는 뇌의 문이 열린다'의 상태가 되므로 그 기간은 상당히 오래 걸려 인류 역사상 이에 도달한 이는 아리스토텔레스나 노자 등 극소수다. 물론 레오나르도 다빈치는 다른 영역이지만 이 단계에 도달하였다고 본다. 현대에는 스티븐 호킹 박사가 이 단계에 도달하였다고 본다.

이 단계는 거의 자연스럽게 형성되고 주위 환경이 그 초심을 계속 이어가도록 도와주어야 하는데, 주위 환경에는 변수가 너무 많으므로 그 단계에 도달할 확률은 매우 낮게 되는 것이다.

가칭 '생각하는 뇌의 문이 열린다'가 되면 관습으로 내려오거나, 새로운 지식이나, 특히 스펙이 강한 지식을 접하더라도 이를 인지하는 순간 이에 대하여 의식 세계에서 노력을 따로 하지 않아도 시간이 조금 흐르면, 또는 그다음 날 이에 대항할 수 있게 되거나 정화할 수 있게 되는 것이다.

이것이 뇌의 숨겨진 마지막 비밀이다.

우리의 몸은 자연의 일부로 이루어졌고 뇌도 자연의 일부로 이루어졌지만, 최적화되어 있는 뇌의 비밀을 푸는 것이 어찌 쉽겠는가. 그 길은 올바른 의식행위를 오랫동안 이어가야만 도달할 수 있고' 그 초심을 오랫동안 이어가야만 그 문을 열 수 있다고 본다.

그 길은 외롭고 고달픈 길이므로 또는 아무런 대가가 없는 길이므로 행복한 길은 아니라고 본다.

아이를 창의적 천재로 만드는 뇌의 비밀

부록 - 영재와 신동의 분석
[백강현, 배용준 외]

■ 백강현

3살에 KBS 영재 발굴단에서 영재 발굴, 9살에 과학고 다니는 백강현. 돌을 갓 넘긴 후 홀로 한글을 배우고 읽어 내려감. 41개월에 외국어 원서를 읽음. 책을 가리지 않는다. 중국어, 영어, 불어, 라틴어 등 15개 국어를 읽을 수 있음.

중국어 말하기 대회 우승, 수학 경시대회 우승(수학 영재) 등 다수 상받음. IQ 204 9살 천재 백강현 군 과학고에 입학.

특징: 한번 책을 읽으면 12시가 넘으므로 부모가 말릴 정도. 화장실에서도 40분 넘게 책을 보아 엄마가 걱정. 관찰력이 좋아 사실을 확인하려고 노력함(아직은 초기 단계). 무엇을 하면 그에 대하여 집중하므로 주위 상황을 인지 못 할 정도. 초등학교 2학년에 카이스트 과제도 스

스로 해결하려고 노력.

주위 상황: 가정생활 빈곤. 이 문제로 부부 자주 다툼. 카이스트 원서를 사는 데도 벅참. 늘어나는 빚에 차라리 평범했으면 하고 넋두리하는 엄마. 엄마가 몸이 아픔. 책을 너무 지나치게 보아서 엄마와의 갈등이 있음. 아버지는 어떻게든지 강현이가 원하는 것을 해주려고 함. 처음엔 부모가 강현이의 근황을 유튜브에 올렸으나 최근엔 강현이가 직접 유튜브를 하는 것 같음. 아마도 돈이 관련되어 있다는 느낌.

■ 배용준

특징: 8살에 영재 발굴단 방문. 절대음감. 영화를 보고 피아노를 치는 부분을 외워서 다시 칠 수 있음. 집에 피아노 연주 CD가 많은데 전부 엄마가 주워서 온 것임. 그 CD를 듣고 곧바로 따라서 연주. 엄마가 젊은 시절 피아노 전공. 초등학교는 피아노 때문에 유급. 집안에 피아노가 있고, 피아노 치는 영상을 함께 봄. 피아노에 대한 엄마의 집착이 용준이를 피아노에 대한 절대음감이 되게 만든 것으로 생각됨.

주위 환경: 부모 늦게 결혼. 그 당시 빚 때문에 자살을 생각했으나 용준이를 잉태했기 때문에 포기. 외진 시골 마을. 아빠는 일 때문에 집에 거의 없고 엄마가 피아노를 가르쳤으며 그 집착이 매우 강함. "너는 피아노에 소질이 많으므로 좋은 집에 가서 좋은 스승을 만나서

아이를 창의적 천재로 만드는 뇌의 비밀

훈련을 해야만 해" 하면서 용준이 앞에서 여러 번 이야기를 한 것으로 사료됨. 이는 결과적으로 용준이를 압박하는 수단이 된 것 같음. 아이는 다른 아이처럼 놀고 싶고, 학교도 가고 싶으나 엄마에게 말할 용기가 없음(약간의 반항심이 싹틈).

노규식 박사 상담: 피아노를 치는 것 때문에 아이를 고립되게 키워서 점점 교감 능력이 점점 떨어지는 것 같다고 설명(아이한테 '너는 다른 좋은 집에 가서 훌륭한 스승을 만나서 연습해야 해').

■ 영재들의 예에서 살펴볼 점들

다시 KBS의 '영재 발굴단'이라는 프로그램을 일부 보았다. 일부 영재들의 능력을 살펴보면 생각보다 이른 시기에 시작되고 그 배움의 속도는 놀라울 정도로 빠름을 알 수 있었다.

다른 영재들도 일일이 살펴보고 그에 따른 평가를 해보고 싶었으나 너무 방대할 것 같아 그것은 다음 기회로 미루고, 두 아이를 예시로 중요한 성장의 부분을 살펴보고자 한다. 영재성을 이야기할 때 영재성이 어떻게 형성되는지도 중요하고 또 성인이 되는 과정에서 그 영재성이 왜 사라질 확률이 높은가 하는 의문이다.

과학자들이 말했듯 태어나는 순간 평생 쓸 수 있는 뇌 신경세포가 모두 갖추어져 있고 신경연접도 형성되어 있으나 각각의 뇌 신경세포는 비어 있다고 했다. 그러나 태교 때 더 자극받은 부분의 뇌 신경 세포의 수가 더 배정받은 것은 아닌지 의심해볼 만하다.

이 뇌 신경세포에 정보를 쌓아야지만 뇌가 작동하므로 아이는 태어나서는 대부분 잠을 잔다. 즉, 처음에는 많은 정보를 취득하게 되면 그것을 분석할 능력이 없으므로 아주 적은 양의 정보를 취득하고는 잠을 자는 것을 반복할 수밖에 없는 것이다.

10장 「한 살의 기적」이나 다른 곳에서도 언급하였듯이 아이가 태어나는 순간 평생 쓸 수 있는 뇌 신경세포의 수나 신경연접이 형성되어 있지만, 초기에는 쌓는 그 정보의 수가 너무 적다. 그러나 뇌는 작동을 하여야 한다. 그렇기 때문에 뇌가 작동하기 위해서는 정보가 쌓인 뇌 신경세포끼리 교류가 매우 활발할 수밖에 없게 되는 것이다. 즉, 자연적으로 뇌 활성이 적극적일 수밖에 없는 것이다.

그런데 왜 극소수의 아이만이 영재나 신동의 소질이 되고 대부분 아이는 그렇지 않은가? 대부분의 아이는 부모의 교감이나 주위 환경의 반복적인 접촉으로 인해 정보를 쌓는다고 본다. 그러나 KBS 영재 발굴단의 영재들을 일부 살펴보면 결핍이 있는 가정이나 특수한 상황에 있는 가정의 아이들이 영재가 될 확률이 높다는 것을 알 수 있다. 그리고 아이들이 학습하는 것을 스스로 좋아한다는 것이다. 나는 이 부분이 매우 중요하다고 보고 있는데, 어떻게 다른 아이들과 달리 학습하는 것을 좋아하게 됐냐는 것이다.

여기서도 살펴볼 것은 결핍이 있는 가정이라고 해서 모두 다 영재가 되는 것은 아니라는 점이다. 10장 「한 살의 기적」의 육아 방법에서 살펴보았듯이 아이의 주위 환경도 중요하고 아이에게 모든 것을 다 도와주는 것이 아니라 아이 처지에서는 결핍된 상황도 있어야 한다.

　아이를 창의적 천재로 만드는 뇌의 비밀

부모가 하는 행동을 보고 스스로 학습하게 하고 또는 그것에 대한 정리하는 시간인 홀로 있는 시간을 만들어주는 것이 필요하다. 아이가 초기에는 쌓인 정보가 적으므로 사색한다는 것이 말이 안 될 수 있지만, 사람은 홀로 있게 되면 무엇인가를 해야 하므로 정보가 조금씩 쌓여감에 따라 한 살 안에도 사색을 할 수 있다고 본다.

이때 원하는 어느 한 부분에 많이 노출되거나 접촉되면(스스로 정보를 쌓기 위해 노력이 있어야 함) 그쪽에 정보가 매우 많이 쌓이게 되는데 그렇게 되면 어떻게 되겠는가. 그 부분의 뇌 신경세포들끼리 자연적으로 활발히 이루어질 수밖에 없는 데다가 뇌는 노력이라는 의식행위를 반복했을 때 활성화하는데 그 정보를 스스로 쌓았으므로 뇌 활성도는 배가 되어 뇌 활성도가 매우 높게 되는 것이다. 그리고 그 정보를 스스로 쌓고 정리하는 것이 반복되면서 스스로 학습하는 것이 당연하게 된 것이다.

여기서 스스로 정보를 쌓는다는 것이 말이 안 될 수 있으나 부모가 하는 행동을 보고 그것이 무엇인지 생각하거나 홀로 있는 시간에 재차 생각하거나 사색하는 것이다. 태어난 초기에는 이것이 나중에 생각하거나 사색하는 것하고는 다를 수 있지만, 이와 비슷한 형태가 시작되고 서서히 그 형태를 갖추어간다고 생각된다.

영재들을 살펴보면 두 살 때 말을 배우면서 역량이 급속도로 증가하는 이들이 있는 것을 보면 1살 때 이미 그 틀을 갖추었다고 볼 수밖에 없다고 본다. 그러나 대부분 아이는 지나친 돌봄이나 교감을 통해 육아하므로 뇌가 발전하는 기회를 놓쳐버린다.

이를 근거로 KBS 영재 발굴단의 영재들을 살펴보았는데 대부분 한 살 때 아이의 주위 상황이 없어 아쉬웠다. 그리고 일부 영재는 두 살 때 말을 배우고 4살 때 여러 나라의 말을 하며 다른 분야도 뛰어난 소질을 보였는데 배우는 그 속도가 상상하였던 그것보다 더 뛰어났고 마치 고속 열차가 달리는 그것과 같아서 매우 놀라웠다.

그리고 음악에 소질이 뛰어난 경우는 그 재능이 주변의 관심 분야이고 또 부모가 보더라도 금방 알 수 있으므로 부모나 외부의 간섭이 성장하면서 늘어감을 알 수 있었다. 화가라고 할 때, 아직은 그냥 그림을 그리는 경우는 한 가지 도구를 사용해서 그림을 그리게 되면 부모가 보았을 때 그에 소질은 있으나 화가라고 하기에는 많이 부족한 면이 있으므로 부모나 외부의 간섭이 별로 없으며 11살에도 무아지경에 도달하는 그것을 알 수 있어서 기뻤다. 이들은 초기에 스스로 공부 또는 학습을 하는 것을 알 수 있었고, 요즈음 자기 주도 학습이 주목받고 있다고 최근 들었다. 이 부분은 뒤에 살펴보겠다.

앞에서 살펴보았듯 이들은 우리가 지금까지 알고 있는 육아 방법에 결핍이 있을 때 영재성이 형성될 확률이 매우 높다는 것을 알 수 있었고, 그 방법은 10장 「한 살의 기적」에서 살펴본 육아 방법과 관련되어 있다고 보며, 세세한 부분은 조금 더 보강하면 된다고 본다.

KBS의 영재 발굴단에서 소개된 이들 중 과거 세계적인 천재로 인식되었으나 현재는 보통 사람으로 살아가고 있고 또 그와 관련된 강의를 하는 이가 있다. 이는 영재성이 성인이 되는 과정에서 영재성이 사라지는 이유를 밝히는 데 매우 중요하므로 살펴보자.

그의 아버지는 물리학 교수이고 엄마는 의학 교수이다 보니 유아기나 어린 시절 할아버지와 많은 시간을 보낸 것 같다. 그가 강연하는 주제인 '하고 싶은 일을 하고 계십니까?'에서 강연하는 내용을 보면, 돌이 지나면서 벽에 낙서를 많이 하는 것을 보고 부모님이 두루마리 종이를 주어서 거기에 그림을 그렸다는 이야기를 했다. 할아버지가 한자와 수학을 가르쳐주었고, 그다음에 영어를 가르쳐주었는데, 4살 때 한양대학교에 입학하면서 그의 천재성이 세상에 알려지게 되었다. 그렇게 되니까 신문이나 방송에서 난리가 났다. 일본, 유럽, 미국에서도 취재해 갔고, 미국에 가서 아이큐 테스트를 해보니까 210 정도가 나왔다. 그 당시 한국은 교육 여건이 미국보다 좋지 않으므로 대학교를 미국으로 옮겼다. 8살에 나사에 취직했는데 그때 당시는 소련과 냉전 시대고 우주선 경쟁 시대로 어떤 과제를 주고 계속 계산하는 일만 하게 했다. 그의 말을 빌리면 기자들이 취재하면서 무엇을 해보라는 것이 싫었고 나사에서 계속 계산을 하는 것이 싫었다고 한다. 주말이면 휴식하는데 다른 이들은 다 성인이라 어울릴 수가 없었고 같이 놀 수 있는 친구도 없어서 외로웠다고 했다. 그리고 자기가 하고 싶은 일을 하고 싶어서 17살에 귀국해서 카이스트에서 일하고 싶었으나 대학교 졸업장이 없어서 안 됐고, 대학교에 들어가려고 해도 고등학교 졸업장이 없어서 안 된다고 하기에 2년간 초등학교 과정부터 고등학교 과정을 공부한 후 검정고시를 보고 충북에 있는 대학교에 들어가게 됐다. 그리고 대학교에 들어가서는 동아리를 일곱 군데 들어 활동했다. 그리고 지금은 내가 하고 싶은 일을 하고 있어서 행복하다는 내용이었다.

그의 나이는 나하고 비슷하거나 한두 살 아래인 것 같다. 이 내용만으로 영재성이 어떻게 형성되었는지를 추정할 수는 없으나 영재성이 왜 사라져가는가에 대한 단서가 많이 있다.

나는 영재성이나 천재성이 정보가 입력된 뇌 신경세포끼리 교류가 매우 활발히 이루어질 때 형성된다고 본다. 즉, 뇌 활성도가 매우 높다는 것이다. 앞서 설명했듯이 영재성은 뇌 신경세포끼리 자연적으로 교류가 활발히 이루어지는 초기에 뇌의 어느 한 부분에 스스로 정보를 집중적으로 쌓게 되면 그 부분이 활성화되고, 그것이 가장 잘하고 좋아하는 일이 되어 스스로 학습하는 그것이 반복되면서 영재성이 형성되고, 천재성은 창의성과 관련이 있으므로 보통 사춘기를 지나면서 천재라는 호칭이 붙는다고 본다. 그러나 대부분의 천재는 의식 세계에서 의식행위를 어느 정도 유지해야만 그 천재성이 계속 발전할 수 있다고 본다. 그것은 뇌의 작용은 연속성이기 때문에, 에너지인 그 의식행위를 중단하게 되면 더는 발전하지 않을 뿐 아니라 서서히 사라진다. 사춘기 전에는 자연적으로 교류가 활발히 이루어지는 측면이 있어서 영재성이 지속될 가능성이 높으나, 천재성은 그 의식행위가 없으면 영재성보다 빨리 사라질 수밖에 없게 되는 것이다.

위의 내용을 살펴보면 8살에 나사에 들어갔고 계속 숫자를 계산하는 일만 하다 나사와 갈등 끝에 17살에 귀국하였다는 것은 더 이상 영재성이 진행하지 않았다는 것을 의미한다고 본다. 그가 자기가 좋아하는 일이 아니라고 한 것은 영재성이 진행하지 않았다는 말과 같다고 본다. 더구나 귀국해서 2년간 초등학교부터 고등학교 과정을 공부하고 검정고시를 보고 예비고사를 보았으나 충북에 있는 대학교를 들어갔다는 것은 성적이 우수하지 않았다는 것을 의미한다. 그때는 서울의 예비고사 커트라인이 높았기 때문이다. 만약에 영재성이 계속 유지되었다면 2년이라는 시간이 필요하지도 않고 성적도 우수하였을 것이다. 그리고 4세 때 각종 인터뷰를 하는 과정에서 기자들이 어떤 과제를 시키면 그것을 실행하는 과정이 많았던 것 같은데 그것을 싫어했다는 말이 나온다. 그 말은 후에 합리화하기 위해 붙인 것 같은데, 이 부분이 영재성을 유지하는 데 있어서 무척 중요한 것은 사실이다. 왜냐하면 그의 주위 환경을 변하게 만들기 때문이다.

영재성이 계속 진행되기 위해서는 의식 세계에서 무언가 결핍이 있을 때 유리하다. 공부하고 배운다는 말 그 자체가 결핍이 있기 때문이 아닌가. 그러나 주위에서 과도한 칭찬을 하게 되면 의도하거나 목표로 한 그것이 이루어진 것과 같으므로 초심을 이어가기가 점점 어려워진다. 다만, 그 시기가 사춘기 전이므로 의식행위(생각, 상상)의 공간이 어느 정도 있으면 자연적으로 이루어지는 활성이 있다. 따라서 사춘기 전에는 영재성이 희석되는 그것이 아주 천천히 이루어지므로 잘 알 수가 없는 것이다.

그러나 사춘기가 지나면 뇌 신경세포에 정보가 어느 정도 채워지므로 자연적으로 이루어지던 활성이 거의 사라지므로 의식 세계에서 의식행위가 어느 정도 확보되지 않으면 영재성이 희석되어간다고 본다. 즉, 뇌의 발달 방향이 더는 진행되지 않는다. 나는 이 이유가 영재성이 사라지는 이유 중 가장 크다고 본다.

KBS의 영재 발굴단에 나오는 영재들의 공통성을 살펴보면, 이른 시기에 스스로 학습하고 그때부터 부모의 간섭이 시작된다. 영재성이 확인되거나 판명되면 주위의 간섭이 시작되면서 부모의 간섭도 지나치게 되고 각종 행사장이나 예능 프로그램에 출연하는 횟수가 많아지고, 일부는 월반하는 것을 알 수 있다.

스스로 학습이나 공부한다는 것은 생각이나 상상할 수 있는 공간이 상당히 확보되는 것이다. 이것이 초심이다. 어느 영재는 책을 재독하는 일이 상당히 많은 것을 볼 수 있는데 이것은 그 자체로 생각이나 상상을 반복하는 것과 같다. 다른 부분에서 주장하였듯이 의식 세계에서 의식행위를 반복한다는 그것은 의식 세계에서 그것이 가장 중요하다는 것을 표시하는 것이므로 의식 세계와 상호작용하는 뇌는 그에 답을 하기 위하여 뇌 활성이 이루어질 수밖에 없게 되는 것이다.

앞에서 살펴본 것과 같이 정보가 쌓이는 초기이므로 정보가 쌓인 뇌 신경세포끼리 교류가 가장 활발한 시기에 의식행위가 추가되므로 그 교류는 매우 활발하게 되는 것이다. 그리고 정보를 쌓는 초기이므로 그 정보를 판단할 기준이 없는 시기이다. 후에 성인이 된 다음에 의식행위인 노력이 있을 때 뇌 활성이 되는 것을 보면, 어떤 식으로든지 스스로 정보를 쌓는 노력이 있어야 한다고 보고 있다. 그리고 어느 한 부분에 반복적으로 쌓은 그 정보가 많이 쌓이면서 그 토대가 마련된다고 보는데, 그것이 참으로 저장이 되는지 아니면 뇌 활성의 방향이 확립되는지는 알 수 없다. 하지만 영재들이 돌이 지나면서 새로 습득하는 지식을 받아들이는 그 속도가 생각보다 빠르다는 점이 그저 놀라울 뿐이다.

■ 부모와의 교감은 꼭 필요하다

눈으로 보는 영상물도 반복적으로 접하다 보면 정보로 쌓인다고 본다. 그러나 그 정보를 판단할 밑알이 없다면 무용지물이 될 것이다. 따라서 부모와의 교감은 꼭 필요하다. 그러나 영재들이 스스로 노력하는 것을 보면, 스스로 노력할 수 있는 공간도 꼭 필요함을 알 수 있

아이를 창의적 천재로 만드는 뇌의 비밀

다. 나는 이 부분에 대해 10장 「한 살의 기적」에서 육아하는 방법을 제시했다.

영재로 판명되면 부모나 주위의 간섭이 심해지거나 방송이나 행사장 출연 등이 많아짐을 알 수 있다. 그리고 한 영재는 수학 교재의 책을 만들어 판매하기도 하고, 부모가 돈에 집착하는 것에 영향을 받은 영재도 있고, 자기 아이가 다른 가정으로 입양되어 좋은 환경에서 공부하기를 바란다는 말을 아이 앞에서 반복적으로 했기 때문에 아이가 엄마하고 헤어지기 싫어 음악을 더 열심히 했는데 엄마가 돌아가신 후 어려운 문제에 부딪혔을 때 우는 영재도 있다. 그리고 월반하는 영재도 있다.

영재의 초심은 스스로 공부나 학습을 하는 것이다. 위와 같이 하는 행위들은 그 초심을 변하게 한다. 아이에게 있어서 부모는 그의 전부다. 부모의 표정이나 말은 아이에게 영향을 많이 끼칠 수밖에 없으므로 스스로 공부나 학습하는 그 동기가 변할 수밖에 없게 되고, 방송이나 행사장에 자주 불려 다니는 그것은 그의 주변 환경을 크게 변하게 하고 점점 제도권에 친숙하게 된다. 공부나 학습을 한다는 그 말은 결핍을 보완하기 위해 하는 행위이다. 그리고 스스로 공부하거나 학습을 한다는 그 말의 의미를 생각해야 한다. 스스로 한다는 그것은 상당한 불편함을 내포하고 있다. 이곳에는 생각이나 상상을 반복하는 공간이 상당히 있으므로 성인이 되었을 때 의식행위가 있어야만 뇌 활성이 되는 그런 효과가 있는 그것이다. 그러나 이때 초심대로 스스로 공부하거나 학습하는 그 습관이 어느 정도 진행하고 있으므로 영재성이 진행하고 있는 상황을 잘 알 수 없게 되는 것이다.

아이는 부모의 행위에 저항할 힘이 없으므로 받아들일 수밖에 없고 지식이나 경험이 아직 미숙한 상태이므로 습관 정착도 아직 부족한 상태에서 행사장이나 방송에 자주 출연하는 그런 행위들은 아이에게 큰 영향을 끼칠 수밖에 없게 된다. 아이에게 큰 즐거움을 주는 그것은 얼핏 보면 동기가 될 수 있다고 보기 쉬우나, 만족스럽다는 것은 다시 말하면 결핍이 없다는 말이므로 그의 초심을 이어가는 데 변질될 수밖에 없게 되는 것이다.

그리고 월반하는 것도 생각해볼 문제이다. 아이의 진행 상황에 따라 학습하는 그것에는 아무런 문제가 없어 보인다. 그러나 월반하였을 때 그곳에는 주입식이라는 학습 방법이 있고, 본인이 지금까지 차곡차곡 쌓아온 과목도 있고 그렇지 않은 과목도 있다. 즉, 다른 학생들보다 뛰어난 부분도 있지만 다른 측면에서 부족한 부분이 너무 많다는 것이다. 이런 상황에서 다른 학생들하고 어울리는 것은 쉽지 않을 것이다. 즉, 외톨이가 되기 쉽다. 영재성이나 천재성은 결핍이 있는 외톨이가 훨씬 유리하지만, 영재 발굴단에서 소개된 영재들은 부모의 간섭이 심하고 방송이나 행사장에 많이 출연하면서 이미 그 초심이 많이 훼손된 상태에서 외톨이가 되었을 때 그 초심을 이어갈 수가 없어 서서히 영재성이 사라지는 것이다.

나는 영재성이나 천재성은 뇌 신경세포들끼리 교류가 매우 활발할 때 나타나는 현상이라고 본다. 즉, 뇌 활성도가 매우 높아질 때이다. 의식 세계에서 의식행위를 하지 않으면 뇌 활성도는 낮다. 그리고 뇌의 작용은 연속성이다. 다시 말하면 의식행위를 연속적으로 하지 않으면 영재성이나 천재성은 서서히 사라진다는 것이다. 역사를 살펴봐도 천재라고 하는 이는 많이 존재하였으나 천재 중의 천재는 극히 드문 것은 이 때문이다.

아이를 창의적 천재로 만드는 뇌의 비밀

KBS의 영재 발굴단에 소개된 영재 중에 매우 뛰어난 영재가 한국에 한 명, 미국에도 한 명이 소개되었는데 그 둘을 비교해 분석해보자.

한국의 영재는 돌이 지나면서 한글을 배웠고, 4살에 여러 나라의 말을 하며, 산수에도 능하고, 작곡도 한다. 한마디로 영재 중에도 특수한 경우이다. 4살에 영재 발굴단에 의해서 소개되었으며, 각종 상을 많이 받았으며, 그의 가정은 8살에 카이스트에 입학했을 때 교잿값에 버거워할 정도다. 스스로 책에 몰입하며, 탐구력도 뛰어나 그것에 생각이 몰입되면 주변 상황을 인지하지 못할 정도다. 그리고 부모는 아이가 공부하는 수준에 미치지 못하므로 다행히 이 부분은 간섭이 덜하나 아이의 근황에 대한 간섭은 많은 편이다. 산수 교재도 만들어 예능 프로그램에서 소개했으며 각종 프로그램에 많이 출연하였고, 9살에 과학고에 입학한 상태다.

■ 토론은 두뇌 자극에 유리하다

미국 영재인 한 아이의 아버지는 일본인 물리학자이고 어머니는 한국 사람이다. 그의 영재성은 한국의 영재와 비슷하다. 그도 각종 대회에서 상을 받았고, 엄마가 그의 공부 상대였고, 11살에 대학교 3학년에 다니고 있었는데 몇 가지 특징이 있었다. 놀 때는 그 또래의 아이들과 어울려 놀았고, 쉴 때는 쉬었으며, 물리학에 있어서는 집에서 아버지하고 토론한다. 이 영재는 상당히 추적 판단하기가 어렵다. 미국의 그 대학교에서 어떻게 수업하는지를 알 수 없고, 또래의 아이들과 특별 대우 없이 많이 어울리는 것은 감수성은 물론 모자란 부분을 보충해주므로 필요한 부분이다. 상을 받았지만 한국에서처럼 초심이 변할 정도는 아니라고 보며, 아버지하고 주고받는 토론을 하는 것은 반복도 존재하지만 뇌를 자극하므로 초심을 이어가는 데 유리하게 작용하였다. 엄마가 공부 상대였던 것은 편리함이 존재하나 그 방법을 알 수 없으므로 판단하기가 모호하며, 초심인 스스로 공부하는 부분이 얼마인지 알 수 없으므로 이 부분도 모호하다. 그러나 전체적인 분위기는 초심을 이어가는 데 유리하게 보인다. 그러나 사춘기를 지나면서 그의 행위들을 지켜볼 필요가 있다고 본다. 한국의 영재는 부모의 간섭도 심하고, 주위 환경도 많이 변해 사춘기를 지나면서 영재성은 서서히 사라진다고 본다.

재능이 있는 영재를 살펴보자. 절대음감이 있다고 엄마가 보고 있는, 피아노를 잘 치는 영재와 펜화를 그리는데 11살이 돼서야 영재성이 판단된 아이다. 이 둘은 상반된 부분이 상당히 많으므로 예를 들어본다.

■ 스스로 노력하는 독창적인 예술가

피아노를 치는 영재는 5~6세에 영재성을 인정받았는데 이미 엄마가 "너는 좋은 집에 가서 제대로 된 교육을 받아야 한다"라고 하여 압박감에 엄마에게 잘 보이기 위해 피아노를 쳤다. 즉, 초심의 동기가 변했고 11살 때 엄마가 죽은 후 어려운 문제에 처했을 때 우는 모습은 그 동기가 흔들리는 것 같았다. 10살 때 한 교수가 자원해서 그의 교습을 고쳐주는 모습이나 11살 때 오케스트라와 협주하기 위해 지휘자가 잘못을 지적한 부분이 있는데, 이 부분은 생각할 부분이 있다. 아이가 피아노를 배운 그것은 동영상을 보는 등 스스로 피아노 치는 법을 배운 것이다. 그러므로 전문적으로 배운 아이들에 비해 기초가 매우 부족할 수밖에 없는데도 각종 대회에서 우수한 성적을 거두었다는 것은 그만의 방법으로도 피아노를 잘 칠 수 있다는 것이며 만약에 전문가들이 보듯이 그 부분의 잘못이 확실하더라도 피아노 치는 일에 계속 몰입하다 보면 스스로 고쳐지거나 제도권하고는 다른 방법으로도 정점에 오를 수 있다는 것이다.

스스로 노력하는 그 길은 멀고 험한 것이 사실이나, 그곳에는 생각이나 상상할 수 있는 공간이 상당히 확보되어 있으며, 정점에 오르게 되면 오히려 자기만의 공간이 확보되므로 독창적인 예술가가 되는 것이다.

엄마가 죽은 후 어려운 문제에 닥쳤을 때 괴로워하는 것은 초심인 그 동기를 상실해가는 과정이기도 하고, 또 한편으로는 그 초심을 이어가는 동기가 변한 것을 처음의 그 동기로 바꿀 수 있다면 그 영재성이 계속 진행되게 할 수 있다고 본다.

그 길은 원래의 초심대로 제도권하고는 되도록 멀리하고 스스로 피아노 치는 일에 몰입하는 것이다. 그 초심을 이어가는 데는 결핍이 있을 때 훨씬 유리하므로 지금, 이 순간을 극복하여 다시 초심을 이어가는 기회로 승화시켜야 한다. 만약에 그 기간이 조금 흘러갔더라도 다시 그 초심을 이어간다면 머지않아 원래의 그 상태를 회복할 수 있다.

서울에 가는 방법은 수없이 많다. 자기만의 방법으로 스스로 노력하여 정점에 오르게 되면 그것이 오히려 독창적이고 창의적으로 되는 것이다.

그리고 각종 대회에 참가하는 그것은 동기가 될 수 있다고 생각할수 있으나 그렇게 하기 위해서는 점점 제도권하고 타협할 수밖에 없으므로 스스로 하는, 또는 자기만의 방식이 점점 희석되어가므로 원래의 그 초심을 이어가기가 쉽지 않다. 또 큰 상을 받게 되면 주위 환경도 변하게 되므로 그 또한 초심을 이어가기가 쉽지 않게 된다.

■ 무아지경에 이르기까지 많은 시간이

11살에 그림에 영재로 인정받은 그 아이가 시사하는 바는 많다. 그아이가 펜으로 그림을 그리기 시작한 그것은 아주 어렸을 때일 것이다. 그러나 펜으로만 그림을 그리는 초기에는 부모나 주위 사람들에게 크게 자랑할 만한 요소가 별로 없다. 그러므로 부모도 별나다는 생각은 했지만 크게 신경 쓰지 않은 것 같다. 만약에 그림에 소질이 있는 것 같았으면 미술학원에 보냈을 것이고, 그러면 어린 나이인 그가 펜화만 고집하지는 않았을 것이므로 11살에 무아지경에 도달할 수가 없었을지도 모른다.

11살에 무아지경에 도달한다는 것은 매우 놀라운 일이다. 즉, 그쪽에 많은 시간을 할애했다고 본다. 그리고 여기서 보여주듯이 11살이 될 때까지 초심을 이어가는데 주위 환경에서 변한 것이 없다는 것이다. 또 한 가지 그림 그리는 것 말고는 다른 아이들과 마찬가지로 다른 부분은 같이 학습했다는 것이다. 미술 부분에서도 특별히 다른 학습을 하지는 않은 것으로 보인다. 그리고 무아지경에 이르렀다고 하더라도 신체의 작용이나 뇌의 작용은 연속성이므로 그 초심을 이어가지 못하면 무아지경의 상태는 서서히 사라지게 된다.

신체의 어느 부분을 훈련하고 또 훈련하기를 계속 이어간다면 그 부분에 뛰어난 신체를 가질 수 있으나 초심대로 훈련하기를 게을리한다면 뛰어난 그 신체 부분이 서서히 사라지는 현상은, 신체의 작용은 연속성이기 때문이다. 마찬가지로 무아지경이라는 것은 뇌의 활성도가 높을 때 나타나는 현상이므로 그 초심을 이어가지 못하면 그 뇌 활성도가 서서히 원래대로 낮아져 그 상태가 사라지는 것이다.

미국의 존 베어 교수는 창의성은 영역 특수성이라고 주장하였지만, 무아지경의 상태까지는 영역 특수성은 맞으나 뇌 활성도가 높은 그 상태에서 큰 틀에서 보았을 때, 즉 그림을 그리는 측면에서는 다른 부분에 영역을 확장하게 되면 물론 초심대로 영역을 확장하더라도 얼마의 시간이 지나지 않아 쉽게 그 부분도 무아지경에 이를 수 있다. 즉, 좁은 의미의 다음 단계인 넓은 의미의 창의성은 영역 특수성이 아니라고 본다.

예술이나 다른 부분에서도 창의성에 있어서 영역을 확장하여 넓은 의미의 창의성을 발현하기가 쉽지 않은 이유는 그 초심을 이어가기가 쉽지 않은 까닭이다.

아리스토텔레스나 레오나르도 다빈치가 여러 분야에서 창의성이 발현하였다는 것은 뇌의 작용이 연속성이라는 것을 보여주는 사례라고 본다. 그것은 초심대로 생각이나 상상을 반복하는 공간이 계속 이어졌다고 보여지며, 천재성을 밝히기 위해 아인슈타인의 뇌를 보관하고 있다고 들은 것 같은데 그 뇌의 비밀은 살아생전 뇌 활성도를 높게 유지하였을 것으로 추측할 수 있다. 그리고 이 뇌 활성도를 높은 단계로 만들기 위해서는 생각이나 상상을 반복함으로써 뇌가 활성화되도록 만들고 이 상태를 계속 유지함으로써, 즉 뇌 활성화 상태를 계속 축적함으로써 뇌 활성도가 높게 되는 것으로 본다.

나는 무아지경이나 넓은 의미의 창의성을 발현하고도 초심을 계속 이어가게 되면 가칭 '생각하는 뇌의 문이 열린다'라고 명칭을 지었으며, 그 단계는 새로운 지식을 접하게 되면 다음 날이나, 또는 전혀 새로운 지식일 경우 그에 대하여 생각하지 않더라도 시간이 조금 더 지난 후에 전혀 다른 무엇을 생각이나 상상을 반복하는 중에 그것과 다른 생각이 저절로 완성되는 때가 많게 되는 것이다. 즉, 새로운 지식을 접했을 때 그에 대응하는 힘이나 정화할 수 있는 능력이 생기는 것이다. 이 단계도 초심을 이어가지 못하면 서서히 사라진다고 본다.

■ 초등 시절의 자기 주도 학습은 무리다

이 글을 쓰고 있는 지금 '자기 주도 학습'이라는 단어가 눈에 띄어

아이를 창의적 천재로 만드는 뇌의 비밀

이에 대하여 살펴보고 이 글을 마치고자 한다. 나는 인터넷을 할 줄 모르므로 몇 살의 나이에, 몇 과목을, 어떻게 시행하는지 알 수 없지만 13장 「다시 학교다」에서 살펴본 '활동형 수업'을 근거로 살펴보고자 한다.

4살 때, 6살 때, 또는 9살이나 13살에 자기 주도 학습을 하는 데는 많은 문제점을 안고 있다고 본다. 이들은 거의 전부 육아 기간을 과도한 교감이나 돌봄 속에서 보냈을 확률이 높고, 어린 시절에도 대부분이 이와 같을 것이다. 유아원이나 유치원에서 친구들과 어울려 놀거나, 체험을 하는 등 자기 주도로 하는 측면이 있으나 이때도 선생님이 주도하는 측면이 많이 있고, 문제는 집에서는 여전히 과도한 교감이나 돌봄이 있을 수 있는 이 상황 속에서 자기 주도 학습을 시행했을 때 받아들일 수 있는 아이가 얼마나 있을까 하는 의문이 든다.

조금 더 성장했을 때도 공부할지 아니면 놀지 선택하라고 하면 거의 전부 노는 것을 선택할 확률이 높을 것이다. 자율적으로 노는 것과 자율적으로 학습하는 것과는 차이가 있다는 것이다. 다시 말하면 자기 주도 학습을 할 수 있는 준비가 하나도 되어 있지 않다는 것이다.

위의 영재들을 살펴보면 뇌 설계가 처음부터 어느 한 부분에 정보가 많이 쌓이고, 스스로 정보를 쌓은 측면이 있어서 뇌 활성도가 높게 되어서 스스로 새로운 지식을 접하더라도 이해도가 매우 빨리 진행되므로 스스로 학습이 가능하게 되었다는 것이다. 그리고 스스로 정보를 쌓았기 때문에 그것이 습관이 되었다는 것이다.

그러나 다른 아이들의 현실은 뇌 활성도도 낮고 그 습관도 되어 있지 않은 중도에 시행하는 것이다. 13장 「다시 학교다」에서 살펴보았듯 아이들이 좋아할 수는 있으나 오작동이 될 수밖에 없는 것이다. 그리고 중도에 시행한다는 말은 버릇이나 습관과 자기가 좋아하는 것이나 잘할 수 있는 것들이 다 다를 수밖에 없을 것이다.

또한 그것을 시행하는 시기도 살펴볼 필요가 있다고 본다. 어린 시기일수록 버릇이나 습관이 굳어진 상태가 아니므로 그것을 시행하는 데 있어 상대적으로 쉬울 것이고, 나이가 들어감에 따라 그것을 시행하는 데 더 많은 고민을 필요하게 된다.

시행 방법에서도 살펴볼 그것은 영재가 여러 분야에 자기 주도 학습이 가능했던 그것은 뇌 활성도가 높기 때문이므로 뇌 활성도가 낮은 아이가 그것을 하기 위해서는 뱁새가 황새를 따라가다가 다리가 찢어진다는 속담이 있듯이 여러 과목이 아니라 자기가 좋아하는 과목을 선택해서 할 수밖에 없다고 본다.

13장 「다시 학교다」에서 활동형 수업을 살펴보았듯이 뇌 활성도가 낮은 상태에서 모든 과목에 시행하다 보니까 이도 저도 아니게 된 것이다. 앞에서 살펴보았듯이 중도에 이것을 시행하기 위해서는 그것에 대하여 정착하는 시간도 필요하고, 정착되었을 때도 많은 시간을 필요로 하기 때문이다.

펜화를 그리는 영재나 다른 부분에서 소개된 무아지경에 도달한 이들이 보여주듯이 자기가 좋아하는 부분만 자기 주도 학습하고 나머지 부분은 주입식 학습을 한 것을 알 수 있을 것이다. 그리고 이들은 무아지경의 상태에 이르렀는데 계속 초심을 이어가면 영역을 이른 시기에 확장할 수 있다고 설명했다.

또 한 가지 살펴볼 그것은 존 베어 교수나 다른 학자들은 전문 지식이 많으면 창의성에 유리하다고 말한 것으로 알고 있다. 그런데 이 말은 좁은 의미의 창의성에만 해당되며, 오히려 그 지식이 뇌에 정착하였으므로 매너리즘에 빠지기 쉽다고 본다. 그러나 순수하게 자기 주도 학습으로 한 가지 분야에 전문 지식을 쌓았을 때는 생각할 수 있는 공간이 넓어지게 되고 이것을 반복하다 보면 상상할 수 있는 공간도 생기면서 뇌 활성의 축적으로 뇌 활성도를 높여왔으므로 뇌의 구도를 변하게 할 수 있는 뇌 활성도의 수준에 도달하게 된다. 그러면 그 전문 지식이 극대화할 수 있으므로 이때의 전문 지식은 다르다.

넓은 의미의 창의성은 상식의 폭이 넓을수록 유리하다고 보며, 미국의 차터 스쿨에서는 배경지식을 활용하는 학습을 하고 있는데 이렇게 수업하다가 보면 그 진도는 매우 느릴 수밖에 없게 된다. 우리나라의 육아나 양육의 기반 위에서 자란 아이들에게 적합한지 생각해 볼 문제다.

■ 주입식 지식도 창의성 발현의 배경이 된다

그리고 주입식으로 배운 지식이 무아지경 또는 넓은 의미의 창의성을 발현하는 데 있어서 직접적으로 관여되지는 않아도 알게 모르게 측면에서 배경지식으로 활용되었으며, 그 후에 초심을 계속 이어가게 되면 그때 새로운 전문 지식을 조금이라도 접할 경우 전문 지식으로 무장하고 있지 않으므로 그에 대하여 대응하거나 다른 생각이 쉽게 완성되는 것이다. 이것은 주입식으로 배웠거나, 또는 상식의 폭을 넓혀온 그것들이 배경지식으로 작용하기 때문에 가능하게 되는 것이다.

위에서 살펴본 바와 같이 자기 주도 학습이나 활동형 수업은 습관이 되어 있지 않은 중도에 시행하는 것이고, 뇌 활성도도 낮은 상태에서 시행하는 것이므로 그 방법에 있어서 신중을 기해야 한다. 창의적 인재를 기르는 구체적인 방법은 많겠지만 나의 결론은 이렇다.

■ 창의적 인재를 기르는 구체적인 방법

- 육아, 양육 방법을 살펴보고 버릇, 습관도 살펴본다.
- 아이의 말도 참고하고 위 결과를 고려하여 10일 이상 시간을 두고 아이와 상의하여 신중히 결정한다.
- 아이가 가장 좋아하는 것이 결정되었을 때 아이가 그것을 학습하는 데 있어서 시간을 충분히 주어야 하며, 부모나 선생님의 간섭은 다른 행동을 하지 못하게 하는 것 외에는 금할수록 좋다.
- 뇌 활성도, 즉 지능지수가 비교적 높은 아이는 2과목을 선택해도 되지만 그렇지 못한 아이는 1과목만 선택한다. 나머지 부분은 주입식 교육을 하면 된다.
- 그 학습을 할 때는 주위에 TV나 스마트폰 등 주위를 산만하게 할 수 있는 것들이 없어야 한다. 만약에 학교라면 친구와의 잡담은 절대 금지다. 사람은 홀로 있게 되면 잠을 자거나 주위에 있는 것에 관심을 가지거나 생각이나 상상을 거듭할 수밖에 없으므로 이 상황에서 지금 하는 것 외에 주의를 끌 만한 다른 그 무엇이 있어

서는 안 된다.

- 처음 시행하는 데 있어서 쉽게 적응하는 아이는 문제가 없으나, 그렇지 못한 아이는 자기 주도 학습에 대하여 충분히 설명하고 처음 시행할 때 그 아이가 충분히 이해하고 학습할 수 있는 수준 이어야 한다. 처음 그 시간이 1시간이 주어졌다면 그 시간 안에 학습을 못 한 부분이 있다면 다음 날 그 시간에 하도록 해야 한다. 진도가 중요한 것이 아니라 습관으로 정착하게 하는 것이 더 중요하고 처음에는 습관이 되어 있지 않으므로 그 시간을 충분히 주어야 하며, 오작동이 되지 않도록 세심한 주의가 필요하다.

- 처음에는 1시간을 설정해서 하며, 어느 정도 익숙해지면 2시간 정도를 해야 한다. 그리고 이것도 익숙해지면 잠자기 전 1시간을 설정하여 그날 학습하였던 것을 생각이나 상상해야 한다. 처음에 는 글로 표현해 1시간을 채우는 연습을 하다가 나중에는 생각이 나 상상으로만 해도 된다. 그리고 생각이나 상상을 하다가 잠을 자도 상관없다.

- 생각이나 상상을 반복하면 뇌가 활성화된다. 자기 주도 학습에도 생각이나 상상을 반복할 수 있는 공간이 있으나 따로 생각이나 상상을 할 수 있는 공간을 마련하는 것은 자기 주도 학습을 한 것 에 대한 반복도 이루어지고 그 자체로 뇌 활성이 많이 이루어지 기 때문이다.

- 주입식 교육에서도 뇌가 활성화되지만, 그 활성 정도가 작고 무엇 보다도 편리함이 존재하므로 뇌 활동의 확장에 지장을 받는다고 본다. 11살에도 무아지경의 상태에 이르렀다는 것은 그 부분에 서 시간을 많이 할애한 것으로 보이는데, 자기 주도 학습에 2시간

을 설정한 것은 다른 지식을 폭넓게 배움으로써 후에 무아지경에 이르거나 넓은 의미의 창의성을 발현하는 데 측면에서 배경지식 으로 작용하기 때문이다. 그리고 그 초심을 계속 이어갈 때 영역 을 확장하기에 매우 유리하기 때문이다. 그리고 자기 주도 학습 을 할 때 뇌 활성이 활발히 이루어지지만, 생각이나 상상을 반복 할 때 뇌 활성이 가장 활발히 이루어진다고 보므로 따로 그 공간 을 만든 것이다.

- 자기 주도 학습이나 활동형 수업은 초기에 역량이 서서히 진행되 지만, 그 습관을 이어가다 보면 그 속도는 서서히 빨라지며, 학습 한 내용에 대해서도 자기만의 시선으로 바라볼 수 있는 싹이 트 게 된다.

- 자기 주도 학습의 우선 목표는 그 습관을 계속 이어가 무아지경 이나 넓은 의미의 창의성을 발현하게 하는 것이다. 그 초심을 계 속 이어가 영역을 확장하거나, 그 분야가 정신적인 영역에 관련 이 있다면 그 초심을 계속 이어가 최종적으로는 가칭 '생각하는 뇌의 문이 열린다'의 상태로 만드는 것이다.

- 신체의 작용이나 뇌의 작용은 연속성에 있다.

아이를 창의적 천재로 만드는 뇌의 비밀